高等职业教育食品营养与健康专业教材

中国轻工业"十四五"规划教材

营养配餐
（第二版）

主　编

黄丽卿　　王文成

中国轻工业出版社

图书在版编目（CIP）数据

营养配餐 / 黄丽卿，王文成主编 . —2 版 . —北京：
中国轻工业出版社， 2024.12
ISBN 978-7-5184-3639-2

Ⅰ.①营… Ⅱ.①黄… ②王… Ⅲ.①膳食营养—高
等职业教育—教材 Ⅳ.①R151.4

中国版本图书馆 CIP 数据核字（2021）第 172700 号

责任编辑：王　婕
策划编辑：张　靓　　　责任终审：白　洁　　　封面设计：锋尚设计
版式设计：砚祥志远　　责任校对：晋　洁　　　责任监印：张　可

出版发行：中国轻工业出版社（北京鲁谷东街 5 号，邮编：100040）
印　　刷：北京君升印刷有限公司
经　　销：各地新华书店
版　　次：2024 年 12 月第 2 版第 1 次印刷
开　　本：787×1092　1/16　印张：18.25
字　　数：418 千字
书　　号：ISBN 978-7-5184-3639-2　定价：49.00 元
邮购电话：010-85119873
发行电话：010-85119832　010-85119912
网　　址：http://www.chlip.com.cn
Email：club@ chlip.com.cn
版权所有　侵权必究
如发现图书残缺请与我社邮购联系调换
210267J2X201ZBW

本书编写人员

主　　编　黄丽卿（漳州职业技术学院）
　　　　　　王文成（漳州职业技术学院）

副主编　郑俊峰（漳州职业技术学院）
　　　　　　徐小娟（湖南食品药品职业学院）

参　　编　赵冬艳（浙江药科职业大学）
　　　　　　许美玉（漳州职业技术学院）
　　　　　　陈文娟（漳州城市职业学院）
　　　　　　邱进寿（福建省漳州市医院）

主　　审　刘静娜（闽南师范大学）
　　　　　　谢建华（漳州职业技术学院）

前言

人民健康是民族昌盛和国家强盛的重要标志。党的二十大明确提出,要将推进健康中国建设作为国家战略,把保障人民健康放在优先发展的战略位置,并不断完善人民健康促进政策。在这一宏伟蓝图的指引下,"健康中国,营养先行"的理念日益深入人心。营养配餐课程作为食品营养与健康专业重要的核心课程,同时也是餐饮类相关专业及现代家政服务与管理专业课程体系的重要组成部分,不仅为学生提供了系统的营养学知识和实践技能,更为推动全民健康、实现健康中国战略目标奠定了坚实基础。

《营养配餐》教材自2013年首次出版以来,至2024年已再版多次,在再版过程中,对部分内容进行优化更新。本次修订根据国发〔2019〕4号文件《国家职业教育改革实施方案》的要求,以深化产教融合、推进校企"双元"育人、强化工学结合为导向,由经验丰富的校企"双元"合作团队精心策划并完成教材内容的优化升级。本教材按照教高〔2020〕3号文件《高等学校课程思政建设指导纲要》的要求,结合党的二十大精神和《健康中国行动(2019—2030年)》《国民营养计划(2017—2030年)》的相关内容,通过项目实训、课堂讨论、课后实践等方式,将课程思政融入教学中,实现了思想政治教育与专业技能培养的融合。

本教材以工学结合为切入点,依照职业教育国家教学标准,紧密对接2021年公共营养师职业技能等级标准及2022年最新营养配餐员职业等级标准,构建以工作过程为中心,由任务驱动的"理论-实践"一体化的课程体系,旨在提供贴近实际职业场景的学习路径。通过优化实践教学环节,确保营养配餐实训紧密贴合实际工作需求,实现学以致用,从而培养学习者既具备深厚理论知识,又精通实际操作技能的综合素质。

本教材融入了《中国居民膳食营养素参考摄入量(2023版)》《中国居民膳食指南(2022)》《中国食物成分表标准版(第6版 第一册)》及《中国食物成分表标准版(第6版 第二册)》、《中国高血压防治指南(2024年修订版)》《中国糖尿病防治指南(2024版)》以及《餐饮食品营养标识指南》等众多最新权威资料,展现了营养健康领域近年来所取得的卓越成果与发展动态。

本教材以通俗易懂、深入浅出为编写原则,着重突出"实践性"与"应用性"特色。教材内容设计充分考虑不同人群的生理特点、营养需求及食物选择差异,采用模块化结构:除基础模块"营养配餐基础"外,特别设置了健康成人、特定人群、集体用餐、非传染性慢性病人群营养食谱设计四大专题模块,每个模块内容由简单到复杂递进。每个模块包含2~4个循序渐进的项目,项目难度呈梯度递进,确保学习者能够系统掌握营养食谱设计技能。

在项目设计上，采用"理论+实践"的一体化设计模式：每个项目均包含"必备知识"和"项目实施"两大板块。其中，"项目实施"部分细化为案例导入、任务分析、任务要求、方法与步骤、实训方法建议及实训效果评价、在线测试等多个学习环节，形成完整的学习闭环。营养食谱设计作为课程核心内容，每个项目均配有原创食谱范例，便于学生理解与应用。

为贯彻落实党的二十大精神，推进教育数字化进程，助力学习型社会建设，本教材积极构建"互联网+"教育新模式。通过微课、电子活页、在线测试等数字化形式拓展教材容量，并在学银在线平台配套省级职业教育在线精品课程，实现电子教学资源的持续优化与更新，充分满足"互联网+课程"时代的学习需求。

本教材对营养菜点设计模块进行了系统性优化与创新。针对这一教学重点与难点，教材以中国食物成分表权威数据为科学依据，着力构建学生的营养认知体系：一方面培养学生精准识别食物营养特征的能力，另一方面强化其基于人群营养需求的个性化配餐设计思维。为此，在实践教学环节，本教材设计了涵盖富含钙、铁、锌、碘、钾、叶酸、维生素A、维生素C、DHA等营养素的多种特色菜点，以及高膳食纤维、高植物甾醇、低GI、低钠等特殊膳食需求的菜点。通过系统的实践训练，学生更能掌握针对不同人群的食材选择策略与科学烹饪方法。这种"理论指导实践，实践深化理论"的教学设计，有效提升了学生的专业实践能力，为其未来开展个性化营养食谱设计打下坚实基础，充分彰显了教材的实用性与教学针对性。

本教材编写的具体分工如下：模块一由郑俊峰编写；模块二由王文成编写；模块三由黄丽卿编写；模块四项目一由王文成编写，项目二由赵冬艳、许美玉编写，项目三由陈文娟编写；模块五项目一由邱进寿、黄丽卿编写，项目二由郑俊峰、徐小娟编写，项目三由黄丽卿、王文成编写，项目四由郑俊峰编写。刘静娜和谢建华应邀担任本教材的主审，在此致以诚挚的谢意与敬意。

本教材可作为高等职业院校食品营养与健康专业的教材，也可以作为餐饮类相关专业以及现代家政服务与管理专业的教材，可作为公共营养师、营养配餐员和注册营养师职业资格培训的辅助教材，还可以作为工作在社区、医院、康复中心、托儿所、幼儿园、敬老院等机构营养师的参考用书。在此，对指导、帮助本书编写、出版的所有人员表示衷心的感谢！

由于编者的知识和经验有限，书中难免存在错漏和不妥之处，敬请同行专家和广大读者批评指正。

编者

目 录

模块一　营养配餐理论基础 ·· 1
　　一、中国居民膳食营养素参考摄入量 ·· 2
　　二、中国居民膳食指南 ··· 21
　　三、食物成分表 ··· 32
　　四、预包装食品营养标签 ·· 37
　　五、营养食谱编制的一般原则 ·· 38

模块二　健康成人营养食谱的设计 ··· 42
　项目一　大学生营养食谱的设计 ·· 42
　　【必备知识】 ··· 42
　　　一、大学生的生理特点 ·· 43
　　　二、大学生的饮食现状 ·· 43
　　　三、大学生营养食谱设计原则 ··· 43
　　　四、食物的选择 ·· 44
　　【项目实施】 ··· 45
　　　任务一　设计适合大学生的营养菜点 ·· 45
　　　任务二　膳食宝塔法编制大学生营养食谱 ·· 57
　项目二　中年人群营养食谱的设计 ··· 67
　　【必备知识】 ··· 67
　　　一、中年人群的生理特点 ··· 67
　　　二、中年人群食谱设计原则 ·· 68
　　　三、食物的选择 ·· 69
　　【项目实施】 ··· 70
　　　任务一　设计中年人营养菜点 ··· 70
　　　任务二　计算法编制中年人营养食谱并进行营养分析 ··· 77

模块三　特定人群营养食谱的设计 ··· 89
　项目一　孕妇营养食谱的设计 ··· 89
　　【必备知识】 ··· 89

  一、孕妇的生理特点 ··· 90
  二、孕妇的营养需要 ··· 91
  三、备孕和孕期妇女食谱的设计原则 ····························· 93
  四、食物的选择 ··· 95
 【项目实施】 ··· 96
  任务一 设计孕妇的营养菜点 ································ 96
  任务二 设计孕妇的营养食谱 ································ 107

项目二 乳母营养食谱的设计 ······································ 111
 【必备知识】 ··· 112
  一、乳母的生理特点 ··· 112
  二、乳母的营养需要 ··· 112
  三、乳母的食谱设计原则 ····································· 114
  四、食物的选择 ··· 115
 【项目实施】 ··· 116
  任务一 设计乳母的营养菜点 ································ 116
  任务二 设计乳母的营养食谱 ································ 122

项目三 设计老年人的营养食谱 ···································· 125
 【必备知识】 ··· 126
  一、老年人的生理特点 ······································· 126
  二、老年人的营养需要 ······································· 128
  三、老年人的食谱设计原则 ··································· 129
  四、食物的选择 ··· 133
 【项目实施】 ··· 135
  任务一 设计老年人的营养菜点 ······························ 135
  任务二 设计老年人的营养食谱 ······························ 142

模块四 集体用餐营养食谱的设计 ·· 147
项目一 幼儿园营养食谱的设计 ······································ 147
 【必备知识】 ··· 147
  一、学龄前儿童的生理特点 ··································· 148
  二、学龄前儿童的营养需要 ··································· 148
  三、学龄前儿童食谱的设计原则 ······························· 150
  四、幼儿园食谱编制的原则 ··································· 151
  五、食物的选择 ··· 151
 【项目实施】 ··· 152
  任务一 设计幼儿园营养菜点 ································ 152

  任务二 设计幼儿园的营养食谱 ····················· 156
 项目二 学校食堂营养食谱的设计 ····················· 160
  【必备知识】 ····················· 161
   一、学龄儿童生长发育特点 ····················· 161
   二、学龄儿童的营养需要 ····················· 161
   三、学龄儿童食谱设计原则 ····················· 164
   四、食物的选择 ····················· 165
   五、介绍常见食物的份量 ····················· 168
  【项目实施】 ····················· 170
   任务一 设计中小学学生营养菜点 ····················· 170
   任务二 设计学校食堂的营养食谱 ····················· 172
 项目三 单位集体食堂食谱编制与管理 ····················· 179
  【必备知识】 ····················· 180
   一、单位集体食堂的特点 ····················· 180
   二、集体用餐食谱设计原则 ····················· 180
  【项目实施】 ····················· 181
   任务 单位集体食堂食谱的设计 ····················· 181

模块五 非传染性慢性病人群的膳食管理 ····················· 187
 项目一 超重和肥胖者的减重食谱设计 ····················· 187
  【必备知识】 ····················· 187
   一、超重和肥胖症的定义及判定方法 ····················· 188
   二、超重和肥胖的发生因素 ····················· 189
   三、超重和肥胖者的代谢特点 ····················· 189
   四、肥胖症的主要表现与危害 ····················· 190
   五、超重和肥胖症的营养干预 ····················· 190
   六、超重和肥胖症的食物选择原则 ····················· 191
  【项目实施】 ····················· 192
   任务一 设计超重和肥胖症人群的减重食谱 ····················· 192
   任务二 减重的行为习惯改变及运动指导建议 ····················· 199
 项目二 心血管疾病人群营养食谱的设计 ····················· 200
  【必备知识】 ····················· 200
   一、我国心血管疾病的流行情况 ····················· 200
   二、高血压按血压水平分类 ····················· 201
   三、血脂异常分类 ····················· 202
   四、心血管疾病的危险因素 ····················· 202

五、膳食、营养因素和心血管疾病的关系 ………………………………………… 205
　　六、心血管疾病人群的食谱设计原则 ……………………………………………… 207
　　七、食物的选择 ……………………………………………………………………… 212
　【项目实施】 …………………………………………………………………………… 216
　　任务一　设计心血管疾病人群的营养菜点 ………………………………………… 216
　　任务二　设计高血压人群的营养食谱 ……………………………………………… 233
　　任务三　设计高脂血症人群的营养食谱 …………………………………………… 237
项目三　糖尿病人群营养食谱的设计 …………………………………………………… 241
　【必备知识】 …………………………………………………………………………… 242
　　一、糖尿病诊断标准和分类 ………………………………………………………… 242
　　二、糖尿病的临床症状 ……………………………………………………………… 243
　　三、糖尿病人的营养需要 …………………………………………………………… 243
　　四、糖尿病人群食谱设计原则 ……………………………………………………… 246
　　五、食物的选择 ……………………………………………………………………… 247
　　六、介绍食物血糖生成指数 ………………………………………………………… 249
　【项目实施】 …………………………………………………………………………… 255
　　任务一　设计糖尿病人群的营养菜点 ……………………………………………… 255
　　任务二　设计糖尿病患者的营养食谱 ……………………………………………… 260
项目四　高尿酸血症和痛风病人营养食谱的设计 ……………………………………… 265
　【必备知识】 …………………………………………………………………………… 266
　　一、高尿酸血症和痛风的诊断标准 ………………………………………………… 266
　　二、痛风的临床症状 ………………………………………………………………… 267
　　三、高尿酸血症和痛风病人的营养需要 …………………………………………… 267
　　四、高尿酸血症和痛风人群食谱设计原则 ………………………………………… 267
　　五、食物的选择 ……………………………………………………………………… 269
　【项目实施】 …………………………………………………………………………… 273
　　任务一　设计痛风急性期患者的食谱 ……………………………………………… 273
　　任务二　设计痛风缓解期患者的食谱 ……………………………………………… 275

附录　常见食物一般营养成分表 ………………………………………………………… 280

参考文献 …………………………………………………………………………………… 281

模块一

营养配餐理论基础

学习目标

知识目标

1. 能够描述《中国居民膳食营养素参考摄入量》的主要内容，了解其在配餐中的使用原则和建议。
2. 能够描述《中国居民膳食指南》及膳食宝塔的基本内容。
3. 能够叙述《中国食物成分表》的基本内容。
4. 能够叙述预包装食品营养标签的主要内容。
5. 能够描述营养食谱编制的基本原则。

能力目标

1. 能够进行食物可食部和废弃率的计算，进行一餐能量和营养素计算。
2. 能够应用食物成分表识别食物营养特点。
3. 能够利用营养标签，智慧选择预包装食品。

素质与思政目标

1. 养成健康的饮食习惯。
2. 养成健康的生活方式，提高健康素养水平。

膳食不仅是人们生理上的需求，也是一种心理的享受。生理需求包括满足饥饿、干渴等需求，更重要的是满足营养需求，维持身体健康。具有良好或独特风味的食物，会使人们在就餐过程中感受到身心的愉悦，并直接影响其对营养物质的消化与吸收。因此一日三餐的食谱，在考虑口味可接受的基础上，必须考虑营养及其他特殊的需求。科学配餐就是根据配餐对象的年龄、性别、劳动强度、健康状况等生理特点，确定其营养需求，并考虑经济条件、膳食习惯及可获得的食物资源、厨房烹饪水平等因素，选择合适的食物，按比例分配到一日三餐，以满足其生理需求。

通过科学地配餐，可以将各类人群的膳食营养素参考摄入量具体落实到用膳者的每日膳食中，使其摄入全面、适度、均衡的能量和各种营养素。通过编制营养食谱，还可指导集体用餐单位的管理人员有计划地管理食堂膳食，也有助于家庭有计划地管理家庭膳食，并且有利于成本核算。

科学配餐是一项重要而又比较复杂的工作，其依据的理论主要有中国居民膳食营养素参考摄入量、中国居民膳食指南和平衡膳食宝塔、食物成分表、食品营养标签、烹饪引起营养素变化理论等。

一、中国居民膳食营养素参考摄入量

人体需要的能量及各种营养素都需要从每天的饮食中获得，因此必须科学地安排每日膳食以提供全面、均衡、适度的营养素。如果长期摄取某种营养素不足或过多，就可能发生相应的营养素缺乏或过剩的危害。

为了帮助个体和人群安全地摄入各种营养素，营养学家根据有关营养素需要量知识，提出了适用于各年龄、性别及劳动、生理状态人群的膳食营养素参考摄入量，并对如何使用这些参考值来评价膳食质量和发展膳食计划提出建议。

在制订膳食计划时，中国居民膳食营养素参考摄入量是能量和营养素目标的理论根据，而膳食指南则是膳食结构和食物数量的依据。

（一）DRIs 的主要内容

膳食营养素参考摄入量（DRIs）是在营养素供给量（RDAs）基础上发展起来的一组每日平均膳食营养素摄入量的参考值。初期主要包括 4 个指标：平均需要量、推荐摄入量、适宜摄入量和可耐受最高摄入量。随着营养研究的深入，2013 版增加了与非传染性慢性病有关的三个指标：宏量营养素可接受范围、降低膳食相关非传染性疾病风险的建议摄入量和特定建议值。2023 版仍然保留七个指标，降低膳食相关非传染性疾病风险的建议摄入量和特定建议值两个概念保留，但做适当修改，另外五个概念保持不变。

（1）平均需要量（EAR，Estimated Average Requirement）　EAR 是根据个体需要量的研究资料制订的，是某一特定性别、年龄及生理状况群体中对某营养素需要量的平均值。某一营养素的摄入量达到 EAR 水平时，可以满足该群体中 50% 个体的需要，而不能满足群体中另外 50% 个体对该营养素的需要。

针对群体，EAR 可用于评价或计划群体的膳食，也可用于评估群体中摄入不足的发生率，根据某一年龄、性别组中摄入量低于 EAR 个体的百分比来评估群体中摄入不足的发生率，评价其营养素摄入情况是否适宜。

针对个体，EAR 可用于检查其摄入不足的可能性。如某个体的摄入量低于 EAR 减两个标准差，几乎可以肯定该摄入量不能满足个体的需要。EAR 不是计划个体膳食的目标和推荐量，因为如果膳食计划提供的营养素仅达到 EAR 水平，那将有 50% 的概率不能满足个体的需要，这对个体来讲风险太大，是不能接受的。

（2）推荐摄入量（RNI，Recommended Nutrient Intake） RNI 是可以满足某一特定性别、年龄及生理状况群体中绝大多数（97%~98%）个体需要量的摄入水平。长期摄入 RNI 水平，可以满足身体对该营养素的需要，保持健康，并可以维持组织中有适当的储备。RNI 相当于传统意义上的 RDA。

RNI 是以 EAR 为基础制订的。如果个体摄入量呈常态分布，为了保证摄入量低于 EAR 的个体少于 3%，则一个人群的 RNI 定为 EAR 加上两个标准差，即 RNI＝EAR＋2SD。如果关于需要量变异的资料不够充分，不能计算 SD 时，一般设 EAR 的变异系数为 10%，这样 RNI＝1.2×EAR。

RNI 是个体适宜营养素摄入水平的参考值，是健康个体膳食摄入营养素的目标。

RNI 在评价个体营养素摄入量方面的用处有限。当某个体的营养素摄入量低于其 RNI 时，并不一定表明该个体未达到适宜营养状况，只是提示有摄入不足的危险。摄入量经常低于 RNI 提示可能需要进一步用生化试验或临床检查来评价其营养状况；如果某个体的平均摄入量达到或超过了 RNI，可以认为该个体没有摄入不足的危险。

（3）适宜摄入量（AI，Adequate Intake） 在个体需要量的研究资料不足不能计算 EAR，因而不能求得 RNI 时，可设定 AI 来代替 RNI。AI 是通过观察或实验获得的健康人群某种营养素的摄入量。例如纯母乳喂养的足月产健康婴儿，从出生到 4~6 个月，他们的营养素全部来自母乳，故母乳供给的营养素量就是他们的 AI 值。

AI 是某个健康人群能够维持良好营养状态的平均营养素摄入量。它是通过对群体而不是个体的观察或实验研究得到的数据。AI 与真正的平均需要量之间的关系不能肯定，只能为营养素摄入量的评价提供一种不精确的参考值。AI 的主要用途是作为个体营养素摄入量的目标，同时用作限制过多摄入的参考指标。当健康个体摄入量达到 AI 时，出现该营养素缺乏的概率很小。如长期摄入远远超过 AI，则有可能产生不良作用。

AI 与 RNI 相似之处是二者都用作个体营养素摄入量的目标，能满足目标人群中几乎所有个体的需要。AI 和 RNI 的区别在于 AI 的准确性远不如 RNI，可能显著高于 RNI。因此使用 AI 时要比使用 RNI 更加小心。

（4）可耐受最高摄入量（UL，Tolerable Upper Intake Level） UL 是平均每日摄入某营养素的最高量。这个量对一般人群中的几乎所有个体都不至于损害健康。UL 指的是这一摄入水平在生物学上一般是可以接受的，但并不表示可能是有益的，它并不是一个建议的摄入量水平。对大多数营养素而言，健康个体摄入量超过 RNI 或 AI 水平不会有更多的益处。

UL 的主要用途是检查个体摄入量过高的可能，避免发生中毒，在大多数情况下，UL 包括膳食、强化剂和添加剂等各种来源的营养素之和。当摄入量低于 UL 时，可以肯定不会产生毒副作用。当摄入量超过 UL 时，发生毒副作用的危险性增加。但达到 UL 水平对健康人群中最敏感的成员也不至于造成危险，所以应慎重使用 UL 评估人群发生毒副作用的危险性。在制订个体和群体膳食计划时，应使营养素摄入量低于 UL，以避免营养素摄入过量可能造成的危害。

对许多营养素来说，当前还没有足够的资料来制定 UL 值，所以没有 UL 值并不意味着过多摄入这些营养素没有潜在的危险。

（5）宏量营养素可接受范围（AMDR，Acceptable Macronutrient Distribution Ranges）AMDR 指脂肪、蛋白质和碳水化合物理想的摄入量范围，该范围可以提供人体对这些必需营养素的需要，并且有利于降低慢性病的发生危险，常用占能量摄入量的百分比表示。

蛋白质、脂肪和碳水化合物被称为产能营养素，属于人体的必需营养素，而且它们三者的摄入比例还影响微量营养素的摄入状况。另一方面，当产能营养素摄入过量时又可能导致机体能量储存过多，增加慢性非传染性疾病（NCD）的发生风险。因此有必要提出 AMDR，以预防营养素缺乏，同时减少摄入过量而导致慢性病的风险。

AMDR 显著的特点之一是具有上限和下限。摄入量达到 AMDR 的下限可以保证人体对营养素和能量的生理需要，而低于其上限则有利于降低慢性病的发生危险。如果一个个体的摄入量高于或低于推荐的范围，可能引起罹患慢性病的风险增加，或导致必需营养素缺乏的可能性增加。

（6）降低膳食相关非传染性疾病风险的建议摄入量 慢性非传染性疾病（NCD），也称慢性病，以肥胖、糖尿病、心血管疾病、恶性肿瘤、呼吸系统疾病等为代表。这些疾病的共同危险因素是长期膳食模式不合理、身体活动不足以及其他不良生活方式等，因此也称为膳食相关非传染性疾病。

降低膳食相关非传染性疾病风险的建议摄入量（PI-NCD，Proposed Intake for Reducing the Risk of Diet-related Non-communicable Diseases），简称建议摄入量（PI），是以膳食相关非传染性疾病一级预防为目标，提出的必需营养素每日摄入量（水平）。PI-NCD 的目标人群是成年人。当成年人该营养素的摄入量达到 PI，可降低其膳食相关非传染性疾病发生风险。某些营养素的 PI-NCD 可能高于 RNI 或 AI，例如维生素 C 和钾等；而另一些营养素设定摄入量上限，摄入量应该低于此数值，例如钠。

（7）特定建议值 特定建议值（SPL，Specific Proposed Level）是以降低成年人膳食相关非传染性疾病风险为目标，提出的其他膳食成分的每日摄入量（水平）。当该成分的摄入量达到 SPL，可能有利于降低疾病的发生风险或死亡率。这些其他膳食成分多数属于植物化学物，具有改善人体生理功能，预防慢性疾病的生物学作用。

《中国居民膳食营养素参考摄入量（2023 版）》分类总表如表 1-1~表 1-12 所示。

表 1-1 膳食能量需要量（EER）

年龄/阶段	男性						女性					
	PAL I [a]		PAL II [b]		PAL III [c]		PAL I [a]		PAL II [b]		PAL III [c]	
	MJ/d	kcal/d	MJ/d	kcal/d	MJ/d	kcal/d	MJ/d	kcal/d	MJ/d	kcal/d	MJ/d	kcal/d
0 岁~	—	—	0.38MJ/(kg·d)	90kcal/(kg·d)	—	—	—	—	0.38MJ/(kg·d)	90kcal/(kg·d)	—	—
0.5 岁~	—	—	0.31MJ/(kg·d)	75kcal/(kg·d)	—	—	—	—	0.31MJ/(kg·d)	75kcal/(kg·d)	—	—
1 岁~	—	—	3.77	900	—	—	—	—	3.35	800	—	—
2 岁~	—	—	4.60	1100	—	—	—	—	4.18	1000	—	—

续表

年龄/阶段	男性						女性					
	PAL I [a]		PAL II [b]		PAL III [c]		PAL I [a]		PAL II [b]		PAL III [c]	
	MJ/d	kcal/d	MJ/d	kcal/d	MJ/d	kcal/d	MJ/d	kcal/d	MJ/d	kcal/d	MJ/d	kcal/d
3 岁~	—	—	5.23	1250	—	—	—	—	4.81	1150	—	—
4 岁~	—	—	5.44	1300	—	—	—	—	5.23	1250	—	—
5 岁~	—	—	5.86	1400	—	—	—	—	5.44	1300	—	—
6 岁~	5.86	1400	6.69	1600	7.53	1800	5.44	1300	6.07	1450	6.90	1650
7 岁~	6.28	1500	7.11	1700	7.95	1900	5.65	1350	6.49	1550	7.32	1750
8 岁~	6.69	1600	7.74	1850	8.79	2100	6.07	1450	7.11	1700	7.95	1900
9 岁~	7.11	1700	8.16	1950	9.20	2200	6.49	1550	7.53	1800	8.37	2000
10 岁~	7.53	1800	8.58	2050	9.62	2300	6.90	1650	7.95	1900	8.79	2100
11 岁~	7.95	1900	9.20	2200	10.25	2450	7.32	1750	8.37	2000	9.41	2250
12 岁~	9.62	2300	10.88	2600	12.13	2900	8.16	1950	9.20	2200	10.25	2450
15 岁~	10.88	2600	12.34	2950	13.81	3300	8.79	2100	9.83	2350	11.09	2650
18 岁~	9.00	2150	10.67	2550	12.55	3000	7.11	1700	8.79	2100	10.25	2450
30 岁~	8.58	2050	10.46	2500	12.34	2950	7.11	1700	8.58	2050	10.04	2400
50 岁~	8.16	1950	10.04	2400	11.72	2800	6.69	1600	8.16	1950	9.62	2300
65 岁~	7.95	1900	9.62	2300	—	—	6.49	1550	7.74	1850	—	—
75 岁~	7.53	1800	9.20	2200	—	—	6.28	1500	7.32	1750	—	—
孕早期	—	—	—	—	—	—	+0	+0	+0	+0	+0	+0
孕中期	—	—	—	—	—	—	+1.05	+250	+1.05	+250	+1.05	+250
孕晚期	—	—	—	—	—	—	+1.67	+400	+1.67	+400	+1.67	+400
乳母	—	—	—	—	—	—	+1.67	+400	+1.67	+400	+1.67	+400

注：PAL I [a]、PAL II [b] 和 PAL III [c] 分别代表低强度身体活动水平、中等强度身体活动水平和高强度身体活动水平。"—"表示未制定或未涉及；"+"表示在相应年龄阶段的成年女性需要量基础上增加的需要量。

表 1-2　膳食蛋白质参考摄入量

年龄/阶段	EAR/(g/d)		RNI/(g/d)		AMDR/%E
	男性	女性	男性	女性	
0 岁~	—	—	9（AI）	9（AI）	—
0.5 岁~	—	—	17（AI）	17（AI）	—
1 岁~	20	20	25	25	—
2 岁~	20	20	25	25	

续表

年龄/阶段	EAR/(g/d)		RNI/(g/d)		AMDR/%E
	男性	女性	男性	女性	
3 岁~	25	25	30	30	—
4 岁~	25	25	30	30	8~20
5 岁~	25	25	30	30	8~20
6 岁~	30	30	35	35	10~20
7 岁~	30	30	40	40	10~20
8 岁~	35	35	40	40	10~20
9 岁~	40	40	45	45	10~20
10 岁~	40	40	50	50	10~20
11 岁~	45	45	55	55	10~20
12 岁~	55	50	70	60	10~20
15 岁~	60	50	75	60	10~20
18 岁~	60	50	65	55	10~20
30 岁~	60	50	65	55	10~20
50 岁~	60	50	65	55	10~20
65 岁~	60	50	72	62	15~20
75 岁~	60	50	72	62	15~20
孕早期	—	+0	—	+0	10~20
孕中期	—	+10	—	+15	10~20
孕晚期	—	+25	—	+30	10~20
乳母	—	+20	—	+25	10~20

注:"—"表示未制定或未涉及;"+"表示在相应年龄阶段的成年女性需要量基础上增加的需要量。

表 1-3 膳食脂肪及脂肪酸参考摄入量

年龄/阶段	总脂肪	饱和脂肪酸	n-6 多不饱和脂肪酸	n-3 多不饱和脂肪酸	亚油酸	亚麻酸	EPA+DHA
	AMDR/%E	AMDR/%E	AMDR/%E	AMDR/%E	AI/%E	AI/%E	AMDR/AI/(g/d)
0 岁~	48 (AI)	—	—	—	8.0 (0.15g^a)	0.90	0.1^b
0.5 岁~	40 (AI)	—			6.0	0.67	0.1^b
1 岁~	35 (AI)	—			4.0	0.60	0.1^b
3 岁~	35 (AI)				4.0	0.60	0.2
4 岁~	20~30	<8			4.0	0.60	0.2
6 岁~	20~30	<8			4.0	0.60	0.2

续表

年龄/阶段	总脂肪 AMDR/%E	饱和脂肪酸 AMDR/%E	n-6多不饱和脂肪酸 AMDR/%E	n-3多不饱和脂肪酸 AMDR/%E	亚油酸 AI/%E	亚麻酸 AI/%E	EPA+DHA AMDR/AI/(g/d)
7岁~	20~30	<8	—	—	4.0	0.60	0.2
9岁~	20~30	<8	—	—	4.0	0.60	0.2
11岁~	20~30	<8	—	—	4.0	0.60	0.2
12岁~	20~30	<8	—	—	4.0	0.60	0.25
15岁~	20~30	<8	—	—	4.0	0.60	0.25
18岁~	20~30	<10	2.5~9.0	0.5~2.0	4.0	0.60	0.25~2.00（AMDR）
30岁~	20~30	<10	2.5~9.0	0.5~2.0	4.0	0.60	0.25~2.00（AMDR）
50岁~	20~30	<10	2.5~9.0	0.5~2.0	4.0	0.60	0.25~2.00（AMDR）
65岁~	20~30	<10	2.5~9.0	0.5~2.0	4.0	0.60	0.25~2.00（AMDR）
75岁~	20~30	<10	2.5~9.0	0.5~2.0	4.0	0.60	0.25~2.00（AMDR）
孕早期	20~30	<10	2.5~9.0	0.5~2.0	+0	+0	0.25（0.2[b]）
孕中期	20~30	<10	2.5~9.0	0.5~2.0	+0	+0	0.25（0.2[b]）
孕晚期	20~30	<10	2.5~9.0	0.5~2.0	+0	+0	0.25（0.2[b]）
乳母	20~30	<10	2.5~9.0	0.5~2.0	+0	+0	0.25（0.2[b]）

注：[a]花生四烯酸；[b]DHA。

"—"表示未制定；"+"表示在相应年龄阶段的成年女性需要量基础上增加的需要量。

表1-4 膳食碳水化合物参考摄入量

年龄/阶段	总碳水化合物		膳食纤维	添加糖*
	EAR/(g/d)	AMDR/%E	AI/(g/d)	AMDR/%E
0岁~	60（AI）	—	—	—
0.5岁~	80（AI）	—	—	—
1岁~	120	50~65	5~10	—
4岁~	120	50~65	10~15	<10
7岁~	120	50~65	15~20	<10
9岁~	120	50~65	15~20	<10

续表

年龄/阶段	总碳水化合物		膳食纤维	添加糖*
	EAR/(g/d)	AMDR/%E	AI/(g/d)	AMDR/%E
12岁~	150	50~65	20~25	<10
15岁~	150	50~65	25~30	<10
18岁~	120	50~65	25~30	<10
30岁~	120	50~65	25~30	<10
50岁~	120	50~65	25~30	<10
65岁~	120	50~65	25~30	<10
75岁~	120	50~65	25~30	<10
孕早期	+10	50~65	+0	<10
孕中期	+20	50~65	+4	<10
孕晚期	+35	50~65	+4	<10
乳母	+50	50~65	+4	<10

注：* 添加糖每天不超过50g/d，最好低于25g/d。
"—"表示未制定；"+"表示在相应年龄阶段的成年女性需要量基础上增加的需要量。

表1-5 膳食宏量营养素可接受范围（AMDR） 单位:%E

年龄/阶段	碳水化合物	总脂肪	蛋白质
0岁~	—	48（AI）	—
0.5岁~	—	40（AI）	—
1岁~	50~65	35（AI）	—
4岁~	50~65	20~30	8~20
6岁~	50~65	20~30	10~20
7岁~	50~65	20~30	10~20
11岁~	50~65	20~30	10~20
12岁~	50~65	20~30	10~20
15岁~	50~65	20~30	10~20
18岁~	50~65	20~30	10~20
30岁~	50~65	20~30	10~20
50岁~	50~65	20~30	10~20
65岁~	50~65	20~30	15~20
75岁~	50~65	20~30	15~20
孕早期	50~65	20~30	10~20
孕中期	50~65	20~30	10~20
孕晚期	50~65	20~30	10~20
乳母	50~65	20~30	10~20

注："—"表示未制定。

表1-6 膳食营养素平均需要量（EAR）

年龄/阶段	钙/(mg/d)	磷/(mg/d)	镁/(mg/d)	铁/(mg/d) 男	铁/(mg/d) 女	碘/(μg/d)	锌/(mg/d) 男	锌/(mg/d) 女	硒/(μg/d)	铜/(mg/d)	钼/(μg/d)	维生素A/(μgRAE/d) 男	维生素A/(μgRAE/d) 女	维生素D/(μg/d)	维生素B_1/(mg/d) 男	维生素B_1/(mg/d) 女	维生素B_2/(mg/d) 男	维生素B_2/(mg/d) 女	烟酸/(mgNE/d) 男	烟酸/(mgNE/d) 女	维生素B_6/(mg/d)	叶酸/(μgDFE/d)	维生素B_{12}/(μg/d)	维生素C/(mg/d)
0岁~	—	—	—	—	—	—	—	—	—	—	—	—	—	—	—	—	—	—	—	—	—	—	—	—
0.5岁~	—	—	—	7	7	—	—	—	—	—	—	—	—	—	—	—	—	—	—	—	—	—	—	—
1岁~	400	250	110	7	7	65	3.2	3.2	20	0.26	8	250	240	8	0.5	0.5	0.6	0.5	5	4	0.5	130	0.8	35
4岁~	500	290	130	7	7	65	4.6	4.6	25	0.30	10	280	270	8	0.7	0.7	0.7	0.6	6	5	0.6	160	1.0	40
7岁~	650	370	170	9	9	65	5.9	5.9	30	0.38	12	300	280	8	0.8	0.7	0.8	0.7	7	6	0.7	200	1.2	50
9岁~	800	460	210	12	12	65	5.9	5.9	40	0.47	15	400	380	8	0.9	0.8	0.9	0.8	9	8	0.8	240	1.5	65
12岁~	850	580	260	12	14	80	7.0	6.3	50	0.56	20	560	520	8	1.2	1.0	1.2	1.0	11	10	1.1	310	1.7	80
15岁~	800	600	270	12	14	85	9.7	6.5	50	0.59	20	580	480	8	1.4	1.1	1.3	1.0	13	10	1.2	320	2.1	85
18岁~	650	600	270	9	12	85	10.1	6.9	50	0.62	20	550	470	8	1.2	1.0	1.2	1.0	12	10	1.2	320	2.0	85
30岁~	650	590	270	9	12	85	10.1	6.9	50	0.60	20	550	470	8	1.2	1.0	1.2	1.0	12	10	1.2	320	2.0	85
50岁~	650	590	270	9	8^a / 12^b	85	10.1	6.9	50	0.60	20	540	470	8	1.2	1.0	1.2	1.0	12	10	1.3	320	2.0	85
65岁~	650	570	260	9	8	85	10.1	6.9	50	0.58	20	520	460	8	1.2	1.0	1.2	1.0	12	10	1.3	320	2.0	85
75岁~	650	570	250	9	8	85	10.1	6.9	50	0.57	20	500	430	8	1.2	1.0	1.2	1.0	12	10	1.3	320	2.0	85
孕早期	+0	+0	+30	—	+0	+75	—	+1.7	+4	+0.10	+0	—	+0	+0	—	+0	—	+0	—	+0	+0.7	+200	+0.4	+0
孕中期	+0	+0	+30	—	+7	+75	—	+1.7	+4	+0.10	+0	—	+50	+0	—	+0.1	—	+0.1	—	+0	+0.7	+200	+0.4	+10
孕晚期	+0	+0	+30	—	+10	+75	—	+1.7	+4	+0.10	+0	—	+50	+0	—	+0.2	—	+0.2	—	+0	+0.7	+200	+0.4	+10
乳母	+0	+0	+0	—	+6	+85	—	+4.1	+15	+0.50	+4	—	+400	+0	—	+0.2	—	+0.4	—	+3	+0.2	+130	+0.6	+40

注：^{a} 无月经；^{b} 有月经。
"—"表示未制定或未涉及；"+"表示在相应年龄阶段的成年女性需要量基础上增加的需要量。

表1-7 膳食矿物质推荐摄入量（RNI）或适宜摄入量（AI）

年龄/阶段	钙/(mg/d) RNI	磷/(mg/d) RNI	钾/(mg/d) AI	钠/(mg/d) AI	镁/(mg/d) RNI	氯/(mg/d) AI	铁/(mg/d) RNI 男	铁/(mg/d) RNI 女	碘/(μg/d) RNI	锌/(mg/d) RNI 男	锌/(mg/d) RNI 女	硒/(μg/d) RNI	铜/(mg/d) RNI	氟/(mg/d) AI	铬/(μg/d) AI 男	铬/(μg/d) AI 女	锰/(mg/d) AI 男	锰/(mg/d) AI 女	钼/(μg/d) RNI
0岁~	200 (AI)	105 (AI)	400	80	20 (AI)	120	0.3 (AI)		85 (AI)	1.5 (AI)		15 (AI)	0.3 (AI)	0.01		0.2		0.01	3 (AI)
0.5岁~	350 (AI)	180 (AI)	600	180	65 (AI)	450	10		115 (AI)	3.2 (AI)		20 (AI)	0.3 (AI)	0.23		5		0.7	6 (AI)
1岁~	500	300	900	500~700[a]	140	800~1100[b]	10		90	4.0		25	0.3	0.6		15			10
4岁~	600	350	1100	800	160	1200	10		90	5.5		30	0.4	0.7		15			12
7岁~	800	440	1300	900	200	1400	12		90	7.0		40	0.5	0.9		20			15
9岁~	1000	550	1600	1100	250	1700	16		90	7.0		45	0.6	1.1		25			20
12岁~	1000	700	1800	1400	320	2200	16	18	110	8.5	7.5	60	0.7	1.4	33	30	2.0	1.5	25
15岁~	1000	720	2000	1600	330	2500	16	18	120	11.5	8.0	60	0.8	1.5	35	30	2.0	2.0	25
18岁~	800	720	2000	1500	330	2300	12	18	120	12.0	8.5	60	0.8	1.5	35	30	2.5	2.5	25
30岁~	800	710	2000	1500	320	2300	12	18	120	12.0	8.5	60	0.8	1.5	35	30	3.5	3.0	25
50岁~	800	710	2000	1500	320	2300	12	10[c] 18[d]	120	12.0	8.5	60	0.8	1.5	30	25	4.5	4.0	25
65岁~	800	680	2000	1400	310	2200	12	10	120	12.0	8.5	60	0.8	1.5	30	25	4.5	4.0	25
75岁~	800	680	2000	1400	300	2200	12	10	120	12.0	8.5	60	0.7	1.5	30	25	4.5	4.0	25
孕早期	+0	+0	+0	+0	+40	+0	—	+0	+110	—	+2.0	+5	+0.1	+0	—	+0	—	+0	+0
孕中期	+0	+0	+0	+0	+40	+0	—	+7	+110	—	+2.0	+5	+0.1	+0	—	+3	—	+0	+0
孕晚期	+0	+0	+0	+0	+40	+0	—	+11	+110	—	+2.0	+5	+0.1	+0	—	+5	—	+0	+0
乳母	+0	+0	+400	+0	+0	+0	—	+6	+120	—	+4.5	+18	+0.7	+0	—	+5	—	+0.2	+5

注：[a] 1岁~为500mg/d，2岁~为600mg/d，3岁~为700mg/d。
[b] 1岁~为800mg/d，2岁~为900mg/d，3岁~为1100mg/d。
[c] 无月经。
[d] 有月经。
"—"表示未涉及；"+"表示在相应年龄阶段的成年女性需要量基础上增加的需要量。

表 1-8 膳食维生素推荐摄入量（RNI）或适宜摄入量（AI）

年龄/阶段	维生素A/(μgRAE/d) RNI 男	维生素A/(μgRAE/d) RNI 女	维生素D/(μg/d) RNI	维生素E/(mgα-TE/d) AI	维生素K/(μg/d) AI	维生素B₁/(mg/d) RNI 男	维生素B₁/(mg/d) RNI 女	维生素B₂/(mg/d) RNI 男	维生素B₂/(mg/d) RNI 女	烟酸/(mgNE/d) RNI 男	烟酸/(mgNE/d) RNI 女	维生素B₆/(mg/d) RNI	叶酸/(μgDFE/d) RNI	维生素B₁₂/(μg/d) RNI	泛酸/(mg/d) AI	生物素/(μg/d) AI	胆碱/(mg/d) AI 男	胆碱/(mg/d) AI 女	维生素C/(mg/d) RNI
0岁~	300(AI)	330	10(AI)	3	2	0.1(AI)	0.1(AI)	0.4(AI)	0.4(AI)	1(AI)	1(AI)	0.1(AI)	65(AI)	0.3(AI)	1.7	5	120	120	40(AI)
0.5岁~	350(AI)	380	10(AI)	4	10	0.3(AI)	0.3(AI)	0.6(AI)	0.6(AI)	2(AI)	2(AI)	0.3(AI)	100(AI)	0.6(AI)	1.9	10	140	140	40(AI)
1岁~	340	390	10	6	30	0.6	0.6	0.7	0.6	6	5	0.6	160	1.0	2.1	17	170	170	40
4岁~	390	380	10	7	40	0.9	0.8	0.9	0.8	7	6	0.7	190	1.2	2.5	20	200	200	50
7岁~	430	390	10	9	50	1.0	0.9	1.0	0.9	9	8	0.8	240	1.4	3.1	25	250	250	60
9岁~	560	540	10	11	60	1.1	1.0	1.1	1.0	10	10	1.0	290	1.8	3.8	30	300	300	75
12岁~	780	730	10	13	70	1.4	1.2	1.4	1.2	13	12	1.3	370	2.0	4.9	35	380	380	95
15岁~	810	670	10	14	75	1.6	1.3	1.6	1.2	15	12	1.4	400	2.5	5.0	40	450	380	100
18岁~	770	660	10	14	80	1.4	1.2	1.4	1.2	15	12	1.4	400	2.4	5.0	40	450	380	100
30岁~	770	660	10	14	80	1.4	1.2	1.4	1.2	15	12	1.4	400	2.4	5.0	40	450	380	100
50岁~	750	660	10	14	80	1.4	1.2	1.4	1.2	15	12	1.6	400	2.4	5.0	40	450	380	100
65岁~	730	640	15	14	80	1.4	1.2	1.4	1.2	15	12	1.6	400	2.4	5.0	40	450	380	100
75岁~	710	600	15	14	80	1.4	1.2	1.4	1.2	15	12	1.6	400	2.4	5.0	40	450	380	100
孕早期	—	+0	+0	+0	+0	—	+0	—	+0	—	+0	+0.8	+200	+0.5	+1.0	+10	—	+80	+0
孕中期	—	+70	+0	+0	+0	—	+0.2	—	+0.1	—	+0	+0.8	+200	+0.5	+1.0	+10	—	+80	+15
孕晚期	—	+70	+0	+0	+0	—	+0.3	—	+0.2	—	+0	+0.8	+200	+0.5	+1.0	+10	—	+80	+15
乳母	—	+600	+0	+3	+5	—	+0.3	—	+0.5	—	+4	+0.3	+150	+0.8	+2.0	+10	—	+120	+50

注："—"表示未涉及；"+"表示在相应年龄阶段的成年女性需要量基础上增加的需要量。

表1-9　膳食营养素降低膳食相关非传染性疾病风险的建议摄入量（PI-NCD）

单位：mg/d

年龄/阶段	钾	钠	维生素C
0岁~	—	—	—
0.5岁~	—	—	—
1岁~	—	—	—
4岁~	1800	≤1000	—
7岁~	2200	≤1200	—
9岁~	2800	≤1500	—
12岁~	3200	≤1900	—
15岁~	3600	≤2100	—
18岁~	3600	≤2000	200
30岁~	3600	≤2000	200
50岁~	3600	≤2000	200
65岁~	3600	≤1900	200
75岁~	3600	≤1800	200
孕早期	+0	+0	+0
孕中期	+0	+0	+0
孕晚期	+0	+0	+0
乳母	+0	+0	+0

注：孕期、哺乳期女性的PI-NCD与同年龄女性相同。

"—"表示未制定；"+"表示在相应年龄阶段的成年女性需要量基础上增加的需要量。

表 1-10 膳食微量营养素可耐受最高摄入量（UL）

年龄阶段	钙/(mg/d)	磷/(mg/d)	铁/(mg/d)	碘/(μg/d)	锌/(mg/d)	硒/(μg/d)	铜/(mg/d)	氟/(mg/d)	锰/(mg/d)	钼/(μg/d)	维生素A/(μg/d)	维生素D/(μg/d)	维生素E/(mgα-TE/d)	烟酸/(mgNE/d)	烟酰胺/(mg/d)	维生素B$_6$/(mg/d)	叶酸/(μg/d)	胆碱/(mg/d)	维生素C/(mg/d)
0岁~	1000	—	—	—	—	55	—	—	—	—	600	20	—	—	—	—	—	—	—
0.5岁~	1500	—	—	—	—	80	—	—	—	—	600	20	—	—	—	—	—	—	—
1岁~	1500	—	25	—	9	80	2.0	0.8	3.5	200	700	20	150	11	100	20	300	1000	400
4岁~	2000	—	30	200	13	120	3.0	1.1	5.0	300	1000	30	200	15	130	25	400	1000	600
7岁~	2000	—	35	250	21	150	3.0	1.5	6.5	400	1300	45	300	19	160	32	500	2000	800
9岁~	2000	—	35	250	24	200	5.0	2.0	9.0	500	1800	45	400	23	200	40	650	2000	1100
12岁~	2000	—	40	300	32	300	6.0	2.4	10	700	2400	50	500	30	260	50	800	2000	1600
15岁~	2000	—	40	500	37	350	7.0	3.5	11	800	2800	50	600	33	290	55	900	2500	1800
18岁~	22000	3500	42	600	40	400	8.0	3.5	11	900	3000	50	700	35	310	60	1000	3000	2000
30岁~	2000	3500	42	600	40	400	8.0	3.5	11	900	3000	50	700	35	310	60	1000	3000	2000
50岁~	2000	3500	42	600	40	400	8.0	3.5	11	900	3000	50	700	35	310	55	1000	3000	2000
65岁~	2000	3000	42	600	40	400	8.0	3.5	11	900	3000	50	700	35	300	55	1000	3000	2000
75岁~	2000	3000	42	600	40	400	8.0	3.5	11	900	3000	50	700	35	290	55	1000	3000	2000
孕早期	2000	3500	42	500	40	400	8.0	3.5	11	900	3000	50	700	35	310	60	1000	3000	2000
孕中期	2000	3500	42	500	40	400	8.0	3.5	11	900	3000	50	700	35	310	60	1000	3000	2000
孕晚期	2000	3500	42	500	40	400	8.0	3.5	11	900	3000	50	700	35	310	60	1000	3000	2000
乳母	2000	3500	42	500	40	400	8.0	3.5	11	900	3000	50	700	35	310	60	1000	3000	2000

注："—"表示未制定。

表 1-11　水的适宜摄入量[a]　　　　　　　　　　　　　　　　　　　单位：mL/d

年龄/阶段	饮水量		总摄入量[b]	
	男性	女性	男性	女性
0 岁~	—	—	700[c]	
0.5 岁~	—	—	900	
1 岁~	—	—	1300	
4 岁~	800		1600	
7 岁~	1000		1800	
12 岁~	1300	1100	2300	2000
15 岁~	1400	1200	2500	2200
18 岁~	1700	1500	3000	2700
65 岁~	1700	1500	3000	2700
孕早期	—	+0	—	+0
孕中期	—	+200	—	+300
孕晚期	—	+200	—	+300
乳母	—	+600	—	+1100

注：[a] 温和气候条件下，低强度身体活动水平时的摄入量。在不同温湿度和/或不同强度身体活动水平时，应进行相应调整。
[b] 包括食物中的水和饮水中的水。
[c] 纯母乳喂养婴儿无需额外补充水分。
"—"表示未涉及；"+"表示在相应年龄阶段的成年女性需要量基础上增加的需要量。

表 1-12　其他膳食成分成年人特定建议值（SPL）和可耐受最高摄入量（UL）

其他膳食成分	SPL	UL
原花青素/(mg/d)	200	—
花色苷/(mg/d)	50	—
大豆异黄酮/(mg/d)	55[a] 75[b]	120[c]
绿原酸/(mg/d)	200	—
番茄红素/(mg/d)	15	70
叶黄素/(mg/d)	10	60
植物甾醇/(g/d)	0.8	2.4
植物甾醇酯/(g/d)	1.3	3.9
异硫氰酸酯/(mg/d)	30	—
辅酶 Q_{10}/(mg/d)	100	—
甜菜碱/(g/d)	1.5	4.0
菊粉或低聚果糖/(g/d)	10	—
β-葡聚糖（谷物来源）/(g/d)	3.0	—
硫酸/盐酸氨基葡萄糖/(mg/d)	1500	—
氨基葡萄糖/(mg/d)	1000	—

注：[a] 绝经前女性的 SPL；[b] 围绝经期和绝经后女性的 SPL；[c] 绝经后女性的 SPL。
"—"表示未制定。

（二）营养素安全摄入范围

1. 营养素摄入不足或摄入过量的危险性

以蛋白质为例说明摄入水平与随机个体摄入不足或过多的危险性，如图 1-1 所示。

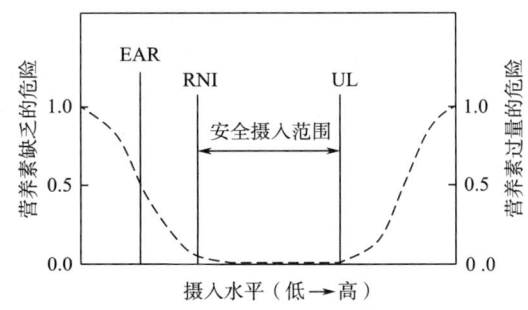

图 1-1　营养素摄入不足和过多的危险性图解

图 1-1 显示了 EAR、RNI、UL 三者之间的相互关系。

如果一个人不摄入蛋白质，在一定时间内就会引起蛋白质缺乏症；如果一群人一段时间不摄入蛋白质，他们将全部患上蛋白质缺乏症。

随着摄入量的增加，摄入不足的概率随之降低。当任意一个个体摄入量达到 EAR 水平时，有 50% 的可能缺乏该营养素；一个群体的平均摄入量达到 EAR 时，人群中则可能有 50% 个体得不到满足。

当随机个体摄入量增加到 RNI 水平时，营养素摄入不足导致缺乏的概率在 3% 以下；一个群体的平均摄入量达到 RNI 时，人群中有缺乏可能的个体仅占 2%~3%，也就是几乎所有的个体都没有发生缺乏的危险。所以也可以把 RNI 认为是"安全摄入量"。

当摄入量超过"安全摄入量"并不表示有什么风险，但若继续增加直到某一点，此时开始有摄入过多的现象，这一点就是该营养素的"可耐受最高摄入量（UL）"。

RNI 和 UL 之间是一个"安全摄入范围"，日常摄入量保持在这一范围内，一般不会发生缺乏也不会中毒。

摄入量超过 UL 继续增加，则产生毒副作用的概率随之增加，但并不表示摄入量超过 UL 值就一定发生毒副作用。理论上摄入量达到某一水平，机体出现毒副反应的概率等于 1.0，即一定会或全体都发生中毒，在自然膳食条件下这种情况是不可能发生的。

食谱设计应当努力把营养素的摄入量控制在 RNI~UL 这个安全摄入范围之内。当然，在不同生活条件的人群中，这个范围可能左移或右移。

不同的个体由于其年龄、性别和生理状况不同，对各种营养素的需要量可能都不相同，一般成年人需要从膳食中获取营养素来维持体重及保证机体各种生理功能；儿童、青少年除了维持外还需要获得更多的营养素来满足生长发育的需要；妊娠和哺乳的妇女还需要获得额外数量的营养素，以保证胎儿和婴儿的生长发育以及母体相关组织增长和泌乳的需要。所以膳食的营养"目标"是可变的，需要根据使用者的体重、个体发育等可观测指标来调整。

2. 营养素摄入量与非传染性慢性病

需要指出的是，将 DRIs 实际应用到 NCD 预防时，应当把计划当作是几年或更长时间实施的工作。而且，不合理饮食习惯只是引起慢性病的一部分原因，只靠推荐几种营养素的摄入量来实现某种慢性病的一级预防是不够的，因此，不应该局限于以一种营养素或膳食成分的计划实现慢性病的预防，而要充分考虑与此慢性病相关联的其他危险因素，从综合角度制订预防措施。例如，高血压的危险因素之一是摄入钠（食盐）过量，DRIs 主要从这一角度提出钠的 PI。但是高血压的危险因素还有家族遗传、久坐不动、心理紧张、超重肥胖等，在膳食方面过量饮酒、低钾饮食等也是高血压的危险因素，因此需要充分考虑这些因素，并充分理解目标群体和个体的特征后，再确定全面的预防措施。

（三）DRIs 的应用

DRIs 的主要用途是供营养专业人员对不同人群或个体进行膳食评价和膳食计划，也可以应用于营养政策和标准的制定，以及营养食品研发等领域。

膳食营养素参考摄入量（DRIs）的应用包括配餐（计划膳食）和评价膳食两个方面。在配餐工作中，首先用它作为营养素适宜的摄入目标，然后建议摄取合适的食物来达到这个目标。在评价膳食工作中，用它作为一个尺度，来衡量人们实际摄入的营养素量是否适宜。

1. DRIs 在配餐中的应用

（1）用 DRIs 为个体配餐　为个体配餐的目的是使个体的营养素摄入量接近其 RNI 或 AI，包括设定营养素摄入目标和制订膳食计划两个步骤。

①设定营养素摄入目标。对于健康个体而言，因为 DRIs 是按照体重代表值（如 18～29 岁成人体重代表值为女 56.0kg，男 65.0kg）制定的，所以若其体重与体重代表值基本一致，则可以直接应用 DRIs 的相应数值作为营养素的供应目标。就是说，为个体配餐时，应当使各种营养素的摄入量都在"安全摄入范围"之内，即都能达到各自的 RNI 或 AI，但又不超过各自的 UL。配餐中能量摄入量目标应当用平均能量需要量（EER）作为唯一参考值，而且要随时监测体重，根据体重的变化情况适时地调整能量目标，以保持适宜体重；同时要考虑膳食的构成，使能量的来源分布合理。如果体重偏离体重代表值过大，则能量、蛋白质的摄入量需要进行适当的调整，而其他微量营养素摄入量无需调整。对于特殊个体，如吸烟者（维生素 C）、运动员（铁）、素食者（铁、锌）、病人（受疾病影响的营养素），需要基于特殊考虑对特定营养素提出适当的计划。

②制订膳食计划。制订膳食计划常用以食物为基础的膳食指南作依据，根据个体需要量的特殊性再进行适当的调整。通常使用中国居民膳食指南和中国居民平衡膳食宝塔制订食谱，然后根据食物成分数据复查设计的食谱是否满足了 RNI 或 AI 又不超过 UL 水平。在特定情况下，也可使用强化食品或营养补充剂以保证特定营养素的供给。在我国，食品营养标签系统也日渐成熟，也可以用它作为计划膳食的工具。

（2）用 DRIs 为群体配餐　为群体计划膳食是营养配餐人员的日常工作之一。在工作中，营养配餐人员经常需要给学校、幼儿园、军队、保健所、老人之家等单位配餐。在这些单位食堂有多人一起用餐，由于就餐人员的个体差异，对营养素的需要量也各异，这时营养目标的确定就比较复杂。计划群体膳食应分步骤进行，首先确定配餐群体的营养素目标，然后选择食物来达到这些目标，最后评估这些目标是否都达到了。

①为均匀性群体配餐。所谓均匀性群体，就是在年龄分布、性别分布、体力活动强度及身体健康状况方面基本一致的就餐人群。比如说，一个连队的食堂，所有就餐人员都是健康的成年男性，年龄在20岁左右，体力活动在同一个水平上，是一个均匀性群体。

如何确定营养素摄入目标？有 EAR 和 UL 的营养素，允许2%~3%的人有摄入不足的危险，另有2%~3%的人有摄入过量的危险；有 AI 的营养素，设置人群摄入量的中位数等于 AI；能量，选择这个人群的平均能量需要量（EER）；宏量营养素，按照 AI 或 AMDR 设定蛋白质、脂肪各自提供的能量百分数应当是适宜的；有 PI-NCD 的营养素，设置膳食相关慢性病易感人群的摄入量达到 PI-NCD。

即使是均匀性群体，也有个体差异的问题。为均匀性群体计划膳食，需要先获得这个群体的营养素平均需要量、营养素需要量分布及人群营养素日常摄入量分布，然后按照能够满足人群97%以上个体的营养需要量的要求来确定营养目标。如果无法获得当地营养调查的详细数据，无法了解当地居民营养素的日常摄入量分布范围，也无法对群体先做详细的营养需要量调查，此时，可以先按照 DRIs 中建议的参考值作为营养目标，再根据实际情况进行调整。

②为非均匀性群体配餐。非均匀性群体的配餐是一项复杂的、难度比较高的工作，首先营养目标的确定比较复杂，其次人群的食物选择及膳食安排也相对困难。比如，在一个单位食堂，有男性也有女性，年龄不同，工种不同，健康状况不同，可能还会有孕妇或乳母，营养需要量也是不同的。

对于非均匀性群体，可以先对人群进行细分，划分为不同的亚群，分别确定每一亚群营养目标，特别是能量和蛋白质目标，其他微量营养素的目标采用"就高不就低"策略，只要在 UL 水平以下，按照需求量最高的亚群来确定，即可避免营养素供应不足的危险。

在不可能把最脆弱人群作为目标的情况下，可以用"营养素密度法"进行计划。营养素密度是指单位能量［通常是4180kJ（1000kcal）］的某种食物或膳食所含有的营养素的质量，例如100mg/1000kcal。虽然各亚群的能量需要量差异比较大，但营养素密度是按照单位能量来计算的，因此只要确定营养素密度，就能消除不同能量摄入量的差异。一般建议按照营养密度需求最高的群体来确定。这样可以保证食物摄入量较小的群体也不会发生营养素供应不足的问题。每一营养素的目标值都要按照这一方法来确定。在现实中，为避免食物摄入量较大的群体可能存在营养素摄入过量的风险，或者由于各种原因，食物营养素密度不可能按食量均匀化，那么可以采用一些变通的方法解决。例如，给需要量高的亚群专门准备一种食物，或让他们食用营养强化食品、服用营养补充剂等，而把营养素供应目标降低到稍低的水平。

2. DRIs 在膳食评价中的应用

膳食评价是营养配餐和膳食调查工作的重要内容之一。在膳食评价工作中，用 DRIs 作为一个目标，一是衡量设计的食谱所提供的营养素是否满足配餐对象的需要，二是评价膳食调查对象摄入的营养素是否适宜。

(1) 应用 DRIs 评价个体摄入量是否适宜　一个个体如果在一段时间（一周或一个月）内的平均摄入量低于相应人群的 EAR，就可以认为必须提高，这是因为摄入不足的概率高达 50%，这是不可接受的；如果摄入量达到或高于 RNI 时，就可以认为摄入量是充足的；摄入量在 EAR 和 RNI 之间时，就难以确定摄入量是否适宜，为了安全起见，还是应当改善。

如果一个人的日常营养素摄入量等于或大于 AI，几乎可以肯定其膳食是适宜的；但是，如果其摄入量低于 AI，就不能对其是否适宜进行定量或定性评估。

如果日常摄入量超过 UL，就有摄入过量的风险，有可能对某些个体造成危害，有些营养素摄入过量的后果比较严重，因此，摄入量一旦超过 UL，一定要认真对待。

用 EER 评价能量摄入是否合适。尽管根据年龄、性别、身高、体重可以用公式计算平均能量需要量（EER），但是预测男女 EER 的标准差分别是 200kcal/d 和 160kcal/d，两倍标准差则为 400kcal/d 和 320kcal/d。如果摄入量<EER−2SD 或>EER+2SD，定义为摄入不足或过量，在 EER±2SD 内，最好用体重指数或体重增减来评价，而不是比较 EER。

用 AMDR 评价碳水化合物和脂肪摄入是否合适。碳水化合物、总脂肪和脂肪酸的推荐量都是一个范围值。如果摄入量在此范围内，摄入的营养素是充分的，发生膳食相关慢性病的危险很小；如果低于或高于推荐范围，营养不足或发生膳食相关慢性病的风险会增加。

在任何情况下，一个人的营养需要量和日常摄入量只能是一个估算的结果，因此对个体膳食适宜性评价都是不够准确的，应当结合个体的体格检查、生化检查等数据进行综合评价，谨慎对结果进行解释。

(2) 应用 DRIs 评价群体摄入量　EAR 切点法是评价群体营养素摄入量简单而实用的方法。使用这种方法的条件为：营养素的摄入量和需要量之间没有相关；群体的需要量可以认为呈正态分布；摄入量的变异要大于需要量的变异。可以假定凡制定了 EAR 和 RNI 的营养素都符合上述条件，都可以用本法进行评价。只要计数在观测人群中有多少个体的日常摄入量低于 EAR，这些个体在人群中的比例就等于该人群摄入不足的比例。

不宜用 RNI 来评估人群摄入不足的比例。RNI 是一个能满足人群中 97%~98% 的个体需要的摄入水平（假定人群的需要量呈正态分布）。如果把摄入量低于 RNI 的个体判断为摄入不足，结果必然严重地高估了摄入不足的比例。

当人群的平均摄入量等于或大于该人群 AI 时，可以认为该人群摄入不足的概率很低；当人群的平均摄入量在 AI 以下时，则不能判断群体摄入不足的程度。

宏量营养素的日常摄入量保持在上限和下限之内，则摄入不足的人数比例很小，而且易感人群发生膳食相关慢性病的概率降低。

能量摄入量与需要量（EER）存在相关性，需要量较高的个体摄入量也较高。如采用切点法计算摄入不足的人数会出现高估。可采用按身高、体重、体重指数或其他人体指标进行评价。

人群中日常摄入量超过 UL 的这一部分人可能面临健康风险。

DRIs 在健康个体及群体中的应用建议总结如表 1-13 所示。

表 1-13　DRIs 在健康个体及群体中的应用建议

用途	DRIs	针对个体	针对群体
评价膳食*	EAR	用以估计日常摄入量不足的概率	用以估计一个群体中摄入不足个体所占的比例
	RNI	日常摄入量达到或超过此水平则摄入不足的概率很低	不宜用来评估人群摄入不足的比例
	AI	日常摄入量达到或超过此水平则摄入不足的概率很低	平均摄入量达到或超过此水平表明该人群摄入不足的概率很低
	AMDR	宏量营养素的日常摄入量保持在上限和下限之内，则摄入不足的可能性很小，而且因过量引起膳食相关疾病的风险减小	宏量营养素的日常摄入量保持在上限和下限之内，则摄入不足的人数比例很小，而且易感人群发生膳食相关疾病的概率降低
	UL	日常摄入量超过此水平可能面临健康风险	用以估计人群中由于摄入过量而存在健康风险的个体所占的比例
	PI-NCD	营养素的摄入量达到 PI-NCD，发生膳食相关疾病的风险降低	用于评价人群可能存在膳食相关疾病发生风险的比例
计划膳食	EAR	不作为个体配餐预期营养目标。若日常摄入量仅达到 EAR，则摄入不足的概率达到 50%，这是不可接受的	作为摄入不足的切点，计划群体膳食，使摄入不足者占的比例很低
	RNI	达到这一水平；如果日常摄入量达到或超过此水平则摄入不足的概率很低	不能直接应用于群体配餐的预期目标
	AI	达到这一水平；如果日常摄入量达到或超过此水平则摄入不足的概率很低	用以计划平均摄入量水平，平均摄入量达到或超过此水平，则摄入不足者的比例很低
	PI-NCD	当成年人营养素摄入量达到 PI-NCD，可降低膳食相关疾病的发生风险	用以计划摄入量，增加成年人营养素的摄入量达到 PI-NCD 的比例，可降低人群膳食相关疾病的发生风险
	AMDR	摄入量保持在上限和下限之内，预防宏量营养素的缺乏，或减少因其过量引起膳食相关疾病的风险	用以计划摄入量，增加进入 AMDR 范围的人群比例，可降低人群膳食相关疾病的发生风险
	UL	日常摄入量低于此水平以避免摄入过量可能造成的危害	用作控制指标，使人群中摄入过量风险的比例很低

注：* 需要统计学上可靠的日常摄入量估算值。

3. 在其他方面的应用

DRIs 不仅对于评价和计划个体和群体的膳食营养起重要作用，而且可以在社会生产和生活的诸多领域得到应用。国家的许多与营养健康状况改善有关的政策、标准、法规的制定，临床营养中为患者设计膳食计划，食品企业研发营养相关的食品等均须以 DRIs 为依据。

（1）在制定营养政策中的应用　任何营养政策制定都是为了保证人群的营养需求，使人群尽可能达到营养素参考摄入量，并有足够的储备量，保持人体健康状态。因此，营养政策制定都会直接或间接地应用 DRIs，作为发展方向或预期达到的目标。

比如 2017 年国务院下发的《国民营养行动计划（2017—2030 年）》将全国人均每日食盐摄入量降低 20% 列入主要目标，并提出开展以"三减三健"（减盐、减油、减糖，健康口腔、健康体重、健康骨骼）为重点的专项行动，这一目标和策略是依据中国居民膳食盐和钠摄入状况，以 DRIs 中钠的 PI-NCD 为目标而制定的。

（2）在制定《中国居民膳食指南》中的应用　膳食指南是以食物为基础制定的文件，如何通过食物搭配满足营养素的需求，需要按照 DRIs 来确定。《中国居民膳食指南》中包括了具有中国特色的"平衡膳食宝塔"。该宝塔将食物分为五大类，而且为每类食物列出了推荐的摄入量。这些食物的摄入量，是根据 DRIs 推荐的营养素摄入量换算而来。因此可以说《中国居民膳食指南》和平衡膳食宝塔的制定过程就是 DRIs 在中国人群膳食评价和膳食计划应用的范例。DRIs 是制定膳食指南的依据和目标，膳食指南则是指导居民通过合理膳食达到营养素参考摄入量的工具或方法，指导我国居民营养状况的改善。

（3）在制定食品营养标准中的应用　国家食品标准特别是食品安全国家标准，如有关营养配方食品、营养强化剂以及营养素补充剂等标准，比如 GB 10765—2021《食品安全国家标准　婴儿配方食品》、GB 14880—2012《食品安全国家标准　食品营养强化剂使用标准》、GB 28050—2011《食品安全国家标准　预包装食品营养标签通则》等，都涉及人体每日营养素需要量，因此在制定中均以 DRIs 作为基本依据。

（4）在临床营养中的应用　DRIs 的适用对象主要是健康人群，也适用于一些患有慢性病（如轻度高血压、血脂异常、糖尿病前期等），但能正常生活，并没有实施特定的膳食限制或膳食治疗需求的患者。其中 AMDR、PI-NCD 和 SPL 对于某些疾病高风险人群的膳食指导尤为重要。

以治疗为目的的疾病，病情对能量和营养素的摄入量有特殊要求，应当以该种疾病相关的治疗原则为前提制订膳食营养方案，而不宜直接使用 DRIs 作为此类患者的营养治疗依据。

虽然以治疗为目的，但是病情不需要考虑特殊的能量和营养素摄入量，或者只是为了预防疾病而不以治疗为目的，应当以 DRIs 为基础制定其膳食营养方案。

对于特殊医学用途配方食品安全标准，比如 GB 25596—2010《食品安全国家标准　特殊医学用途婴儿配方食品通则》、GB 29922—2013《食品安全国家标准　特殊医学用途配方食品通则》，在上述标准制定中，各营养素的基本含量要求均以中国居民 DRIs 为基础，提出产品中各营养素的限量值，使产品既满足临床患者的营养需求，又不会出现过量的风险。同时允许根据特定疾病的情况对营养素含量进行调整，以满足目标人群的特殊需求。

（5）在研发和评审营养食品中的应用　满足不同人群各种营养素的需要量已经成为食品企业在研发、生产、销售过程中的重要目标，DRIs 也成为产品研发的重要指南。国家卫生健康委员会、国家食品药品监督管理部门对食品企业从事的营养食品研发生产等活动，特别是对维生素、矿物质的强化产品，也需要根据 DRIs 进行审批。

对于食品营养强化剂的使用也是 DRIs 应用的重要方面。随着食品工业的发展，越来越多的营养素和生物活性物质被添加到食品中，其行政许可的工作也越来越重要。目前，要新添加的物质以及扩大使用范围、使用量均须考虑满足 RNI/AI 的程度和安全性（添加量与 UL 的关系）等，也体现了 DRIs 在产品研发中的重要价值。

（四）DRIs 使用注意事项

我国目前使用的《中国居民膳食营养素参考摄入量》是 2023 年制定的，具体数据见表 1-1 至表 1-12。营养素的参考摄入量使用起来很方便，但在使用时，需要对其有准确地理解。

（1）DRIs 是为一般健康人设计的　DRIs 不适合营养缺乏者、肥胖者、心脑血管疾病、糖尿病、痛风及其他生理上非常特殊的人，这些人需要在参考摄入量标准的基础上进行调整。

（2）能量的 EAR 就是它的 RNI　能量没有 EAR 和 RNI 的区别，或者说它的 EAR 等于它的 RNI。为了避免混淆，DRIs 使用了"平均能量需要量（EER）"来表述能量的参考摄入量，不再使用 EAR 或 RNI 来表述能量参考值。在日常配餐中，要随时监测体重，根据体重的变化情况适时地调整能量目标，使体重保持稳定。同时有必要考虑能量来源分布，即脂肪、碳水化合物和蛋白质提供能量的百分数。

（3）一段时间的膳食营养素平均摄入水平达到 RNI 或 AI　营养素的 RNI 或 AI 并不是每天准确摄取的营养素数量，这里使用的"摄入量 RNI 和 AI"是指在一段时间，譬如一周或几个月的时间内的平均摄入水平。

（4）RNI 或 AI 不一定是个体的最佳营养素摄入水平　制定摄入量参考值时要照顾到大多数人的需要，而不可能考虑到每个人的个体差异。例如，某些人吸烟，对维生素 C 的需要量增加，或者由于胃肠道吸收功能不同，对营养素的需要量就有差异。所以营养素参考摄入量是一个群体的指标，不是为个体量身定做的指标。

（5）从天然食物中获取充足的营养素是健康的保证　摄取多种多样、新鲜的食物不仅可以满足个体对各种营养素的需要，还能摄入充足的抗氧化物质，可以保持身体健康并能预防慢性非传染性疾病的发生。因此，人们达到营养素参考摄入量的理想方式是摄取多种多样、新鲜的天然食物，而不是用营养补充剂来满足要求。

（6）营养配餐设定的目标只是一个设想　在任何情况下，营养配餐设定的营养目标都只是一个设想或假设，真正的需要量应该是经过一段时间后基于对个体体重变化和机体营养状况等多方面信息的评价和调整。

二、中国居民膳食指南

膳食指南是根据营养科学原则和人体营养需要，结合当地食物生产供应情况及人群生活实践，提出的食物选择和身体活动的指导意见。

（一）一般人群膳食指南

下面介绍《中国居民膳食指南（2022）》一般人群膳食指南的主要内容。

准则一　食物多样，合理搭配

平衡膳食模式是保障人体营养和健康的基本原则，食物多样是平衡膳食的基础，合理搭配是平衡膳食的保障。平衡膳食模式是根据营养科学原理、我国居民膳食营养素参考摄入量及科学研究成果而设计，指一段时间内，膳食组成中的食物种类和比例可以最大限度地满足不同年龄、不同能量水平的健康人群的营养和健康需求。

合理搭配是指食物种类和质量在一日三餐中合理分配。合理搭配是平衡膳食的保障。合理搭配是指食物种类和质量的合理化，膳食的营养价值通过合理搭配而提高和优化。中国居民平衡膳食宝塔是将五大类食物的种类和质量合理搭配的具体表现。

食物多样是指一日三餐膳食的食物种类全、品样多，是平衡膳食的基础。如果用"数值"来形容食物多样，可以理解为平均每日摄入不同品种食物 12 种以上，每周 25 种以上，具体分配见表 1-14，烹调油和调味品不计算在内。

表 1-14　建议摄入的主要食物种类数　　　　　　　　　单位：种

食物类别	平均每天摄入的种类数	每周至少摄入的种类数
谷类、薯类、杂豆类	3	5
蔬菜、水果	4	10
畜、禽、鱼、蛋	3	5
奶、大豆、坚果	2	5
合计	12	25

核心推荐：①坚持谷类为主的平衡膳食模式；②每天的膳食应包括谷薯类、蔬菜水果、畜禽鱼蛋奶和豆类食物；③平均每天摄入 12 种以上食物，每周 25 种以上，合理搭配；④每天摄入谷类食物 200~300g，其中包含全谷物和杂豆类 50~150g；薯类 50~100g。

关键事实：①食物多样是实践平衡膳食的基础，食物多样、平衡膳食才能满足人体的营养需要；②合理搭配是实现平衡膳食的关键，只有将各类食物的品种和数量合理搭配才能实现平衡膳食的目标；③谷类食物是人类最经济、最重要的能量来源。目前我国许多居民存在膳食结构不合理的问题，特别是成年人摄入供能食物的数量及比例搭配不合理；④平衡膳食可提高机体免疫力，降低心血管疾病、高血压、2 型糖尿病、结直肠癌、乳腺癌的发病风险。

准则二　吃动平衡，健康体重

体重是客观评价人体营养和健康状况的重要指标，各年龄段人群都应该天天进行身体活动，保持健康体重。体重变化是判断一段时期内能量平衡与否最简便易行的指标，也是判断吃动是否平衡的指标。目前常用的判断健康体重的指标是体重指数（Body Mass Index，BMI），它的计算方法是用体重（kg）除以身高（m）的平方。我国健康成年人（18~64 岁）的 BMI 应在 18.5~23.9kg/m^2（表 1-15），65 岁以上老年人的适宜体重和 BMI 应该略高（20~26.9kg/m^2）。

表 1-15 中国成年人体重分类

分类	BMI/(kg/m²)
肥胖	BMI≥28.0
超重	24.0≤BMI<28.0
体重正常	18.5≤BMI<24.0
体重过低	BMI<18.5

家里准备一个体重秤，经常称一下早晨空腹时的体重。注意体重变化，随时调整吃与动的平衡。

如何做到食不过量呢？食不过量主要指每天摄入的各种食物所提供的能量，不超过也不低于人体所需要的能量。以下窍门可以帮助您做到食不过量，建立健康的饮食行为。

【动画】能量从哪里来

（1）定时定量进餐　可避免过度饥饿引起的饱食中枢反应迟钝而导致进食过量。

（2）吃饭宜细嚼慢咽　避免进食过快，无意中进食过量。

（3）提倡分餐制　根据个人的生理条件和身体活动量，进行标准化配餐和定量分配。

（4）每顿少吃一两口　如果能坚持每顿少吃一两口，最好在感觉还欠几口的时候就放下筷子，不要完全吃饱，更不能吃撑，这样对预防能量摄入过多而引起的超重和肥胖有重要的作用。

（5）减少高能量加工食品的摄入　少选择高脂肪、高糖食品。

（6）减少在外就餐　在外就餐，容易进食过量。

身体活动量多少为宜呢？通常身体活动量应占总能量消耗的15%以上。建议每天主动运动为6000步，或中等强度运动30min以上，可以一次完成，也可以分2~3次完成。推荐的成年人身体活动量见表1-16。

表 1-16 推荐的成年人身体活动量

活动名称	时间*/min
太极拳	50
快走、骑自行车、乒乓球、跳舞	40
健身操、高尔夫球	30~35
网球、篮球、羽毛球	30
慢跑、游泳	25

注：*相当于快走6000步的活动时间。

核心推荐：①各年龄段人群都应天天进行身体活动，保持健康体重；②食不过量，保持能量平衡；③坚持日常身体活动，每周至少进行5天中等强度身体活动，累计150min以上；主动身体活动最好每天6000步；④鼓励适当进行高强度有氧运动，加强抗阻运动，每周2~3d；⑤减少久坐时间，每小时起来动一动。

关键事实：①运动有利于身心健康，维持健康体重取决于机体的能量平衡；②体重过轻或过重都可能导致疾病发生风险增加；低体重和肥胖增加老年死亡风险；③超重和肥胖是慢性病的独立危险因素；④增加有规律的身体活动可以降低全因死亡风险，久坐不动会增加全因死亡风险，是独立危险因素；⑤增加身体活动可以降低心血管疾病、2型糖尿病和结肠癌、乳腺癌等癌症的发病风险；有效消除压力，缓解抑郁和焦虑，改善认知、睡眠和生活质量。

准则三　多吃蔬果、奶类、全谷、大豆

蔬菜水果、全谷物、奶类、大豆是维生素、矿物质、优质蛋白、膳食纤维和植物化学物的重要来源，对提高膳食质量起到关键作用。蔬菜水果富含维生素、矿物质、膳食纤维，且能量低，对于满足人体微量营养素的需要、保持人体肠道正常功能以及降低慢性病的发生风险等具有重要作用。蔬菜水果中还富含有机酸和芳香物质等，能够增进食欲，帮助消化。奶类品种繁多，是膳食钙和优质蛋白质的重要来源。全谷物含有谷物全部的天然营养成分，还富含膳食纤维、B族维生素和维生素E等，增加其摄入量与降低2型糖尿病、心血管疾病和癌症的发病风险有关。大豆、坚果富含优质蛋白质、必需脂肪酸及多种植物化学物。坚果是平衡膳食的有益补充，坚果有益，但不宜过量，适量摄入有益健康，且其能量应该计入一日三餐的总能量之中。父母要从孩子小的时候就开始重视健康饮食行为的培养，日常生活中营造健康饮食的氛围，以增加孩子对蔬菜、水果、奶类、豆类等食物的喜好，并要以身作则，这样孩子才能耳濡目染，适应食物多样的平衡膳食模式。

核心推荐：①蔬菜水果、全谷物和奶制品是平衡膳食的重要组成部分；②餐餐有蔬菜，保证每天摄入不少于300g的新鲜蔬菜，深色蔬菜应占1/2；③天天吃水果，保证每天摄入200~350g的新鲜水果，果汁不能代替鲜果；④吃各种各样的奶制品，摄入量相当于每天300mL以上液态奶；⑤经常吃全谷物、大豆制品，适量吃坚果。

关键事实：①蔬菜水果提供丰富的微量营养素、膳食纤维和植物化学物；②增加蔬菜和水果、全谷物摄入可降低心血管疾病的发病和死亡风险。增加全谷物摄入可降低体重增长；③增加蔬菜摄入总量及十字花科蔬菜和绿色叶菜摄入量，可降低肺癌的发病风险；④多摄入蔬菜水果、全谷物，可降低结直肠癌的发病风险；⑤牛奶及其制品可增加儿童青少年骨密度；酸奶可以改善便秘、乳糖不耐受；⑥大豆及其制品含有多种有益健康的物质，对降低绝经后女性骨质疏松、乳腺癌的发病风险有一定益处。

准则四　适量吃鱼、禽、蛋、瘦肉

鱼、禽、蛋、瘦肉均属于动物性食物，富含优质蛋白质、脂类、脂溶性维生素、B族维生素和矿物质等，是平衡膳食的重要组成部分。该类食物蛋白质的含量普遍较高，其氨基酸组成更适合人体需要，利用率高，但有些含有较多的饱和脂肪酸和胆固醇，摄入过多可增加肥胖和心血管疾病等发病风险，应当适量摄入。

鱼虾等水产类食物低脂且富含不饱和脂肪酸，如EPA和DHA，对预防血脂异常和脑卒中等疾病有一定作用，建议每周至少食用鱼类两次。禽类食物的脂肪含量也相对较低，且脂肪酸组成优于畜类。蛋类各种营养成分比较齐全，蛋黄是维生素和矿物质的集中部位，并且富含磷脂和胆碱，对健康十分有益，因此吃鸡蛋不要弃蛋黄。蛋黄的胆固醇含量

较高，但适量食用（如每天一个鸡蛋）对一般人群的心血管健康无负面影响。畜肉类脂肪含量较高，特别是肥肉，饱和脂肪酸含量高，应减少摄入，吃畜肉应当选瘦肉，并控制每周摄入量不超过500g。烟熏和腌制肉在加工过程中，易受多环芳烃类和甲醛等多种有害物质的污染，过多摄入可增加某些肿瘤的发生风险，应当少吃或不吃。综上所述，为了健康，应优先选择低脂、富含不饱和脂肪酸的鱼虾和禽类，适量食用蛋类，减少畜肉尤其是肥肉的摄入，并避免食用烟熏和腌制肉类。

核心推荐：①鱼、禽、蛋类和瘦肉摄入要适量，平均每天120~200g；②每周最好吃鱼2次或300~500g，蛋类300~350g，畜禽肉300~500g；③少吃深加工肉制品；④鸡蛋营养丰富，吃鸡蛋不弃蛋黄；⑤优先选择鱼，少吃肥肉、烟熏和腌制肉制品。

关键事实：①目前我国居民畜肉、禽肉、鱼和蛋类的食用比例不适当，畜肉摄入过高，鱼、禽肉摄入过低；②鱼、畜禽肉和蛋类对人体的蛋白质、脂肪、维生素A、维生素B_2、维生素B_{12}、烟酸、铁、锌、硒的贡献率高；③增加鱼类摄入可降低全因死亡风险及脑卒中的发病风险；④适量摄入禽肉和鸡蛋与心血管疾病的发病风险无明显关联；⑤过量摄入畜肉能增加2型糖尿病、结直肠癌和肥胖发生的风险；⑥烟熏肉可增加胃癌和食管癌的发病风险。

准则五　少盐少油，控糖限酒

食盐是食物烹饪和食品加工的主要调味品。我国居民的饮食习惯中食盐摄入量较高，要降低食盐摄入，培养清淡口味，逐渐做到量化用盐。在家烹饪时推荐使用定量盐勺，每餐按量放入菜肴，尤其要重点培养儿童的清淡饮食习惯。

烹调油包括植物油和动物油，是人体必需脂肪酸和维生素E的重要来源。目前我国居民烹调油摄入量较多。动物油脂富含饱和脂肪酸，应特别注意限制加工零食和油炸香脆食品摄入。日常饱和脂肪酸提供的能量应控制在总能量的10%以下。

建议每天添加糖的摄入不超过50g，最好控制在25g以下。"控糖"要点：①尽量做到少喝或不喝含糖饮料，更不能用饮料替代饮用水；②少吃甜味食品，如糕点、甜点、冷饮等；③做饭炒菜少放糖；④要学会查看食品标签中的营养成分表，选择碳水化合物或糖含量低的饮料，注意隐形糖；⑤在外就餐或外出游玩时更要注意控制添加糖摄入。

由于酒含有较多的能量，特别是高度白酒，经常饮酒会造成能量过剩；同时，酒会影响食物营养素的吸收，造成营养素缺乏。还有对于孕妇、乳母、儿童青少年、特殊状况或特定职业人群以及驾驶机动工具的人员，即使少量饮酒也会对健康、工作或生活造成不良影响。酒的主要化学成分是乙醇，过量饮用可引起肝脏损伤，也是胎儿酒精综合征、痛风、部分癌症和心血管疾病等发生的重要危险因素，因此，不推荐任何人饮酒。成年人若饮酒，应限量。

核心推荐：①培养清淡饮食习惯，少吃高盐和油炸食品。成年人每天摄入食盐不超过5g，烹调油25~30g；②控制添加糖的摄入量，每天不超过50g，最好控制在25g以下；③反式脂肪酸每天摄入量不超过2g；④不喝或少喝含糖饮料；⑤儿童青少年、孕妇、乳母以及慢性病患者不应饮酒。成年人如饮酒，一天饮用的酒精量不超过15g。

关键事实：①我国居民油、盐摄入量居高不下，儿童青少年糖摄入量持续升高，成为我国肥胖和慢性病发生发展的关键影响因素；②高盐（钠）摄入可增加高血压、脑卒中、胃癌和全因死亡的发生风险；③脂肪摄入过多可增加肥胖的发生风险；摄入过多反式脂肪酸会增加心血管疾病的发生风险；④当添加糖摄入量<10%能量（约50g）时，龋齿发病率下降；当添加糖摄入量<5%能量（约25g）时，龋齿发病率显著下降。过多摄入含糖饮料可增加儿童青少年龋齿和肥胖的发病风险；⑤饮酒可增加肝损伤、胎儿酒精综合征、痛风、结直肠癌、乳腺癌等的发生风险；过量饮酒还可增加心脑血管疾病等的发生风险。

准则六　规律进餐，足量饮水

规律进餐是实现平衡膳食、合理营养的前提。一日三餐、定时定量、饮食有度，是健康生活方式的重要组成部分，不仅可以保障营养素全面、充足摄入，还有益健康。规律进餐可根据作息时间、生活习惯和劳动强度等进行适当调整。饮食不规律、暴饮暴食、不合理节食等不健康的饮食行为会影响机体健康。应规律进餐，每天吃早餐，并且吃好早餐。合理安排一日三餐，早餐提供的能量应占全天总能量的25%~30%，午餐占30%~40%，晚餐占30%~35%。尽量在家就餐。

水是人体最重要的组成部分，并发挥着重要的生理作用。水在维持体液平衡、参与机体新陈代谢、调节体温以及润滑器官和关节等方面都起着必不可少的作用。水的摄入和排出维持着动态平衡，饮水过多或过少都会影响机体的水合状态，不利于机体健康。机体对水的需要量受年龄、性别、身体活动水平、膳食结构和环境等多种因素的影响。

核心推荐：①合理安排一日三餐，定时定量，不漏餐，每天吃早餐；②规律进餐、饮食适度，不暴饮暴食、不偏食挑食、不过度节食；③足量饮水，少量多次。在温和气候条件下，低身体活动水平成年男性每天喝水1700mL，成年女性每天喝水1500mL；④推荐喝白水或茶水，少喝或不喝含糖饮料，不用饮料代替白水。

关键事实：①我国居民每日三餐规律的人群比例有所下降，在外就餐比例增加；②规律三餐有助于控制体重，降低超重肥胖和糖尿病的发生风险；③吃好早餐有助于满足机体营养需要，还有助于维持血糖平稳、改善认知能力和工作效率；④暴饮暴食、经常在外就餐增加超重肥胖的发生风险；⑤在平衡膳食的原则下，适度节食有助于控制体重；⑥足量喝水可以保持机体处于适宜的水合状态，维护正常生理功能；⑦我国居民饮水量不足的现象较为普遍，含糖饮料消费量呈上升趋势；⑧饮水过少引起的脱水状态会降低认知能力和体能，增加泌尿系统疾病的患病风险。

准则七　会烹会选，会看标签

认识食物和会挑选食物是健康生活的第一步。了解各种食物营养特点，学会看懂营养标签，比较和选择食物，学习传统烹调技能，做到按需备餐、营养配餐，维护健康生活。生命的各个阶段都应该重视膳食计划，把食物多样、能量平衡放在首位，统筹好食物选购，设计好菜肴，合理分配三餐和零食茶点。

核心推荐：①在生命的各个阶段都应做好健康膳食规划；②认识食物，选择新鲜的、营养素密度高的食物；③学会阅读食品标签，合理选择预包装食品；④学习烹饪、传承传统饮食，享受食物天然美味；⑤在外就餐，不忘适量与平衡。

关键事实：①当前饮食行为的变化，为实行平衡膳食提出了挑战；保持传统文化，在家吃饭最容易做到平衡膳食；②经常在外就餐或选购外卖食品的人，油、盐、糖摄入量相对较高，长期高频率下，超重、肥胖发生风险增加；③学习食物知识，强化预包装食品营养标签和标识的学习和使用，是促成健康选择食品的有效手段。

准则八　公筷分餐，杜绝浪费

饮食文化是健康素质、信仰、情感、习惯等的重要体现。讲究卫生、公筷公勺和分餐、尊重食物、拒绝食用"野味"，既是健康素养的体现，也是文明礼仪的一种象征，对于公共卫生建设具有重大意义。

勤俭节约是中华民族和家庭文化的取向，尊重劳动、珍惜食物、避免浪费是每个人应遵守的原则。

一个民族的饮食状况不仅承载了营养，也反映了文化传承和生活状态。在家吃饭、尊老爱幼是中华民族的优良传统。在家烹饪，有助于食物多样选择、提高平衡膳食的可及性；在家吃饭有利于在享受营养美味食物的同时，享受愉悦进餐的氛围和亲情。

核心推荐：①选择新鲜卫生的食物，不食用野生动物；②食物制备生熟分开，熟食二次加热要热透；③讲究卫生，从分餐公筷做起；④珍惜食物，按需备餐，提倡分餐不浪费；⑤做可持续食物系统发展的践行者。

关键事实：①饮食卫生是预防食源性疾病发生的前提；②我国食物浪费问题比较突出，减少食物浪费是食物系统可持续发展的需要；③良好健康饮食行为的培养，有助于平衡膳食和传承新时代健康饮食文化。

（二）中国居民平衡膳食宝塔

平衡膳食模式是经过科学设计的理想膳食模式。平衡膳食模式所推荐的食物种类和比例能最大限度地满足不同年龄阶段、不同能量需要水平的健康人群的营养和健康需要。平衡膳食模式是中国居民膳食指南的核心。中国居民平衡膳食宝塔（以下简称宝塔）是把平衡膳食的原则转化为各类食物的数量和比例的图形化表示。

1. 中国居民平衡膳食宝塔说明

（1）膳食宝塔结构　中国居民平衡膳食宝塔形象化的组合，遵循了平衡膳食的原则，体现了在营养上比较理想的基本食物构成。宝塔共分五层，各层面积大小不同，体现了五大类食物和食物量的多少。谷薯类食物位居底层，蔬菜和水果居第二层，鱼、禽、肉、蛋等动物性食物位于第三层，奶类和豆类、坚果类食物合居第四层，第五层塔顶是烹调油和食盐，各层的食物推荐量如图1-2所示。

（2）膳食宝塔建议的食物量　食物量是根据不同能量需要量水平设计的，宝塔旁边的文字注释，标明了在6700kJ（1600kcal）~10050kJ（2400kcal）能量需要量水平时，一段时间内成年人每人每天各类食物摄入量建议值范围，建议量以食物的可食部生重计。

①谷薯类食物。谷类包括小麦面粉、大米、玉米、高粱、小米、燕麦、荞麦等谷物及其制品。薯类包括甘薯、马铃薯、芋头、山药等，可替代部分粮食。杂豆包括大豆以外的其他干豆类，有红小豆、绿豆、芸豆、豌豆、花豆、白豆等。谷类、薯类和杂豆是膳食能量的主要来源，也是最安全、最经济的能源食物。谷类、薯类及杂豆类食物的选择应重视多样化，粗细搭配。日常饮食要适量选择一些全谷物、杂豆及薯类，这些食物所含的膳食纤维、维生素及矿物质要比精加工的米、面更丰富。

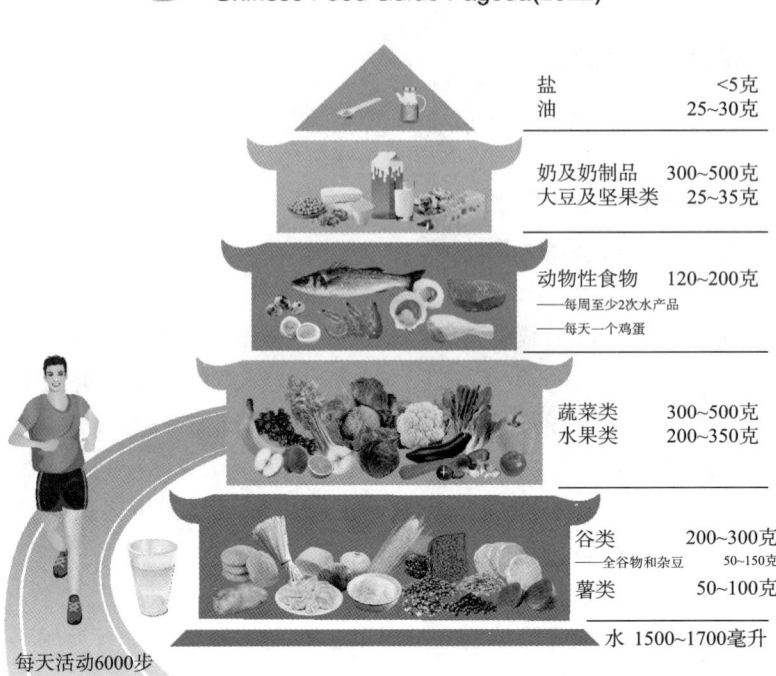

图1-2 中国居民平衡膳食宝塔

谷类、薯类和杂豆是膳食能量的主要来源，也是多种微量营养素和膳食纤维的良好来源。在1600~2400kcal能量需要量水平下的一段时间内，建议每日摄入谷类200g~300g，其中包括全谷物和杂豆类50~150g。另外，新鲜薯类50g~100g，从能量角度相当于15~35g大米。建议量是以原料的生重计算，如面包、切面、馒头应折合成相当的面粉来计算，而米饭、米粥要折合成相当的大米来计算，薯类为鲜重。

②蔬菜。蔬菜是膳食指南建议多摄入的食物，是膳食纤维、微量营养素、植物化学物的良好来源。蔬菜包括嫩茎、叶、花菜类、根菜类、鲜豆类、茄果瓜菜类、葱蒜类、菌藻类及水生蔬菜类等。深色蔬菜是指深绿色、深黄色、紫红色等颜色深的蔬菜，一般富含维生素、膳食纤维和植物化学物。在1600~2400kcal能量需要量水平下，建议成年人每日新鲜蔬菜摄入量300g以上，其中深色蔬菜最好占一半以上。

③水果。水果是膳食指南建议多摄入的食物，是微量营养素、膳食纤维和植物化学物的良好来源。在1600~2400kcal能量需要量水平下，建议成年人每天吃新鲜水果200g~350g。新鲜时令水果是首选，在新鲜水果不足时，可选择一些含糖量低的纯果汁或干果制品。蔬菜水果营养特点各异，各有优势，不能完全相互替代。

④畜禽肉类。在1600~2400kcal能量需要量水平下，推荐成年人每天鱼、禽、肉、蛋摄入量共计在120~200g。

肉类包括畜肉、禽肉及其内脏类，建议每天摄入40g~75g，少吃加工类肉制品。目前我国汉族居民肉类摄入以猪肉为主，而猪肉含脂肪较高，因此应尽量选择瘦畜肉和禽肉。

⑤鱼虾类。常见水产品包括鱼、虾、蟹和贝类，其特点是脂肪含量低，蛋白质含量丰富且其氨基酸的组成和人体的需要相近，是优质蛋白质的良好来源，某些鱼、虾类的矿物质含量也很丰富。建议每天摄入量为40~75g，有条件的可以优先选择。

⑥蛋类。蛋类包括鸡蛋、鸭蛋、鹅蛋、鹌鹑蛋、鸽蛋及其制品（如咸蛋、松花蛋等）。蛋类营养丰富，建议每天摄入量为40~50g，相当于一个鸡蛋。吃蛋不弃蛋黄，蛋黄有着丰富的营养成分，如胆碱、卵磷脂、胆固醇、维生素A、叶黄素、锌、B族维生素，无论多大年龄都具有健康益处。咸蛋钠含量很高，而松花蛋制作过程维生素被破坏严重，少吃为好。

⑦乳类。乳类是膳食指南鼓励多摄入的食物，有牛乳、羊乳、马乳等，最常见的是牛乳。乳制品包括乳粉、酸乳、乳酪等，但不包括奶油和黄油。建议每日饮用量至少相当于液态奶300g或相当量的乳制品，有条件可以多吃一些。婴幼儿要尽可能选用符合国家标准的配方乳制品。饮乳多者、中老年人、超重和肥胖者建议选择脱脂或低脂乳。乳糖不耐受者可以食用酸乳或低乳糖乳及低乳糖乳制品。

计算乳类的摄入量时，不能将鲜乳和乳制品的摄入量直接相加，须要以蛋白质为换算单位，将乳制品摄入量折算成鲜乳量后再相加。一般假定100g鲜乳的蛋白质含量为3.0g，则：

$$相当于鲜乳量 = 乳制品摄入量 \times 乳制品蛋白质含量 \div 3.0\%$$

例如蛋白质含量18%的乳粉30g，折合成鲜乳量是180g［30×18%÷3% = 180（g）］。

⑧大豆及坚果类。大豆包括黄豆、黑豆和青豆，豆制品种类很多，常见的有豆腐、豆腐干、千张、豆浆、豆腐皮、腐竹等。坚果包括花生、瓜子、核桃、杏仁、榛子、松子等，部分坚果的营养价值与大豆相似，富含必需脂肪酸和必需氨基酸。推荐大豆和坚果每日摄入量共为25g~35g，其中坚果每周摄入70g左右（相当于每天约10g）。

豆制品摄入量需按蛋白质含量与大豆进行换算。一般假定100g大豆的蛋白质含量为35.1g，豆制品折算成大豆的量为：

$$大豆量 = 豆制品摄入量 \times 豆制品蛋白质含量 \div 35.1\%$$

例如150g豆腐（100g豆腐蛋白质含量为8.0g）折算成大豆量是：

大豆量（g）= 150×8.0%÷35.1% = 34.2（g），则150g豆腐相当于34.2g大豆。

以提供蛋白质的量换算，40g干豆约相当于80g豆腐干，120g北豆腐，240g南豆腐，650g豆浆。

⑨烹调油和食盐。烹调油包括植物油和动物油。建议摄入量为不超过30g。烹调油也应多样化，应经常更换种类。健康成年人一天食盐（包括酱油和其他食物中的食盐）的建议摄入量为不超过5g。一般20mL酱油中含3g食盐，10g黄酱中含盐1.5g，如果菜肴需要用酱油和其他酱类，应按比例减少食盐用量。

⑩运动和水。运动或身体活动是能量平衡和保持身体健康的重要手段。鼓励养成天天运动的习惯，坚持每天做一些消耗体力的活动。建议成年人每天进行累计相当于快步走6000步以上的身体活动，如果身体条件允许，每周最好进行150min中等强度的运动，如骑车、跑步等。

饮水不足或过多都会对人体健康带来危害。建议在温和气候条件下生活的轻体力活动的成年人，每日饮水至少1500~1700mL（7~8杯）。

2. 中国居民平衡膳食宝塔的应用

膳食指南是对健康人群的饮食指导，是希望达到的一个理想目标，膳食宝塔以图形的方式来表现理想的膳食构成。基于此，在营养调查中膳食宝塔常常被用来评价调查对象的膳食结构是否平衡，食物种类是否齐全，食物摄入量是否适度等方面；在设计和计划膳食中常常被用于设计健康人食谱和评价膳食计划是否合理两个主要方面。膳食设计的基本步骤如下。

（1）确定膳食能量目标　膳食宝塔在实际应用时要根据个人年龄、性别、身高、体重、劳动强度、季节等情况适当调整。根据《中国居民膳食营养素参考摄入量（2023版）》，可以简单地根据自己的年龄范围和劳动强度来确定能量需要量，直接采用对应的能量值作为膳食设计的能量目标。在实际应用时每个人要根据自己的生理状态、生活特点、身体活动强度及体重情况进行调整。

（2）选择食物并确定食物用量　膳食宝塔建议的各类食物摄入量是一个平均值。在一段时间内，比如一周，各类食物摄入量的平均值应当符合膳食宝塔的建议量。中国营养学会还设计了不同能量下的平衡膳食模式（表1-17），表中列出1000~3000kcal能量需要水平下的膳食构成，涵盖了2岁儿童以上全人群的能量需要水平。应用时根据自己的能量水平确定各类食物的需要量。

表1-17　中国居民平衡膳食模式——不同能量下的食物组成

食物种类/（g/d）	能量需要量/（kcal/d）										
	1000	1200	1400	1600	1800	2000	2200	2400	2600	2800	3000
1 谷类	85	100	150	200	225	250	275	300	350	375	400
—全谷物及杂豆		适量			50~150				125~200		
薯类*		适量		50		75		100		125	
2 蔬菜	200	250	300	300	400	450	450	500	500	500	600
—深色蔬菜					占所有蔬菜的二分之一						
3 水果	150	150	150	200	200	300	300	350	350	400	400
4 畜禽肉类	15	25	40	40	50	50	75	75	75	100	100
蛋类	20	25	25	40	40	50	50	50	50	50	50
水产品	15	20	40	40	50	50	75	75	75	100	125
5 乳制品	500	500	350	300	300	300	300	300	300	300	300
6 大豆和坚果	5	15	15	25	25	25	35	35	35	35	35
7 烹调用油	15~20	20~25	25	25	25	25	30	30	30	30	35
8 烹调用盐	<2	<3	<4	<5	<5	<5	<5	<5	<5	<5	<5

注：*薯类为鲜重。
资料来源：《中国居民膳食指南（2022）》。

（3）食物同类互换，调配丰富多彩的膳食　人们吃多种多样的食物不仅是为了获得适量、均衡的营养，也是为了使饮食更加丰富多样，以满足人们的口味享受。假如人们每天都吃同样的50g肉、15g豆，难免久食生厌，那么合理营养也就无从谈起了。膳食宝塔包含的每一类食物中都有许多品种，虽然每种食物都与另一种不完全相同，但同一类中各种食物所含营养成分往往大体上近似，在膳食中可以互相替换。

应用膳食宝塔可把营养与美味结合起来，按照同类互换、多种多样的原则调配一日三餐。同类互换就是以粮换粮，以豆换豆、以肉换肉。如大米可与面粉或杂粮互换，馒头可与相应量的面条、烙饼、面包等互换。多种多样就是选用品种、形态、颜色、口感多样的食物和变换烹调方法。食物小份量是保证食物多样化的良好措施。

（4）要因地制宜充分利用当地资源　我国幅员辽阔，各地的饮食习惯及物产不尽相同，只有因地制宜充分利用当地资源才能有效地应用膳食宝塔。例如：牧区奶类资源丰富，可适当提高奶类摄入量；渔区可适当提高鱼及其他水产品摄入量；农村山区则可利用山羊奶以及花生、瓜子、核桃、榛子等资源。在某些情况下，由于地域、经济或物产所限无法采用同类互换时，也可以暂用豆类代替乳类、肉类；或用蛋类代替鱼、肉；不得已时也可用花生、瓜子、榛子、核桃等坚果代替大豆或肉、鱼、奶等动物性食物。

（5）合理烹饪，清淡饮食，养成习惯，长期坚持　少油和少盐是合理烹调的要素之一，日常生活应该掌握油和盐用量。膳食对健康的影响是长期的结果。大家应认真做好每一餐、每一天的平衡膳食，并养成清淡饮食的习惯，并坚持不懈，才能充分发挥平衡膳食对健康的重大促进作用。

（6）确认和核查　一般而言，按膳食指南和膳食宝塔推荐的食物量制订的食谱，在一段时间内可以达到营养平衡和营养素的充足供给。同时，也建议用中国居民 DRIs 来评价食谱是否达到营养要求，或者一段时间内核查体重的变化，以使得膳食设计和需求一致。

3. 应用膳食宝塔评价膳食计划

一般膳食设计和计划完成后，可以根据膳食宝塔给出的食物种类、数量核对食谱是否基本达到希望的目标。一方面评价食物的种类是否齐全，是否做到食物种类多样化；另一方面评价各类食物的计划是否充足。

4. 注意事宜

无论什么权威组织，制订一个适合所有人的膳食都是困难的，也是不可能的。同样，居民膳食指南也只能是个参考的原则，而非分毫不差的标准。在实践工作中，应因人而异，考虑存在的饮食文化差异、身体差异、食物资源差异、特殊问题等。另外，对推荐的食物量要加深科学的理解，不被数字束缚。

课堂讨论

珍惜食物、杜绝浪费

珍惜食物，杜绝浪费，需我们共同行动。我们按需选购，合理搭配，食物多样；倡导小份量用餐，积极践行光盘行动；合理利用剩饭剩菜；外出就餐，按需点菜不铺张。这样不仅能减轻环境压力，更是对劳动的尊重与资源的珍视，还提高我们的环保意识和社会责任感。

现在，请分组讨论，从多个角度思考还有哪些减少食物浪费的具体建议。

希望大家团队密切合作，发挥创新思维，提出更多具有可行性的建议，并在日常生活中付诸实践。

三、食物成分表

食物成分表是描述食物成分及其含量数据的表格。食物成分数据是营养配餐、食物交换应用的基础，也是一个国家了解人群营养状况、评价膳食营养质量、设计和实施膳食改进计划必需的基础资料，还是农业、食品工业、商业等部门发展食物生产及加工、优化和改进国民食物结构的重要依据。

（一）食物成分表概要

食物成分表是进行食谱设计时所需要使用的重要的工具书。中国疾病预防控制中心营养与健康所编著的第 6 版《中国食物成分表标准版》是最新的版本，也是最权威的版本，是食谱制定时使用工具书的首选。第 6 版《中国食物成分表标准版》分三册，第一册（植物性食物）及第二册（动物性食物）分别于 2018 年、2019 年出版，第三册（加工食品）还在编撰中，尚未出版。

第 6 版《中国食物成分表标准版》是在第 5 版《中国食物成分表（2009，第一册）》和《中国食物成分表（2004，第二册）》的基础上修订而成的。其主要内容包括使用说明、食物成分表、附录三部分。其中食物成分表又分为：能量和食物一般营养成分表、食物氨基酸、脂肪酸、碘、维生素（叶酸、胆碱、生物素、泛酸）、嘌呤、部分鱼贝类的 DHA 和 EPA 含量表及食物中植物化学物含量表。食物成分数据库主要内容有食物、食物成分以及相关信息或说明。食物是食物成分数据库最重要的项目，包括原始食物和加工食品。食物成分是数据库的精华，它表现食物的主要营养特点，国家或地区的有关公共健康问题，营养学的发展状况和毒理学的认识、分析方法的可行性、资金、人力、实验设备的承受力等。

（二）食物成分表使用说明

1. 部分营养素的计算方法

（1）能量　"能量"不是直接测定的，而是计算值，它采用各供能营养素（蛋白质、碳水化合物、脂肪）的克重乘以相应的能量转换系数，再求和而得。各种供能营养素的能量转换系数为：蛋白质 4kcal/g（17kJ/g）、脂肪 9kcal/g（37kJ/g）、碳水化合物 4kcal/g（17kJ/g）、膳食纤维 2kcal/g（8kJ/g）、酒精 7kcal/g（29kJ/g）。营养学上习惯以千卡（kcal）作为能量的计量单位，而现在国际通用的计量单位为焦耳（J），1948 年国际上确定 1cal 相当于 4.184J。食物成分表中"能量"一栏列出两种计量单位，即 kcal 和 kJ。

【动画】食物成分表使用说明——能量

《中国食物成分表（2009，第一册）》对"能量"数值做了修改。食物膳食纤维能量转换系数在《中国食物成分表（2002，第一册）》和《中国食物成分表（2004，第二册）》两书中是"0"，根据最新的 FAO-INFOODS 的建议，膳食纤维的能量转换系数在《中国食物成分表（2009，第一册）》《中国食物成分表标准版（第 6 版）》中修改为"2kcal/g"。这样大多数食物的能量数据都有所提升，特别是富含膳食纤维的食物（如魔芋、蔬菜类等）的能量可能改变较大。

食物成分表中"碳水化合物"实际是"总碳水化合物"，但计算能量时，总碳水化合物或可利用碳水化合物的能量系数都是"4kcal/g"，膳食纤维的系数是"2kcal/g"。

（2）碳水化合物　它不是直接测定的值，而是计算出来的，每100g可食部食物中的碳水化合物的计算公式为：碳水化合物=100-(水分+蛋白质+脂肪+灰分)。

也就是说，"碳水化合物"实际为总的碳水化合物，包括可利用碳水化合物和膳食纤维两类。值得注意的是，在应用食物成分表计算能量时，碳水化合物应减去膳食纤维，再乘以相应的折算系数，即（碳水化合物-膳食纤维)×4，膳食纤维×2。

（3）膳食纤维　根据FAO建议，"膳食纤维"仅代表营养学的概念，而不是一种特定的成分。使用"膳食纤维"这一概念来表示一类不被消化的碳水化合物。膳食纤维不是由一种成分构成的，它包括很多组分，如纤维素、半纤维素、木质素、角质等不溶性纤维，另外还有果胶、树脂等可溶性纤维。膳食纤维可直接用系数"2"计算能量。可溶性纤维在水果和豆类中含量较多，略少于不溶性纤维，而谷类食物中只含少量可溶性纤维，主要含不溶性纤维。

（4）维生素A（Vitamin A）　维生素A有多种化学形式，具有不同的生物活性。为了计算总维生素A生物活性，需要测定食物中不同形式的维生素A，包括动物性来源的视黄醇、植物性来源的β-胡萝卜素和其他类型的胡萝卜素。在以往版本中，维生素A的生物活性都是以视黄醇当量（retinol equivalent，RE）表示。美国从第15版《食物成分表标准版》开始改为以视黄醇活性当量（retinol activity equivalent，RAE）表示。这种变化的原因是由于美国国家医学科学院的研究所研究表明，来自β-胡萝卜素和其他类型胡萝卜素的活性只是我们以前所认为的一半。

同时，在2023年中国营养学会最新出台的DRIs中也修订并明确规定维生素A的生物活性以视黄醇活性当量来表示。因此，本书计算总的维生素A生物活性使用下述公式：

维生素A（μgRAE）= 视黄醇（μg）+β-胡萝卜素（μg）/12+其他类型的胡萝卜素（μg）/24

在植物性食物中只有胡萝卜素，没有视黄醇，而绝大多数动物体内仅有视黄醇。因此，当测定原型食物时，通常只有维生素A或者胡萝卜素。植物性来源的胡萝卜素测定采用层析法，未能分型，计算中均按β-胡萝卜素计算。因此，植物类食物的计算结果可能偏高。

维生素A、胡萝卜素的国际单位与视黄醇活性当量间的转换关系如下：

$$1\mu gRAE\ 维生素A = 1\mu g\ 视黄醇活性当量 = 12\mu g\ \beta\text{-胡萝卜素}$$
$$= 24\mu g\ 其他类型的胡萝卜素$$

【动画】食物成分表使用说明——维生素A

第6版《中国食物成分表标准版》已采用RAE并按上式进行了换算，因此与第5版《中国食物成分表》采用RE来表示维生素A的含量相比，数据不同。

2. 表中符号的说明

食物成分表中所用符号表示的意义见表1-18。

表 1–18　食物成分表中所用符号表示的意义

符号	意义
Tr	未检出或微量，低于目前应用的检测方法的检出限，或未检出
—	理论上食物中应该存在一定量的该种成分，但未实际检测
(0)	估计 0 值，理论上为 0 值或不存在，或测定后为 0
*	参考相似食物或原料数据计算而得或参考值
X	代表值，几条相同食物数据计算的中位数或均数
un	不能计算，或未测定

3. 计量单位的符号

食物成分表中主要的计量单位符号如下。

主要用于食物及营养素的质量单位有：g（克），mg（毫克），μg（微克）。

主要用于食物中能量单位的表示有：kcal（千卡），kJ（千焦）。1kcal＝4.184kJ。

（三）食物成分表的应用

食物成分数据在食谱设计、膳食调查、数据分析、营养改进等方面都必不可少。在配餐方面主要是食谱设计和营养计算。

早期关于食物成分的研究，旨在确定影响人类健康的各种食物成分的化学性质，也研究这些食物成分的作用机制，这些研究筑就了早期营养科学发展的基础，进而构成了营养学的核心，并成为膳食制备必不可少的基础资料。无论在设计食谱、查找食物营养特点还是调整膳食、食物交换中都必不可少的。

很显然，我们无法将每天所吃的食物送实验室化验以取得每日的营养素摄入量，也没有这个必要。通常我们借助食物成分表的食物成分数据来估算一餐或一段时间的营养素摄入量，以大致判断摄入的营养素是否充足。

膳食营养计算软件是食物成分数据的延伸和扩展，它集食物成分数据和营养计算、评价于一体，对应用者而言，更加方便和科学，也给食物成分数据的应用和普及提供了很大的便利。

（四）使用食物成分表的注意事项

食物成分表虽然提供了大量的食物成分数据，但如果应用或理解不当，也可能带来很大的误差。使用食物成分表时需要注意以下几个问题。

（1）不同时期、不同产地或不同季节的食物营养成分都会有差异，一个食物成分数据库并不能准确地预测任何一种单一食物样品的成分数据。因此，尽管可以利用食物成分数据来计划膳食或调整食物供应，但是营养素含量仍然是估计水平。如果需要获得所用食物营养素含量的准确数据，就必须进行直接分析。

（2）食物成分数据对于加工食品的有效性是有限的。已给定的加工食品会随生产配方或加工工艺的改变而使得食物成分数据库中的数据无效，对于在食品制作过程中添加或容易丢失的成分尤其是这样的。因此，在使用食物成分数据时，一定要注意该食品的描述，选取最恰当、最准确的食品使用。

(3) 食物有科学名称和地方俗名之分，一些食物的各地俗名不相同，要认真区分和查询，避免混淆。

(4) 食谱制订时，尽量使用食物原料查询其营养素的含量。因为有些食物在加工的过程中会因为加工方法的不同，食物成分的含量产生很大的差异。如小米粥，会由于加水量的差异，使此粥中营养成分的含量差异很大。

(5) 食物成分数据的获得主要是采集有代表性的食物或食品，所检测的食物样品不一定是现在居民所消费的同种食物。因此，表中数据与消费食物的营养素含量之间可能有一定的差距。

(6) 同一种名称的食物原料可能有干品、鲜品、水发品、烹调品等不同含水量的数据，查询的时候应当注意看清其水分含量，以免查错。

（五）营养素计算

（1）市品与食部之间的换算　　我们从市场中采集来的食物，称为市品，它包括丢掉和不可食部分。按照居民通常的加工、烹调和饮食习惯，去掉其中不可食用部分，剩余的即为食物的可食部分。食物成分表中"食部"栏中的数值表示某一食物中可食用部分占食物样品的百分比。

例如：在市场买了500g（这是市品的质量）芹菜，只吃芹菜的茎和叶，那么就要去掉根，剩下的茎和叶即为食部，称一下茎和叶的质量为325g，则食部比例 = 325÷500×100% = 65%。

【动画】食物中营养素含量计算

食物的可食部比例不是固定不变的。例如：吃苹果，有的人吃果肉也吃果皮，只是不吃核，那么"食部"就可能高达90%；如果不吃皮也不吃核，那么"食部"就降低，可能只有80%了。因此，"食部"的多少，也可以按个人的食用习惯而改变它的比例。还有，它会因运输、贮藏和加工处理等方面的不同而有所不同。因此，当认为食物实际的食部比例与食物成分表中的数值有较大差异时，可以自己测定食物可食部比例。

食物成分表中所列能量值及所有营养素的含量均以"每100g可食部"表达。

（2）食物中营养素含量计算　　从食物成分表中查出每100g可食部的营养素含量，然后计算每种食物所含营养素的量。计算公式为：

食物中某种营养素含量 = 食物可食部质量（g）×每100g可食部中营养素含量÷100（g）

= 食物市品质量（g）×可食部比例（%）×每100g可食部中营养素含量÷100（g）

例：计算500g马铃薯（市场购买的，带皮）中蛋白质的含量。已知其食部比例为94%，查《中国食物成分表标准版（第6版）》，其每100g可食部的蛋白质含量为2.6g。

则蛋白质的含量（g）= 500×94%×2.6÷100 ≈ 12.2（g）

食物中其他营养素和能量均以此算法计算。

■ 案例导入

某学校为初中男生提供的午餐食谱一人份为米饭（稻米200g），草菇豆腐干炒肉片[草菇50g，猪肉（腿）50g，豆腐干（香干）50g]，炒红薯叶（红薯叶150g），牛奶1瓶

(牛奶150g)，烹调用花生油人均15g，其他调味料适量（注：以上食物质量均为可食部的质量）。

①利用食物成分数据估算午餐能量及主要营养素的供应量。

中国食物成分表（节选）见表1-19，能量及营养素计算见表1-20。

表1-19 中国食物成分表（节选）

食物名称	食部/%	能量 kcal	能量 kJ	蛋白质/g	脂肪/g	碳水化合物/g	不溶性纤维/g	总维生素A/μgRAE	胡萝卜素/μg	视黄醇/μg	钙/mg
稻米（代表值）	100	347	1453	7.9	0.9	77.2	0.6	0	0	0	8
草菇	100	27	112	2.7	0.2	4.3	1.6	—	—	0	17
猪肉（腿）	100	190	792	17.9	12.8	0.8	0.0	3	0	3	6
豆腐干（香干）	100	152	637	15.8	7.8	5.1	0.8	3	40	0	299
红薯叶	100	27	112	3.1	Tr	5.1	2.8	113	1351	0	180
牛奶（代表值）	100	65	271	3.3	3.6	4.9	0.0	54	—	54	107
花生油	100	899	3761	Tr	99.9	0	—	—	—	—	12

数据来源：《中国食物成分表标准版（第6版）》。

表1-20 能量及营养素计算

原料名称	质量/g	能量/kcal	蛋白质/g	脂肪/g	可利用碳水化合物/g	不溶性纤维/g	总维生素A/μgRAE	钙/mg
稻米（代表值）	200	694	15.8	1.8	153.2	1.2	0	16
草菇	50	14	1.4	0.1	1.4	0.8	0	9
猪肉（腿）	50	95	9.0	6.4	0.4	0	2	3
豆腐干（香干）	50	76	7.9	3.9	2.2	0.4	2	150
红薯叶	150	41	4.7	0	3.5	4.2	170	270
牛奶（代表值）	150	98	5.0	5.4	7.4	0	81	161
花生油	15	135	0	15	0	0	0	2
合计	—	1153	43.8	32.6	168.1	6.6	255	611

②计算午餐蛋白质、脂肪、碳水化合物的供能比。

蛋白质的供能比 = 43.8×4÷1153×100% = 15.2%

脂肪的供能比 = 32.6×9÷1153×100% = 25.4%

碳水化合物的供能比 =（168.1×4+6.6×2）÷1153×100% = 59.5%

③计算午餐优质蛋白质占蛋白质总量的百分比。

本餐的优质蛋白质由猪肉、豆腐干和牛奶提供。

优质蛋白质的量 = 9.0+7.9+5.0 = 21.9（g）

优质蛋白质占蛋白质总量的比例 = 21.9÷43.8×100% = 50%

> **课堂讨论**
>
> **古人对食物成分的探索和如今的食物成分表**
>
> "民以食为天",自古以来,人类就一直在自觉或不自觉地探索着食物中营养成分的奥秘。我国古代名医孙思邈在其医学著作《千金方》中提及,猪肝可用于治疗"雀目";东晋时期葛洪所著的《肘后备急方》则记载了以海藻为主治疗瘿病的组方;在《本草纲目》这部典籍里,也记载了红枣具有"补脾养胃,健运中气"等功效。
>
> 现在,《中国食物成分表标准版(第6版)》第一册、第二册共包含3000余种食物的相关数据。随着国家加大对基础学科的投入,构成食物成分表的中国食物成分数据库也在不断扩大,目前呈现良性的发展趋势。但由于最近四十年中国社会经济的加速发展,生产方式的变化,食品新资源的利用以及人民群众的消费需求的日益增加,食物种类日益多样化和复杂化。因此,食物数据的更新和完善过程面临了一定的挑战。
>
> 思考:
>
> 1. 古人对食物营养成分的认识和利用,体现了中华民族哪些悠久的历史和深厚的文化底蕴?
> 2. 食物营养成分的发现和利用体现了哪些科学精神?
> 3. 谈谈"中国食物成分表的内容未能及时跟上社会发展的步伐"的原因。
> 4. 作为新时代的青年,我们如何承担起更新和完善中国食物成分表的社会责任?

四、预包装食品营养标签

随着食品工业的发展,加工食品在人们的饮食中所占的比例越来越大,而这些食品的营养素数据大部分在食物成分表中找不到,这时候,只能通过食品包装上提供的相关营养数据来了解该食品的营养特性。

据我国居民营养与健康状况调查结果显示,我国居民膳食中盐、脂肪、能量摄入偏高,慢性非传染性疾病防治形势严峻。膳食是慢性非传染性疾病的重要影响因素,科学研究和国外管理经验证明,食品标签上的营养信息可以指导公众合理选择食品,使居民减少饱和脂肪、胆固醇和钠的摄入,增加膳食纤维摄入,是预防膳食相关慢性病的良好手段。因此,食品营养标签对促进居民膳食平衡,降低慢性非传染性疾病风险具有重要意义。

食品营养标签国际普遍采用,是向消费者提供规范的食品营养信息的有效途径,也是消费者直观了解食品营养组分、特征的有效方式。国际食品法典委员会和多数国家都制定了食品营养标签标准或法规。2011 年 10 月 12 日中华人民共和国卫生部发布的 GB 28050—2011《食品安全国家标准 预包装食品营养标签通则》,于 2013 年 1 月 1 日正式施行,这说明我国已强制执行食品营养标签管理制度。该标准适用于预包装食品营养标签上营养信息的描述和说明，不适用于保健食品及预包装特殊膳食用食品的营养标签标示。

营养标签是预包装食品标签上向消费者提供食品营养信息和特性的说明，包括营养成分表、营养声称和营养成分功能声称。营养标签是预包装食品标签的一部分。

营养成分表是标有食品营养成分名称、含量和占营养素参考值（NRV）百分比的规范性表格。

营养声称是指对食品营养特性的描述和声明，如能量水平、蛋白质含量水平。营养声称包括含量声称和比较声称。含量声称：描述食物中能量或营养成分含量水平的声称。含量声称用语包括"含有""高""低"或"无"等（如低脂奶、高膳食纤维饼干等）；比较声称：与消费者熟知的同类食品的营养成分含量或能量值进行比较以后的声称。比较声称用语包括"增加"或"减少"等。

营养成分功能声称是指某营养成分可以维持人体正常生长、发育和正常生理功能等作用的声称。

【动画】营养食谱编制的一般原则

五、营养食谱编制的一般原则

平衡膳食，合理营养是健康饮食的核心。食谱编制的基本原则是根据配餐对象的生理条件和主要营养素的需要编制食谱，如：儿童食谱编制要考虑其生长发育的特点；乳母食谱的制订则要考虑其哺乳的特点。

1. 膳食营养平衡

食谱编制要保证营养充足，提供符合营养要求的平衡膳食。膳食营养平衡就是提供机体正常活动所必需的蛋白质、脂肪、碳水化合物、维生素、矿物质、膳食纤维和植物化学物等，营养素必须种类齐全、数量适度、比例恰当。供给量和机体需要保持平衡，既不过量也不缺乏。

2. 膳食结构合理

膳食结构合理是保持膳食营养平衡的保证。合理的膳食结构可以保健防病，益寿延年。

为了调配丰富多彩的平衡膳食，一般成年人每日膳食食物品种和食用量应达到膳食宝塔推荐的五大类食物样样齐全，每日食用12种以上食物（不包括烹调油），每周至少达到25种。建议摄入的主要食物品类数（种）见表1-14。植物油提供能量与必需脂肪酸，是烹饪所必需，也是必选的食物。动物油脂可不用单独选用。

合理的早餐至少包括4种食物，谷类食物是必不可少的，可以保证大脑活动所需的能量；还要有一杯牛奶或豆浆，除营养丰富外，还可补充水分；再加上一份鸡蛋或豆制品或瘦肉等富含优质蛋白的食物；另外，水果和蔬菜的摄入也是很有必要的。中、晚餐选用的食物不应少于4个品种，包括五大类食物。

3. 食物颜色多样

菜肴颜色五彩纷呈，不仅赏心悦目，还可以促进食欲，同时，可以提供多样化的营养物质。

红色的食物主要有胡萝卜、番茄、草莓、红小豆、西瓜、辣椒、樱桃、红米、葡萄、桑葚、红薯等，这些食物含有丰富的抗氧化物质，如胡萝卜素、番茄红素、花青素等，有抗衰老、保护心脑血管的作用。

绿色食物指各种绿色的新鲜蔬菜、水果，其中以深绿色的叶菜最具代表性。绿色食物有西洋菜、西蓝花、芥蓝、菠菜、萝卜缨、芥菜、茼蒿、油菜、苦瓜、豌豆、猕猴桃等。深绿色蔬菜较浅色蔬菜含有更多的胡萝卜素、维生素 C、维生素 B_2 及植物化学物。十字花科蔬菜（如甘蓝、西蓝花、芥蓝等）含有植物化学物芳香性异硫氰酸酯，是以糖苷形式存在的主要抑癌成分。

黄色食物多为五谷类、豆类和黄色蔬果。黄色食物有玉米、小米、燕麦、花生、黄花菜、玉米笋、韭黄、黄豆、豆制品、柠檬、菠萝、香蕉、木瓜、橙子、柑橘、枇杷等。五谷类富含淀粉，是能量的主要来源。五谷中杂粮，如玉米、小米、燕麦等，含丰富的膳食纤维，可降低胆固醇，帮助肠道蠕动，预防便秘。杂粮中蛋白质、维生素、矿物质的含量也比精白米面高得多。黄色蔬果中含丰富的维生素 C、胡萝卜素、番茄红素等，是很好的抗氧化食物。

白色食物是指白米白面、奶类、鱼类及白色蔬果等。代表食物有大米、面粉、茭白、冬瓜、白萝卜、花椰菜、莲藕、金针菇、蘑菇、银耳、莲子、山药、大蒜、梨、荔枝等。白色食物含膳食纤维及一些抗氧化物质，具有提高免疫功能、预防溃疡和胃癌、保护心脏的作用。白色食物中的大米、面粉是人体能量的来源。白色的鱼类能提供优质蛋白质，用于组织细胞的修补，还提供 n-3 脂肪酸 EPA 和 DHA，对大脑、眼睛发育及预防心脑血管疾病有利。白色的大蒜是烹饪时不可缺少的调味品。

黑色食物以黑色菌类和海藻类为主。黑色食物有黑米、黑芝麻、黑木耳、黑豆、海带、香菇、黑枣、海苔等。黑米、黑木耳的黑色是由一种天然的黑色素——花青素类色素决定的，花青素具有强大的抗氧化功能，而且颜色越深，花青素类物质含量越高，抗氧化效果越好。黑色食物还含有丰富的矿物质和维生素，对人体的营养平衡有特殊的作用。

因此，菜肴色彩的搭配要合理、有美感，每日红、绿、黄、白、黑要搭配齐全，色彩诱人。多品种、多花样才能多口味，以求得饭菜营养平衡。

4. 三餐分配合理

健康的饮食行为是保证充足、均衡营养的前提。应根据身体的生理需求，特别是消化系统的活动规律，并考虑日常工作、生活或学习等情况来安排一天的餐次和食用量。根据膳食指南推荐：早餐占总能量的25%~30%，午餐占30%~40%，晚餐占30%~40%。这个比例可根据职业、生活习惯、劳动强度进行适当的调整。应天天吃早餐并保证营养充足，午餐要吃好，晚餐要适量。

5. 饭菜美味可口

"好吃"或饭菜的适口性与膳食习惯和爱好有关，"好吃"是"吃好"的基础，也是营养配餐的重要原则，其重要性并不低于营养供给。因为就餐者对食物的直接感受首先是适口性，然后才引起食欲，"吃"喜爱富有营养的饭菜，吃进足够的量并吸收，最终才能达到预期的营养效果。在可能的情况下要注重烹调方法，做到主食粗细巧安排，菜肴品种常变，色、香、味、形俱佳。

当然，照顾配餐对象的饮食习惯和适口性不是无原则地满足其偏好。比如，有的人口味很重，每日摄入盐很高，这时，就不应该一味满足这种不良的饮食习惯。因为大家知道，盐吃多了，得高血压的风险就会提高。

6. 食物定量适宜

对于集体用餐来说，准确地计算采购食物量，是一件很重要的事情。食物采购量既要满足就餐人员的营养需要，又要注意节约、防止浪费，使就餐人员吃得饱、吃得完，饥饱适度、各类食物摄入量得当。充足是保障营养的基础，过量则容易造成肥胖或浪费甚至带来胃肠不适。多品种选用食物，合理搭配，向就餐者提供花色品种多，营养平衡的膳食是最主要的。

7. 食物价格合理

配餐要考虑就餐者的经济承受能力。饮食消费必须与生活水平相适应，在满足就餐人员膳食营养的需要，特别是能量和蛋白质需要的前提下，节约成本，用价格低营养相近的食物相互替代，如遇风味问题可在烹饪上给予弥补。

【在线测试】营养配餐理论基础

8. 食物安全卫生

购买新鲜的食物，不用腐烂或变质的食物，保证贮藏安全，并注意食物加工中的安全和卫生，是防止食源性疾病的根本措施。一些食物本身含有天然毒素，应学会鉴别。

课后实践

参与传统节日餐食制备，传承优秀饮食文化

在我们丰富的历史与文化中，传统节日的餐食既是味觉的享受，也是文化与情感的传递。春节的饺子、中秋的月饼、端午的粽子……每一道节日佳肴都承载着深厚的文化内涵和地域特色。除了品味美食，节日餐桌更是家人团聚、共享快乐的温馨场所。

请参与家庭传统节日餐食的制备，活动内容包括：节日选择、文化研究、营养分析、创新设计、餐桌礼仪学习、材料准备、动手实践、餐桌团圆、品尝与分享等。

通过这次活动，大家不仅能够亲身体验传统文化的魅力，还能提升美食制作的能力。同时，这也是一次对中华优秀饮食文化的传承与创新的尝试，以及对家庭团圆快乐的深刻体验。

巩固训练

【实训任务】

1. 案例描述：陈先生，午餐食谱（以食部定量）为：豆饭 [红小豆40g，稻米（粳，标一）160g]，牛肉炖萝卜 [牛肉（前腱）60g、白萝卜50g]，炒三丝（豆腐干50g、甜椒25g、胡萝卜25g），拌菠菜（菠菜100g，香油5g），紫菜鸡蛋汤（鸡蛋10g、紫菜2g），

花生油（烹调用）10g，盐2g。

（1）利用食物成分数据估算午餐能量及主要营养素（蛋白质、脂肪、可利用碳水化合物、膳食纤维、钙、维生素C、总维生素A的摄入量。

（2）计算午餐蛋白质、脂肪、碳水化合物的供能比。

（3）计算午餐摄入的优质蛋白质占蛋白质总量的百分比。

2. 案例描述：陈先生，男，20岁，中等体力劳动者。根据《中国居民膳食营养素参考摄入量》的推荐，设计陈先生日常膳食的能量和营养素摄入目标。

【问答题】

1. 简述一般人群膳食指南的主要内容。

2. 简述中国居民膳食宝塔的主要内容。

3. 识别能量及宏量营养素的食物来源：查找食物成分表确定高能量的食物、低能量的食物、高蛋白质的食物、低蛋白质的食物、高脂肪的食物、低脂肪的食物、高碳水化合物的食物和低碳水化合物的食物各有哪些？

4. 识别各种维生素和矿物质的食物来源：查找食物成分表确定富含维生素A、维生素B_1、维生素B_2、维生素C、维生素E、叶酸的食物各有哪些？富含钾、钙、铁、硒、碘的食物各有哪些？

【案例分析】

通过超市、小卖部或网络平台搜集某个预包装食品的营养标签，评价其营养声称、营养成分功能声称及营养标签的格式是否规范，并完成其营养价值分析。

模块二

健康成人营养食谱的设计

项目一
大学生营养食谱的设计

学习目标

知识目标

1. 能够叙述大学生的生理特点和营养需要特点。
2. 能够叙述大学生营养食谱设计原则和食物选择原则。

能力目标

1. 能够设计适合大学生的主食、富含钙的营养菜点、富含铁的营养菜点以及富含锌的营养菜点。
2. 能够利用膳食宝塔设计大学生的营养食谱,并从定性的角度对食谱进行评价。
3. 能够制作营养餐及进行膳后总结。

素质与思政目标

1. 纠正不良的饮食行为,养成良好的饮食习惯,健康生活,从吃好三餐做起。
2. 践行光盘行动,反对浪费。

必备知识

近年来,随着国民经济的发展,人们的生活水平得到了很大的提高,国内在校大学生的营养状况也有了较大的改善。但是，由于大学生营养知识缺乏，无法合理地选择和搭配食物，使得营养缺乏和营养过剩的问题依然突出。各地营养调查的资料均表明，大学生在校期间普遍存在不吃早餐、爱吃零食、偏食、挑食、暴饮暴食、过度减肥等不良行为，导致大学生膳食能量、蛋白质、钙、铁、维生素 A、维生素 B_2 与 DRIs 相比摄入量偏低，营养不良的发生率较高，还有部分学生能量摄入过高而致超重、肥胖，特别值得注意的是女生贫血发生率高。因此，加强对学生进行营养知识教育，指导学生合理调配膳食，对提高大学生营养健康水平具有重大的意义。

一、大学生的生理特点

目前，大学生的年龄多在 20 岁左右，正处于青春期的后期，是由青春期向成熟期转变的阶段。这一特定年龄段的年轻人，生理上趋于成熟，表现在身体形态、机能、神经系统、内分泌及性的发育变化，不仅身体发育需要有足够的能量和各种营养素，而且繁重的脑力劳动和较大量的体育锻炼也需要消耗大量的能源物质。

二、大学生的饮食现状

目前，有较多的大学生饮食结构不合理，存在不良的饮食习惯。

（1）盲目减肥，食物摄入不足　为了爱美，不肯多吃，尤其是部分女同学为减肥节食，结果引起能量摄入不足、贫血、B 族维生素摄入不足等。

（2）水果蔬菜摄入不足　购买水果不方便，或嫌水果贵不愿意购买，或者没有养成吃水果的习惯，导致水果摄入不足。学生担心食堂的蔬菜洗不干净，或不喜欢吃各种蔬菜，因此，蔬菜也吃得少。还有的同学蔬菜吃少了，就吃许多的水果代替。由于蔬菜水果吃得少，影响维生素和矿物质的供给和吸收，极易引起神经衰弱、贫血、失眠、便秘和感冒等。

（3）饥饱无度，饮食无规律　考试期间或集体活动时，饥一顿饱一顿，饮食不定时；有的同学不愿下楼去餐厅吃饭，就以方便面、面包、黄瓜度日；开夜车时（应付考试或其他活动），喝咖啡、浓茶、口服液提神；考试后，三五同学聚在一起大吃一顿；大学生晚睡的人比较多，晚上睡得迟，早晨起不来，来不及吃早餐了。经常不吃早餐容易引起营养不良，上午注意力不集中，上课的效率下降。长期如此，除易引起营养不良外，还会引起胃炎、消化道溃疡等疾病。

（4）爱吃零食、偏食、挑食　有的同学零食不离嘴，又不爱运动，晚上常吃点心和夜宵，常有体重上升之忧。学生很少有养成喝牛奶的习惯，导致维生素 B_2 和钙的摄入量偏低。还有的学生喜欢喝可乐、奶茶等纯能量的饮料，无意中摄入过高的能量，易导致肥胖、营养不良。有些同学吃东西只顾自己的喜好，偏食、挑食，把营养抛之脑后。

（5）在外就餐食品卫生难于保证　在外就餐卫生难保，常光顾地摊和大排档，大学生肝炎、急性胃肠炎的发病率明显高于高中生和初中生。

三、大学生营养食谱设计原则

大学生营养食谱设计的基本原则是遵照中国居民膳食指南和膳食宝塔制备膳食，食物多样，定时定量进餐。营养摄入遵循全面、平衡、适度的原则。

（1）食物品种多样，能量充足　大学生学习任务重，活动频繁，思维活跃，需要充足能量和各种营养素来满足其身体发育和学习、活动的需要。每种食物的营养各异，这就要求通过多种多样食物的优化组合，科学配伍，以提供全面而均衡的营养。

（2）饮食规律，饥饱适度　餐次安排和大学生的生活相协调，大学生晚上除了学习，活动也多，一般较迟睡觉，晚餐能量摄入不宜太低，在餐次能量分配上应为30%，35%，35%。饮食有规律，适时适量，不偏食、不挑食、不暴饮暴食。甜食、甜饮料不过量。

（3）预防缺铁性贫血并注意保护视力　铁的缺乏在女大学生中较为常见，因为每月的月经致使血液损失，使得身体对铁的需要增多，还有一些女同学为减肥而减少食物的摄入量，这些均容易引起贫血。吃富含铁和维生素C的食物以预防贫血，注意微量营养素的供给，保障充足的钙、铁、碘、锌和维生素。

（4）兼顾营养价值和价格　食谱的设计既要考虑学生的经济负担能力，也要考虑食谱提供的营养成分能够满足大学生身体发育和运动的需要。食物要荤素搭配，确保有充足的优质蛋白质。保证摄入足量的蔬菜和水果，蔬菜中深色蔬菜应占一半以上。控制食盐的摄入量，一日不超过5g，以预防高血压。

（5）讲究卫生，注意食品安全　吃新鲜卫生的食物是预防食源性疾病、实现食品安全的根本措施。正确采购食物是保证食物新鲜卫生的第一关，而食物合理贮藏可以保持新鲜，避免污染。烹调加工过程是保证食物卫生安全的一个重要环节。杜绝膳食中出现威胁人体健康的致病、致癌等有害因素，严防"病从口入"。

四、食物的选择

根据大学生的营养需要特点选择食物，满足其特殊的营养需求，提高大学生的健康水平。

（1）为预防治疗缺铁性贫血，选择含铁丰富的食物，如动物肝脏、瘦肉、动物血、河蚌、红蘑菇、芝麻、木耳、红枣、海带等。注意富含维生素C的蔬菜水果的摄入，提高非血红素铁的吸收率。含维生素C丰富的蔬菜有：芥蓝、芥菜、豌豆苗、油菜薹、辣椒、菜花、枸杞菜、白薯叶、苦瓜、西蓝花、芦笋、藕、荠菜、萝卜缨等。含维生素C丰富的水果有：刺梨、酸梨、枣、沙棘、无核蜜枣、番石榴、猕猴桃、番杏、草莓、橘子、橙等。

（2）大学生用眼多，应注意保护视力，因此要注意维生素A和维生素B_2的摄入，选择牛奶、鸡蛋、动物的肝和肾、黄鳝、菌类、坚果、黄绿色蔬菜和水果。

（3）为完善大学生的骨骼和甲状腺的结构和功能，应注意钙、碘的供应。注意选择奶类、虾、贝类、海带、紫菜、淡菜、裙带菜、海苔等食物。

（4）为提高学习效率，多选用富含不饱和脂肪酸、卵磷脂，具有健脑功能的食物，如坚果类、鱼类、虾类、豆类、瘦肉、奶类、动物肝脏等食物。

项目实施

任务一　设计适合大学生的营养菜点

一、任务分析

谷薯类是膳食能量的主要来源，也是多种微量营养素和膳食纤维的良好来源。全谷物可降低糖尿病、肥胖、心血管疾病和结肠癌的发生风险。《中国居民营养与慢性病状况报告（2020 年）》指出，我国 18 岁及以上居民贫血率为 8.7%，与 2015 年发布的结果相比显著降低。但是成人的贫血率依然偏高，特别是女大学生的贫血问题仍然需要引起关注。此外，大学生也容易发生钙和锌摄入不足。钙和锌对大学生完善骨骼结构和功能、促进生长发育及促进性器官和性机能的发育至关重要。因此，本任务将设计的菜点分成主食、富含钙的营养菜点、富含铁的营养菜点、富含锌的营养菜点四大类。

先对菜点的原料构成按每份加以定量，再根据"食物成分表"计算每份菜点主要营养素的含量，最后将设计好的营养菜点按需要汇总，编成数据库，以备营养食谱设计时使用。食物原料按可食部计算，会出现与采购量不一致，本书中，若食物可食部与市品的量不一致，都一一作了换算。菜谱库是供制订营养食谱时使用的，其主食品种应为 20 种以上，菜肴品种应为 200 种以上。其中全荤菜 50 种以上，全素菜 50 种以上，荤素菜 70 种以上，凉菜 30 种以上，此外还有汤菜 10 种以上。

二、任务要求

营养菜点的设计要立足于本地区可获得的食物资源，设计的菜点要注意选择钙、铁、锌、碘、维生素 A、维生素 B_2、维生素 C 含量丰富的食物，以基本满足大学生对营养素的需求。设计主食时原料种类要多样化，注意粗细粮混食，加入益脑的食物。冷菜选用炝拌和生食的烹调方法，注意蔬菜的补充。热菜选用汆、煮、炒、爆、溜、烩、炖等少油、少盐的烹调方法，注意动物性原料、水产品和大豆的摄入。设计汤菜要注意菌藻类原料的摄入。烹调方法尽最大可能地减少营养素的损失。菜点的食物配比要合理，符合平衡膳食的要求，菜点便于加工，加工方法符合大学生的生理特点，菜点颜色搭配、造型美观。

三、设计适合大学生的主食

1. 识别全谷物、杂豆和薯类

设计主食时原料种类要多样化，主食要注意加入绿豆、赤小豆、豌豆、白豆等各种杂豆和燕麦、小米、荞麦、薏米、玉米等全谷类粮食，并注意加入红薯、马铃薯等薯类。主食要重视粗细搭配，谷类、薯类及杂豆的选择要多样化。全谷物和杂豆每天推荐摄入 50~150g，薯类推荐每天摄入 50~100g。

2. 设计适合大学生的营养主食

主食应粗细搭配，各种豆饭、黑米饭、燕麦饭、荞麦饭、花生莲子饭、杂粮馒头、全麦面包、八宝粥、蒸红薯等都是不错的选择。

3. 设计营养主食示例

（1）燕麦黑芝麻粥

①原料：燕麦片50g，大米50g，黑芝麻10g，白糖5g。

②营养特点分析：在各种粮食当中，以燕麦的钙含量较高。100g燕麦片含钙58mg。维生素、蛋白质和膳食纤维含量，也远远优于稻米、面粉。尽管燕麦中的钙吸收率不如牛奶中的钙，仍然对预防钙缺乏有益。这道粥含铁也比较高，如果再加入几粒红枣，对补铁也有一定的效果。黑芝麻的补钙和养生效果优于白芝麻。燕麦中富含可溶性纤维和不溶性纤维，可溶性膳食纤维具有吸附脂肪酸、胆固醇和胆汁酸的作用，能减少这些物质的吸收，进而降低血清总胆固醇水平。不溶性纤维有助于消化，能预防便秘的发生。燕麦营养价值高，并易于消化和吸收，也非常适合幼儿和学龄儿童食用。燕麦黑芝麻粥营养成分表见表2-1。

【动画】燕麦黑芝麻粥的营养分析

表2-1　燕麦黑芝麻粥营养成分表

项目	每份含量	NRV%	项目	每份含量	NRV%	项目	每份含量	NRV%
能量	417kcal/1755kJ	21%	维生素A	0μgRAE	0%	钾	262mg	13%
蛋白质	10.8g	18%	维生素E	6.00mg		镁	104mg	35%
脂肪	5.0g	8%	维生素B_1	0.38mg	27%	钙	113mg	14%
碳水化合物	84.8g	28%	维生素B_2	0.10mg	7%	铁	4.3mg	28%
膳食纤维	4.7g	19%	维生素C	0.0mg	0%	锌	2.21mg	15%
钠/食盐*	3.1mg/0.01g	0%	烟酸	1.24mg	9%	硒	1.7μg	3%

注：* 1mg钠相当于2.5mg食盐，本书中营养成分表均按此换算。

（2）蒸马铃薯

①原料：马铃薯400g（市品426g）。

②营养特点分析：如果把马铃薯当成主食吃，既不加油盐，也不加糖，就能更好地发挥其营养优势。马铃薯含水量高，还富含能产生饱腹感的膳食纤维，经常吃马铃薯有减肥瘦身的功效。与精白米面相比，马铃薯中钾和镁的含量更高，是绝对的高钾低钠食品，是一种优秀的成碱性食品，可以帮助控制血压。按淀粉含量折算，马铃薯的含钾量是大米的十倍，这也是马铃薯作为主食的重要优势。如果按干物质来计算，马铃薯的蛋白质含量达到12%，而且它的蛋白质质量相当的好，丝毫不逊色于肉类水平，比粮食的蛋白质质量都要高。此外，马铃薯是货真价实的低脂肪高纤维食品，含有丰富的维生素C及多种B族维生素。马铃薯维生素C的含量可以和番茄相媲美，而且马铃薯中的淀粉具有保护维生素C的作用，所以蒸熟之后，维生素C的保存率达到80%以上。

【电子活页】餐饮食品营养标识指南　　　　【动画】蒸马铃薯的营养分析

总之，用马铃薯当主食替代白米饭，每天的总淀粉数量不仅不会升高，而维生素摄入量却会大幅度升高，纤维也多了，矿物质也多了，对于提高一日当中的营养质量大有裨益。它是老少皆宜的营养主食。蒸马铃薯营养成分表见表2-2。

表2-2　蒸马铃薯营养成分表

项目	每份含量	NRV%	项目	每份含量	NRV%	项目	每份含量	NRV%
能量	324kcal/1356kJ	16%	维生素A	4μgRAE	1%	钾	1388mg	69%
蛋白质	10.4g	17%	维生素E	1.36mg		镁	96mg	32%
脂肪	0.8g	1%	维生素B_1	0.40mg	29%	钙	28mg	4%
碳水化合物	71.2g	24%	维生素B_2	0.08mg	6%	铁	1.6mg	11%
膳食纤维	4.4g	18%	维生素C	56.0mg	56%	锌	1.20mg	8%
钠/食盐	23.6mg/0.06g	1%	烟酸	4.40mg	31%	硒	1.9μg	4%

四、设计富含钙的营养菜点

1. 识别含钙高的食物

查找中国食物成分表，找出含钙高的食物。常用食物的钙含量见表2-3。

表2-3　常用食物的钙含量　　　　单位：mg/100g 可食部

食物名称	含量	食物名称	含量	食物名称	含量
纯牛奶（代表值，全脂）	107	胡萝卜缨（红）	350	石螺	2458
奶酪	799	金针菜	301	田螺	1030
全脂奶粉（代表值）	928	荠菜	294	花骨鱼	760
黄豆	191	萝卜缨（小萝卜）	238	螺（代表值）	722
黑豆	224	芥菜［雪里蕻，雪菜］	230	抗浪鱼	564
豆腐干（小香干）	1019	油菜（黑）	191	虾米	555
豆腐干（卤干）	731	苋菜（绿）	187	白米虾	403
豆腐干（臭干）	720	乌菜	186	塘水虾	403
豆腐干（代表值）	447	红薯叶	180	河虾	325
豆腐干（酱油干）	413	苋菜（紫）	178	泥鳅	299

续表

食物名称	含量	食物名称	含量	食物名称	含量
素鸡	319	落葵	166	梭子蟹	280
千张［百页］	313	蕹	160	鲍鱼	266
豆腐干（香干）	299	油菜薹	156	河蚌	248
豆腐皮	239	油菜（小）	153	小黄花鱼	191
豆腐丝	204	番杏	136	牡蛎	131
豆腐干（菜干）	179	毛豆（鲜）	135	黑芝麻	780
豆腐（南豆腐）	113	芥蓝	121	芝麻酱	1170
豆腐（北豆腐）	105	小白菜	117	榛子（炒）	815
豆腐（代表值）	78	萝卜缨（青）	110	芸豆（杂，带皮）	349

资料来源：《中国食物成分表标准版（第6版）》。

含钙丰富的食物有：①奶类及其制品，如牛奶、奶粉、酸奶等；②大豆类及其制品，如豆腐、小香干、豆腐花、卤干等（内酯豆腐除外）；③深色蔬菜类，如苜蓿、萝卜缨、蛇瓜、金钱萝卜、薹菜、荠菜、红薯叶等；④水产品类，如田螺、河虾、河蚌、泥鳅、小黄花鱼、鲈鱼等；⑤杂豆类，如花豆、豌豆、芸豆等；⑥其他，如木耳、芝麻酱、海带、燕麦片、黑芝麻、榛子等。

2. 改善钙营养状况的饮食建议

奶类是补钙的首选，含钙丰富且吸收率高。豆类及制品、富钙蔬菜也是钙的重要来源。日常膳食中包含300g牛奶、100g豆腐，再选择2份含钙丰富的深绿色叶类蔬菜或水产品，再加上其他食物提供的钙，一日可提供800mg以上的钙，完全可以满足人体的需要。此外，增加富钙的坚果类和粗粮杂豆类的摄入对补钙也很有帮助。

此外，如果缺少户外活动，维生素D合成不足，会导致钙吸收利用不良；盐摄入过量或高蛋白饮食会导致钙排泄增加；胃肠疾病或消化功能不足（如老年人）会导致钙吸收不良；激素的变化也会使钙代谢失调等。因此，为改善钙的营养状况，除了考虑钙的摄入量外，也要综合考虑影响钙吸与利用的其他因素。

3. 摄入充足钙的膳食方案举例

举例说明提供约800mg钙的1日食物组合方案，见表2-4和表2-5。

表2-4 获得800mg钙的食物组合举例（一）

食物	食用量/g	钙提供量/mg	用这些食物设计营养美味菜点
纯牛奶	300	321	
油菜（黑）	100	191	（1）牛奶
红薯叶	100	180	（2）拌油菜
南豆腐	100	113	（3）炒红薯叶
鲫鱼	100	79	（4）鲫鱼豆腐汤
合计	700	884	

表 2-5 获得 800mg 钙的食物组合举例（二）

食物	食用量/g	钙提供量/mg	用这些食物设计营养美味菜点
纯牛奶	200	214	
酸奶	120	154	
荠菜	100	294	（1）牛奶
北豆腐	100	105	（2）酸奶
落葵	100	166	（3）荠菜豆腐汤
芝麻酱	10	117	（4）芝麻酱拌落葵
合计	630	1050	

4. 设计富含钙的营养菜点

（1）河蚌豆腐汤

①原料：河蚌肉 100g（市品 233g），豆腐（北）150g，香菇 10g。

②调料：盐 0.8g，味精 0.2g，茶油 8g，姜、葱、料酒、胡椒粉适量。

③营养特点分析：河蚌豆腐汤营养成分表见表 2-6。

【动画】河蚌豆腐汤的营养分析

表 2-6 河蚌豆腐汤营养成分表

项目	每份含量	NRV%	项目	每份含量	NRV%	项目	每份含量	NRV%
能量	328kcal/1388kJ	16%	维生素 A	243μgRAE	30%	钾	223mg	11%
蛋白质	26.8g	45%	维生素 E	16.26mg		镁	125mg	42%
脂肪	21.1g	35%	维生素 B_1	0.10mg	7%	钙	415mg	52%
碳水化合物	11.4g	4%	维生素 B_2	0.34mg	24%	铁	30.0mg	200%
膳食纤维	3.2g	13%	维生素 C	0.5mg	1%	锌	8.23mg	55%
钠/食盐	360.3mg/0.9g	18%	烟酸	2.92mg	21%	硒	24.6μg	49%

河蚌是内河三鲜之一，每年的春季正是河蚌上市的季节，由于河水较冷，水中的蚂蟥、微生物尚未频繁活动，清明前的河蚌最干净，肉质最肥厚。河蚌营养丰富，每100g河蚌含蛋白质 10.9g，脂肪 0.8g，胆固醇 103mg，维生素 B_2 0.18mg，维生素 A 243μgRAE，维生素 E 1.36mg，钙 248mg，磷 305mg，钾 17mg，铁 26.6mg，锌 6.23mg。河蚌含有的钙、铁、锌及维生素 A、核黄素、维生素 E 等成分比普通鱼类都要高，它有清热解毒，滋阴明目之功效，民间有所谓"春天喝碗河蚌汤，不生痱子不长疮"的俗语。豆腐制作时需加入硫酸钙（石膏）或氯化钙（卤水）作为凝固剂，它是富钙食品，还有豆

制品中富含必需脂肪酸和磷脂，B族维生素含量也很丰富。香菇不仅营养丰富，还含有维生素D_2，可以促进钙的吸收。

一道河蚌豆腐汤，蚌肉味美，豆腐滑糯，香菇香滑，汤鲜味浓，是不能错过的春季美味，还是一道补钙的佳品，同时能保护视力，预防贫血，健脑补脑。

不过，河蚌虽然美味，但由于蚌肉性寒，脾胃虚寒的人一定要谨慎食用。还有豆腐不能选用内酯豆腐，因为其含钙量极低。必须使用北豆腐或南豆腐。

（2）田螺煲

①原料：田螺100g（市品385g）。

②调料：绍酒、葱、姜、胡椒粉各适量，精盐0.5g。

③营养特点分析：田螺煲营养成分表见表2-7。

表2-7 田螺煲营养成分表

项目	每份含量	NRV%	项目	每份含量	NRV%	项目	每份含量	NRV%
能量	60kcal/256kJ	3%	维生素A	0μgRAE	0%	钾	98mg	5%
蛋白质	11.0	18%	维生素E	0.75mg		镁	77mg	26%
脂肪	0.2	0%	维生素B_1	0.02mg	1%	钙	1030mg	129%
碳水化合物	3.6	1%	维生素B_2	0.19mg	14%	铁	19.7mg	131%
膳食纤维	0.0	0%	维生素C	0.0mg	0%	锌	2.71mg	18%
钠/食盐	222.6mg/0.6g	11%	烟酸	2.20mg	16%	硒	16.7μg	33%

田螺是贝类中含钙最多的一种，B族维生素、铁、锌含量也很丰富。每100g田螺含蛋白质11.0g，脂肪0.2g，胆固醇154mg，维生素B_2 0.19mg，钙1030mg，铁19.7mg，锌2.71mg。我国中医学认为，田螺有清热去火，利水除湿，退黄疸的功效，尤善除肝、脾、肾的湿热。凡因湿热内蕴，肝郁脾困，水停谷滞的佝偻病患儿非常适宜食用田螺。

（3）麻酱萝卜缨

①原料：胡萝卜缨（红）100g，芝麻酱10g。

②调料：香油、酱油、糖和米醋适量。

③营养特点分析：麻酱萝卜缨营养成分表见表2-8。

表2-8 麻酱萝卜缨营养成分表

项目	每份含量	NRV%	项目	每份含量	NRV%	项目	每份含量	NRV%
能量	111kcal/463kJ	6%	维生素A	82μgRAE	10%	钾	527mg	26%
蛋白质	3.6g	6%	维生素E	3.51mg		镁	57mg	19%
脂肪	5.7g	9%	维生素B_1	0.06mg	4%	钙	467mg	58%
碳水化合物	13.6g	5%	维生素B_2	0.02mg	2%	铁	13.1mg	88%
膳食纤维	4.6g	18%	维生素C	41.0mg	41%	锌	1.07mg	7%
钠/食盐	78.5mg/0.2g	4%	烟酸	0.58mg	4%	硒	1.4μg	3%

萝卜缨的营养价值在很多方面高于根。每 100g 胡萝卜缨（红）含蛋白质 1.7g，胡萝卜素 970μg，维生素 C 41mg，钙 350mg，磷 39mg，钾 493mg，铁 8.1mg，锌 0.67mg。每 100g 红胡萝卜缨含钙 350mg，排在所有蔬菜含钙量的第一位，小萝卜缨含钙 238mg，青萝卜缨含钙 110mg，也在含钙排行榜中名列前茅。萝卜缨是人体摄取天然维生素 K 的最佳食品，维生素 K 不仅能帮助凝血，还是"骨钙素"这种蛋白质合成的必要因子。因此，食用萝卜缨在补钙的同时也增加维生素 K 的摄入，可以大大提高补钙的效果，促进钙沉积于骨骼中。萝卜缨维生素 C 的含量比根高出 2 倍以上，钙、镁、铁、锌、维生素 B_2、叶酸的含量高出根的 3~10 倍。民间俗语曰："萝卜缨子是个宝，止泻止痢效果好"。

芝麻酱是钙含量最高的食品之一，而胡萝卜缨（红）是蔬菜当中含钙量最高者之一，两者搭配，含钙极高。除了胡萝卜缨，木耳菜、油菜、芥蓝、雪里蕻等也富含钙。有涩味的蔬菜中含有较高草酸，如苋菜、空心菜、菠菜、香椿、竹笋等，一定要用沸水焯过，去掉绝大部分草酸之后再烹调，才能保证钙的吸收率。

（4）富含钙的营养菜点示例　海带海蛎汤、泥鳅豆腐汤、清蒸河蟹、韭菜炒河虾、海米香干丁、酸奶芸豆等菜点含钙也很丰富。

五、设计富含铁的营养菜点

1. 识别含铁高的食物

查找中国食物成分表，找出含铁高的食物。常用食物的铁含量见表 2-9。

【动画】铁从哪里来

表 2-9　常用食物的铁含量　　　　　　　　　　　　单位：mg/100g 可食部

食物名称	含量	食物名称	含量	食物名称	含量
鸭肝（母麻鸭）	50.1	蛏子	33.6	豆腐干（蒲包干）	9.1
鸭血（母麻鸭）	39.6	血蚶（鲜）	27.3	芸豆（干，杂，带皮）	8.7
鸭肝（公麻鸭）	35.1	河蚌	26.6	青豆（干）	8.4
鸭血（公麻鸭）	31.8	鲍鱼	22.6	普中红蘑（干）	235.1
鸭血（白鸭）	30.5	蛤蜊（秋蛤蜊）	22.0	松蘑（干）	156.5
鸡血	25.0	石斑鱼（老虎斑）	21.6	香杏片口蘑（干）	137.5
沙鸡	24.8	缢蛏（鲜）	21.0	香杏丁蘑（干，大）	113.2
猪肝	23.2	锯缘青蟹（母，鲜）	19.9	木耳（干）	97.4
鸭肝	23.1	田螺	19.7	松蘑（干）	86.0
羊血	18.3	海蚌（鲜）	18.9	胡萝卜缨（红，鲜）	8.1
山羊肉（生）	13.7	文蛤（鲜）	17.7	金针菜（鲜）[黄花菜]	8.1
鸡肝	12.0	蛤蜊（毛蛤蜊）	15.3	油菜（黑）	5.9
鸡肝（肉鸡）	9.6	蝲蛄	14.5	苋菜（绿，鲜）	5.4
猪血	8.7	黄颡鱼	14.0	荠菜（鲜）	5.4
羊肝	7.5	鲫鱼	14.0	豌豆尖	5.1

续表

食物名称	含量	食物名称	含量	食物名称	含量
鸭心	5.0	蛤蜊（杂色蛤蜊）	12.7	发芽豆	5.0
鸡心	4.7	青稞	40.7	芝麻子（黑）	22.7
猪肾（脂肪8g）	4.6	藕粉	17.9	胡麻子	19.7
牛肉（里脊肉）	4.4	糜子米（炒米）	14.3	芝麻子（白）	14.1
鸡肫	4.4	黑大麦	6.5	南瓜子（熟）[白瓜子]	9.1
猪心	4.3	大麦[元麦]	6.4	西瓜子（炒）	8.2
鸭胸脯肉	4.1	高粱米	6.3	桑葚（干）	42.5
羊心	4.0	荞麦	6.2	酸刺	11.7
猪肉（瘦）	3.0	黄豆	35.8	樱桃（野，白刺）	11.4
公麻鸭	3.0	豆腐干（小香干）	23.3	葡萄干	9.1
母麻鸭	2.9	腐竹	16.5	沙棘	8.8
鸡（乌骨鸡）	2.3	豆腐皮	11.7	桂圆肉	3.9
猪肉（里脊）	1.5	枝竹	10.8	黑枣（有核）	3.7

资料来源：《中国食物成分表标准版（第6版）》。

膳食铁的来源有血红素铁和非血红素铁。血红素铁的来源有各种动物的肝脏、肉、鱼、动物血、蟹肉等。非血红素铁的主要来源有蔬菜类（如黑木耳、普中红蘑、松蘑、金针菜、油菜、荠菜、豌豆尖等）、坚果类（如芝麻子、南瓜子等）、干果类（如桑葚干、葡萄干等）。

2. 改善铁营养状况的饮食建议

食物中含铁化合物为血红素铁和非血红素铁，前者的吸收率约为22%，后者为3%~8%。粮谷蔬菜中的植酸盐、草酸盐以及茶叶、咖啡中的多酚类物质均可抑制铁的吸收。维生素C、某些单糖、有机酸以及动物肉类可促进非血红素铁的吸收。植物性食物中的铁的吸收率较低，多在10%以下；动物性食物铁的吸收率较高，如鱼为11%，动物肉与肝脏为22%。牛奶是一种贫铁食物，豆类食物含铁虽多，但不易吸收；蛋黄虽然也属于动物性食品，铁含量也高（含量约7%），但蛋类铁的吸收率不高，一般不超过3%。

【动画】预防铁缺乏的饮食建议

因此，大学生要经常吃含铁丰富的食物，同时要常吃富含维生素C的蔬菜和水果。动物血、肝脏及红肉中铁含量及铁的吸收率都比较高，一日应该有瘦畜肉或富含铁的鱼贝类50~100g，同时，摄入含维生素C较多的蔬菜和水果，以提高膳食铁的吸收与利用。三餐荤菜和素菜搭配食用，铁的吸收率会提高。但并非所有动物性食品都可促进非血红素铁的吸收，畜肉、禽肉或鱼可使混合膳的铁吸收率提高2~4倍，而乳、蛋、干酪却不能提高混合膳中铁的吸收率。

3. 摄入充足铁的膳食方案举例

举例说明提供约18mg铁（成年女性铁的RNI值）的1日食物组合方案，见表2-10。

表2-10 获得18mg铁的食物组合举例

食物	食用量/g	铁提供量/mg	用这些食物设计营养美味菜点
鸭血（白鸭）	50	15.3	（1）鸭血炒韭菜
小米	100	5.1	（2）小米粥
合计	150	20.4	

4. 设计富含铁的营养菜点

（1）鸡血汤

①原料：鸡血150g。

②调料：鸡汤、盐适量。

③营养特点分析：鸡血汤营养成分表见表2-11。

表2-11 鸡血汤营养成分表

项目	每份含量	NRV%	项目	每份含量	NRV%	项目	每份含量	NRV%
能量	74kcal/315kJ	4%	维生素A	84μgRAE	11%	钾	204mg	10%
蛋白质	11.7g	20%	维生素E	0.32mg		镁	6mg	2%
脂肪	0.3g	1%	维生素B_1	0.08mg	5%	钙	15mg	2%
碳水化合物	6.2g	2%	维生素B_2	0.06mg	4%	铁	37.5mg	250%
膳食纤维	0.0g	0%	维生素C	0.0mg	0%	锌	0.68mg	5%
钠/食盐	312.0mg/0.8g	16%	烟酸	0.15mg	1%	硒	18.2μg	36%

鸡血含铁量高，而且以血红素铁的形式存在，容易被人体吸收利用。儿童、青春期的女孩、孕妇、哺乳期妇女多吃些含有动物血的菜肴，可以防治缺铁性贫血。由于动物血中含有微量元素钴，故对巨幼红细胞贫血也有一定的防治作用。同时，动物血含有维生素K，不仅能帮助凝血，还能促进骨骼的正常钙化。动物血具有利肠通便作用，可以清除肠腔的沉渣浊垢，对尘埃及金属微粒等有害物质具有净化作用，以避免积累性中毒，因此它是人体污物的"清道夫"。动物血的胆固醇含量较高，不宜食用过多。鸡血通常被制成血豆腐，是最理想的补血佳品之一。

（2）富含铁的营养菜点 菠菜猪肝黄花菜汤、菠菜猪血汤、鳝丝羹、乌鸡汤、羊肝炒韭菜、清蒸蚶子等菜点铁含量丰富，吸收率也高。

六、设计富含锌的营养菜点

1. 识别含锌高的食物

查找中国食物成分表，找出含锌高的食物。含锌高的常用食物及其锌含量见表2-12。

【动画】锌从哪里来

表 2-12　常用食物的锌含量　　　　　　　　　单位：mg/100g 可食部

食物名称	含量	食物名称	含量	食物名称	含量
牛角江珧蛤（鲜）	114.11	沙鸡	10.60	奶酪［干酪］	6.97
生蚝	71.20	山羊肉（生）	10.42	陈醋	4.38
黄姑鱼（鲜）	19.43	牛肉（前腱）	7.61	松子（生）	9.02
海蚌（漳港海蚌，鲜）	17.41	牛肉（里脊肉）	6.92	板栗（鲜，河南）	8.00
扇贝（鲜）	11.69	鸭肝（母麻鸭）	6.91	南瓜子（熟）	7.77
泥蚶	11.59	羊肉（脂肪4g）	6.06	山核桃（干）	6.42
赤贝	11.58	鸭肝（公麻鸭）	3.92	芝麻子（黑）	6.13
螺蛳	10.27	猪肝	3.68	葵花籽（生）	6.03
锯缘青蟹（母，鲜）	9.77	鸡肝（肉鸡）	3.46	西瓜子	5.88
牡蛎	9.39	羊肝	3.45	榛子（干）	5.83
海蚌（鲜）	9.30	猪肾（脂肪2g）	3.15	桑葚（干）	6.15
紫青低纹鲔（冰鲜）	7.82	鸭肝	3.08	羊肚菌（干）	12.11
河蚌	6.23	猪肉（瘦）	2.99	口蘑（白蘑）	9.04
石螺	6.17	鸡蛋黄粉	6.66	香菇（干）	8.57
梭子蟹	5.50	鸡蛋粉	5.95	茶树菇（干）	8.38
蟹肉（大闸蟹，公，蒸）	5.31	鸡蛋黄	3.79	蛹虫草（干）	7.85
哈蚬（杂色蛤蜊）	5.13	小麦胚粉	23.40	双孢蘑菇（鲜）	6.60
蟹肉（大闸蟹，母，蒸）	4.95	马铃薯全粉	12.50	地衣（水浸）	5.00
锯缘青蟹（公，鲜）	4.67	早糯谷	4.92	海带菜（鲜，姑香牌）	4.93
锯缘青蟹	4.34	大麦	4.36	蚕豆（带皮）	4.76
鳟鱼	4.30	黑米	3.80	腐竹	4.71
蟹黄（大闸蟹，蒸）	3.79	荞麦	3.62	黄豆	4.61
河蟹	3.68	籼稻（红）	3.29	黑豆（干）［黑大豆］	4.18

资料来源：《中国食物成分表标准版（第6版）》。

膳食中锌的供应主要来源于一些蛋白质丰富的食物，甲壳类动物、红色肉类等都是锌的极好来源，且生物活性强，较易吸收和利用。种子、菌类、谷类的胚芽、大豆类及制品、杂豆类、全谷类食物含锌也比较丰富，但锌的吸收率较低。精白米面、蔬菜、水果、普通饮料、动物脂肪中锌含量很低。

2. 摄入充足膳食锌的饮食建议

对于原发性锌缺乏的预防，主要是要合理地安排膳食。预防锌缺乏的措施有：增加动物性食物的摄入量，特别是贝类、红肉、动物内脏等食物；面粉、豆制品和豆类经过发酵再食用，因其发酵之后，植酸被分解，锌可以较好地吸收和利用。

3. 摄入充足锌的膳食方案举例

举例说明提供约 12.0mg 锌（成年男性锌的 RNI 值）的 1 日食物组合方案，见表 2-13。

表 2-13 获得 12.0mg 锌的食物组合方案举例

食物	食用量/g	锌提供量/mg	用这些食物设计营养美味菜点
海蛎	100	9.39	
鸭蛋	50	1.67	（1）海蛎煎
黑米	50	1.90	（2）黑米饭
合计	200	12.96	

4. 设计富含锌营养菜点

（1）蒜蓉蒸生蚝

①原料：生蚝肉 100g。

②调料：植物油、蒜蓉、红椒丝、酱油、蒸鱼豉油、香菜适量。

③营养特点分析：蒜蓉蒸生蚝营养成分表见表 2-14。

【动画】蒜蓉蒸生蚝的营养分析

表 2-14 蒜蓉蒸生蚝营养成分表

项目	每份含量	NRV%	项目	每份含量	NRV%	项目	每份含量	NRV%
能量	57kcal/241kJ	3%	维生素 A	0μgRAE	0%	钾	375mg	19%
蛋白质	10.9g	18%	维生素 E	0.13mg		镁	10mg	3%
脂肪	1.5g	3%	维生素 B_1	0.04mg	3%	钙	35mg	4%
碳水化合物	0.0g	0%	维生素 B_2	0.13mg	9%	铁	5.0mg	33%
膳食纤维	0.0g	0%	维生素 C	0.0mg	0%	锌	71.20mg	475%
钠/食盐	270.0mg/0.7g	14%	烟酸	1.50mg	11%	硒	41.4μg	83%

生蚝是含锌最丰富的天然食品，每 100g 生蚝肉含锌 71.20mg，也就是每天只要吃 2~3 个生蚝就能提供全天所需的锌，因此，生蚝是补锌首选的天然食物。常食用生蚝可促进儿童、青少年的生长发育及性器官的发育成熟，维持成人性功能，还有美容养颜、促进伤口愈合、提高食欲等作用。

除此之外，生蚝营养丰富，含有 18 种氨基酸、肝糖原、牛磺酸、DHA、EPA、核酸、B 族维生素、钙、磷、铁、硒等，经常吃生蚝可以有效地提高机体免疫力。生蚝是传统滋补品，据《本草纲目》记载："生蚝，治虚损，壮阳，解毒，补男女气血，令肌肤细嫩，防衰劳。"

（2）牛肉黑豆汤

①原料：牛肉（前腿）100g，黑豆 20g。

②调料：盐、葱丝、生姜丝、花椒适量。

③营养特点分析：牛肉黑豆汤营养成分表见表2-15。

表2-15 牛肉黑豆汤营养成分表

项目	每份含量	NRV%	项目	每份含量	NRV%	项目	每份含量	NRV%
能量	193kcal/816kJ	10%	维生素A	3μgRAE	0%	钾	457mg	23%
蛋白质	27.5g	46%	维生素E	3.85mg		镁	71mg	24%
脂肪	4.5g	7%	维生素B_1	0.08mg	6%	钙	50mg	6%
碳水化合物	11.8g	4%	维生素B_2	0.25mg	18%	铁	4.6mg	31%
膳食纤维	2.0g	8%	维生素C	0.0mg	0%	锌	8.45mg	56%
钠/食盐	83.7mg/0.8g	4%	烟酸	5.40mg	39%	硒	6.3μg	13%

牛肉富含锌，前腱的锌含量尤其高，是人体补锌的极好来源，同时，牛肉含有丰富的优质蛋白质，赖氨酸含量特别高。黑豆营养丰富，每100g含蛋白质36.0g，脂肪15.9g，碳水化合物33.6g，膳食纤维10.2g，胡萝卜素30μg，维生素B_1 0.20mg，维生素B_2 0.33mg，维生素E 17.36mg，钾1377mg，钙224mg，镁243mg，锌4.18mg和铁7.0mg。黑豆含锌比较高，和牛肉搭配，是一道补锌的佳肴。

（3）富含锌的营养菜点 虾米蛤蜊蒸蛋、粉丝蒸扇贝、粉丝蒸牛角江珧蛤、海蛎煎、黄姑鱼烧豆腐、牛肉炒青椒、酱鸭肝、醋腌血蚶等菜点锌含量也很丰富。

七、学生实训方法建议与实训效果考核评价

1. 学生实训方法建议

（1）学生分组设计营养菜点并对其营养特点进行剖析，选择两道营养菜点，小组合作，烹饪成美味佳肴，小组讨论该菜点在可口性、可行性以及经济性等方面的特点，并讨论是否有改进的余地，如何改进。

（2）将设计的营养菜点汇总成表，编制成数据库，便于查找。

（3）在实训过程中，教师再指导，学生相互点评，教师点评菜点设计的质量和菜谱库编写的质量，教师最后总结。

2. 学生实训效果考核评价

按大学生人群的营养需求特点设计合理的营养菜点，完成菜点的营养特点分析，并将设计好的营养菜点编制成数据库。按百分制记分，考核评分标准如表2-16所示。

表2-16 营养菜点设计实训效果考核评分标准

评分项目	评分要素	配分比重/%	技术要求	评分
食物选择	食物选择	30	识别出富含某一营养素的食物，准确查找这些食物营养素的含量	
饮食建议	饮食建议	20	提出饮食建议可操作性强，建议具有合理性	

续表

评分项目	评分要素	配分比重/%	技术要求	评分
食物组合方案	食物组合方案	20	设计食物组合方案符合人群1日营养需要；食物量合理，不过量	
营养菜点设计	原料选择	5	色彩搭配：每菜色彩搭配合理、有美感 食物选择：食物多样，符合就餐者生理要求，各种原料符合卫生要求	
	菜点制作	10	适合人群特点：符合就餐者的生理需要 烹调操作：成品色、香、味、形、质俱佳 操作卫生：器具和设备清洁干净，操作过程符合卫生要求 调料选择：符合低脂、低钠的要求，菜点清淡爽口油、盐、味精、酱油等过量扣分	
	营养特点分析	10	营养成分标示：计算能量和主要营养素的含量及其占营养素参考值（NRV）的百分比 营养特点分析：营养特点分析准确全面 菜点总结与创新：总结和创新有针对性	
	菜谱库	5	菜谱库输出：菜谱数据库格式美观易懂，便于查找	

任务二　膳食宝塔法编制大学生营养食谱

【案例】李先生，大学生，21岁，身体健康，身高175cm，体重65kg。请确定其能量目标并设计营养食谱。

一、任务分析

如果不是医院中的精准食谱，普通健康人的食谱设计无需每天进行精准的计算，只需要各类食物基本平衡即可。因此，我们可以利用中国居民平衡膳食宝塔推荐的食物量来简单编制食谱，省去了大量的计算工作。只要食物选择得当，并应用膳食宝塔把美味和营养结合起来，按照同类互换、多种多样的原则调配一日三餐，就可获得全面、均衡、适度的营养。本节将介绍如何应用中国居民平衡膳食宝塔设计大学生的营养食谱。

二、任务要求

（1）选择的食物及食物配比要合理，符合大学生人群的营养需要。
（2）食谱所列菜肴便于加工。加工方法符合大学生人群的生理特点。
（3）菜点颜色、造型美观，符合配餐对象的要求。

> **课堂讨论**
>
> **合理膳食，健康生活**
>
> 全球疾病负担研究显示，不合理的膳食是中国人疾病发生和死亡的最主要因素，2017 年中国居民 310 万人的死亡可以归因于膳食不合理。这一数据让我们不得不深思，我们的饮食习惯是否健康？预防，是最经济最有效的健康策略。"健康生活，从吃好三餐开始。"
>
> 请围绕"中国居民平衡膳食宝塔（2022 版）"展开深入讨论，学习如何利用膳食宝塔合理安排三餐，掌握科学的膳食搭配方法。
>
> 人民健康不仅是民族昌盛和国家强盛的重要标志，更是我们实现幸福生活的重要基础。希望大家积极参与，共同为构建健康中国贡献一份力量！

三、大学生营养食谱设计方法与步骤

1. 了解配餐对象的基本情况

营养配餐从了解配餐对象的基本情况开始。需要了解的情况包括年龄、性别、生理状况、体力活动、身体健康状况、职业特点、经济收入、生活起居习惯、民族传统、宗教习俗、饮食习惯、烹调能力、食物过敏史及服药等。从这些信息入手，确定食谱的各个参数和配餐策略。

（1）了解一般情况　该生年龄为 21 岁，男性，汉族，就读于某一大学。测定其身高和体重，其身高 175cm，体重 65kg，该生的 BMI = 体重（kg）÷身高^2（m^2）= 65÷1.75^2 = 21.2，是正常体重。正常的学习生活，无特殊锻炼，身体无疾病，也无营养缺乏症，可以应用中国居民膳食宝塔设计大学生的营养食谱。该生口味比较清淡，怕辣，不喜欢吃辣椒。

（2）设定膳食制度　该生在大学就读，过有规律的大学生活，每日早 6：30 起床，晚 11：00 休息。按其生活起居状况，设定为三餐，就餐时间为早餐 7：00，午餐 11：40，晚餐 6：00。早餐和午餐各设一次餐后水果。三餐能量占比为早餐 30%，午餐 35%，晚餐 35%。

（3）避免某些不利健康的食物　经询问得知，该同学对蟹过敏，其他水产类、肉、蛋、禽和豆制品均可接受。无乳糖不耐受，也没有服用药物。因此，食物选择应避免选用蟹。

2. 确定用餐对象全日能量目标

对于健康成人，若其体重和 DRIs 使用的体重代表值差不多，则其全日能量目标可直接查中国居民膳食营养素参考摄入量（DRIs）表。成人 DRIs 使用的体重代表值是：18~29 岁，男 65kg，女 56kg；30~49 岁，男 63kg，女 55kg。

该生体重 65kg，和体重代表值接近，可直接查 DRIs 表。查表得该生全日能量 EER 是 2550kcal/d。

对于健康成人，全日能量需要目标可以通过基础代谢率（BMR）和身体活动水平（PAL）来进行估算，EER = BMR×PAL。

（1）BMR　根据实测数据，已发表了许多推算 BMR 的公式，见表 2-17，其中广泛被使用的是 Schofield 推算 BMR 计算公式。

表 2-17　不同预测 BMR 的公式

计算方法	年龄/岁	男/(kcal/d)	女/(kcal/d)
Schofield	18~30	15.057W+692.2	14.818W+486.6
	30~60	11.472W+873.1	8.126W+845.6
Henry	18~30	16.0W+545	13.1W+558
	30~60	14.2W+593	9.74W+694
中国居民 DRIs*	18~49	14.52W-155.88S+565.79	

注：W 为体重（kg）；S 为性别（S：男=0，女=1）。* 50~64 岁，65~74 岁，75 岁及以上三个年龄组的 BMR (kcal/d) 较 18~49 岁组分别下调 5%，7.5% 和 10%。

资料来源：中国营养学会编著. 中国居民膳食营养素参考摄入量（2023 版）[M]. 北京：人民卫生出版社，2023.

李先生，21 岁，体重 65kg，BMR = 14.52W-155.88S+565.79 = 14.52×65-155.88×0+565.79 = 1510（kcal/d）

（2）判断身体活动水平的强度　我国居民的活动强度由五级调整为三级，见表 2-18。活动水平一般分为低强度、中等强度和高强度三个级别，具体的界定方法如下。

表 2-18　中国营养学会建议的我国成人身体活动水平分级（2023 年）

活动水平	生活方式	从事的职业或人群	身体活动水平（PAL）
低强度	静态生活方式/坐位工作，很少或没有重体力的休闲活动；静态生活方式/坐位工作，有时需走动或站立，但很少有重体力的休闲活动	办公室职员或精密仪器机械师；实验（室）助理、司机、学生、装配线工人	1.4
中等强度	主要是站着或走着工作	家庭主妇、销售人员、侍应生、机械师、交易员	1.7
高强度	重体力职业工作或重体力休闲活动方式；体育运动量较大或重体力休闲活动次数多且持续时间较长	建筑工人、农民、林业工人、矿工、运动员	2.0

注：有明显体育运动量或重体力休闲活动者（每周 4~5 次，每次 30~60min），PAL 增加 0.3。

资料来源：中国营养学会编著. 中国居民膳食营养素参考摄入量（2023 版）[M]. 北京：人民卫生出版社，2023.

对照表 2-18 得知：李先生是在校大学生，属于中体力劳动者。

（3）判断身体活动水平　由表 2-18 可知，李先生的身体活动水平（PAL）是 1.7。

（4）计算能量需要量　采用要因加算法（factorial approach）估算成人总能量消耗（TEE），即基础代谢率（BMR）乘以身体活动水平（PAL）来计算人体的能量消耗量或需要量。

则计算李先生的能量需要量为：

TEE = BMR×PAL = 1510×1.7 = 2567（kcal/d）

因此，可取李先生的能量目标为 2600kcal/d，下面将以这一能量目标为基准，根据膳食宝塔来确定他的食物需要量。

3. 确定食物类别和数量

李先生1日能量的目标值是2600kcal，对照表1-17，李先生各类食物的建议摄入量是：谷类350g（其中全谷物及杂豆125~200g），薯类125g，蔬菜500g，水果350g，肉类75g，蛋类50g，水产品75g，奶类300g，大豆和坚果35g，烹调油30g，食盐小于5g。

4. 大学生营养食谱编制

李先生是大学生，正处于青春期的后期，能量摄入要充足，食物的选择要注意补充大学生易缺营养素钙、铁、锌、碘、维生素A、维生素B_2。食物多样是平衡膳食的基本原则，建议平均每天摄入不同品种食物达到12种以上，每周达到25种以上，见表1-14。

(1) 主食的设计　主食包括谷类、薯类和杂豆，谷类1日的摄入量目标是350g（其中全谷物及杂豆125~200g），薯类125g，每天包括3种以上主食类食物。三餐主食大致按早餐占30%，中、晚餐各占35%左右，分配如下。

早餐：马铃薯125g。吃薏仁粥，稻米35g，薏仁35g。

午餐：吃米饭，黑米50g和稻米90g。

晚餐：吃豆饭，红小豆40g和稻米100g。

(2) 畜禽鱼蛋类的设计　畜、禽、鱼、蛋类摄入每天至少包括3种，三餐分配要均衡，摄入量平均每日畜禽肉类75g，蛋类50g，鱼类75g，三餐设计如下。

早餐：鸡蛋一枚，可食部约50g。

午餐：鸭肉75g。

晚餐：石斑鱼75g。

(3) 奶类、豆类及坚果的设计　奶类、豆类及坚果类每日至少摄入2种，摄入量平均每日为鲜奶300g、豆类25g、坚果10g。三餐分配如下。

早餐：纯牛奶300g

午餐：豆腐（南）140g（折合成干豆约25g）。

晚餐：花生10g。

(4) 蔬菜的设计　蔬菜1日的摄入量500g，包括3种以上蔬菜，其中深色蔬菜250g以上。根、茎、花、果、叶、鲜豆、菌、藻等多花样选择，要考虑和荤菜的搭配及营养素的平衡。三餐的分配如下。

早餐：莴苣100g。

午餐：茶树菇（鲜）100g，小白菜100g。

晚餐：西蓝花150g，白萝卜50g，紫菜3g。

(5) 水果的设计　一日摄入1种以上水果，选择新鲜时令水果，摄入量平均每日350g。餐后食用或两餐中间食用。三餐分配如下。

早餐：葡萄150g（最好葡萄皮和籽一起吃了）。

午餐：苹果一个，约200g。

(6) 烹调油的设计　全日共用烹调油不超过30g，三餐分配如下。

早餐：一份拌菜，烹调油4g。

午餐：一份炒菜和一份汤，烹调油14g。

晚餐：一份清蒸菜，一份炒菜，烹调油12g。

按营养需求设计一日膳食的食物类别、品种和数量，见表 2-19。

表 2-19　一日膳食的食物类别、品种和数量

食物类别及其质量	重要建议	各类食物品种及其质量（食部）/g
谷类（350g） ——全谷类及杂豆（125g） 薯类（125g）	最好选择 1/3 的全谷类及杂豆食物	稻米 225g 红小豆 40g，黑米 50g，薏仁 35g 马铃薯 125g
蔬菜（500g） 水果（350g）	选择多种多样的新鲜蔬果，深色蔬菜最好占蔬菜总量的 1/2 以上	莴苣 100g，茶树菇（鲜）100g，小白菜 100g，西蓝花 150g，白萝卜 50g，紫菜 3g 葡萄 150g，苹果 200g
禽畜肉（75g） 鱼虾类（75g） 蛋类（50g）	优先选择鱼和禽，要吃瘦肉，鸡蛋不要弃蛋黄	鸭胸脯肉 75g 石斑鱼 75g 鸡蛋 50g
奶类（鲜奶 300g） 豆类（大豆 25g） 坚果（10g）	每天吃奶制品，经常吃豆制品，适量吃坚果	牛奶 300g 豆腐（南）140g（折合成干大豆约 25g） 花生 10g
烹调油（30g） 食盐（<5g）	培养清淡饮食习惯，少吃高盐和油炸食品	芝麻油 8g，大豆油 22g 碘盐<5g

按照以上设计方法，可得到如表 2-20 所示的大学生一日营养食谱。其中食物种类、各种食物的用量均符合膳食宝塔的要求，预计各种营养素摄入较为均衡。

表 2-20　大学生一日营养食谱（一）

食用时间	食物名称	食物原料与定量（食部）
早餐	薏仁粥 蒸马铃薯 水煮蛋 拌莴苣 牛奶 餐后水果：葡萄	薏仁 35g，稻米 35g 马铃薯 125g 鸡蛋（红皮）50g 莴苣 100g，芝麻油 4g 牛奶（全脂巴氏奶）300g 葡萄 150g
午餐	黑米饭 茶树菇炒鸭胸肉 小白菜豆腐汤 餐后水果：苹果	黑米 50g，稻米（粳，标一）90g 鸭胸脯肉 75g，茶树菇（鲜）100g，豆油 10g 小白菜 100g，豆腐（南）140g，豆油 4g 苹果 200g
晚餐	红小豆米饭 清蒸石斑鱼 煮花生 炒西蓝花 萝卜丝紫菜汤	红小豆 40g，稻米（粳，标一）100g 石斑鱼 75g 花生 10g 西蓝花 150g，豆油 8g 白萝卜 50g，紫菜 3g，芝麻油 4g
	全天用盐少于 5g，若用酱油、酱、味精等调料，盐酌减	

5. 食物同类互换，设计营养美味的膳食

营养食谱的设计要把营养和美味结合，按照同类互换、多种多样的原则调配一日三餐。同类互换就是以粮换粮，以豆换豆，以肉换肉。多种多样就是选用品种、形态、颜色、口感多样的食物和变换烹调方法。

下面以食谱（表2-20）为模版，按食物同类互换的方法来给李先生再设计一份食谱，如表2-21所示。

表2-21 大学生一日营养食谱（二）

食用时间	食物名称	食物原料与定量（食部）
早餐	豆浆 青菜肉包2个 餐后水果：草莓	豆浆200g 包菜100g，猪肉（腿）50g，标准粉100g，橄榄油4g 草莓150g
午餐	荞麦饭 韭菜炒蛋 西芹鸡丝豆腐干 羊奶	荞麦70g，稻米（粳，标一）70g 韭菜150g，鸭蛋50g，花生油7g 豆腐干20g，西芹50g，鸡肉25g，花生油7g 羊奶200g
午点	木瓜	木瓜200g
晚餐	米饭 小米红薯粥 红烧马鲛鱼 核桃仁拌芥蓝 酸奶	稻米（粳，标一）50g 小米60g，红薯125g 马鲛鱼75g，花生油8g 核桃仁10g，芥蓝200g，花生油4g 酸奶120g

全天用盐少于5g

6. 食谱评价和调整

食谱初步完成后，应当对其营养平衡状况进行评价，如有不妥之处，应调整食物的种类和数量，直至达到要求。本节从定性的角度来考察食谱的合理性，以表2-20中所示食谱为例进行评价。

（1）食谱结构是否合理？

以中国居民平衡膳食宝塔为依据，考察食谱的食物种类是否齐全，数量是否充足。

该食谱包括了膳食宝塔推荐的五大类食物，纳入了不少于12种不同的食物原料，食物种类符合平衡膳食要求，数量充足而又不过量。

（2）色彩搭配是否合理？

色彩的搭配主要考察红、绿、黄、白、黑各种颜色搭配是否齐全。

该食谱包括红色的红小豆、鸭肉、花生和苹果，绿色的西蓝花、油菜、绿葡萄和莴苣，黄色的马铃薯、豆腐和茶树菇，白色的稻米、薏仁、牛奶、鸡蛋和石斑鱼，黑色的黑米和紫菜。红、绿、黄、白、黑五种颜色的食材搭配齐全。多种颜色食物的合理搭配，不仅可提高营养价值，还可增加食物的风味，促进食欲。

（3）烹调方法是否合理？

烹调方法主要考察油脂是否过量，盐是否过量；是否会引入不利于健康的食物。

该食谱采用清蒸、煮、炖、拌等少盐、少油的烹调方法，无油炸、盐浸等做法。每餐有凉拌菜或炖煮菜或清蒸菜，烹调油用量可在限量之内。因此，该烹调方法是合理的。

（4）主食是否做到粗细搭配？

主食主要考察食谱是否纳入了全谷类、薯类或杂豆类食物？粗粮摄入量是否充足？

该食谱中包括薏仁35g、黑米50g、红小豆40g，合计有粗粮125g，马铃薯125g，主食达到了粗细搭配的要求。

（5）蔬菜是否充足，搭配是否合理？

蔬菜的选择主要考察数量是否达到宝塔的推荐量，深色蔬菜是否占一半以上。

该食谱中提供了莴苣100g，小白菜100g，茶树菇（鲜）100g，西蓝花150g，白萝卜50g，紫菜3g，合计有503g。颜色有白、绿色、黑色，可提供不同类型的抗氧化成分。食谱含深色蔬菜250g以上。因此，蔬菜是充足的，搭配是合理的。

（6）动物性制品的选择是否合理？

是的。动物性制品选择了鸭胸脯肉、鸡蛋、石斑鱼，三种均是低脂食材，可避免油脂过量。

（7）是否有乳制品，是否提供了充足的钙？

该食谱提供了足量的乳制品和豆制品，还提供了富含钙的小白菜、石斑鱼等食材，钙的供应十分充足。

（8）是否提供过多的甜食和甜饮料？

该食谱没有提供甜食和甜饮料。

（9）是否考虑了食用者禁忌事项和口味要求？

是的。鉴于该生可能存在蟹过敏，未选用蟹及可能含有蟹的食品，调味方法本人和家庭可接受。

7. 营养餐的制作

（1）核实、检查烹饪原料　把设计好的营养食谱制作成主食和菜肴，就可以供就餐者食用。在制作营养餐之前，首先要核实烹饪的原料是否备齐，认真核对制作菜点所需要的各种原料及其数量。食材备齐了，还要通过感官核实食材的卫生情况。用肉眼观察，判断原料的外表特征是否合格；用鼻子嗅闻，辨别原料是否有异味；用手触摸原料，判断原料是否变质；用舌头品尝原料，辨别其是否变味。只有使用新鲜卫生的原料才能制备营养丰富、美味可口的营养餐。

刀工及配菜直接影响菜肴的质量。根据菜肴的烹制要求，检查原料加工、刀法运用是否正确。依据配菜的基本方法，检查配菜是否科学合理。

（2）不同烹饪方法对营养素的影响　烹饪方法是指将经过初加工和切配成形的原料，通过加热调味，制成不同风味菜肴的操作方法。应根据就餐者的基本情况和饮食要求，选择合理的烹饪方法。不同烹饪方式对营养素的影响及减少营养素损失的措施见表2-22。

表2-22　不同烹饪方式对营养素的影响及减少营养素损失的措施

序号	烹饪方式	烹饪对营养素的影响	减少营养素损失的措施
1	蒸、煮	碳水化合物和蛋白质部分水解溶于汤中，部分水溶性维生素、矿物质溶于汤中	连汤一起食用
2	炖、煨、卤	部分维生素被破坏，部分水溶性维生素、矿物质溶于汤内	连汤带汁一起食用
3	煎、炸、炒	所有营养素都有不同程度的破坏，蛋白质因高温而严重变性，油脂热聚合物和过氧化脂质含量升高，还会产生丙烯醛	降低油温，控制在170~200℃；避免陈油反复使用，不断添新油；还可采用上浆挂糊、急炒、勾芡、加醋的方法来减少营养素损失。
4	烧烤	B族维生素、维生素C、维生素A大部分损失，也损失部分脂肪。明火直接烧烤食物，还会产生致癌物质3,4-苯并芘，其含量与烤的时间成正比	尽量少用明火，缩短烧烤时间
5	熏	维生素受到破坏，特别是维生素C，也损失部分脂肪、蛋白质和氨基酸，同时还会产生致癌物3,4-苯并芘	避免烟熏温度过高，控制在200~400℃

（3）减少烹调中营养素损失的方法　食物在烹调中的营养素损失是不可避免的，但可以采取一些保护措施以保存更多的营养素。

【动画】减少烹调中营养素损失的方法

①先洗后切：各种菜肴原料，特别是蔬菜，应先清洗，再切配，这样可减少水溶性营养素的损失。同时原料要现切现烹，以避免营养素的氧化损失。营养餐制作要尽量做到先洗后切，现切现烹，现烹现吃。

②沸水焯料：焯料要大火沸水，加热时间短，操作迅速。原料较多时，要分次下锅，沸进沸出。动物性原料骤受高温，表面组织的蛋白质可迅速凝固，从而保护了原料内部的营养素。蔬菜用沸水焯不仅可以减少颜色的改变，还可以减少维生素的损失。蔬菜中含有氧化酶，在50~60℃时活性最强，维生素C易被氧化，当温度超过80℃时，氧化酶的活性即丧失，从而减少维生素C的损失。蔬菜经过焯水后，虽然损失一部分维生素，却可除去较多的草酸，有利于钙、铁的吸收。

③上浆挂糊：原料先用淀粉和鸡蛋上浆挂糊，可减少原料中的水分和营养素大量溢出及与空气接触而被氧化，并可降低高温引起的蛋白质变性和维生素被破坏。

④旺火急炒：加热时间缩短，可减少营养素的损失。据1991年版《食物成分表》数据，猪肉切成丝，油炒1.5~2.5min，加酱油，维生素B_1的损失率是13%；而把猪肉切成块，加6倍量的水，适量盐，大火煮沸后，小火煨30min，维生素B_1的损失率是65%。

⑤加醋忌碱：一些维生素在酸性条件下更稳定，因此在菜肴中尽可能放点醋。如凉拌蔬菜时可提前放醋，以减少维生素的损失。烹调动物原料亦可放醋，如红烧鱼、糖醋排骨等。反之，碱会造成食物中维生素和矿物质的损失，因此，在焯菜、制作面食中最好避免用碱。

⑥勾芡收汁：勾芡收汁可使汤汁浓稠，与菜肴充分融合。既减少了营养素的流失，又

使菜肴味道可口。淀粉中谷胱甘肽所含的巯基，具有保护维生素 C 的作用。有些动物原料（如肉类）也含有谷胱甘肽，与蔬菜一起烹调也有同样的作用。

⑦酵母发酵：制作面食时，尽量使用酵母发酵，这样可避免面食中的维生素被破坏。酵母菌大量繁殖可增加 B 族维生素的含量，同时还可破坏面粉中的植酸盐，提高钙、锌、铁的吸收率。

（4）运用合理的烹饪方法

①主食：稻米在烹饪前需要淘洗，营养素的损失与淘洗的方式密切相关。搓洗越重，淘洗次数越多，浸泡时间越长，营养素特别是水溶性维生素和矿物质的损失越大。如淘洗 2~3 次，维生素 B_1 可损失 26%~29%，维生素 B_2 和烟酸损失 23%~25%。洗的次数越多，洗的水温越高、水中浸泡时间越长，营养素的损失就越严重。因此，淘米时要用冷水，次数不超过 3 次，不搓洗，不浸泡，以减少营养素损失。

【动画】合理的烹饪方法

稻米的烹调以煮、蒸为好。捞饭由于丢弃米汤，因此损失了米汤中大量的维生素、矿物质、碳水化合物及部分蛋白质。据 1991 年版《食物成分表》数据，捞饭的维生素 B_1、维生素 B_2 和烟酸的损失率分别为 67%、50%、76%。煮粥切忌放碱，放碱之后，米中的维生素会被加速破坏。

面食的烹调方法为蒸、煮、炸、烤等，制作方法不同，营养素损失也不同。烙、蒸时，面中的营养素损失较少。煮面条、水饺时，部分营养素溶于水中，最好连汤一起食用。炸油条、油饼因油温高、加碱，B 族维生素损失严重。据 1991 年版《食物成分表》数据，用标准粉炸油条时，维生素 B_1 可损失 100%，维生素 B_2 和烟酸损失约 50%；用标准粉烙的大饼，维生素 B_1 仅损失 21%，维生素 B_2 损失 14%，烟酸无损失；用标准粉发酵、蒸的馒头，维生素 B_1 仅损失 30%，维生素 B_2 损失 14%，烟酸损失 10%。利用新鲜酵母发酵面团制作面制品，不仅可以保护维生素，还会因酵母菌的大量繁殖而增加面团中的 B 族维生素的含量。

②肉类：炒、爆、熘、蒸等方法优于炖、煮，因为上浆挂糊，大火快炒，肉类外部的蛋白质迅速凝固，保护了内部营养素不会外溢流失。据 1991 年版《食物成分表》数据，猪肉红烧、清炖时，维生素 B_1 损失 60%~65%，蒸、炸为 45%，炒为 13%。而维生素 B_2 的损失，蒸为 87%，红烧、清炖为 40%，炒为 21%。

③蔬菜：应先洗后切，尽量不要焯后再炒，避免严重丢失维生素和矿物质。水焯后不要挤去菜汁。缩短洗、切、烹、食的时间间隔，宜先洗后切，切完就炒，炒好就吃，尽量降低营养素的损失。加热时间不可太长，加水不能太多，煮时锅盖不宜盖紧，以保持蔬菜的绿色，减少营养素的损失。炒菜时适量加醋或用淀粉，既可保色增味，又可避免水溶性维生素的损失。炒菜宜在出锅前放盐，青菜凉拌能较好地保存营养素，凉拌时可放些醋（有利于维生素 C 的保存）、油（有利于胡萝卜素的吸收）、葱、姜、蒜等，既美味、又营养。

（5）营养餐的制作　设计好的食谱是通过合理烹调来实现的。食物经过不同烹饪方法加工后会发生一系列的物理、化学变化，有的变化会增进食物的色、香、味，使之容易消化吸收，提高食物所含营养素在人体内的利用率；有的烹饪方法则会使某些营养素遭到破坏。因此，科学烹饪是保证食物色、香、味和营养质量的重要环节。

应用正确的烹饪方法将已设计的食谱制作成营养餐。

8. 膳后总结及食谱的归档管理

膳后要总结该食谱的可行性、经济性、方便性、可口性等方面的特性，烹饪方法的合理性以及就餐者的口味要求等方面。分析营养餐存在的不足，并寻求解决的方案。

保存食谱，将食谱归档管理，有利于营养餐资料的收集和整理，也有利于营养餐的创新提高。随时记录学生的用餐情况，以及优良营养餐的筛选。

四、学生实训方法建议

（1）教师讲解和演示　选择一同学作为案例进行1日食谱设计并作膳食评价。

（2）学生实训　学生2人为一小组，每组设计其1位小组成员的1日营养食谱并作膳食评价。每组按所设计的食谱采购所需的食材。①将设计的营养食谱制作成营养餐，然后评价营养餐的适口性、经济性、可行性；②拍摄每一餐膳食图像。每1日膳食图片不能少于三幅（一般为早、中、晚餐各一幅，临近的加餐可纳入正餐的图片中）。将膳食图片插入实训报告中。

（3）实训评价　在实训过程中，教师再指导，学生相互点评，教师点评营养食谱设计的质量，教师最后总结。

（4）学生提交配餐实训报告。

五、学生实训效果评价

按要求设计大学生一日食谱并作膳食评价，输出合适的配餐报告。按百分制记分，评分标准如表2-23所示。

【在线测试】大学生营养食谱的设计

表2-23　膳食宝塔法设计食谱及营养分析评分标准

评分项目	评分要素	配分比重/%	技术要求	评分
设计营养目标	能量	10	能量估算准确	
编制食谱	食物选择	10	食物多样，主食粗细搭配，全谷类、杂豆摄入量达到膳食宝塔的推荐量，深色蔬菜不少于一半，食物种类符合平衡膳食要求。若动物油脂过多、深色蔬菜不足、粗粮杂豆不足、五大类食物不齐全等扣分	
	食物量的估计	10	食物配比符合平衡膳食需要	
	烹饪方法	15	采用汆、煮、炖、拌等少盐的烹调方法，少油炸、盐浸等做法。若油、盐过量扣分	
食谱评价	色彩搭配	5	①红、绿、黄、白、黑搭配齐全 ②每菜色彩搭配合理、有美感 颜色不齐全或搭配无美感扣分	
	食物种类	10	①一日不少于12种，1周不少于25种 ②食物种类符合平衡膳食要求	
	三餐食物分配	20	三餐食物分配合理	

续表

评分项目	评分要素	配分比重/%	技术要求	评分
制作营养餐	适合人群特点	5	符合该人群的生理需要	
	烹调技法	5	①刀工搭配合理 ②菜肴制法不重复，成品色、香、味、形、质俱佳	
	操作卫生	5	器具和设备干净整洁，操作过程符合卫生要求	
配餐报告	输出	5	配餐报告格式美观易懂，膳后总结与创新具有针对性	

项目二
中年人群营养食谱的设计

学习目标

知识目标

1. 能够叙述中年人群的生理特点和营养需要特点。
2. 能够叙述中年人群营养食谱的设计原则。
3. 能够说出中年人适宜多吃的食物品种及少吃或不吃的食物品种。

能力目标

1. 能够设计适合中年人群的营养菜点。
2. 能够应用计算法设计中年人一日营养食谱并进行定量营养分析。

素质与思政目标

1. 培养科学的工作态度和严谨细致的工作作风，并具有开拓精神。
2. 养成爱自己、爱家人、爱朋友的良好品格，培养良好沟通的能力。

必备知识

中年期，一般是指45~59岁。中年人身体的各部分器官和系统的功能在逐步退化，与青壮年相比，中年人有较低的能量需要，而大部分营养素的需要量却没有随之降低。

一、中年人群的生理特点

中年人的身体各部分器官及系统的形态和功能发生了很大的变化，与青壮年相比，体细胞数目减少，脂肪占身体的比重增加，各种细胞内脂褐质的含量增加，体液免疫以及细胞免疫功能在下降，骨质开始疏松，神经、循环、呼吸、消化、泌尿、内分泌等系统的功能都在逐步退化。

从中年开始，循环系统的动脉血管管壁逐渐硬化，弹性降低，导致对血压波动的缓冲能力下降，脉压差增大。动脉血压呈逐渐升高趋势，心脏负荷增大，心肌收缩力开始减弱。因此，中年人运动能力下降，运动时常见心慌、气急、恢复慢等现象。

消化系统的牙齿、牙龈及牙床都出现退行性改变，容易发生龋齿、牙齿松动、牙周疾病乃至脱落；消化腺也开始萎缩，功能退化，消化液分泌减少，消化道蠕动减弱，因此消化能力随之降低；同时肝细胞也开始萎缩，纤维组织增多，解毒能力下降。因此，中年人要饮食有节，食物易于消化吸收，避免油腻、生硬的食物，同时增加膳食纤维的摄入，以避免便秘。

中年期肾脏的代谢下降，为保护肾脏，应科学饮水，避免高盐饮食，避免过量饮酒以及使用某些对肾脏有毒性的药物，以降低肾脏负担或损害。

运动系统的功能也逐渐减弱。由于活动量减少、骨的供血不足、营养不良及肾功能减低，影响钙、磷代谢的平衡，一般在40~50岁会发生全身性骨质疏松，骨的脆性增加，易发生骨折。骨内营养不易扩散到骨关节软骨，关节软骨营养变差，修复能力下降，关节软骨逐渐老化，活动受限。因血管的退变，肌肉供血不良，易疲劳，长期劳累可引起慢性炎症，导致运动功能障碍，如肩周炎、骨关节程度不同的增生等。

大脑在老化过程中神经元的数目确有减少，但人脑的潜力巨大，经常使用的脑细胞只占脑细胞总数的一小部分，而且脑细胞又有代偿能力，加上经验的积累，所以中年期常比青壮年期有更强的智力发展。中年人的记忆能力逐步下降，但在进入老年期之后头脑仍可十分清醒。大脑正常功能的维持与营养有关，为了有效保护中老年人的智力发展，合理营养十分重要。

二、中年人群食谱设计原则

（1）控制膳食总能量，保持健康体重　中年人基础代谢下降，体力活动的强度也减弱，因此能量的需要随年龄的增长而减少。一般来说，DRIs推荐的供给量对大多数人是适宜的，但对于具体个体还得具体分析，在设计食谱时可以做适当的调整。如果体重超重或肥胖，就应限制能量的供给以减肥，但膳食中其他营养素的供给不宜减少；反之，若是消瘦，则应鼓励加餐以提高能量摄入量。若长期能量摄入过高，会引起肥胖，增加患慢性非传染性疾病的风险。若长期能量摄入不足，会导致过度消瘦，常表现为疲惫、无精打采，并加速衰老进程。

在三大产能营养素中，脂肪占总能量的20%~30%为宜；蛋白质有修补组织这一不可替代的功能，中年人对蛋白质的需要与青年人相比并不明显减少，这是由于中年人按瘦体组织计算蛋白质分解和合成的速度都比青壮年要高，蛋白质的代谢率加快，其更新过程需要蛋白质来补充，因此要求膳食中的蛋白质的比例适当提高，以占总能量的10%~20%为宜；碳水化合物占总能量50%~65%为宜。

（2）重视易缺营养素的摄取，预防营养不良　中年人钙、铁和锌的缺乏很常见。最易缺乏的维生素有维生素A和核黄素。

①钙：膳食钙不足与骨质疏松密切相关，骨质疏松常成为自发性骨折的原因。摄入充足的钙可以改善骨质疏松症。此外，缺钙也与高血压的发生有一定的联系。中年人膳食钙

的 RNI 为 800mg/d，按我国传统的膳食结构很难满足这个需要，因此必须有计划地摄取含钙丰富的食物。

②铁：膳食调查表明，我国铁的摄入量远超过铁的 RNI，但我国中年人贫血的发生率依然很高。

③锌：锌具有促进维生素 A 代谢的作用，并参与维持细胞免疫及细胞代谢，缺锌会导致食欲下降、性功能下降等问题。已发现血锌浓度随年龄增长而降低，提示中年人缺锌趋势，应予以重视。钙、铁、锌的食物来源参考模块二项目一任务一的相关内容。

④维生素：深色蔬果、动物肝脏、奶类及蛋类摄入不足的人群，易缺乏维生素 A 和维生素 B_2，以精白稻米为主食的人群易缺维生素 B_1，不常吃新鲜蔬菜水果的人群易缺维生素 C，而户外活动少的人群易缺维生素 D。因此安排食谱时要注意维生素的补充。

(3) 限制钠盐摄入，预防高血压　限制钠盐摄入是防治高血压的重要措施。过多的食盐摄入量会增加肾脏的负担且诱发某些有遗传倾向的人血压升高，被称为盐诱发性高血压。多数流行病学研究表明，膳食高钠是高血压重要的发病因素之一，膳食钠摄入量和血压呈正相关。中国营养学会推荐，每日盐的摄入量不超过 5g。膳食中的钠 80% 来自烹饪时的调味品和含盐高的腌制品，如食盐、酱油、味精、咸菜、咸鱼、咸肉、酱菜等，因此限盐首先要减少烹调用调料，少食用各种腌制品。

(4) 平衡膳食，防治慢性非传染性疾病　平衡膳食是指膳食中所含营养素的种类齐全、数量充足、比例合理，能满足人体正常需要的一种膳食结构。平衡膳食的关键问题是原料品种的选择和数量的确定。所食用的食物要多种多样，符合膳食宝塔推荐的食物结构。从中年开始，某些慢性病的发病率开始提高，这些慢性病的发生和发展与膳食结构息息相关，而平衡膳食对中年人防治慢性非传染性疾病具有重要的意义。

(5) 三餐分配合理，定时定量进食　成人一般一日三餐，三餐能量分配应合理。三餐食物分配的比例是早餐占 25%~30%，午餐占 30%~40%，晚餐 30%~40%。实际中可根据职业的特点、劳动强度进行调整。中年期，人的基础代谢下降，而食欲还很旺盛，日常饮食吃得过饱很容易引起肥胖。每日进食要注意，有饱腹感便停止进食，尽量定时定量进餐，最重要的是减少零食及在外就餐。中年人应酬多，饭局多，而目前饭店里的菜普遍含油脂过高，人们在进餐中不知不觉摄入过高的能量。高能量的零食也应避免或限制食用量。

三、食物的选择

根据中年人的营养需要特点选择食物，以满足特殊的营养需求。一般来说，中年人应重视选择营养密度高的食物，预防营养不良，食物搭配应利于防治慢性非传染疾病。

1. 鼓励食用的食物

中年人应该鼓励摄入的食物包括水果、蔬菜、全谷类食物、脱脂或低脂乳品，这些对大多数中年人是有益的。

(1) 每天食用足量的新鲜蔬菜、水果。蔬菜水果中维生素、矿物质、膳食纤维及对健康有益的植物化学物含量丰富。日常饮食要食用足量的蔬菜和水果，一日需要 400~500g 的蔬菜，200~350g 水果。品种要多样化，特别是深绿色、橘黄色的蔬菜及豆荚类蔬菜等要注意选取。

(2) 谷类要重视粗细搭配。每天至少要食用200g的谷类，其中粗杂粮要占1/3左右。

(3) 多食用富含钙的食物。

(4) 多食用富含铁、锌的食物。

2. 必须限制食用的食物

中年人饮食应减少低营养密度的食物、空白能量的食物、高盐食物的摄入量，这一点很重要。以下几点建议特别重要。

(1) 每天饱和脂肪酸的摄取量应不超过总能量的10%，胆固醇不超过300mg，反式脂肪酸的摄入量越少越好。高胆固醇的食物如动物脑应避免，而动物内脏、蛋黄、一些无鳞鱼胆固醇含量也较高，但其营养价值也高，可适量选用，而不是禁止食用。反式脂肪酸主要存在于氢化油中，含氢化油多的食物反式脂肪酸含量也高。因此，含有植脂末、氢化油、人造奶油、部分氢化油的食物应尽量避免食用。

(2) 脂肪摄入量应控制在总能量的20%~30%，多不饱和脂肪酸和单不饱和脂肪酸应占较高的比例，可适量选用鱼类、坚果、植物油，而油炸食品、高油点心、肥肉等应少食用。当挑选肉、禽、奶时，要选择瘦的、低脂肪的或脱脂的。

(3) 少吃高糖、高盐的食物。选择添加糖少的食品，可乐、高糖果汁等一些高糖饮料要少食用；少食用高盐的腌制食品，烹制食物要少用盐、味精、酱油等调味料。

(4) 饮酒要适量。一般不建议喝酒，若要喝酒，建议一天饮酒量不超过20g的酒精含量，可选用含抗氧化物质高的果酒，如葡萄酒。应避免饮酒无度，暴饮暴食。

项目实施

任务一　设计中年人营养菜点

烹饪原料要符合中年人的营养需要特点。烹饪原料是本地区可获得的食物资源，注意选取维生素和矿物质丰富的食物，特别是富含钙、钾、镁、维生素C、植物化学物的食物，如脱脂牛奶、蔬菜、水果、菌藻类、杂豆和全谷类食物等。

一、设计适合中年人的营养主食

设计主食的关键在于粗细粮巧搭配，每天要食用粗杂粮100g左右。粗杂粮包括除大米和面粉外的全谷类食物、杂豆和薯类。只有粗细巧搭配才能获得充足又平衡的营养。还可在主食中加入坚果，坚果富含不饱和脂肪酸、卵磷脂、维生素E、膳食纤维、钾、镁、B族维生素和植物化学物等多种营养成分，这些营养成分的复合作用可以有效降低心血管疾病的风险。坚果的有效数量大约为每周50g，坚果含有较多的脂肪，不宜多食，平均每日约10g为宜。

1. 松子仁核桃黑米粥

(1) 原料　黑米100g，松子仁5g，核桃仁5g。

(2) 营养特点分析　松子仁核桃黑米粥营养成分表见表2-24。

表 2-24 松子仁核桃黑米粥营养成分表

项目	每份含量	NRV%	项目	每份含量	NRV%	项目	每份含量	NRV%
能量	450kcal/1712kJ	20%	维生素 A	0μgRAE	0%	钾	300mg	15%
蛋白质	10.8g	18%	维生素 E	4.02mg		镁	159mg	53%
脂肪	9.0g	15%	维生素 B_1	0.35mg	25%	钙	19mg	2%
碳水化合物	73.8g	25%	维生素 B_2	0.15mg	11%	铁	2.0mg	13%
膳食纤维	4.9g	20%	维生素 C	0.1mg	0%	锌	4.14mg	28%
钠/食盐	7.9mg/0.02g	0%	烟酸	8.15mg	58%	硒	3.5μg	7%

核桃和松子富含 n-3 脂肪酸，有助于应对心理压力，使舒张压明显下降，对心理压力造成的血压升高有缓解作用。核桃、松子还含有丰富的卵磷脂、维生素 E、膳食纤维、钾、镁和 B 族维生素，可滋补强身。

黑色、紫色、红色等有色稻米中的矿物质含量高于白色的大米，一般情况是颜色越深，营养价值越高。黑米的颜色之所以与其他米不同，主要是因为它的皮层中含有花青素类色素，这种色素本身具有很强的抗衰老作用。国内外的研究表明，米的颜色越深，则表皮色素的抗衰老效果越强，黑米色素的作用是各种颜色的米中是最强的。黑米色素中还含有丰富的黄酮类活性物质，是白米的 5 倍之多，对预防动脉硬化有很好的作用。黑米（稻米，紫）钾含量 256mg/100g，镁含量 147mg/100g，是其他白色稻米的 2 倍多，是高钾低钠食品。此外，黑米以糙米的形式食用，可以提供较多的膳食纤维、矿物质和 B 族维生素，多种营养成分的综合作用对防治心血管病、糖尿病有益。

松子、核桃和紫米搭配同食，营养更全面，具有健脑、补肾润肠，防治心脑血管疾病等作用。

2. 赤小豆饭

（1）原料　赤小豆 50g，大米 50g。

（2）营养特点分析　赤小豆饭营养成分表见表 2-25。

表 2-25 赤小豆饭营养成分表

项目	每份含量	NRV%	项目	每份含量	NRV%	项目	每份含量	NRV%
能量	335kcal/1400kJ	17%	维生素 A	4μgRAE	0%	钾	479mg	24%
蛋白质	14.0g	23%	维生素 E	7.69mg		镁	86mg	29%
脂肪	0.6g	1%	维生素 B_1	0.16mg	11%	钙	43mg	5%
碳水化合物	70.4g	23%	维生素 B_2	0.10mg	7%	铁	4.3mg	28%
膳食纤维	4.2g	17%	维生素 C	0.0mg	0%	锌	1.83mg	12%
钠/食盐	2.3mg/0.01g	0%	烟酸	1.65mg	12%	硒	3.2μg	6%

赤小豆富含钾和镁（每 100g 赤小豆含钾 860mg、镁 138mg），可以对抗钠对血压的不利影响，同时钙、铁、锌、维生素 E 含量也很丰富，经常食用可清热解毒、健脾益胃、利

尿消肿、通气除烦。

3. 凉拌荞麦面

（1）原料　荞麦挂面 100g，鸡胸肉 30g，甜椒 75g（市品 91g）、绿豆芽 75g。

（2）调料　芝麻酱 10g，盐 1g，香油 5g，酱油 2g，味精 0.2g，香菜末、蒜末、辣椒油、醋各适量。

（3）营养特点分析　凉拌荞麦面营养成分表见表 2-26。

表 2-26　凉拌荞麦面营养成分表

项目	每份含量	NRV%	项目	每份含量	NRV%	项目	每份含量	NRV%
能量	531kcal/2222kJ	27%	维生素 A	9μgRAE	1%	钾	476mg	24%
蛋白质	25.0g	42%	维生素 E	13.65mg		镁	213mg	71%
脂肪	14.9g	25%	维生素 B_1	0.33mg	24%	钙	221mg	28%
碳水化合物	78.3g	26%	维生素 B_2	0.18mg	13%	铁	13.8mg	92%
膳食纤维	1.6g	6%	维生素 C	100.5mg	101%	锌	2.81mg	19%
钠/食盐	564.2mg/1.4g	28%	烟酸	8.28mg	59%	硒	6.8μg	14%

荞麦富含膳食纤维、维生素 B_1、维生素 B_2、钙、钾等营养素，查《中国食物成分表标准版（第 6 版）》荞麦不溶性膳食纤维的含量达 6.5g/100g，同时还富含其他粮食中含量很少的芦丁。芦丁有降低毛细血管通透性和脆性的作用，能够保持及恢复毛细血管正常弹性。芦丁还具有抗氧化作用，丰富的钾有助于降血压。荞麦对防治动脉硬化、高脂血及便秘等症有显著的食疗功效。

二、设计适合中年人的菜肴

1. 豌豆苗炒鸡片

（1）原料　豌豆苗 100g，鸡胸肉 50g，鸡蛋清 10g。

（2）调料　盐 0.6g，胡麻油 6g，料酒、水淀粉及鲜汤各适量。

（3）营养特点分析　豌豆苗炒鸡片营养成分表见表 2-27。

【动画】豌豆苗炒鸡片的营养分析

表 2-27　豌豆苗炒鸡片营养成分表

项目	每份含量	NRV%	项目	每份含量	NRV%	项目	每份含量	NRV%
能量	169kcal/708kJ	8%	维生素 A	30μgRAE	4%	钾	325mg	16%
蛋白质	18.3g	30%	维生素 E	0.31mg	2%	镁	30mg	10%
脂肪	9.8g	16%	维生素 B_1	0.15mg	11%	钙	17mg	2%
碳水化合物	3.2g	1%	维生素 B_2	0.22mg	16%	铁	1.2mg	8%
膳食纤维	0.0g	0%	维生素 C	8.0mg	8%	锌	0.58mg	4%
钠/食盐	287.2mg/0.7g	14%	烟酸	6.49mg	46%	硒	7.1μg	14%

豌豆苗中含有较为丰富的膳食纤维，可以防止便秘，有清肠作用，可预防由便秘而引发的血压升高。豌豆苗含有丰富的钾，钾可促进人体内过剩的钠排出体外，从而达到降低血压的效果。

鸡肉的蛋白质为完全蛋白质，属于优质蛋白质。鸡肉脂肪的组成以不饱和脂肪酸为主，熔点较低。禽肉与被称为"红肉"的畜肉相比，在脂肪的含量和质量方面具有优势。其主要特点是饱和脂肪酸含量略低，而多不饱和脂肪酸的含量较高，与人体的脂肪酸比例更为相近，对血脂的影响比猪、牛、羊肉小。在各种脂肪当中，以16碳饱和脂肪酸对血脂的升高作用最大，而禽肉这类脂肪含量较低。鸡胸肉中含有较多的B族维生素，具有消除疲劳保护皮肤的作用；鸡腿肉中含有较多的铁，可改善缺铁性贫血。每100g鸡胸肉含：能量118kcal（499kJ）、蛋白质24.6g、脂肪1.9g、维生素B_6 0.50mg、烟酸11.96mg、硒11.75μg、钾333mg、胆固醇65mg。

2. 萝卜牛肉汤

（1）原料 白萝卜50g，番茄50g，牛肉50g。

（2）调料 盐0.5g，番薯粉、生姜、大蒜适量。

（3）营养特点分析 萝卜牛肉汤营养成分表见表2-28。

表2-28 萝卜牛肉汤营养成分表

项目	每份含量	NRV%	项目	每份含量	NRV%	项目	每份含量	NRV%
能量	72kcal/305kJ	4%	维生素A	17μgRAE	2%	钾	264mg	13%
蛋白质	11.0g	18%	维生素E	0.40mg		镁	23mg	8%
脂肪	0.8g	1%	维生素B_1	0.04mg	3%	钙	28mg	4%
碳水化合物	6.2g	2%	维生素B_2	0.10mg	7%	铁	1.8mg	12%
膳食纤维	0.0g	0%	维生素C	16.5mg	17%	锌	3.94mg	26%
钠/食盐	309.4mg/0.8g	15%	烟酸	2.82mg	20%	硒	2.6μg	5%

白萝卜又称莱菔，十字花科萝卜属植物的肉根。萝卜除含有一般蔬菜营养成分外，还含有淀粉酶、脂肪酶和莱菔苷等，萝卜肉质根中含有萝卜苷和红根苷，酶解后可产生萝卜芥子油和红根芥子油，因而对帮助消化、促进胃肠蠕动有一定作用。近年有报道指出萝卜还含有分解亚硝胺的酶，因而具有抗癌作用。白萝卜还含有一种干扰诱生剂可以刺激人体细胞产生干扰素，促使机体增强抗病毒感染能力。研究显示，白萝卜中的木质素能提高巨噬细胞的活性，增强吞噬癌细胞的能力。

番茄也称西红柿，营养丰富，是果、蔬、药兼备的食物。番茄含有丰富的维生素C，由于有机酸的保护，不易被破坏。番茄也是高钾低钠的食物，有利于高血压的防治。番茄中富含的番茄红素是淬灭单线态氧和清除过氧化氢等自由基能力最强的类胡萝卜素，可通过物理和化学的方式有效地猝灭活性氧，其灭活能力是β-胡萝卜素的2倍，是维生素E的100倍。番茄红素的抗氧化作用是它抗癌的主要作用机制之一。番茄红素具有保护心血管的作用，一些研究人员指出，由于番茄红素能够保护低密度脂蛋白免受氧化破坏，可用于减缓心血管疾病的发展。

牛瘦肉含有丰富的优质蛋白质,适量摄入有利于降低高血压的发病率。牛瘦肉还富含锌,研究表明饮食中增加锌的含量,能防止镉增高而诱发高血压。

白萝卜可以增强人体的消化功能,吃肉搭配一点白萝卜,有助人体吸收营养,白萝卜、番茄还有牛肉,荤素搭配,营养更均衡,可以起到很好的营养滋补作用。

3. 香菇油菜

（1）原料　香菇（鲜）50g,油菜（黑）150g。

（2）调料　淀粉适量,盐0.3g,味精0.3g,茶油6g。

（3）营养特点分析　香菇油菜营养成分表见表2-29。

表2-29　香菇油菜营养成分表

项目	每份含量	NRV%	项目	每份含量	NRV%	项目	每份含量	NRV%
能量	96kcal/401kJ	5%	维生素A	183μgRAE	23%	钾	225mg	11%
蛋白质	3.9g	7%	维生素E	3.08mg		镁	57mg	19%
脂肪	6.4g	11%	维生素B_1	0.02mg	1%	钙	288mg	36%
碳水化合物	7.0g	2%	维生素B_2	0.19mg	14%	铁	9.1mg	60%
膳食纤维	3.0g	12%	维生素C	36.5mg	37%	锌	2.26mg	15%
钠/食盐	291.4mg/0.7g	15%	烟酸	1.00mg	7%	硒	1.3μg	3%

香菇含有丰富的蛋白质、膳食纤维及各种维生素和矿物质。香菇中含有香菇多糖,它具有提高机体免疫、抗肿瘤、抗病毒、保肝解毒、抗氧化、降血糖、降血脂、抗炎抗感染等作用。香菇中含有膳食纤维,可促进肠胃蠕动,保证大便通畅,防止便秘。油菜营养丰富,每100g油菜（黑）含钙191mg,钾143mg,镁34mg,胡萝卜素1460μg,维生素C 24.0mg,维生素B_2 0.10mg,还含有丰富的膳食纤维等,这些营养素的复合作用有助于高血压和高血脂的防治。香菇和油菜搭配食用,含膳食纤维丰富,能防治便秘；油菜富含维生素和矿物质而蛋白缺乏,香菇蛋白质含量较高,两者搭配,营养更全面。这道菜钾、钙、胡萝卜素、维生素C、维生素B_2及其他抗氧化成分含量特别丰富。

深绿色的叶菜含维生素最多、最全面,同时也含有丰富的钙、钾、镁等矿物质及丰富的膳食纤维和多种抗氧化成分,它们协同作用能有效地防治心脑血管疾病,因此,每日摄入200g以上的深绿色蔬菜是保障营养素供应的重要措施。

三、设计适合中年人的饮品

1. 牛奶

（1）原料　纯牛奶300g。

（2）营养特点分析　牛奶（300g）营养成分表见表2-30。

表 2-30 牛奶（300g）营养成分表

项目	每份含量	NRV%	项目	每份含量	NRV%	项目	每份含量	NRV%
能量	196kcal/816kJ	10%	维生素 A	162μgRAE	20%	钾	540mg	27%
蛋白质	10.0g	17%	维生素 E	0.39mg		镁	33mg	11%
脂肪	10.8g	18%	维生素 B_1	0.09mg	6%	钙	321mg	40%
碳水化合物	14.8g	5%	维生素 B_2	0.36mg	26%	铁	0.9mg	6%
膳食纤维	0.0g	0%	维生素 C	0.0mg	0%	锌	0.84mg	6%
钠/食盐	333.5mg/0.8g	17%	烟酸	0.33mg	2%	硒	4.0μg	8%

牛奶是优秀的营养食品，是膳食钙最重要的来源，每天喝牛奶300mL就可提供300mg以上的钙，而且牛奶中的钙很容易吸收，所以中国营养学会推荐要每天喝奶300mL，以补充膳食钙摄入的不足，经常喝牛奶可以预防骨质疏松，促进骨骼和牙齿健康。牛奶中富含的维生素A和B族维生素具有保护皮肤的作用，可以防止皮肤干燥和暗沉，使皮肤保持白皙光泽。牛奶可以预防肥胖、心血管疾病，是中年人保持健康必不可少的日常食物。如果喝牛奶会胃肠不适（体内乳糖酶缺乏）的人，可选用乳糖已事先酶解的牛奶，比如现在市面上的舒化奶。酸奶中乳糖含量较低，也是不错的选择。若每天喝牛奶超过300mL，或超重人群，宜选用脱脂或低脂奶，以避免脂肪摄入过量。

2. 酸奶

（1）原料　酸奶300g。

（2）营养特点分析　酸奶（300g）营养成分表见表2-31。

表 2-31 酸奶（300g）营养成分表

项目	每份含量	NRV%	项目	每份含量	NRV%	项目	每份含量	NRV%
能量	211kcal/888kJ	11%	维生素 A	57μgRAE	7%	钾	405mg	20%
蛋白质	9.7g	16%	维生素 E	0.39mg		镁	33mg	11%
脂肪	5.7g	10%	维生素 B_1	0.09mg	6%	钙	420mg	53%
碳水化合物	30.1g	10%	维生素 B_2	0.42mg	30%	铁	0.6mg	4%
膳食纤维	0.0g	0%	维生素 C	3.0mg	3%	锌	1.62mg	11%
钠/食盐	239.9mg/0.6g	12%	烟酸	0.30mg	2%	硒	3.6μg	7%

酸奶由牛奶及少量蔗糖经乳酸菌发酵而成，不仅保存了牛奶中全部的营养成分，而且因为发酵作用，营养素更容易被人体消化吸收，因此，它在促进生长、改善营养方面比牛奶更优越，是一种优质的营养食品。酸奶是世界公认的营养健康食品，几乎每个国家的营养专家都向公众大力推荐酸奶。酸奶中含有丰富的优质蛋白质、B族维生素、钙及益生菌。

酸奶的保健作用主要有以下几点：①酸奶中钙含量很高，而且吸收率高，可以预防中老年人骨质疏松及促进牙齿和骨骼的健康。②酸奶中的乳酸菌能够保护肠道菌群生态平衡，抑制有害病菌对肠道的入侵，同时可以抑制肠道腐败菌的生长，提高机体免疫系统功能。坚持每天喝酸奶1~2杯，就可以很好地改善消化吸收功能。③改善乳糖不耐受症，提高对乳制品的适应能力。酸奶中的乳酸菌可以分泌出"乳糖酶"，帮助人体消化乳制品中的乳糖，也诱导人体肠道产生乳糖酶。④激活免疫系统功能，提高巨噬细胞的吞噬能力和T细胞功能。国内外研究都证明，食用酸奶可以激活全身免疫系统功能，并提高人体对各种逆境的抵抗能力，并有抑制肿瘤的作用。⑤食用酸奶还有降低胆固醇、减轻辐射损伤、抑制辐射后淋巴细胞数目下降的作用。

酸奶是公认的优秀的健康食品，同时也是人们日常饮食中自然而然的一部分，食用方便，一般人都可食用。肥胖、高血脂、高血压者可以选用低脂的酸奶。

四、选择合适的水果

水果是高水分食品，多数水果水分含量为85%~90%，其可食部分的主要成分是水、碳水化合物和矿物质，以及少量的含氮物和微量的脂肪，此外，还含有维生素、有机酸、多酚类物质、芳香物质及天然色素等成分。水果中所富含的膳食纤维、生物类黄酮、有机酸等都是有益健康的重要物质。水果中含有较丰富的膳食纤维，包括纤维素、半纤维素和果胶，其中以果胶最为突出。果胶具有促进肠道有益菌增殖，增强大肠肠道功能，降低血液胆固醇水平，调节餐后血糖反应，吸附并排除重金属等有毒物质以及抑制癌细胞的生成与扩散等作用。有机酸可以增加食欲，帮助消化，帮助矿物质吸收。生物类黄酮具有维持毛细血管壁正常的通透性，增加抵抗力，增进维生素C的生物效应等作用，部分水果中的花青素也具有黄酮类的抗氧化活性，富含花青素的水果有蓝莓、黑加仑、桑葚、樱桃、草莓等。水果还是膳食维生素C和胡萝卜素较重要的来源。水果也是膳食钾的重要来源，有助于稳定血压。水果干制品也是矿物质的重要来源。此外，许多水果还有特殊的保健效果和药用价值。中年人最好1日食用300g以上的新鲜时令水果，或者部分用果汁、水果干替代。

1. 苹果

苹果中富含维生素、矿物质、膳食纤维、多酚类等多种生物活性物质，具有预防多种疾病的作用，其中原花青素类和绿原酸为苹果中主要的酚类物质，且具有很强的抗氧化作用。苹果的保健功效主要有：①降低胆固醇含量。苹果富含膳食纤维，特别是果胶含量丰富，具有吸附胆固醇作用，并使之随粪便排出体外，从而增加胆汁分泌，因此可避免胆固醇沉淀在胆囊中形成胆结石，并降低血液中胆固醇含量。②降低血压。苹果中含有较多的钾，能促使钠盐排出体外，从而达到降血压的作用。③抗氧化作用。苹果富含多酚类生物活性物质，植物中的多酚化合物可以抑制低密度脂蛋白胆固醇氧化和血小板活化，并能清除体内自由基，避免DNA损伤，促进血管舒张，抑制炎症反应和血凝块形成，调节机体的循环系统而达到预防心血管病的作用。流行病学研究结果表明，多酚摄入量的增加与患冠心病、脑卒中等疾病的危险性的下降有关。美国研究人员在长达6年的人群研究中，对3万多名男性居民进行食物频率调查，证实茶叶、苹果和花椰菜等食物摄入较多的居民冠心病的死亡率下降。荷兰和芬兰进行的研究也得到类似的结果。对食物成分进行分析后，发现居民由膳食摄入的多酚数量与冠心病的死亡率呈负相关。④其他还有强化骨骼，预防癌症，防治便秘等作用。

2. 枣

鲜枣的维生素 C 的含量非常高，按我国专家的测定，每 100g 鲜枣的维生素 C 含量为 200~500mg，比猕猴桃还高，其中钾、铁等元素也在水果中名列前茅。此外，鲜枣还含有丰富的具有抗氧化作用的类黄酮，包括可预防癌症的芦丁，能够改善脂质代谢和提高免疫力作用的皂苷类物质，还有能量增强物质环腺苷酸，以及具有抗衰老和抑制肿瘤作用的多糖类物质。中医专家提示，枣吃多了可能引起腹胀，鲜枣每天以吃一两把为好，日日常吃才是获益的关键。此外鲜枣的含糖量为 20%~30%，糖尿病人要注意这一点，少量食用为好。

3. 香蕉

香蕉种植面广，是世界上销售量最大的水果之一。香蕉有多种保健功能：①消除疲劳，延年益寿。香蕉含有较多的钾和镁，钾能防止肌肉痉挛和血压上升，镁则具有消除疲劳的作用。②预防便秘。香蕉中含有大量的膳食纤维，可刺激大肠蠕动，有促进排便的作用。③缓解抑郁。研究发现，吃香蕉能促进大脑分泌内咖啡肽物质，这种物质能缓解抑郁，安定情绪。香蕉还能促进大脑产生 5-羟色胺，而抑郁症患者脑里恰恰缺少这种物质，患抑郁症的患者平时可以多吃香蕉来减少情绪低落，使悲观失望、厌世烦躁的情绪逐渐消散。④维持正常血压。香蕉含有丰富的钾，是高钾低钠的水果，钾能平衡钠对血压的不良作用，维持正常血压。⑤防溃疡。食用香蕉有刺激胃黏膜细胞生长的作用，使胃壁得到保护，进而起到防治胃溃疡的作用。

4. 柚子

柚子富含生物类黄酮，它具有增强毛细血管弹性，防止微血管破裂，提高血管修复能力，所以能预防脑出血并能使血小板保持正常功能；它还具有强大的抗氧化能力，能增强体内抗氧化物质的活性，有清除自由基的作用，是抗衰老的食物之一。柚子还是高钾低钠的食物，有利于控制血压。显而易见，对高血压、动脉硬化患者，柚子是一种理想的保健水果。新鲜柚子还含有类似胰岛素的成分，具有降血糖的作用。柚子还富含维生素 C、叶酸、果胶、铬等营养物质，高血压、动脉硬化和糖尿病患者可常食。

任务二　计算法编制中年人营养食谱并进行营养分析

【案例】李女士，身体健康，年龄 52 岁，身高 160cm，体重 58kg，某公司员工。请确定其能量和营养素目标，编制一日营养食谱并作营养分析。

一、任务分析

食物多样、营养充足是食谱设计中首先要考虑的问题。能量和营养素目标的确定步骤是：首先根据中年人的年龄、性别、劳动强度、生理状况和体态特征等确定能量目标，然后确定三餐所需的蛋白质、脂肪和碳水化合物的目标量，最后根据《中国居民膳食营养素参考摄入量（2023 版）》确定矿物质和维生素的目标量。食谱设计时，要先设计合理的能量和营养素目标，然后选择食物，食物基本形成后，计算食谱能量和主要营养素的提供量，最后核对其是否基本符合目标要求。

二、任务要求

（1）选择的食物及食物配比要合理，符合中年人的营养需要。
（2）食谱所列菜肴便于加工，加工方法符合中年人的生理特点。
（3）菜点颜色、造型美观，符合配餐对象的要求。

三、计算法营养食谱设计方法与步骤

1. 确定中年人能量和营养素目标

（1）确定用餐对象全日能量目标

①询问基本情况：询问配餐对象（李女士）的姓名、性别、年龄、身高、体重、工作类型等一般情况。若对身高、体重有疑问，可直接测其身高和体重。若对配餐对象的工作不熟悉，应进行详细询问，以便确定劳动分级。

②计算标准体重：标准体重（又称理想体重）可根据 Broca 改良公式计算。

$$标准体重（kg）= 身高（cm）-105 = 160-105 = 55（kg）$$

③计算体重指数（BMI）：体重指数（BMI）是用来判断现有体重是消瘦还是肥胖的参考值。

$$BMI = 体重（kg）\div [身高（m）]^2 = 58 \div 1.60^2 = 22.7$$

对照中国成年人体重指数标准（表2-32）可知，李女士属于正常体重。

表2-32　2003年提出的中国成年人体重指数（BMI）标准

BMI值	<18.5	18.5~23.9	24.0~27.9	≥28
体重标准	消瘦	正常	超重	肥胖

资料来源：中华人民共和国卫生部疾病控制司. 中国成人超重和肥胖症预防控制指南 [M]. 北京：人民卫生出版社，2006.

④判断活动水平的强度：我国不同强度身体活动水平下成人的能量需要量见表2-33。李女士是某公司员工，日常有规律的锻炼身体，以慢跑、快走、游泳为主，属于中体力劳动者。

⑤确定每日需要的能量：查表2-33可知，李女士能量需要量为35kcal/kg标准体重。

$$总能量（kcal）= 标准体重（kg）\times 能量供给标准（kcal/kg标准体重）$$
$$= 55 \times 35 = 1925（kcal/日）$$

表2-33　不同强度身体活动水平下成人的能量需要量

单位：kcal/kg标准体重

体型	身体活动水平			
	极低强度	低强度	中等强度	高强度
消瘦	30	35	40	40~45
正常	20~25	30	35	40
肥胖	15~20	20~25	30	35

注：年龄超过50岁者，每增加10岁，比规定值酌减10%左右。

资料来源：赵霖. 营养配餐员（中能技能、高级技能、技师技能）[M]. 北京：中国劳动社会保障出版社，2003.

（2）确定用餐对象全日营养素目标

①估算宏量营养素目标：三种宏量营养素供能比为：蛋白质 10%~20%，脂肪 20%~30%，碳水化合物 50%~65%。蛋白质的产热系数为 16.7kJ/g（4kcal/g），脂肪为 37.6kJ/g（9kcal/g），碳水化合物为 16.7kJ/g（4kcal/g）。则可进一步算出产能营养素的每天需要量。

蛋白质：1925×10%÷4＝48（g）；1925×20%÷4＝96（g）

脂肪：1925×20%÷9＝43（g）；1925×30%÷9＝64（g）

碳水化合物：1925×50%÷4＝241（g）；1925×65%÷4＝313（g）

以上估算得出：李女士一日宏量营养素的需要量是蛋白质 48~96g，脂肪 43~64g，碳水化合物 241~313g。

②根据 DRIs 的 RNI 或 AI 确定矿物质和维生素的目标量：根据李女士的性别、年龄查中国居民 DRIs（2023 版）表，确定李女士每天所需要的各种营养素需要量。

查 DRIs 表得：钙的 RNI 为 800mg，钾的 AI 为 2000mg，钠的 AI 为 1500mg，镁的 RNI 为 320mg，碘的 RNI 为 120μg，铁的 RNI 为 10mg，锌的 RNI 为 8.5mg，维生素 A 的 RNI 为 660μgRAE，维生素 B_1 的 RNI 为 1.2mg，维生素 B_2 的 RNI 为 1.2mg，维生素 B_6 的 RNI 为 1.6mg，叶酸的 RNI 为 400μgDFE，维生素 C 的 RNI 为 100mg。

2. 确定全天主副食品种和数量

首先应当按照平衡膳食的原则来选择食物，即按照膳食宝塔的食物类别，确定大致的食物品种。

根据中国营养学会推荐的三餐能量分配比例，设定午餐（含点心）提供全日能量的 40%，早、晚餐各提供 30%。碳水化合物、脂肪和蛋白质的供能比分别按 60%、25% 和 15% 计算。一日三餐能量及宏量营养素摄入量计算见表 2-34。

表 2-34　一日三餐能量及宏量营养素摄入量计算表

宏量营养素	早餐加早点（30%）	午餐加午点（40%）	晚餐（30%）
能量	1925kcal×30%＝578kcal	770kcal	578kcal
蛋白质	578kcal×15%÷4＝21.7g	28.9g	21.7g
脂肪	578kcal×25%÷9＝16.1g	21.4g	16.1g
碳水化合物	578kcal×60%÷4＝86.7g	115.5g	86.7g

下面以午餐为例，确定李女士主副食的品种和数量。

（1）主食品种和数量的确定　由于粮谷类是碳水化合物的主要来源，因此主食的品种、数量主要根据各类主食原料中碳水化合物的含量确定。

①估算午餐蔬菜水果碳水化合物的提供量：按照中年人的生理特点及营养需要，蔬菜及水果可以适当多吃一点。每日为李女士提供 450g 的蔬菜，品种 3 种以上，其中一半来自深绿色叶菜，一半来自其他蔬菜。由于早餐蔬菜摄入量较低，加餐不容易获得蔬菜，午餐要供应一日蔬菜的 40% 左右，即 180g 蔬菜左右。品种可以根据不同的季节和地区的市场实际情况、用餐者的口味爱好以及与动物性食物的配菜需要来选择，以新鲜应季为好。一日水果提供 300g，以应季新鲜的水果为好。

假设午餐提供 150g 蔬菜和 150g 水果。蔬菜、水果的碳水化合物含量按平均值分别为 4%、13% 计算，则蔬菜和水果碳水化合物的提供量为：

$$150 \times 4\% + 150 \times 13\% = 25.5 \text{（g）}$$

②午餐主食应提供碳水化合物的量：豆制品及肉类食物的碳水化合物含量很低，忽略不计。

由主食提供的碳水化合物量=午餐碳水化合物需要量-蔬果碳水化合物的提供量
$$= 115.5 - 25.5 = 90.0 \text{（g）}$$

③主食品种的确定：主食品种主要根据用餐者的饮食习惯来确定，北方以面食为主，南方则以大米居多。有条件的地区还可食用马铃薯、甘薯、山药、芋头，以兼补粮食和蔬菜在营养成分方面的不足。

午餐主食选择米饭［稻米（粳，标一）煮制］。

④主食数量的确定：查《中国食物成分表》，每 100g 稻米（代表值）含碳水化合物为 77.2g。

所需稻米（代表值）的质量为：$90.0 \div 77.2\% \approx 120$（g）

（2）副食品种和数量的确定　蛋白质广泛存在于动植物性食物中，除了谷类食物能提供蛋白质，各类动物性食物和豆制品都是优质蛋白质的主要来源。因此副食品种和数量的确定应在已确定了主食用量的基础上，依据副食应提供的蛋白质数量确定。

①午餐主食提供蛋白质的量：午餐提供稻米（代表值）120g。查食物成分表，每 100g 稻米（代表值）含蛋白质 7.9g。则主食提供蛋白质总量=120×7.9%=9.5（g）

②估算午餐蔬菜水果蛋白质的提供量：午餐提供 150g 蔬菜和 150g 水果。绿叶蔬菜中的蛋白质含量通常为 0.5%~3.0%，瓜类蔬菜较低。非瓜类蔬菜可按照平均值 1.8% 来计算。新鲜水果蛋白质含量通常为 0.2%~1.2%，可按照平均值 0.5% 来计算。

蔬菜蛋白质提供量=150×1.8%=2.7（g）
水果蛋白质提供量=150×0.5%=0.8（g）

③副食品种和数量的确定：

除蔬菜、水果和主食外，其他副食蛋白质提供量
=蛋白质摄入目标量-主食提供量-蔬菜提供量-水果提供量
=28.9-9.5-2.7-0.8=15.9（g）

提供优质蛋白质的食材选用牛肉（前腱）和豆腐（北），牛肉（前腱）的蛋白质含量是 20.3%，豆腐（北）的蛋白质含量是 9.2%。副食中蛋白质的 2/3 应由动物性食物供给，1/3 应由豆制品供给。

牛肉（前腱）的数量=15.9×2/3÷20.3%=52（g）（为便于计算，取 50g）
豆腐（北）的数量=（15.9-50×20.3%）÷9.2%=63（g）

因此，午餐副食设计为：牛肉萝卜汤［牛肉（前腱）50g，白萝卜 50g］，香菇油菜［香菇（鲜）50g，油菜 50g］，家常豆腐［豆腐（北）63g］，共三份菜肴。

（3）确定油和盐的数量　查食物成分表得知牛肉（前腱）脂肪含量为 1.3%，豆腐（北豆腐）的脂肪含量为 8.1%，稻米、蔬菜及水果的脂肪含量很低，忽略不计。

烹调油=21.4-50×1.3%-63×8.1%=16（g）

绝大部分菜肴需要油脂烹调，按照膳食宝塔的要求，每日烹调油为 25~30g，这意味着不能每个菜都是炒的，更不能油腻。但 30g 的限量并不是绝对的。烹调油的数量应当与

食物中脂肪含量相平衡，如果食物原料中脂肪含量较高，则应调低烹调油的数量，反之，则可以增加烹调油的用量。

牛肉萝卜汤不放油，香菇油菜及家常豆腐用16g植物油。中年人烹调用油可选用花生油、菜籽油、茶籽油、橄榄油、葵花籽油等富含不饱和脂肪酸的植物油。

盐的摄入量一日不超过5g，如果使用酱油及含盐高的调味品，要相应减少食盐的摄入量。

早餐和晚餐可采用相同的方法确定主副食品种和数量。

3. 食谱编制

通过计算获得每日每餐的饭菜用量，并通过定量营养分析进行食谱调整，从而完成一日食谱编制，见表2-35。

表2-35 中年人营养食谱的设计

食用时间	食物名称	食物原料与定量（食部）	食物原料与定量（市品）
早餐	馒头	小麦粉80g	小麦粉80g
	水煮蛋	鸡蛋40g	鸡蛋46g
	炝苦瓜	苦瓜100g，花生油8g	苦瓜123g，花生油8g
	牛奶	纯牛奶（低脂）150g	纯牛奶（低脂）150g
早点	梨	梨150g	梨183g
午餐	米饭	稻米120g	稻米120g
	家常豆腐	北豆腐63g，茶油7g	北豆腐63g，茶油7g
	香菇油菜	油菜50g，鲜香菇50g，茶籽油7g	油菜52g，鲜香菇50g，茶籽油7g
	牛肉萝卜汤	牛肉（前腱）50g，白萝卜50g	牛肉（前腱）53g，白萝卜53g
午点	哈密瓜	哈密瓜150g	哈密瓜211g
晚餐	蒸马铃薯	马铃薯120g	马铃薯128g
	小米粥	小米90g	小米90g
	红烧草鱼	草鱼15g，花生油5g	草鱼26g，花生油5g
	麻酱木耳菜	芝麻酱10g，木耳菜200g	芝麻酱10g，木耳菜263g
	牛奶	纯牛奶（低脂）100g	纯牛奶（低脂）100g
全天用盐5g			

4. 食谱的分析与评价

根据食谱的制订原则，食谱的评价应该包括以下几个方面。

①评价膳食结构是否合理。主要考察五大类食物是否齐全，是否做到了食物种类多样化？各类食物的量是否充足？

②评价全天能量和营养素摄入量是否能满足需要。

③评价三餐能量分配是否合理，早餐是否保证了能量和优质蛋白质的供应。

④评价优质蛋白质占总蛋白质的比例是否恰当，其他主要微量营养素来源是否合理。

⑤评价蛋白质、脂肪和碳水化合物的供能比例是否适宜，动物脂肪是否摄入过量。

⑥评价烹饪方法是否合适。

(1) 膳食结构分析和评价

①膳食结构分析：首先按类别将食物归类排序，并列出每种食物的数量，统计每类食物的摄入总量，然后和膳食宝塔的推荐量作比较，见表2-36。

表 2-36　膳食结构分析

食物类别	原料及质量（食部）	合计/g	宝塔推荐量/g
谷类	小麦粉80g, 稻米120g, 小米90g	290	250
薯类	马铃薯120g（其能量与30g谷类大致相当）	120	50~150
蔬菜	苦瓜100g, 木耳菜200g, 油菜50g, 鲜香菇50g, 白萝卜50g	450	450
水果	梨150g, 哈密瓜150g	300	300
肉禽	牛肉（前腱）50g	50	50
蛋类	鸡蛋40g	40	40
鱼虾类	草鱼15g	15	50
豆类	豆腐（北）63g（折算成大豆17g）	17	15
坚果	芝麻酱10g	10	10
奶类及奶制品	牛奶（低脂）250g	250	300
油脂	茶籽油16g, 花生油10g	26	25

②膳食结构评价：与中国居民平衡膳食宝塔的数据比较，李女士食用的食物中，谷类、蔬菜、水果、肉禽、蛋类、豆类、坚果、奶类及其制品、油脂的摄入量均充足且不过量；主食考虑了粗细搭配，蔬菜中深色蔬菜占一半以上；但鱼虾类只摄入15g，低于推荐值50g，摄入量偏低，因此，以后要增加鱼虾类的摄入，以使一段时间内（如一周内）的膳食达到平衡膳食的要求。

③膳食结构分析的注意事项：在进行食物归类统计时，豆制品先按蛋白质的含量折算成大豆的量，奶制品也按蛋白质的含量折算成鲜奶的量，才能和膳食宝塔的推荐量作比较。

平衡膳食宝塔给出了一天中各类食物摄入量的建议，还要注意合理分配三餐的食物量。三餐能量、优质蛋白质、碳水化合物大致按比例分配。三餐食物量的分配及间隔时间应与作息时间和劳动状况相匹配，特殊情况可以适当调整。

膳食宝塔建议的每人每日各类食物适宜的摄入量适用于一般的健康成人。应用时要根据配餐对象年龄、性别和劳动强度确定配餐对象的能量需要量，再与中国营养学会建议的不同能量需要的平衡膳食模式比较，确定各类食物的需要量。

(2) 营养计算和评价

①营养计算：以计算200g（市品）马铃薯的营养素含量为例，从食物成分表中查出：马铃薯的食部94%，每100g含蛋白质2.6g，硫胺素0.10mg，维生素C 14.0mg。故200g（市品）马铃薯削皮后可食部质量是200×94% = 188（g）。其营养素含量计算如下。

蛋白质的含量 = 188×2.6÷100 = 4.9（g）

硫胺素的含量 = 188×0.10÷100 = 0.19（mg）

维生素C的含量 = 188×14.0÷100 = 26.3（mg）

其他食物计算方法和过程与此相同，计算结果见表 2-37。

表 2-37 营养计算

食物编码	食物名称	摄入量/g	能量/kcal	蛋白质/g	脂肪/g	胆固醇/mg	总维生素A/μg RAE	硫胺素/mg	核黄素/mg	维生素C/mg	钙/mg	铁/mg	锌/mg
011201x	小麦粉	80	287	9.9	1.4	0	0	0.16	0.05	0.0	22	1.1	0.55
111101x	鸡蛋	40	56	5.2	3.4	259	102	0.04	0.08	0.0	22	0.6	0.36
043212	苦瓜（鲜）	100	22	1.0	0.1	0	8	0.03	0.03	56.0	14	0.7	0.36
101152x	纯牛奶（低脂）	150	71	5.3	2.3	14	68	0.03	0.24	0.0	167	0.3	0.30
061201x	梨	150	77	0.5	0.2	0	3	0.05	0.05	7.5	11	0.6	0.15
192007	花生油	8	72	0.0	8.0	0	0	0.00	0.00	0.0	1	0.2	0.04
	早餐合计	528	584	21.9	15.3	273	181	0.30	0.44	63.5	237	3.6	1.76
012001x	稻米	120	415	9.5	1.1	0	0	0.18	0.05	0.0	10	1.3	1.85
031306	北豆腐	63	73	5.8	5.1	0	0	0.03	0.01	0.0	66	0.9	0.47
192002	茶油	7	63	0.0	7.0	0	0	0.00	0.00	0.0	0	0.1	0.02
045125	油菜	50	7	0.7	0.3	0	45	0.01	0.03	0.0	74	0.5	0.16
051019	鲜香菇	50	13	1.1	0.2	0	0	0.00	0.04	0.5	1	0.2	0.33
192002	茶油	7	63	0.0	7.0	0	0	0.00	0.00	0.0	0	0.1	0.02
082107	前腱牛肉	50	57	10.2	0.7	40	1	0.02	0.09	0.0	3	1.6	3.81
041101	白萝卜	50	8	0.4	0.1	0	0	0.01	0.01	9.5	24	0.1	0.07
066103	哈密瓜	150	51	0.8	0.2	0	116	0.00	0.02	18.0	6	0.0	0.20
	午餐合计	547	750	28.3	21.4	40	162	0.25	0.24	28.0	183	4.7	6.92
021101	马铃薯	120	97	3.1	0.2	0	1	0.12	0.02	16.8	10	0.5	0.36
121102	草鱼	15	17	2.5	0.8	13	2	0.01	0.02	0.0	6	0.1	0.13
045310	木耳菜	200	0	3.2	0.6	0	336	0.12	0.12	68.0	332	6.4	0.64
203114	芝麻酱	10	63	1.9	5.3	0	1	0.02	0.02	0.0	117	5.0	0.40
192007	花生油	5	45	0.0	5.0	0	0	0.00	0.00	0.0	1	0.1	0.02
101152x	纯牛奶（低脂）	100	47	3.5	1.5	9	45	0.02	0.16	0.0	111	0.2	0.20
015101	小米	90	325	8.1	2.8	0	7	0.30	0.09	0.0	37	4.6	1.68
	晚餐合计	540	594	22.3	16.2	22	392	0.58	0.43	84.8	613	17.0	3.44
	1 日合计	1615	1927	72.5	52.9	335	734	1.13	1.11	176.3	1033	25.3	12.11

注：计算的依据是《中国食物成分表标准版（第 6 版 第一册）》和《中国食物成分表标准版（第 6 版 第二册）》。

②食谱营养素分析：将以上计算结果与 DRIs 中同年龄同性别人群的 RNI 或 AI 比较，进行评价，见表 2-38。

表 2-38　膳食营养素摄入量评价

营养素	能量和营养素提供量	能量和营养素目标	比值/%
能量/kcal	1927	1925	100
蛋白质/g	72.5	48~96	正常
脂肪/g	52.9	43~64	正常
胆固醇/mg	335	—	—
总维生素 A/µgRAE	734	660	111
维生素 B_1/mg	1.13	1.2	94
维生素 B_2/mg	1.11	1.2	93
维生素 C/mg	176.3	100	176
钙/mg	1033	800	129
铁/mg	25.3	10	253
锌/mg	12.11	8.5	142

③食谱营养素评价：参照 52 岁女性每日膳食营养素参考摄入量中 RNI 或 AI 数值，该食谱提供的能量适宜，维生素 A、维生素 B_1、维生素 B_2、维生素 C、钙、铁和锌供应量高于目标量的 90%，供应量充足；蛋白质、脂肪的供能比适宜；胆固醇提供量较低，为 335mg，有利于预防慢性非传染性疾病。

（3）三餐能量分布和宏量营养素供能比分析

①宏量营养素供能比的计算：根据蛋白质、脂肪、碳水化合物的能量系数，分别计算出这三种营养素提供的能量及占总能量的比例。

蛋白质提供能量占总能量的比例 = 72.5×4.0÷1927×100% = 15%

脂肪提供能量占总能量的比例 = 52.9×9.0÷1927×100% = 25%

碳水化合物提供能量占总能量的比例 = 1−15%−25% = 60%

结果见表 2-39 至表 2-40。

②三餐能量分布的计算：计算每餐能量占全日总能量的比例。

早餐：584÷1927×100% = 30%

午餐：750÷1927×100% = 39%

晚餐：594÷1927×100% = 31%

结果见表 2-41。

表 2-39　三餐能量及宏量营养素摄入量

餐别	能量/kcal	蛋白质/g	脂肪/g
早餐	584	21.9	15.3
午餐	750	28.3	21.4
晚餐	594	22.3	16.2
合计	1927	72.5	52.9

表 2-40 中年人食谱宏量营养素供能比例分析

项目	蛋白质	脂肪	碳水化合物
占全日能量比例/%	15	25	60
推荐值/%	10~20	20~30	50~65

表 2-41 中年人三餐能量分配分析

项目	早餐	午餐	晚餐
占全日能量比例/%	30	39	31
推荐值/%	25~30	30~40	30~40

中年人蛋白质、脂肪、碳水化合物适宜的供能比分别为 10%~20%，20%~30% 和 50%~65%。该食谱的蛋白质、脂肪和碳水化合物的供能比分别为 15%、25%、60%，其供能比例是适宜的。

中国营养学会推荐，三餐能量分配适宜的比例为早餐占总能量的 25%~30%，午餐占 30%~40%，晚餐占 30%~40%。该食谱三餐的能量分配合理，早餐保证了能量和优质蛋白质的供给。

（4）蛋白质来源分析　将来自动物性食物及豆类食物的蛋白质累计相加，得到优质蛋白的供应量。该食谱优质蛋白质由牛奶、鸡蛋、豆腐、牛肉、草鱼提供，总提供量是 32.4g，食谱中总蛋白质的供应量是 72.5g，可以算得：

$$优质蛋白质占总蛋白质的比例 = 32.4 \div 72.5 \times 100\% = 45\%$$

优质蛋白质占总蛋白质的 45%，比例超过 30%，可认为优质蛋白质的供应量比较合适。

（5）烹饪方法评价　烹调方法的不同选择可以影响食谱油、盐、糖的用量，也决定食物的不同味道和风味。烹调方法应多样化，应尽可能地保存食物中原有的营养成分，同时注意食物的色、香、味、形等，以提高食欲，做到好吃又营养。多采用清蒸、煮、炖、汆、焯、炒、焖等方法，避免油炸、油煎、烤、腌制、熏制等烹调方法。

该食谱采用清蒸、煮、炖、拌等少盐、少油的烹调方法，无油炸、盐浸等做法。每餐有凉拌菜或炖煮菜或清蒸菜，烹调油用量在限量之内。因此，该烹调方法是合理的。

（6）食谱总体评价　该食谱食物多样，种类齐全，能量充足又不过量，蛋白质、脂肪、碳水化合物供能比适宜，三餐能量分配合理，有效控制每日钠盐的摄入，同时提供充足的钙、铁、锌、维生素 A、维生素 C、维生素 B_2、维生素 B_1。但鱼虾类摄入量只有 15g，低于推荐值 50g，摄入量偏低，因此，以后要增加鱼虾类的摄入，以使一段时间内（如一周内）的膳食达到平衡膳食的要求。可以认为该食谱基本符合要求。

5. 检查差距和调整

不够合理的食谱，一般通过增减或更换食物的品种或数量来对食谱进行调整，调整后再核查食谱的合理性，如果还不能满足要求，则应进一步有针对性地进行调整，再评价，直至基本合理为止。这才算最终完成了制订食谱的工作。

制订食谱时，不必严格要求每份营养餐食谱的能量和各类营养素均与 DRIs 保持一致。一般情况下，每天的能量、蛋白质、脂肪和碳水化合物的量出入不应该很大，其他营养素以一周为单位进行计算，评价即可。

在能量方面，达到能量目标的 90%~110% 之间即为正常；蛋白质、脂肪及碳水化合物的供能比符合 AMDR 的要求；对于健康成人，优质蛋白质的量低于蛋白质总量的 30% 时，则需要加以矫正；矿物质和维生素的摄取量，每日达到目标量的 80% 以上，周平均量不低于目标量的 90% 为正常，若每日摄入量低于目标量的 80%，周平均量低于目标量的 90%，则需要矫正。

一日食谱确定以后，可根据食用者的饮食习惯、市场食物的供应情况等因素，按同类互换原则更换食物品种和烹调方法，编制一周食谱。

6. 制作营养餐与膳后管理

内容参见模块二项目一任务二膳食宝塔法编制大学生营养食谱的内容。

四、学生实训方法建议

（1）教师讲解和演示　选择一特定中年人作为案例进行一日食谱设计并对食谱的合理性进行定量评价。

（2）学生实训　学生 2 人为一小组，每组设计其 1 位小组成员的父亲或母亲一日营养食谱并作膳食评价。每组按设计的食谱采购所需的食材。①将已设计的营养食谱制作成营养餐，然后评价营养餐的适口性、经济性、可行性；②拍摄每一餐膳食图像。每一日膳食图片不能少于三幅（一般为早、中、晚餐各一幅，临近的加餐可纳入正餐的图片中）。将膳食图片插入实训报告中。

【在线测试】中年人群营养食谱的设计

（3）实训评价　在实训过程中，教师再指导，学生相互点评，教师点评营养食谱设计的质量，教师最后总结。

（4）学生提交配餐实训报告。

五、学生实训效果评价

按要求设计中年人一日食谱并对食谱的合理性作定量评价，输出合适的配餐报告。按百分制记分，评分标准如表 2-42 所示。

表 2-42　计算法食谱设计及营养分析评分标准

评分项目	评分要素	配分比重/%	技术要求	评分
设计营养目标	能量和宏量营养素	5	查找准确、计算准确	
	维生素和矿物质	5	查找准确	
编制食谱	食物选择	10	食物多样，食物种类和数量符合平衡膳食要求。若动物油脂过多，深色蔬菜不足，粗粮杂豆不足，五大类食物不齐全等扣分	
	烹饪方法	10	采用汆、煮、炖、拌等少盐的烹调方法，少油炸、盐浸等做法。若油、盐过量扣分	

续表

评分项目	评分要素	配分比重/%	技术要求	评分
食谱评价	色彩搭配	5	①红、绿、黄、白、黑搭配齐全 ②每菜色彩搭配合理、有美感 颜色不齐全或搭配无美感扣分	
	食物种类	5	①一日不少于12种 ②食物种类符合平衡膳食要求	
	食物成分计算	10	食物成分查找准确，能量及营养素计算正确	
	三餐比例	5	参照早餐占总能量的25%～30%，午餐30%～40%，晚餐30%～35%	
	蛋白质来源	5	健康成人优质蛋白质占蛋白质总量的30%以上，孕妇、乳母、学龄前儿童、学龄儿童及青少年、老年人应在50%以上，优质蛋白质不足不得分	
食谱评价	能量来源分布	5	蛋白质供能比10%～20%，脂肪20%～30%，碳水化合物50%～65%	
	能量和营养素的供给量	10	能量摄入量在目标值的90%～110%，铁、锌、钙、维生素A、维生素B_1、维生素B_2和维生素C的摄入量在RNI（或AI）的90%以上，胆固醇摄入量符合要求	
制作营养餐	适合人群特点	5	符合该人群的生理需要	
	烹调技法	5	①刀工搭配合理 ②菜肴制法不重复，成品色、香、味、形、质俱佳	
	操作卫生	5	器具和设备干净整洁，操作过程符合卫生要求	
配餐报告	输出	10	配餐报告格式美观易懂，膳后总结与创新有针对性	

课堂讨论

父母膳食情况调查与营养食谱设计

子曰：父母之年，不可不知也。一则以喜，一则以惧。

——孔子《论语》的《里仁》篇

我们的父母是不是正处中年这一个人生阶段呢？他们的营养需要和青壮年有何不同？父母的膳食是否合理？是否影响了他们的身体健康？

关爱家人健康，从日常生活入手，让爱在家流动起来。

请调查父母的膳食情况，指导父母合理安排三餐膳食，并为他们设计营养食谱。希望大家在这次实践活动中能够收获满满，不仅能学到知识，还能增强家庭责任感和关爱意识。同时，也希望大家能够珍惜这次难得的机会，将中华传统美德传承下去。

巩固训练

【实训任务】

1. 案例描述：利用膳食宝塔的食物推荐量，设计自己的1日营养食谱，并进行定性营养评价和食谱优化。

2. 案例描述：某男士，57岁，身高170cm，体重68kg。近期体检，血压正常，血甘油三酯正常，血胆固醇正常。目前从事轻体力劳动。

（1）设计该男士的一日能量和营养素目标。

（2）计算法设计一日营养食谱，并进行定量营养评价和食谱优化。

【问答题】

1. 我国居民钙缺乏的主要原因是什么？对改善我国妇女儿童钙的营养状况你有何建议？请设计补钙的营养菜点（不少于五道菜，要求食材不重复）。

2. 铁的主要食物来源是哪些？如何改善铁的营养状况？请设计补铁的营养菜点（不少于五道菜，要求食材不重复）。

3. 简述中年人食谱设计的原则及食物的选择原则。

4. 与计算法设计食谱相比，膳食宝塔法有什么优势和不足？

5. 评价一份食谱，定性营养评价的指标主要有哪些？定量营养评价的指标主要有哪些？为什么仅仅营养素含量符合要求还是不够的？

【案例分析】

某女士，54岁，机关办公人员，平时活动量较少，她为自己设计的一日食谱如下表所示。（1）该食谱的膳食结构存在哪些问题？（2）利用中国食物成分表，估算此食谱的能量和主要营养素的含量；（3）如果食用此膳食一段时间，可能出现哪些营养素缺乏？（4）对该食谱进行优化，要求食物选择正确，用量合理。

餐次	食物名称	原料及定量（以食部定量）
早餐	大米粥	大米25g
	馒头	面粉（特一粉）50g
	煎荷包蛋	鸡蛋100g，猪油10g
中餐	米饭	大米125g
	清炒山药	山药100g，植物油10g
	蒜蓉西葫芦	西葫芦150g，植物油10g
	炸带鱼	带鱼150g，植物油20g
晚餐	小米粥	小米25g
	馒头	面粉75g
	猪排炖马铃薯	猪排100g，马铃薯100g

模块三

特定人群营养食谱的设计

项目一
孕妇营养食谱的设计

学习目标

知识目标

1. 能够叙述孕妇的生理特点及营养需要特点。
2. 能够叙述备孕妇女膳食指南和孕期妇女膳食指南。
3. 能够说出孕妇适宜的食物有哪些，少吃或不吃的食物有哪些。

能力目标

1. 能够设计富含叶酸的营养菜点、富含碘的营养菜点和富含DHA的营养菜点。
2. 能够应用营养配餐软件辅助设计孕妇的一日营养食谱并进行膳食分析与评价。
3. 能够制作营养餐并进行膳食总结。

素质与思政目标

1. 发扬精益求精的工匠精神，培养良好的团队组织能力和协作能力。
2. 关注孕期女性健康，弘扬传承中华优秀的饮食文化。

必备知识

妊娠是个复杂的生理过程，妊娠期是生命早期1000d机遇窗口期的第一阶段。孕期妇女的营养状况对胎儿生长发育直至成年后的健康可产生至关重要的影响。如果孕妇膳食中营养素供给不足，可致使孕妇发生营养缺乏病（如常见的缺铁性贫血、骨软化症等），还容易引起流产、早产、死产、畸胎等。因营养素缺乏而发育不良的胎儿，体重偏低，出生后免疫力低，病死率高。可见，女性的健康和营养状况与成功孕育新生命、获得良好妊娠结局密切相关。育龄女性应在计划怀孕前开始做好身体健康状况、营养和心理准备，以获得孕育新生命的成功。

一、孕妇的生理特点

妊娠期间女性在生理状态及代谢方面发生了较大的适应性改变，以满足胎儿生长发育的要求。

1. 内分泌系统

（1）人绒毛膜促性腺激素（HCG） 在受精卵着床后 HCG 开始升高，具有安胎的作用。

（2）人绒毛膜生长激素（HCS） 胎盘产生的一种糖蛋白，其生物活性与生长激素类似。

（3）雌激素 由胎盘分泌，促进母亲的乳房发育。

（4）孕酮 由胎盘分泌，具有安胎作用。孕酮还能促进乳腺发育并在妊娠期阻止乳汁分泌。

此外，孕期甲状腺功能旺盛，碘的需要量增加；孕妇胰岛素的敏感性下降，2%~7%的孕妇可发生妊娠糖尿病。

2. 血液系统

妊娠第6~8周时，妊娠期妇女血容量开始增加，至妊娠第32~34周时达顶峰，血容量比妊娠前增加35%~40%，并一直维持至分娩。血容量的增加包括血浆容积和红细胞数量的增加，血浆容积的增加大于红细胞数量的增加。与非妊娠妇女相比，血浆容积增加45%~50%，红细胞数量增加15%~20%，使血液相对稀释，容易导致生理性贫血。

由于血液稀释，妊娠早期血浆总蛋白就开始下降，至妊娠晚期由约70g/L降至60g/L，主要是由于白蛋白水平从40g/L降至25g/L所致。

3. 泌尿系统

妊娠期间，胎儿的代谢产物由母体排出，导致肾脏负担加重。尿中的蛋白质代谢产物尿素、尿酸、肌酸和肌酐等排泄增多。由于肾小球滤过率的增加，而肾小管的重吸收能力又不能相应增高，可导致部分妊娠期妇女尿中的葡萄糖、氨基酸、水溶性维生素的排出量增加。

4. 消化系统

妊娠期妇女受高水平雌激素的影响，牙龈肥厚，易患牙龈炎和牙龈出血。孕酮分泌增加可引起胃肠平滑肌张力下降，贲门括约肌松弛，消化液分泌量减少，胃排空时间延长，肠蠕动减弱等，易出现恶心、呕吐、反酸、消化不良、便秘等妊娠反应。此外，由于胆囊排空时间延长，胆道平滑肌松弛，胆汁变黏稠、淤积，易诱发胆结石。消化系统功能的上述改变，延长了食物在肠道内停留时间，使一些营养素如钙、铁、叶酸和维生素 B_2 等的吸收都有所增加。

5. 体重

妊娠期母体的体重明显增加，平均增重约12kg，早期增重不超过2kg，中晚期增重幅度较大，约350g/周。妊娠期体重增长包括两部分：一是妊娠的产物，如胎儿、羊水和胎盘；二是母体组织的增长，如血液和细胞外液的增加，子宫和乳腺的增大以及为泌乳而储备的脂肪和其他营养物质。

二、孕妇的营养需要

妊娠期妇女营养的需求量，除了要满足胎儿的生长发育、母体生殖器官的增长及补偿分娩时营养损失外，还要为产后泌乳储备必要的营养物质和能量。

1. 能量

适宜的能量摄入是成功妊娠的基础。与未孕相比，孕期的能量消耗还包括母体生殖器官增长及胎儿的生长发育，以及母体用于产后泌乳的脂肪储备。妊娠早期孕妇的基础代谢无明显变化，到妊娠中期时逐渐升高，妊娠晚期基础代谢增高15%~20%。妊娠期膳食能量EER妊娠早期不增加，孕中期与非孕妇女相比增加1.05MJ/d（250kcal/d），孕晚期增加1.67MJ/d（400kcal/d）。

2. 蛋白质

妊娠期间，胎儿、胎盘、羊水、血容量增加及母体子宫、乳房等组织的生长发育约需925g蛋白质，其中胎儿体内约440g，胎盘100g，羊水3g，子宫166g，乳腺81g，血液135g，这些蛋白质需不断从食物中获得。孕妇蛋白质RNI妊娠早期不增加，妊娠中期和妊娠晚期分别增加15g/d和30g/d，总量分别达到70g/d和85g/d。

3. 脂肪

孕期需3~4kg的脂肪积累以备产后泌乳，此外膳食脂肪中的磷脂及长链多不饱和脂肪酸，如花生四烯酸（ARA）和二十二碳六烯酸（DHA），对人类生命早期脑神经系统和视网膜的发育有重要的作用。生命早期胎婴儿体内DHA聚集以及脑和视功能发育的研究显示，孕妇和乳母需要更多的DHA。关于孕妇、乳母DHA摄入水平对婴儿早期运动发育和视功能影响的追踪研究显示，与DHA摄入量<160mg/d相比，孕妇、乳母DHA摄入量>160mg/d能显著提高其婴儿早期运动和视功能发育水平。

孕妇膳食脂肪、脂肪酸AMDR为：总脂肪为20%E~30%E（占总能量的百分比），n-6多不饱和脂肪酸为2.5%E~9.0%E，n-3多不饱和脂肪酸为0.5%E~2.0%E，饱和脂肪酸为10%E以下。亚油酸AI为4.0%E，亚麻酸AI为0.60%E，EPA+DHA的AI为0.25g/d，孕妇DHA的AI为0.20g/d。

4. 矿物质

（1）钙　一个成熟胎儿体钙约30g，在孕中、晚期日均积累量分别为100mg和200mg，除胎儿需要外，母体尚需储存部分钙以备泌乳需要，因此妊娠期对钙的需要量显著增加。当妊娠妇女钙摄入量轻度或短暂性不足时，母体血清钙浓度降低，继而甲状旁腺激素的合成和分泌增加，加速母体骨骼和牙齿中钙盐的溶出，维持正常的血钙浓度，满足胎儿对钙的需要量；当缺钙严重或长期缺钙时，血钙浓度下降，母亲可发生小腿抽筋或手足抽搐，严重时导致骨质软化症，胎儿也可发生先天性佝偻病。孕中、晚期钙的吸收率分别为56%和62%，较孕前期的36%大幅增加，钙吸收增加量可以满足胎儿钙储留，妊娠并不额外增加妇女钙需要量，孕妇 EAR 和 RNI 与同龄妇女相同。

（2）铁　《中国居民膳食指南科学研究报告（2021）》显示，2002 年、2012 年和 2015 年的妇女贫血率分别为 28.9%、17.2% 和 13.6%，2012 年孕妇轻度贫血占 80.9%，重度贫血占 1.2%，孕妇贫血率持续下降，但依然偏高。妊娠期对铁的需要量显著增加：由于妊娠期母体生理性贫血，需额外补充铁；母体还要储存相当数量的铁，以补偿分娩时由于失血造成铁的损失；胎儿肝脏内也需要储存一部分铁，以供出生后 6 个月之内婴儿对铁的需要。因此，妊娠期膳食铁摄入量不足，除易导致孕妇的缺铁性贫血外，还可减少胎儿铁的储备，使婴儿较早出现缺铁。妊娠早期缺铁还与早产及低出生体重有关。孕 30~34 周，铁的需要达到高峰，每天约需要铁 7mg。在孕后期小肠对铁的吸收率从 10% 提高至 50%。

妊娠期膳食铁 RNI 在非孕妇女 18mg/d 基础上：妊娠早期不增加，妊娠中期和妊娠晚期分别增加 7mg/d 和 11mg/d，UL 为 42mg/d。

（3）碘　碘是合成甲状腺激素不可缺少的微量元素，妊娠期妇女碘缺乏可能导致胎儿甲状腺功能减退，从而引起以生长发育迟缓、认知能力降低为特征的呆小症。孕早期碘缺乏引起的甲状腺功能减退导致的神经损害更为严重。通过纠正妊娠早期妇女碘缺乏就可以预防。妊娠中期基础代谢率开始增高，甲状腺素分泌增加导致碘的需要量增加。整个妊娠期碘的 RNI 均增加 110μg/d，达 230μg/d。

（4）锌　孕妇摄入充足的锌可促进胎儿发育和预防先天性畸形。怀孕早期缺锌，会造成胎儿中枢神经畸形，因此，锌是胎儿正常发育的必需元素。胎儿对锌的需要在妊娠末期最高，此时胎盘主动转运锌量为每日 0.6~0.8mg。血浆锌水平一般在妊娠早期就开始持续下降，直至产前达最低点，比非妊娠妇女约下降 35%，故在妊娠期应增加锌的摄入量。近年来的流行病学调查表明，胎儿畸形发生率的增加与妊娠期锌营养不良及血清锌浓度降低有关。妊娠期膳食锌 RNI 在非孕妇女 8.5mg/d 基础上整个妊娠期均增加 2mg/d。

有专家建议，对素食、高纤维素膳人群，大量吸烟者，多次妊娠者，大量摄入钙剂、铁剂者，应额外补锌 15mg/d。铁剂补充大于 30mg/d 可能干扰锌的吸收，故建议妊娠期间治疗缺铁性贫血的孕妇同时补充锌 15mg/d。

5. 维生素

（1）维生素 A　2015 年孕妇维生素 A 缺乏率达到 9.7%，处于轻度流行。孕妇维生素 A 营养状况低下与贫困人群中的早产、胎儿宫内发育迟缓及婴儿低出生体重有关。孕期维生素 A 缺乏可导致胎儿畸形死亡。但妊娠早期增加维生素 A 摄入应注意不要过量，因为大剂量维生素 A 摄入可能导致自发性流产和胎儿先天畸形。故中国营养学会及世界卫生组织（WHO）均建议孕妇通过摄取富含类胡萝卜素的食物来补充维生素 A。维生素 A 的 RNI 在妊娠早期不增加，妊娠中期和晚期在非孕妇女 660μgRAE/d 基础上均增加 70μgRAE/d，UL 为 3000μgRAE/d。

（2）维生素 D　2015 年孕妇维生素 D 缺乏率为 42%，其中城市为 43.0%，农村为 40.4%。孕期维生素 D 缺乏可导致母体和出生的子代钙代谢紊乱，包括新生儿低钙血症、手足抽搐、婴儿牙釉质发育不良以及母体骨质软化症。严重维生素 D 缺乏可引起先天性佝偻病。但过量维生素 D 可导致婴儿发生高钙血症，甚至引起维生素 D 中毒。维生素 D 主要来源于紫外线照射下皮内的合成，在高纬度、缺乏日光的北方地区，尤其在冬季几乎不能合成维生素 D，导致母体和胎儿血中 $25\text{-}OH\text{-}D_3$ 浓度降低。由于含维生素 D 的食物有限，因此维生素 D 补充极为重要。妊娠期维生素 D 的 RNI 与非孕妇女相同，为 10μg/d，UL 为 50μg/d。

（3）B 族维生素 妊娠期由于母体组织、胎儿、胎盘的迅速增长，对叶酸的需要量也大幅增加。叶酸摄入不足对妊娠结局的影响包括胎盘早剥、低出生体重和神经管畸形（脊柱裂、无脑儿、脑膨出等），还可造成孕妇巨幼红细胞贫血、先兆子痫发生率增高等。此外，血清、红细胞叶酸水平降低也和血浆同型半胱氨酸浓度升高有关。妊娠的最初 4 周是胎儿神经管分化和形成的重要时期，此期叶酸缺乏可增加胎儿发生神经管畸形及早产的危险，因此叶酸的补充需从计划怀孕或可能怀孕前开始。备孕妇女应从准备怀孕前 3 个月开始补充叶酸 400μg/d，并持续整个妊娠期。妊娠期叶酸的 RNI 在非孕妇女 400μgDFE/d 基础上，整个妊娠期均增加 200μgDFE/d，UL 为 1000μg/d（只限制来自补充剂的叶酸，不包括来自天然食物的叶酸盐类）。

维生素 B_1 与能量代谢有关。妊娠期缺乏或亚临床缺乏维生素 B_1 时，孕妇可能不出现明显的脚气病症状，而新生儿却有明显脚气病表现。维生素 B_1 缺乏也可影响胃肠道功能，尤其在妊娠早期由于早孕反应使食物摄入减少，易引起维生素 B_1 缺乏，从而导致胃肠功能下降，进一步加重早孕反应。妊娠期维生素 B_1 的 RNI 在妊娠早期不增加，妊娠中晚期在非孕妇女 1.2mg/d 基础上分别增加 0.2mg/d 和 0.3mg/d。

维生素 B_2 也与能量代谢有关。妊娠期维生素 B_2 缺乏可导致胎儿生长发育迟缓及孕妇缺铁性贫血。妊娠期维生素 B_2 的 RNI 在妊娠早期不增加，妊娠中、晚期在非孕妇女 1.2mg/d 的基础上分别增加 0.1mg/d 和 0.2mg/d。临床上常用维生素 B_6 辅助治疗早孕反应；也常将维生素 B_6 与叶酸、维生素 B_{12} 联用预防妊娠高血压综合征。妊娠期维生素 B_6 的 RNI 在非孕妇女 1.4mg/d 基础上，妊娠各期均增加 0.8mg/d，UL 为 60mg/d。

孕期对多种微量营养素需要的增加幅度大于能量需要的增加幅度，容易导致摄入不足，见表 3-1。如果简单地通过增加食物摄入量来满足微量营养素的需要，极有可能引起体重过多增长，并导致妊娠糖尿病和出生巨大儿的风险增加。因此，要注意孕期饮食易缺乏的矿物质（钙、铁、锌、碘）和维生素（维生素 A、维生素 D 及 B 族维生素）的摄入。为保证孕妇营养，孕中期以后可在上午和下午两餐之间加餐。

表 3-1 孕妇能量及部分营养素的参考摄入量

人群	能量/PAL I *		蛋白质	钙	铁	碘	锌	叶酸
	MJ/d	kcal/d	g/d	mg/d	mg/d	g/d	mg/d	μgDFE/d
	EER	EER	RNI	RNI	RNI	RNI	RNI	RNI
非孕妇女	7.11	1700	55	800	18	120	8.5	400
孕妇（早）	+0	+0	+0	+0	+0	+110	+2.0	+200
孕妇（中）	+1.05	+250	+15	+0	+7	+110	+2.0	+200
孕妇（晚）	+1.67	+400	+30	+0	+11	+110	+2.0	+200

注：* 低强度身体活动水平。

三、备孕和孕期妇女食谱的设计原则

健康的身体、合理的膳食及均衡的营养是孕育新生命的物质基础，准备怀孕的妇女应

使身体健康与营养状况尽可能达到最佳后再怀孕。孕前适宜体重及充足的铁和碘储备有利于成功怀孕，降低不良妊娠结局风险。准备怀孕前3个月开始补充叶酸，可预防胎儿神经管畸形。禁烟酒，保持健康生活方式，有利于母子双方的健康。备孕和孕期妇女的膳食以一般人群膳食指南为指导，同时特别补充以下6条核心推荐。

1. 调整孕前体重至正常范围，保证孕期体重适宜增长

孕前体重以及妊娠期体重增长是母婴健康的一项关键指标。孕前BMI越高，妊娠并发症及不良妊娠结局发生率越高，孕前肥胖可能增加子代先天畸形的风险，且与子代成年后肥胖及代谢综合征相关。孕前消瘦会使胎儿生长受限，低出生体重儿或早产儿的风险增加；低出生体重儿与成年期的心血管疾病、糖尿病等慢性病有关。所以，备孕妇女宜通过平衡膳食和适量运动来调整体重，使体重指数（BMI）达到$18.5 \sim 23.9 kg/m^2$的适宜范围，以在最佳的生理状态下孕育新生命。

低体重（$BMI<18.5kg/m^2$）的备孕妇女，可通过适当增加食物量和规律运动来增加体重，每天可有1~2次的加餐，如每天增加牛奶100~200mL，坚果10~20g。

肥胖（$BMI \geq 28.0kg/m^2$）的备孕妇女，应改变不良饮食习惯，减慢进食速度，避免过量进食，减少高能量、高脂肪、高糖食物的摄入，多选择低GI、富含膳食纤维、营养素密度高的食物。同时，应增加运动，推荐每天30~90min中等强度的运动。

孕期体重适宜增长有利于保证母婴的营养并获得良好的妊娠结局。妊娠期妇女体重增长范围和妊娠中晚期周增重推荐值见表3-2。

表3-2 妊娠期妇女体重增长范围和妊娠中晚期周增重推荐值

妊娠前BMI/ （kg/m^2）	总增重范围/kg	妊娠早期增重范围/kg	妊娠中晚期每周体重 增长值及范围/kg
低体重（BMI<18.5）	11.0~16.0	0~2.0[a]	0.46（0.37~0.56）[b]
正常体重（18.5≤BMI<24.0）	8.0~14.0	0~2.0	0.37（0.26~0.48）
超重（24.0≤BMI<28.0）	7.0~11.0	0~2.0	0.30（0.22~0.37）
肥胖（BMI≥28.0）	5.0~9.0	0~2.0	0.22（0.15~0.30）

注：[a] 表示孕早期增重0~2kg；[b] 括号内数据为推荐范围。

资料来源：中国营养学会团体标准《中国妇女妊娠期体重监测与评价》（T/CNSS 009—2021）。

2. 常吃含铁丰富的食物，选用碘盐，合理补充叶酸和维生素D

（1）常吃含铁丰富的食物　为预防早产、流产，满足孕期血红蛋白合成增加和胎儿铁储备的需要，孕期应常吃含铁丰富的食物，同时，摄入富含维生素C的蔬菜和水果，以提高膳食中非血红素铁的吸收与利用。铁缺乏严重者可在医师指导下适量补铁。孕中期和孕晚期每天铁的推荐摄入量比孕前分别增加7mg和11mg，达到25mg和29mg。由于动物血、肝脏及红肉中含铁量较为丰富，且铁的吸收率较高，孕中、晚期每天增加20~50g红肉可提供铁1~2.5mg，每周摄入1~2次动物血和肝脏，每次20~50g，可提供铁7~15mg，基本可以满足孕期增加的铁需要。常见食物铁含量见表2-9，常见食物维生素C含量见表3-31。

（2）选用碘盐　碘是合成甲状腺素的原料，是调节新陈代谢和促进蛋白质合成的必需微量元素。大海是自然界的碘库，故海洋生物内的含碘量很高。由于多数食物中缺乏碘，加碘盐能确保有规律地摄入碘。按每日碘盐摄入量5g计算，可摄入碘为100μg，建议备孕和孕期妇女除食用碘盐外，每周摄入1~2次富含碘的海产食品。

（3）补充叶酸　叶酸对预防神经管畸形和高同型半胱氨酸血症、促进红细胞成熟和血红蛋白合成极为重要。富含叶酸的食物有动物肝脏、鸡蛋、豆类、绿叶蔬菜、水果及坚果等。天然食物中存在的叶酸是四氢叶酸的各种衍生物，均为还原型，烹调加工或遇热易分解，生物利用率较低。合成的叶酸是氧化型单谷氨酸叶酸，稳定性好，生物利用率高。因此，建议备孕和孕期妇女除多摄入深绿色蔬菜等富含叶酸的食物外，应每日服用叶酸补充剂400μg。

（4）补充维生素D　天然食物中维生素D含量较低。人体皮肤经紫外线照射可以合成维生素D，妇女平均每天照射阳光10~20min，所合成的维生素D基本上能够满足身体需要。妇女也可以服用维生素D补充剂10μg/d，以满足日常身体需要。

3. 孕吐严重者，可少量多餐，保证摄入含必要量碳水化合物的食物

孕早期，胎儿生长相对缓慢，孕妇体重变化不大，可维持孕前平衡膳食。如果早孕反应严重，可少食多餐，选择清淡或适口的膳食，每天保证至少摄入130g碳水化合物，相当于谷类160~200g，以预防酮血症对胎儿神经系统的损害。应首选富含碳水化合物、易消化的粮谷类食物，如米、面、烤面包、烤馒头片、饼干等。各种糕点、薯类、根茎类蔬菜和一些水果中也含有较多碳水化合物，可根据孕妇的口味选用。食糖、蜂蜜的主要成分为简单碳水化合物，易于吸收，进食少或孕吐严重时食用可迅速补充身体需要的碳水化合物。必要时应寻求医师帮助。

4. 孕中晚期适量增加奶、鱼、禽、蛋、瘦肉的摄入

自孕中期开始，胎儿生长速率加快，应在孕前膳食的基础上，增加奶类200g/d（总量达到500g/d），动物性食物（鱼、禽、蛋、瘦肉）孕中期增加50g/d、孕晚期增加125g/d，以满足对优质蛋白质、维生素A、钙、铁等营养素和能量增加的需要。建议每周食用2~3次海产鱼类，以提供对胎儿脑发育有重要作用的 $n-3$ 长链多不饱和脂肪酸。

5. 经常户外活动，禁烟酒，保持健康的生活方式

健康的孕妇每天应进行不少于30min的中等强度身体活动，孕妇运动后主观感觉稍疲劳，但10min左右可得到恢复，中等强度运动包括：快走、游泳、打球、跳舞、孕妇瑜伽、各种家务劳动等。应根据自己的身体情况选择运动类型，量力而行，循序渐进。适宜的身体活动有利于维持体重的适宜增长、愉悦心情和自然分娩，户外活动还有助于改善维生素D的营养状况，以促进胎儿骨骼的发育和母体的骨骼健康。

烟草、酒精对胚胎发育的各个阶段都有明显的毒性作用，容易引起流产、早产和胎儿畸形。有吸烟饮酒习惯的妇女必须戒烟禁酒，远离吸烟环境，避免二手烟。

6. 愉快孕育新生命，积极准备母乳喂养

母乳喂养对孩子和母亲都是最好的选择，夫妻双方应尽早了解母乳喂养的好处，学习正常哺乳的方法，为产后尽早开奶和成功母乳喂养做好各项准备。

四、食物的选择

参考中国营养学会妇幼营养分会制定的平衡膳食宝塔，孕妇一日食物参考量见表3-3。

表3-3 孕妇一日食物参考量

食物种类	备孕及孕早期/g	孕中期/g	孕晚期/g
谷类	200~250	200~250	225~275
—全谷物及杂豆	75~100	75~100	75~125
薯类（鲜重）	50	75	75
	每天至少摄入含130g碳水化合物的食物		
蔬菜	300~500 每周至少1次海藻类蔬菜	400~500 每周至少1次海藻类蔬菜	400~500 每周至少1次海藻类蔬菜
—深色蔬菜	新鲜绿叶蔬菜或红黄色蔬菜占2/3以上		
水果	200~300	200~300	200~350
畜禽肉类	40~65 每周1次动物血或肝脏	50~75 每周1~2次动物血或肝脏	50~75 每周1~2次动物血或肝脏
蛋类	50	50	50
水产品	40~65	50~75	75~100
乳制品	300	300~500	300~500
大豆	15	20	20
坚果	10	10	10
烹调油	25	25	25
食盐（加碘）	<5	<5	<5
水	1500~1700	1700	1700

资料来源：中国营养学会妇幼营养分会．中国备孕妇女平衡膳食宝塔和孕期妇女平衡膳食宝塔．2022．

项目实施

任务一　设计孕妇的营养菜点

孕期叶酸总摄入量应达到600µgDFE/d，除常吃含叶酸丰富的食物外，还应补充叶酸400µg/d。为预防早产、流产，满足孕期血红蛋白合成增加和胎儿铁储备的需要，孕期应常吃含铁丰富的食物，铁缺乏严重者可在医师指导下适量补铁。碘是合成甲状腺素的原料，是调节新陈代谢和促进蛋白质合成的必需微量元素，除选用碘盐外，每周还应摄入1~2次含碘丰富的水产品。生命早期胎婴儿体内DHA聚集以及脑和视功能发育的研究显示，孕妇需要更多的DHA，以促进胎儿大脑和视网膜的发育。因此，本任务将设计的菜点分成富含叶酸的营养菜点、富含碘的营养菜点和富含DHA的营养菜点三大类。而关于富含铁的营养菜点的设计请参考模块二项目一任务一。

一、设计富含叶酸的营养菜点

1. 识别含叶酸高的食物

查找中国食物成分表,找出含叶酸高的食物。常用食物叶酸的含量见表3-4。

【动画】叶酸从哪里来

表3-4 常用食物叶酸的含量(以100g可食部计)

食物	含量/μg	食物	含量/μg	食物	含量/μg
小麦粉[面粉]	20.7	茼蒿[蓬蒿菜、艾菜]	114.3	油菜	107.6
小麦粉(中式)	113.7	茴香[小茴香]	120.9	荠菜	60.6
小麦粉(黑,中式)	135.7	绿苋菜	330.6	羽衣甘蓝*	113.4
大米	23.7	红苋菜	419.8	盖菜*	101.0
红米	76.1	黄花菜[金针菜]	841.3	芥蓝(甘蓝菜)*	98.7
小米	29.6	豌豆(鲜)	82.6	油麦菜*	77.9
燕麦片(有机)	62.4	黑豆苗*	140.7	雪里蕻	82.6
藜麦粒(青海)	247.2	豌豆苗*	99.5	芦笋	18.2
黄豆	210.1	樱桃番茄*	61.8	结球菊苣*	95.9
黄豆粉	392.2	白萝卜	27.0	香菇	41.3
黑豆[黑大豆]	186.4	樱桃萝卜*	79.5	香菇(干)	135.0
黑豆(洮南)[青仁乌]	297.5	豇豆*	75.4	橘	52.9
青豆[青大豆]	28.1	黄豆芽	10.0	香蕉	20.2
豆腐(北)	39.8	绿豆芽	24.8	草莓[洋莓]	31.8
豆浆	39.4	彩椒*	83.4	核桃	102.6
豆腐皮	90.2	樱桃萝卜缨*	122.2	莲子	88.4
绿豆	286.2	秋葵*	90.9	花生米	107.5
花豇豆	273.6	韭菜	61.2	芝麻(黑)	163.5
芸豆(黑)	287.2	小白菜	43.6	鸡蛋	113.3
蒜苗	90.9	奶白菜*	116.8	鸭蛋	125.4
菠菜[赤根菜]	87.9	鸡毛菜*	165.8	羊肝	226.5
菠菜[赤根菜]	169.4	娃娃菜*	86.4	鸡肝	1172.2
香菜[芫荽]	148.8	乌塌菜(塌棵菜)*	96.8	猪肝(代表值)	353.4

注:数据引自《中国食物成分表标准版(第6版 第二册)》;*数据引自杨月欣主编《中国食物成分表2004》。

含叶酸丰富的食物有：①蔬菜，特别是深绿色叶类菜含量高，如油菜、鸡毛菜、韭菜等；②豆类，如黄豆、黑豆、豇豆、黑豆苗等；③种子类，如葵花籽、南瓜子、西瓜籽、花生、芝麻等；④其他，蛋类、动物肝脏及全谷物等。

2. 改善孕妇叶酸营养状况的饮食建议

蔬菜叶酸含量高，日常食用量大，是叶酸的主要食物来源。孕期妇女每天保证摄入400g各种蔬菜，其中1/2以上为新鲜深色蔬菜，可提供约200μg/d叶酸，再额外补充叶酸400μg/d，就完全可以满足其需要。

【动画】改善孕妇叶酸营养状况的饮食建议

3. 孕妇摄入充足叶酸的膳食方案举例

举例说明提供200μg叶酸的蔬菜类食物组合，见表3-5。

表3-5 提供200μg叶酸的蔬菜类食物组合举例

食物	食用量/g	叶酸提供量/μg	用这些食物设计营养美味菜点
茼蒿	100	114.3	（1）炒茼蒿
油菜	100	107.6	（2）香菇油菜
合计	200	221.9	

4. 设计富含叶酸的营养菜点

（1）炒油菜

①原料：油菜150g，盐0.5g，植物油6g，蒜末适量。

②营养特点分析：炒油菜营养成分表见表3-6。

表3-6 炒油菜营养成分表

项目	每份含量	NRV%	项目	每份含量	NRV%	项目	每份含量	NRV%
能量	75kcal/311kJ	4%	维生素A	135μgRAE	17%	钾	263mg	13%
蛋白质	2.0g	3%	维生素B_1	0.03mg	2%	镁	38mg	13%
脂肪	6.7g	11%	维生素B_2	0.08mg	5%	钙	223mg	28%
碳水化合物	3.0g	1%	烟酸	0.83mg	6%	铁	1.5mg	10%
钠/食盐	307.3mg/0.8g	15%	叶酸	161.4μgDFE	40%	锌	0.50mg	3%

油菜营养丰富，含有丰富的钙、钾、镁、维生素B_2、胡萝卜素、膳食纤维和多种抗氧化成分。油菜的叶酸含量也特别丰富，是孕妇叶酸的良好来源。

（2）豆浆

①原料：豆浆300g。

②营养特点分析：豆浆营养成分表见表3-7。

【动画】豆浆的营养分析

表 3-7 豆浆营养成分表

项目	每份含量	NRV%	项目	每份含量	NRV%	项目	每份含量	NRV%
能量	93kcal/384kJ	5%	维生素 E	3.18mg	23%	钾	351mg	18%
蛋白质	9.0g	15%	维生素 B_1	0.06mg	4%	镁	45mg	15%
脂肪	4.8g	8%	维生素 B_2	0.06mg	4%	钙	15mg	2%
碳水化合物	3.6g	1%	烟酸	0.42mg	3%	铁	1.2mg	8%
钠/食盐	11.1mg/0.03g	1%	叶酸	118.2μgDFE	30%	锌	0.84mg	6%

豆浆是适合男女老少食用的健康饮品。豆浆中含有丰富的蛋白质、多种矿物质和维生素，可有效被人体吸收和利用。豆浆的叶酸含量比较高，每 100g 豆浆叶酸含量高达 39.4μg，是叶酸的良好食物来源；豆浆中富含大量的不饱和脂肪酸，其中亚油酸含量最为丰富；豆浆还含有多种有益健康的植物化学物，如大豆皂苷、大豆异黄酮、大豆低聚糖等，大豆皂苷有抗氧化、抗血栓、降脂减肥、降低胆固醇等活性，大豆异黄酮具有抗氧化和弱雌激素活性，大豆低聚糖具有通便洁肠，促进肠道内双歧杆菌增殖的作用；豆浆含有大量膳食纤维、植物甾醇、钾和镁，能改善心肌营养，降低胆固醇；豆浆中大量的维生素 E 有抗氧化功能，能延缓细胞老化，尤其对脑细胞作用最大，可预防老年痴呆。豆浆中含有的大豆蛋白、大豆异黄酮、卵磷脂等物质，可调节女性内分泌系统功能，还能延缓皮肤衰老，有显著的养颜美容功效。

二、设计富含碘的营养菜点

1. 识别含碘高的食物

查找中国食物成分表，找出含碘高的食物。常用食物碘的含量见表 3-8。

【动画】碘从哪里来

表 3-8 常用食物碘的含量（以 100g 可食部计）

食物	含量/μg	食物	含量/μg	食物	含量/μg
小麦粉（代表值）	1.5	猪肉（瘦，代表值）	1.9	海带（深海、冷鲜）b	4210
玉米（代表值）	1.1	牛肉（瘦，代表值）	4.1	海带丝（鲜）b	1690
大米（代表值）	1.4	羊肉（瘦，代表值）	2.9	海带（鲜）	113.9
小米（代表值）	0.8	鸡肉（代表值）	2.2	海带（干）	36240
黄豆（代表值）	5.2	牛奶（消毒）	1.9	海带结（干）b	13500
豆腐b	7.7	鸡蛋（代表值）	22.5	海带丝（干，禾绿）b	12200
赤小豆（代表值）	4.0	乌鸡蛋	5.3	海带（干）c	131758
茄子（代表值）	0.8	鸭蛋（代表值）	34.2	紫菜（干）d	171465
番茄（代表值）	0.7	鹌鹑蛋（代表值）	233.0	紫菜（干）b	6600
柿子椒（代表值）	1.1	草鱼（白鲩、草包鱼）	6.4	紫菜（干）	4323
洋葱	1.2	带鱼c	40.8	紫菜（干）e	2729

续表

食物	含量/μg	食物	含量/μg	食物	含量/μg
小白菜（代表值）	5.0	海蜇[c]	96.8	海苔（美好时光）[b]	842
黄瓜（代表值）	1.0	小黄鱼[c]（野生）	16.1	海苔（波力）[b]	2440
莲藕[b]	9.5	象拔蚌[f]	2930	海苔[c]	2427
橙子	0.9	贻贝（代表值）	91.4	苔菜[c]	3486
橘子	5.3	海藻饮料	184.5	海草[c]	15982
菠萝	4.1	芝麻海带丝	641.7	螺旋藻[e]	3830
香蕉	2.5	裙带菜[a]	15878.0	海带浓缩液	22780.0

注：数据来自杨月欣主编《中国食物成分表标准版（第6版 第二册）》。
[a] 裙带菜的数据引自《中国食物成分表2004》。
[b] 采样地北京。
[c] 采样地浙江舟山。
[d] 采样地甘肃。
[e] 采样地浙江。
[f] 采样地广东。

大海是自然界的碘库，故海洋生物内的含碘量很高。除碘盐外，含碘最高的食物为水产品，包括海带、紫菜、贻贝、海苔、海草等。

世界大部分地区的土壤中缺碘，尤其是冰川冲刷地带和洪水泛滥的平原。人类活动对土壤的破坏，水土流失，也造成了环境缺碘。部分地区水中碘的含量较低，与碘缺乏病的发病率有关。在我国的西安、宝鸡、石泉及蓝田等地区，饮水中的碘含量较低，甲状腺肿的发病率也较高。

除每天可以从海产食物中摄取大量碘的岛屿国家和地区外，地球上各大洲的内陆地区都面临碘缺乏的问题，碘缺乏病是人类流行最广的地方性疾病。中国是受碘缺乏病严重威胁的国家之一。我国地方性甲状腺肿多分布在山区，主要原因是山区坡度大，雨水冲刷，导致碘从土壤中丢失。我国东北地区黑龙江的三江平原缺碘可能是由于历史上频繁的洪水泛滥，以及地下水的运动活跃所造成的。土壤、食物和水中碘含量低，导致人体长期摄入碘量不足，从而引发地方性碘缺乏病。

一些膳食因素会加重碘缺乏，包括：①低蛋白膳食影响碘的吸收和利用；②木薯和某些蔬菜，如甘蓝、卷心菜、大头菜、荠菜中含有葡糖硫苷棉豆苷的水解产物，可抑制碘的有机化过程；③玉米、小米、甜薯、高粱以及各种豆类在肠道中可释放出氰化物，进而被代谢成硫氰酸盐，可抑制甲状腺摄取碘化物；④摄入钙磷含量高的食物可妨碍碘的吸收，抑制甲状腺素的合成，加速碘的排泄。

2. 改善孕妇碘营养状况的饮食建议

由于多数食物中缺乏碘，加碘盐能确保有规律地摄入碘。目前我国碘盐采用碘酸钾作为添加剂，合格碘盐浓度为20~30mg/kg（以碘离子计）。碘盐使用和保存不当会造成碘的丢失而影响补碘效果。在使用过程中，打开包装的碘盐应放在带盖避光的容器内，避免光、热、潮等，炒菜时应起锅前再放盐，这样有助于避免碘的丢失。

【动画】改善孕妇碘营养状况的饮食建议

以每天摄入 5g 碘盐计算,约可摄入碘 100μg,可基本满足未孕女性碘的需要。值得注意的是,天然海盐中含碘量极微,精制海盐的含碘量更少,粗制海盐的含碘量低于 5mg/kg。若每人每日摄入 5g 盐,则只能获得低于 25μg 的碘,远远不能满足预防碘缺乏病(IDD)的需要。孕期碘的推荐摄入量比非孕时增加近 1 倍(增加 110μg/d),食用碘盐仅可获得推荐量的 43% 左右。

为满足孕期对碘的需要,除规律食用碘盐外,建议孕妇每周摄入 1~2 次富含碘的海产食物。

3. 提供约 110μg 碘的膳食方案举例

举例说明提供约 110μg 碘的膳食方案,见表 3-9。

表 3-9 提供约 110μg 碘的膳食方案举例

食物	食用量/g	碘提供量/μg	用这些食物设计营养美味菜点
海带(干)	0.3	108	(1)海带肉丝汤
紫菜(干)*	2.5	108	(2)紫菜牡蛎煲
海苔(波力)	5	122	(3)蒜蓉蒸贻贝
贻贝(淡菜)	30	104	(4)蒸蛋羹
碘蛋	40	132	

注:* 采样地为北京。

4. 设计富含碘的营养菜点

豆腐裙带菜汤

①原料:裙带菜(干)5g,豆腐(南)100g,芝麻油 3g,生姜、小葱、枸杞子、盐、鸡精、香菜适量。

②营养特点分析:豆腐裙带菜汤营养成分表见表 3-10。

【动画】豆腐裙带菜汤的营养分析

表 3-10 豆腐裙带菜汤营养成分表

项目	每份含量	NRV%	项目	每份含量	NRV%	项目	每份含量	NRV%
能量	125kcal/521kJ	6%	维生素 A	9μgRAE	1%	镁	87mg	29%
蛋白质	7.0g	12%	维生素 E	7.78mg		钙	161mg	20%
脂肪	8.9g	15%	维生素 B_1	0.06mg	4%	铁	2.1mg	14%
碳水化合物	6.0g	2%	维生素 B_2	0.02mg	2%	锌	0.57mg	4%
钠/食盐	223.7mg/0.6g	11%	钾	171mg	9%	碘	793.9μg	529%

裙带菜碘含量特别丰富,是孕妇碘的良好来源。它的膳食纤维含量很高,对预防便秘有利。裙带菜的各种营养素含量分别是:蛋白质 25.0g,脂肪 1.7g,碳水化合物 41.5g,不溶性膳食纤维 31.1g,总维生素 A 186μgRAE,硫胺素 0.02mg,核黄素 0.07mg,钙 947mg,钾 335mg,钠 4411.6mg,镁 1022mg,铁 16.4mg,锌 2.62mg,硒 15.88mg。裙带菜(干)含盐高,浸泡时要反复换水,汤中少放盐或不放盐。豆腐富含钙、维生素 E、必

需脂肪酸和磷脂，B族维生素含量也很丰富，也是优质蛋白质的重要来源。

三、设计富含EPA、DHA的营养菜点

1. 识别含二十碳五烯酸（EPA）、二十二碳六烯酸（DHA）高的食物

查找中国食物成分表，找出含EPA、DHA高的食物。常用食物EPA、DHA含量见表3-11和表3-12。

表3-11 常用食物EPA、DHA含量（以100g可食部计）

食物	总脂肪酸/g	EPA/%总脂肪酸	DHA/%总脂肪酸	EPA/g	DHA/g	EPA+DHA/g
鲭鱼（炸）	48.1	5.1	8.0	2.453	3.848	6.301
鲭鱼（烤，210℃，10min）	30.4	7.6	11.4	2.310	3.466	5.776
鲭鱼	27.6	7.2	11.4	1.987	3.146	5.134
鲭鱼（蒸）	25.6	7.4	11.6	1.894	2.970	4.864
鲭鱼（煮）	24.2	7.8	12.1	1.888	2.928	4.816
黄鱼（小黄花鱼）	11.5	7.2	14.9	0.828	1.714	2.542
堤鱼	9.0	5.2	13.9	0.468	1.251	1.719
黄鳍棘鲷	7.8	4.5	6.9	0.351	0.538	0.889
鲐鱼	5.2	4.4	12.7	0.229	0.660	0.889
油抒（香梭鱼）	6.3	3.8	9.9	0.239	0.624	0.863
鲚鱼（小）[小凤尾鱼]	4.6	Tr	15.0	Tr	0.690	0.690
鳗鲡（河鳗）	7.6	2.6	6.2	0.198	0.471	0.669
黄姑鱼	4.9	4.8	7.9	0.235	0.387	0.622
红娘鱼	2.0	8.2	20.3	0.164	0.406	0.570
梭子蟹	2.2	10.0	13.0	0.220	0.286	0.506
梅童鱼（丁珠鱼）	3.5	4.1	10.2	0.144	0.357	0.501
银鱼	3.6	13.8	Tr	0.497	Tr	0.497
鲫鱼（快鱼、力鱼）	6.0	2.6	5.6	0.156	0.336	0.492
海鳗	3.5	3.7	8.3	0.130	0.291	0.420
鲚鱼（大）[大凤尾鱼]	5.0	Tr	8.4	Tr	0.420	0.420
踞缘青蟹	1.1	16.7	12.0	0.184	0.132	0.316
鲷（黑鲷）	1.8	5.3	11.4	0.095	0.205	0.301
带鱼	3.4	1.9	5.3	0.065	0.180	0.245
鲈鱼	2.4	5.4	4.1	0.130	0.098	0.228
牡蛎	1.5	10.4	3.8	0.156	0.057	0.213
基围虾	1.0	10.5	10.2	0.105	0.102	0.207
墨鱼（曼氏无针乌贼）	0.6	9.7	24.8	0.058	0.149	0.207

续表

食物	总脂肪酸/g	EPA/%总脂肪酸	DHA/%总脂肪酸	EPA/g	DHA/g	EPA+DHA/g
胡子鲇	5.6	0.7	2.4	0.039	0.134	0.174
生蚝	1.1	8.7	6.9	0.096	0.076	0.172
金线鱼	2.0	2.4	5.9	0.048	0.118	0.166
沙丁鱼（沙鲻）	1.0	6.7	9.9	0.067	0.099	0.166
鲅鱼	1.5	2.8	7.3	0.042	0.110	0.152
沙钻鱼（沙梭）	0.4	9.9	25.4	0.040	0.102	0.141
鲅鱼（马鲛鱼、燕鲅鱼、巴鱼）	2.2	2.8	2.6	0.062	0.057	0.119
鳙鱼	1.5	3.6	4.2	0.054	0.063	0.117
鲳鱼（平鱼、银鲳、刺鲳）	5.1	0.8	1.3	0.041	0.066	0.107
泥鳅	1.4	3.7	2.9	0.052	0.041	0.092
海蟹	1.6	1.9	3.7	0.030	0.059	0.090
对虾	0.6	6.6	4.0	0.040	0.024	0.064
河蟹	1.8	1.9	Tr	0.034	Tr	0.034
草鱼	3.6	0.2	0.6	0.007	0.022	0.029
鲑鱼（大麻哈鱼）（哈尔滨）	7.0	Tr	Tr	Tr	Tr	Tr
鳕鱼	0.5	Tr	Tr	Tr	Tr	Tr

注：数据引自杨月欣等主编的《中国食物成分表标准版（第6版 第二册）》。
Tr 表示未检出或微量，低于目前应用的检测方法的检测限或未检出。

表 3-12　部分食物 EPA、DHA 含量（以 100g 可食部计）

食物	EPA/g	DHA/g	EPA+DHA/g	食物	EPA/g	DHA/g	EPA+DHA/g
鲭鱼（盐腌）	1.619	2.965	4.584	鲱鱼（大西洋，腌制）	0.843	0.546	1.389
鲭鱼（大西洋）	0.898	1.401	2.299	鲱鱼（美洲）	1.086	1.321	2.407
鲑鱼（奇努克）	1.008	0.944	1.952	鲱鱼（太平洋）	0.969	0.689	1.658
鲑鱼（大西洋，养殖）	0.862	1.104	1.966	金枪鱼（蓝鳍，新鲜）	0.283	0.890	1.173
鲑鱼（大西洋，野生）	0.321	1.115	1.436	金枪鱼（浅色的，水浸罐装，无盐，固形物）	0.047	0.223	0.270
裸盖鱼	0.677	0.718	1.395	淡金枪鱼（油浸罐装，无盐，固形物）	0.027	0.101	0.128
白鲑（混种）	0.317	0.941	1.258	虹鳟（养殖）	0.217	0.516	0.733
鲱鱼（大西洋）	0.709	0.862	1.571	真鳕（大西洋）	0.064	0.120	0.184
鲱鱼（大西洋，熏制）	0.970	1.179	2.149	真鳕（太平洋）	0.034	0.096	0.130

注：数据引自美国农业部食品成分数据库。

EPA、DHA 在鱼、虾、蟹及贝壳等水产品中含量丰富，其他食物（畜禽肉、蛋、奶及植物性食物）含量极少。海鱼 EPA、DHA 的含量比淡水鱼丰富，多数淡水的鱼、虾及蟹类 EPA、DHA 含量较低。

2. 改善孕妇 DHA 营养状况的饮食建议

DHA 可在体内由 α-亚麻酸合成，但 α-亚麻酸在人体内转化为 DHA 的效率有限，加上我国居民居住地域多数远离海岸，膳食 DHA 来源较少。对那些处于脑发育关键期并对 DHA 有特别需求的人群，如胎儿（孕妇）、乳母、婴幼儿应考虑通过一些合适的途径摄入足量的 DHA。因此，规律进食海洋鱼类对居民摄入充足 DHA 意义重大。

建议孕妇每周食用 2~3 次鱼，每次 150~200g，其中至少包括 250g 富含 DHA 的海鱼，以提供对胎儿大脑和视网膜发育有重要作用的 DHA。

3. 安全食用鱼类的建议

下面介绍 2018 年美国食品与药物管理局和国家环境保护局联合发布的备孕妇女、孕妇、乳母和幼儿的鱼类食用建议。

鱼类（包括贝类、虾和蟹）富含蛋白质、DHA、EPA 及某些矿物质（如铁、硒、锌和碘），同时维生素 B_{12} 和维生素 D 比任何其他类型的食物都要多。鱼类中的这些营养素对婴儿、幼儿、孕妇或备孕妇女都很重要，比如 DHA 对儿童的大脑、神经系统和视觉发育至关重要。还有一些研究表明，在生命早期食用鱼可能有助于预防过敏性疾病，如哮喘和湿疹。作为健康饮食模式的一部分，吃鱼也可能对心脏健康有益，并降低肥胖的风险。

一些湖泊、河流、海洋和其他水体可能被重金属汞污染。当汞沉入水里，细菌将它转化为一种更危险的形式，即甲基汞。甲基汞可以在鱼体里蓄积，特别是以其他小鱼为食物、体型较大的鱼和那些寿命更长的鱼，如鲨鱼和剑鱼，鱼体的汞含量会更高。虽然在孕妇、乳母和幼儿的饮食中限制汞的摄入量是很重要的，但许多类型的鱼营养丰富，汞含量又较低，因此，鼓励备孕妇女、孕妇、乳母及幼儿选择 DHA 含量丰富而甲基汞含量很低的鱼类，以避免甲基汞危害胎儿或婴幼儿的神经系统发育。低汞鱼对每个人都是好的选择。

2015—2020 年美国膳食指南建议：对于 2000kcal 的饮食，一般成人每周至少吃 8oz（226g）的海鲜，少儿减量；孕妇或乳母每周食用 8~12oz（226~339g）的各种海鲜，选择汞含量较低的鱼。

表 3-13 是美国食品与药物管理局和国家环境保护局根据鱼类的汞含量提出的鱼类安全食用建议，应该选择吃哪种鱼，以及多久吃一次。

表 3-13 鱼类安全食用建议

鱼类的食用建议	鱼的种类
最佳选择 （每周 2~3 份）	凤尾鱼、大西洋大黄鱼、大西洋鲭鱼、太平洋鲭鱼、黑海鲈鱼、鲷鱼、鲇鱼、蛤蜊、真鳕、蟹、小龙虾、比目鱼、黑线鳕、无须鳕、鲱鱼、龙虾、蛇鲻、牡蛎、河鲈鱼（淡水海水交汇处）、小梭鱼、鲽鱼、青鳕、鲑鱼（三文鱼）、沙丁鱼、扇贝、美洲西鲱、小虾、鳐、胡瓜鱼、鳎鱼、鱿鱼、罗非鱼、鳟鱼（淡水）、金枪鱼（罐装，淡色，包括鲣鱼）、白鲦、牙鳕

续表

鱼类的食用建议	鱼的种类
好的选择 （每周1份）	青鱼、水牛鱼、鲤鱼、智利海鲈鱼（巴塔哥尼亚犬牙鱼）、石斑鱼、大比目鱼、鲯鳅鱼、鮟鱇鱼、岩鱼、裸盖鱼、羊头鲷、鲷鱼、西班牙鲭鱼、条纹海鲈鱼、方头鱼（大西洋）、长鳍（或白色）金枪鱼（罐装、新鲜、冷冻）、黄鳍金枪鱼、犬牙石首鱼（海鳟鱼）、黄花鱼（太平洋大黄鱼）
要避免选择 （鱼的汞含量最高）	王鲭、马林鱼、大西洋胸棘鲷、鲨鱼、剑鱼、墨西哥湾方头鱼、大眼金枪鱼
备注	多少是一份？一个手掌大小为一份。2～3岁儿童：1份＝1oz≈28g；4～7岁儿童：1份＝2oz≈57g；8～10岁儿童：1份＝3oz≈85g；11岁以上儿童：1份＝4oz≈113g；成人：1份＝4oz≈113g

如果是一些被家人和朋友捕获的鱼，如大鲤鱼、鲶鱼、鳟鱼和鲈鱼，请先查看当地鱼类的食用建议。如果捕鱼区域的水体没有受到监控，这个水域范围潜在的汞污染尚不清楚，那么鱼的食用数量应该限制在每周一次，同时，美国食品与药物管理局也建议在烹饪前，去除有害污染物含量较高的部位，如鱼的皮肤、脂肪和内脏。

关于儿童最佳海鲜选择，美国食品与药物管理局和国家环境保护局一起发布了一份关于选择最健康鱼类的建议。许多可供选择的营养又安全的鱼类包括：①淡粉色金枪鱼（lighttuna），也就是肉色为淡粉色的金枪鱼，包括同为金枪鱼科的鲣鱼，建议每周食用2～3份；②其他鱼类，包括三文鱼、鳟鱼和鲱鱼等，被认为富含DHA，而汞含量低；③其他海鲜，包括虾、鳕鱼、鲶鱼、螃蟹、扇贝、罗非鱼、白鲑、鲈鱼（注意不是海鲈鱼）、比目鱼、沙丁鱼、凤尾鱼、小龙虾、牡蛎和龙虾等。

4. 提供 0.200g DHA 的膳食方案举例

举例说明提供约 0.200g DHA 的食物组合方案，见表 3-14。

表 3-14 提供 0.200g DHA 的食物组合方案举例

食物	食用量/g	DHA 提供量/g	用这些食物设计营养美味菜点
鲭鱼	7	0.220	（1）烤鲭鱼 （2）豆腐香梭鱼汤 （3）枸杞炖河鳗 （4）清蒸黑鲷鱼
油抒（香梭鱼）	32	0.200	
鳗鲡（河鳗）	43	0.203	
鲷（黑鲷）	100	0.205	

5. 设计富含 DHA 的营养菜点

（1）清蒸鲭鱼

①原料：鲭鱼（蒸，熟）100g。

②调料：生姜、盐、小葱少量。

③营养特点分析：清蒸鲭鱼营养成分表见表 3-15。

表 3-15　清蒸鲭鱼营养成分表

项目	每份含量	NRV%	项目	每份含量	NRV%	项目	每份含量	NRV%
能量	390kcal/1611kJ	20%	维生素A	142μgRAE	18%	钾	235mg	12%
蛋白质	14.6	24%	维生素E	0.00mg		镁	22mg	7%
脂肪	36.5	61%	维生素B_1	0.20mg	14%	钙	5mg	1%
EPA	1.894g		维生素B_2	0.34mg	24%	铁	2.0mg	13%
DHA	2.970g		维生素C	0.0mg	0%	锌	0.90mg	6%
钠/食盐	52.4mg/0.1g	3%	烟酸	5.70mg	41%	硒	0.0μg	0%

鲭鱼体内脂肪酸 EPA 和 DHA 含量非常丰富，EPA 具有扩张血管、防止血液凝结等作用，DHA 对人类生命早期脑神经系统和视网膜等的发育有重要的作用。鲭鱼是一种高蛋白的食物，是优质蛋白质的来源；鲭鱼维生素 A、维生素 B_1、维生素 B_2 和烟酸含量也很丰富。要注意的是，鲭鱼肉中组胺酸含量较高，保存不当易产生组胺，食后会引起过敏性食物中毒。

(2) 油抒炖豆腐

①原料：油抒 250g（市品重 340g），南豆腐 100g。

②调料：花生油 8g，盐 0.5g，姜丝、胡椒粉、小葱各适量。

③营养特点分析：油抒炖豆腐营养成分表见表 3-16。

表 3-16　油抒炖豆腐营养成分表

项目	每份含量	NRV%	项目	每份含量	NRV%	项目	每份含量	NRV%
能量	521kcal/2171kJ	26%	维生素A	80μgRAE	10%	钾	842mg	42%
蛋白质	45.5g	76%	维生素E	11.28mg		镁	146mg	49%
脂肪	36.3g	60%	维生素B_1	0.06mg	4%	钙	147mg	18%
EPA	0.598g		维生素B_2	0.20mg	14%	铁	6.7mg	45%
DHA	1.560g		维生素C	0.0mg	0%	锌	2.97mg	20%
钠/食盐	368.7mg/0.9g	18%	烟酸	7.50mg	54%	硒	56.3μg	113%

油抒的 EPA 和 DHA 含量非常丰富，也是一种高蛋白的食物，是优质蛋白质的来源。每 100g 油抒含蛋白质 15.9g，总脂肪 9.0g，总脂肪酸 6.3g，维生素 A 32μgRAE，铁 2.1mg，锌 1.0mg，EPA 0.239g，DHA 0.624g。豆腐的优质蛋白质含量高，同时富含钙、必需脂肪酸、磷脂、B 族维生素等。

(3) 三文鱼蒸蛋羹

①原料：三文鱼（大西洋鲑、养殖）250g，鸡蛋一个 50g（带壳约 58g）。

②调料：酱油 2.5g，小葱、香菜末各少许。

③营养特点分析：三文鱼蒸蛋羹营养成分表见表 3-17。

表 3-17 三文鱼蒸蛋羹营养成分表

项目	每份含量	NRV%	项目	每份含量	NRV%	项目	每份含量	NRV%
能量	592kcal/2477kJ	30%	钠/食盐	357.0g/	18%	钾	985mg	49%
蛋白质	57.7g	96%	维生素 A	262μgRAE	33%	钙	51mg	6%
脂肪	39.1g	65%	维生素 B_1	0.57mg	41%	铁	1.9mg	13%
EPA	2.155mg		维生素 B_2	0.52mg	37%	锌	1.45mg	10%
DHA	2.760mg		烟酸	21.78mg	156%	磷	665mg	95%

三文鱼（大西洋鲑鱼）含有丰富的蛋白质、不饱和脂肪酸、维生素 A、维生素 B_{12}、维生素 B_1、维生素 B_2、烟酸、钾、镁和硒等营养成分。鱼类脂肪富含 20~24 碳的长链不饱和脂肪酸，包括 EPA 和 DHA。

蛋类食品是蛋白质的优质来源，也是维生素 A、维生素 D 和 B 族维生素的重要来源。鸡蛋蛋黄中含有的卵磷脂、甜菜碱、叶黄素、玉米黄素等成分，均为有益于预防慢性病的成分，其中叶黄素和玉米黄素可以补充视网膜黄斑中所含的色素，并具有较高的抗氧化能力，对于预防老年性眼病和心血管疾病有一定的益处。蛋黄中含有大量的维生素 B_6、维生素 B_{12} 和叶酸，可有效降低血液中同型半胱氨酸的浓度，从而降低心血管疾病、出生畸形、老年痴呆和某些癌症的风险。蛋类胆固醇含量高，不宜过量食用。

课后实践

制作《红楼梦》美食——豆腐皮包子

《红楼梦》不仅是一部文学巨著，也是一部美食宝典。其中，"豆腐皮包子"作为一道经典美食，因其馅料丰富、制作简单而深受大家喜爱。

实践内容：（1）通过阅读《红楼梦》原文及相关书籍，了解"豆腐皮包子"的历史背景、所用食材及制作方法；（2）小组合作，一起准备食材，亲手制备这道美味佳肴；（3）分析菜肴的营养特点，并制作营养标识；（4）将制作完成的"豆腐皮包子"与同学们一起品尝，并分享制作过程和心得。

期待大家的精彩表现与分享！让我们一起在美食的世界里，感受文化的力量，传承与创新并存！

任务二 设计孕妇的营养食谱

【案例】李某，孕妇，23 岁，身高 165cm，轻体力劳动者，孕 32 周，第一胎。请设计其营养需要目标，编制一日营养食谱并对其进行营养评价。

一、任务分析

李某,孕32周,属孕晚期,现体重63kg,孕前体重55kg,体重增长在正常范围。经询问,没有不良的生活习惯。孕中晚期妇女要多摄入富含优质蛋白质、钙、铁、碘、叶酸及DHA的食物。孕中晚期,孕妇的食谱安排应该突出食物的丰富多样,提高其营养复合度,特别是维生素和矿物质的摄入应该得到充分的保证。能量摄入以保持体重合理增长为宜,避免高能量、高脂肪、高糖的膳食模式。在向其提供营养食谱前,应先对其进行生活方式指导,指导她合理选择食物,指导其行为改变,纠正不良饮食行为,将其行为改变和贯彻既定的配餐方案结合起来。

二、任务要求

(1) 选择的食物及食物配比要合理,符合孕期妇女的营养需要。
(2) 食谱所列菜肴便于加工,加工方法符合孕期妇女的生理特点。
(3) 菜点颜色、造型美观,符合配餐对象的要求。

三、孕期妇女营养食谱的设计方法与步骤

1. 确定能量和营养素目标

根据孕妇年龄、身体活动水平,查中国居民DRIs,确定孕妇每天的能量和营养需要,见表3-18。

表3-18 孕妇能量和各种营养素RNI和AI数值

项目	数值	项目	数值
劳动强度	轻	锌/mg	8.5+2.0
妊娠阶段	孕晚期	铁/mg	18+11
能量/kcal	1700+400	维生素A/μgRAE	660+70
蛋白质/g	55+30	维生素D/μg	10
脂肪/%	20~30	维生素B_1/mg	1.2+0.3
钙/mg	800	维生素B_2/mg	1.2+0.2
碘/μg	120+110	维生素C/mg	100+15

脂肪AMDR为20%E~30%E,碳水化合物AMDR为50%E~65%E,蛋白质AMDR为10%E~20%E。

脂肪:2100×20%÷9≈47g,2100×30%÷9=70g。
碳水化合物:2100×50%÷4≈263g,2100×65%÷4≈341g。
蛋白质:2100×10%÷4≈53g,2100×20%÷4≈105g。
脂肪、碳水化合物和蛋白质提供量的合适范围为47~70g,263~341g,53~105g。

2. 设计孕妇全日食物参考量

按营养需求设计1日膳食的食物类别、品种和数量(按表3-19填写)。

表 3-19　1 日膳食的食物类别、品种和数量设计

食物类别及其质量	各类食物品种及其质量（食部）
谷类（270g） ——全谷类及杂豆（60g）	小麦粉 40g，稻米（粳，标一）140g 黑米 40g，绿豆 20g，小米 30g
薯类（75g）	红薯 75g
蔬菜（502g）	黄瓜 100g，小白菜 200g，紫菜 2g，蘑菇 50g，苋菜（红）150g
水果（300g）	橙 150g，梨 150g
禽畜肉（75g）	猪肉（瘦）50g，鸭血（公麻鸭）50g
鱼虾类（75g）	油抒 75g
蛋类（50g）	鸡蛋 50g
奶类（鲜奶 400g）	纯牛奶（低脂）300g，酸奶（脱脂）100g
豆类（20g），坚果（10g）	南豆腐 120g（折算成干豆约 20g），核桃仁 10g
植物油（25g）	花生油 10g，豆油 10g，芝麻油 5g
其他（食盐 5g）	加碘盐 5g

3. 编制孕妇的营养食谱

孕妇的食谱不仅要符合营养原则，还需要符合这个特殊生理时期进食能力的要求，这样才能保证营养补充的有效性。

膳食营养配餐软件有多种，在普通计算机上安装，即可运行操作。配餐软件主要用于辅助食谱编制、营养计算和食谱评价，简单方便省时。一般配餐软件至少包括食物成分查询、数据输入、营养计算、食谱修改、食谱评价、打印等。另外，特殊营养配餐应用软件还有减肥配餐及常见病病人膳食的设计功能。根据所使用的特定配餐软件，下载对应的教程（包含详细操作方法）进行学习。

设计的孕 32 周妇女一日食谱见表 3-20。

表 3-20　孕 32 周妇女一日食谱

食用时间	食物名称	食物原料与定量（食部）	食物原料与定量（市品）
早餐	小米绿豆汤 花卷 煮鸡蛋 蒜蓉黄瓜	绿豆 20g，小米 30g，核桃仁 10g 小麦粉 40g 鸡蛋 25g 黄瓜 100g，芝麻油 5g	绿豆 20g，小米 30g，核桃仁 10g 小麦粉 40g 鸡蛋 29g 黄瓜 109g，芝麻油 5g
早点	牛奶	纯牛奶（低脂）300g	纯牛奶（低脂）300g
午餐	二米饭 油抒炖豆腐 炒小白菜 紫菜蛋汤	粳米（标一）50g，黑米 40g 油抒 75g，南豆腐 120g 小白菜 200g 紫菜 2g，鸡蛋 25g 豆油 8g	粳米（标一）50g，黑米 40g 油抒 101g，南豆腐 120g 小白菜 212g 紫菜 2g，鸡蛋 29g 豆油 8g
午点	梨 酸奶	梨 150g 酸奶（脱脂）100g	梨 183g 酸奶（脱脂）100g

续表

食用时间	食物名称	食物原料与定量（食部）	食物原料与定量（市品）
晚餐	米饭 红薯汤 肉片烩鲜蘑 鸭血苋菜羹	粳米（标一）90g 红薯 75g 猪肉（瘦）50g，蘑菇 50g 苋菜（红）150g，鸭血（公麻鸭）50g 花生油 10g	粳米（标一）90g 红薯 83g 猪肉（瘦）50g，蘑菇 51g 苋菜（红）206g，鸭血（公麻鸭）50g 花生油 10g
晚点	橙	橙 150g	橙 203g

4. 食谱营养分析

对食谱能量和营养成分进行计算，结果见表 3-21 至表 3-23。

【电子活页】孕妇营养食谱能量与营养素含量计算表

表 3-21　孕妇食谱能量与营养素分析

餐次	能量/ kcal	蛋白质/ g	脂肪/ g	维生素 A/ μgRAE	维生素 B_1/ mg	维生素 B_2/ mg	维生素 C/ mg	钙/ mg	铁/ mg	锌/ mg
供给量	2096	95.7	60.7	916	1.38	1.66	244.1	1318	38.8	12.67
RNI 或 AI	2100	85	47~70	730	1.5	1.4	115	800	29	10.5
比值/%	100	113	正常	126	92	119	212	165	134	121

表 3-22　孕妇食谱宏量营养素供能比例分析

项目	蛋白质	脂肪	碳水化合物
占全日能量比例/%	18	26	56
推荐值/%	10~20	20~30	50~65

表 3-23　孕妇三餐能量分配分析

项目	早餐	午餐	晚餐
占全日能量比例/%	29	38	33
推荐值/%	25~30	35~40	30~35

5. 食谱评价

上述食谱食物多样，种类齐全，能量合适，蛋白质充足，脂肪、碳水化合物供能比适宜，同时 B 族维生素、维生素 C、维生素 E、维生素 A、锌、钙、铁供给充足，其供给量达到相应目标量的90%以上，可以满足孕妇的营养需要。优质蛋白质占蛋白质总量的54%，高于50%，优质蛋白质摄入充足。

本食谱中选取含钙丰富的食材牛奶、酸奶、豆腐（南）、小白菜和红苋菜，一日钙总供应量为1318mg，高于钙的RNI 800mg，可以满足孕妇对钙的需要。

本食谱选用叶酸含量丰富的苋菜150g、小白菜200g，一日蔬菜叶酸总供应量在200μgDFE以上，再额外补充营养补充剂叶酸400μg/d，就完全可以满足其需要。

本食谱选用富含DHA的油抒，根据中国食物成分表中油抒DHA的含量估算，75g油抒可提供DHA 0.468g，高于孕妇DHA的AI值0.20g/d，可满足胎儿脑发育对DHA的需要。

6. 制作营养餐与膳后管理

内容参见模块二项目一任务二膳食宝塔法编制大学生营养食谱的内容。

四、学生实训方法建议与效果评价

学生按要求设计孕期妇女一日食谱并作膳食评价，并完成食谱的烹饪实训，输出合适的配餐报告。按百分制记分。学生实训方法建议与效果评价参考模块二项目二任务二。

【在线测试】孕妇营养食谱的设计

项目二

乳母营养食谱的设计

学习目标

知识目标

1. 能够叙述乳母的生理特点和营养需要特点。
2. 能够叙述乳母营养食谱的设计原则。
3. 能够说出乳母适宜多吃的食物品种及少吃或不吃的食物品种。

能力目标

1. 能够设计富含维生素A的营养菜点和富含维生素C的营养菜点。
2. 能够应用营养配餐软件辅助设计乳母一日营养食谱并进行膳食分析与评价。
3. 能够制作营养餐及进行膳后总结。

素质与思政目标

1. 关注哺乳期女性健康，弘扬传承中华优秀的饮食文化。
2. 养成讲卫生的好习惯，就餐时使用公筷公勺，倡导文明健康的生活方式。

> 必备知识

一、乳母的生理特点

乳母一方面要逐步补偿妊娠、分娩时所损耗的营养素储备，促进各器官、系统功能的恢复，另一方面要分泌乳汁、哺育婴儿，因此，她们比一般妇女需要更多的营养。多年来我国大力提倡母乳喂养及母婴同室，这对母婴健康均有益处。

母乳分为三期：产后第1周分泌的乳汁为初乳，呈淡黄色，质地黏稠；富含免疫蛋白，尤其是分泌型免疫球蛋白A和乳铁蛋白等；乳糖和脂肪较成熟乳少。产后第2周分泌的乳汁称为过渡乳，过渡乳中的乳糖和脂肪含量逐渐增多。第2周以后分泌的乳汁为成熟乳，呈乳白色，富含蛋白质、乳糖和脂肪等多种营养素。

产后第一天的泌乳量约为50mL，第二天约分泌100mL，到第二周增加到500mL/d左右，正常泌乳量为700~800mL/d。泌乳量少是母亲营养不良的一个表现特征，通常根据婴儿体重增长率作为奶量是否足够的指标。若乳母膳食中营养素含量不足，一般短期内泌乳量不会明显下降，乳汁中成分也基本恒定，但乳汁中的成分是通过动用母体储备的营养素，甚至牺牲母体组织来维持的，会影响到母体健康。乳母膳食蛋白质质量差且摄入量严重不足时，将会影响乳汁中蛋白质的含量和组成。母乳中脂肪酸、磷脂和脂溶性维生素含量也受乳母膳食营养素摄入量的影响。

哺乳对母体近期影响包括：可促进产后子宫恢复，由于哺乳过程中婴儿对乳头的不断吸吮，刺激母体催产素的分泌而引起子宫收缩，有助于促进子宫恢复到孕前状态；哺乳可以促进母体乳房中乳汁的排空，避免发生乳房肿胀和乳腺炎；哺乳还可延长恢复排卵的时间间隔，母乳喂养能够延长分娩后至恢复排卵的时间间隔，延迟生育。

哺乳对母体的远期影响包括：乳母在哺乳期分泌乳汁要消耗大量的能量，这将促使孕期所储存的脂肪被消耗，有利于乳母体重尽快复原，预防产后肥胖。按每天泌乳750mL计算，持续6个月哺乳的妇女乳汁中的钙丢失量约占母体全身总钙量的5%。虽有研究表明哺乳期间母体钙的吸收率可能有所增加，仍有约30g钙通过乳汁从乳母转运至婴儿，因此重新构建乳母的钙储存，对于降低乳母患骨质疏松症的危险性具有潜在意义。大量研究结果表明，哺乳可降低乳母以后发生乳腺癌和卵巢癌的危险性。

二、乳母的营养需要

（1）能量 乳母对能量的需要量较大，一方面要满足母体自身对能量的需要，另一方面要供给乳汁所含的能量和乳汁分泌过程本身消耗的能量。由于乳母在孕期储存了一些脂肪，可用以补充部分能量。考虑到哺育婴儿的操劳及乳母基础代谢的增加，推荐的乳母每日膳食能量平均需要量EER较非妊娠期妇女增加1.67MJ（400kcal）。

衡量乳母摄入能量是否充足，应以泌乳量与母亲体重为依据。当母体能量摄入适当时，其分泌的乳汁量既能使婴儿感到饱足，且母体自身又能逐步恢复到孕前体重，哺乳期乳母减少脂肪0.5~1.0kg/月，达到减肥的效果。

（2）蛋白质 蛋白质的摄入量，对乳汁分泌的数量和质量的影响最为明显。正常情况下，每天从乳汁中排出的蛋白质约为10g，母亲摄入的蛋白质变成乳汁中蛋白质的转换率约为70%，蛋白质质量较差时，转换率降低。考虑到我国的膳食构成以植物性食物为主，膳食蛋白质的生物学价值不高，其转换率可能较低。乳母蛋白质RNI为在非孕妇女基础上每日增加25g。

（3）脂肪 婴儿的生长发育需要乳汁提供的能量，而脂肪产能最高，再加上乳汁中的脂类，尤其是不饱和脂肪酸［如花生四烯酸（ARA）和二十二碳六烯酸（DHA）］与婴儿的脑发育和视网膜发育有密切关系，脂溶性维生素的吸收也需要脂类，因此，乳母膳食中必须有适量的脂肪，尤其是多不饱和脂肪酸，每日脂肪的摄入量以占总能量的20%~30%为宜。

（4）矿物质 母乳中主要矿物质（钙、磷、镁、钾、钠）的浓度一般不受膳食的影响。微量元素中，碘和硒的膳食摄入量增加，乳汁中的含量也会相应增加。

①钙：母乳中钙的含量较为稳定，每天从乳汁中排出钙的量为160~250mg。但可以通过减少尿钙排出和增加骨钙动员来满足额外需求。哺乳期骨钙流失是可恢复性的生理变化，且不受膳食钙的影响。综上，乳母无须额外增加钙摄入，EAR与RNI与同龄女性一致。

②铁：母乳中铁含量低，是因为铁不能通过乳腺输送到乳汁。为预防乳母发生缺铁性贫血，乳母的膳食中应注意铁的补充。乳母铁的RNI在非妊娠期18mg/d基础上增加6mg/d。

③碘和锌：乳汁中碘和锌的含量受乳母膳食的影响，且这两种微量元素与婴儿神经系统的生长发育及免疫功能关系较为密切。乳母碘的RNI在非妊娠期120μg/d基础上增加120μg/d。锌的RNI在非妊娠期8.5mg/d基础上增加4.5mg/d。

（5）维生素 维生素A可以少量通过乳腺进入乳汁，尤其是产后2周内的初乳富含维生素A，随着成熟乳汁的产生，维生素A含量逐渐下降，平均为60μg/100mL。所以乳母维生素A的摄入量可影响乳汁中维生素A的含量。但膳食中维生素A转移到乳汁中的数量有一定限度，超过一定限度则乳汁中的维生素A含量将不再按比例增加。维生素D几乎不能通过乳腺，故母乳中维生素D含量很低。维生素E具有促进乳汁分泌的作用。

乳母维生素A、维生素D的RNI分别为1260μgRAE/d和10μg/d，维生素E的AI为17mgα-TE/d。水溶性维生素大多可通过乳腺，但乳腺可调控其进入乳汁的含量，达一定水平时不再增高。乳母维生素的RNI分别为叶酸550μgDFE/d、维生素B_1 1.5mg/d、维生素B_2 1.7mg/d、烟酸16mgNE/d和维生素C 150mg/d。

乳母能量及部分营养素的参考摄入量见表3-24。

表3-24 乳母能量及部分营养素的参考摄入量

人群	能量/PAL I *		蛋白质	钙	碘	锌	维生素A	维生素C
	MJ/d	kcal/d	g/d	mg/d	μg/d	mg/d	μgRAE/d	mg/d
	EER	EER	RNI	RNI	RNI	RNI	RNI	RNI
18~49岁妇女	7.11	1700	55	800	120	8.5	660	100
乳母	+1.67	+400	+25	+0	+120	+4.5	+600	+50

注：* 低强度身体活动。

（6）水 乳母摄入的水量与乳汁分泌量有密切关系，如水分摄入不足将直接影响乳汁的分泌量。乳母平均每日泌乳量为750mL，故每日应从食物及饮水中比非孕期多摄入约1L水。可通过多摄入水和流质食物来补充。

三、乳母的食谱设计原则

哺乳期妇女的膳食仍是由多样化食物组成的营养均衡的膳食，除保证哺乳期的营养需要外，还通过乳汁的口感和气味，潜移默化地影响婴儿对辅食的接受和后续多样化膳食结构的建立。乳母的营养状况是泌乳的基础，如果哺乳期营养不足，将会减少乳汁分泌量，降低乳汁质量，并影响母体健康。此外，产后情绪、心理、睡眠等也会影响乳汁分泌。鉴于此，哺乳期妇女膳食指南在一般人群膳食指南基础上增加五条关键推荐。

1. 产褥期食物多样不过量，坚持整个哺乳期营养均衡

产妇自胎儿及其附属物娩出，到生殖器官恢复至非妊娠状态一般需要6~8周，这段时间在医学上称为产褥期，民间俗称"坐月子"。产褥期是妇女一生中非常特殊的阶段，由于承受了妊娠和分娩的巨大应激反应，其生理和心理上都发生了很大变化，体力和机体储存的营养物质也有很大消耗，母亲不仅需要恢复自身的健康，还要分泌乳汁，喂养婴儿，因此产褥期需要充足的食物和营养。如无特殊情况分娩后1h就可让产妇进食易消化的流质食物或半流质食物，如牛奶、稀饭、肉汤面、蛋羹等，次日起可进食普通食物。剖宫手术的产妇，手术后约24h胃肠功能恢复，应再给予术后流食1d，但忌用牛奶、豆浆、大量蔗糖等胀气食品。情况好转后给予半流食1~2d，再转为普通膳食。产褥期膳食应是由多样化食物构成的平衡膳食，无特殊食物禁忌。产褥期每天应吃肉、禽、鱼、蛋、奶等动物性食品，但不应过量。吃各种各样蔬菜水果，保证每天摄入蔬菜达到500g，多选用绿色蔬菜或其他有色蔬菜，达到蔬菜总量的2/3。新鲜的蔬菜水果中含有多种维生素、矿物质、膳食纤维、果胶、有机酸等成分，可改善食欲，增加肠蠕动，防止便秘，是产妇和乳母不可缺少的食物。出了月子仍然要加强营养，保证整个哺乳期的营养充足和均衡，以持续进行母乳喂养。

2. 适量增加富含优质蛋白质及维生素A的动物性食物和水产品，选用碘盐，合理补充维生素D

乳母的营养是泌乳的基础，尤其是蛋白质营养状况对泌乳有明显影响。动物性食物鱼、禽、蛋和瘦肉可提供丰富的优质蛋白质和一些重要的矿物质和维生素，乳母每天应比孕前增加50~100g（每天总量为175~225g）的鱼、禽、蛋和瘦肉。如条件限制，可用富含优质蛋白质的大豆及其制品替代；为保证乳汁中的碘含量，除选用碘盐烹饪食物外，每周摄入1~2次的富含碘的海产食物，如海带、紫菜、贻贝类等（详见本模块项目一任务一的二、设计富含碘的营养菜点）；每周食用2~3次鱼，至少一次海产鱼类，总量达500g，以提供对婴儿脑发育有重要作用的n-3长链多不饱和脂肪酸（详见本模块项目一任务一的三、设计富含EPA、DHA的营养菜点）；适量增加富含维生素A的动物性食物，如动物肝脏、蛋黄等的摄入，建议每周吃1~2次动物肝脏（总量达85g猪肝，或总量40g鸡肝）；奶类是钙的最好食物来源，乳母每天应至少喝鲜奶300mL，以满足其对钙的需要（详见模块二项目一任务一的四、设计富含钙的营养菜点）。

3. 家庭支持，愉悦心情，充足睡眠，坚持母乳喂养

乳母的心理及精神状态也可影响乳汁分泌，保持愉悦心情，以确保母乳喂养的成功。

如何增加泌乳量呢？①愉悦心情，树立信心。家人应充分关心乳母，经常与乳母沟通，帮助其调整心态，舒缓压力，愉悦心情，树立母乳喂养的自信心。②尽早开奶，频繁吸吮。分娩后开奶越早越好；坚持让孩子频繁吸吮（24h 内至少 10 次）；吸吮时将乳头和乳晕的大部分同时含入婴儿口中，让婴儿吸吮时能充分挤压乳晕下的乳窦，使乳汁排出，能有效刺激乳头上的感觉神经末梢，促进泌乳反射，使乳汁越吸越多。③合理营养是泌乳的基础，而食物多样化是充足营养的基础。乳母应做到合理膳食，食物多样，对健康食物不用有禁忌。④生活规律，保证睡眠。尽量做到生活有规律，每天保证 8h 以上睡眠时间，避免过度疲劳。

4. 增加身体活动，促进产后恢复健康体重

孕期体重过度增加及产后体重滞留，是女性肥胖发生的重要原因之一。科学活动和锻炼，有利于机体复原和体重恢复。运动不足往往会导致"产后体重滞留"，这种肥胖日后很难减肥。自然分娩的产妇一般在产后 2 天开始做产褥期保健操。产后 6 周开始规律有氧运动如散步、慢跑等。有氧运动从每天 15min 逐渐增加至每天 30min，每周坚持 4~5 次。

5. 多喝汤和水，限制浓茶和咖啡，忌烟酒

除营养素外，乳母每天摄水量与乳汁分泌量也密切相关，所以乳母每天应多喝水，还要多吃流质的食物如鸡汤、鲜鱼汤、猪蹄汤、排骨汤、菜汤、豆腐汤等，每餐都应保证有带汤水的食物。

乳母应忌吸烟饮酒，并防止母亲及婴儿吸入二手烟。吸烟、饮酒会影响乳汁分泌，烟草中的尼古丁和酒精也可通过乳汁进入婴儿体内，影响婴儿睡眠及精神运动发育。此外，乳母应避免饮用浓茶和大量咖啡，以免摄入过多咖啡因。茶和咖啡中的咖啡因有可能造成婴儿兴奋。虽然少量咖啡因是可以的，但目前不知道具体限量是多少。

四、食物的选择

乳母一日食物参考量见表 3-25。

表 3-25　乳母一日食物参考量

食物种类	食物数量/g
谷类	225~275（其中全谷物及杂豆 75~125）
薯类（鲜重）	75
蔬菜	400~500（每周至少一次海藻类）
水果	200~350
瘦畜禽肉类	50~75（每周吃 1~2 次肝脏，总量达 85g 猪肝或 40g 鸡肝）
蛋类	50
鱼虾类	75~100
奶类	300~500
大豆	25
坚果	10

续表

食物种类	食物数量/g
烹调油	25
加碘食盐	<5
水	2100

注：摘自中国营养学会妇幼营养分会《中国哺乳期妇女平衡膳食宝塔（2022 版）》。

项目实施

任务一 设计乳母的营养菜点

乳母维生素 A 的 RNI 为 1260μgRAE/d，维生素 C 的 RNI 为 150mg/d，需要量比未孕妇女增加的幅度大，容易缺乏。因此，本任务将设计的菜点分成富含维生素 A 的营养菜点和富含维生素 C 的营养菜点两大类。

一、设计富含维生素 A 的营养菜点

1. 识别富含维生素 A 的食物

查找中国食物成分表，找出含维生素 A 高的食物。常用食物的维生素 A 的含量见表 3-26 和表 3-27。

表 3-26　常用食物的视黄醇的含量　　　　　单位：μg/100g 可食部

食物名称	视黄醇	食物名称	视黄醇	食物名称	视黄醇
羊肝	20972	全脂奶粉（代表值）	380	母鸡（一年内）	139
牛肝	20220	鹌鹑蛋	337	羊肾	126
鸡肝	10414	鸡蛋（白皮）	310	鲮鱼［雪鲮］	125
猪肝	6502	鸭蛋	261	梭子蟹	121
鸭肝（母麻鸭）	4675	河蚌	243	鲽	117
鸡肝（肉鸡）	2867	公麻鸭	238	鲑鱼籽酱	111
鸭肝（公麻鸭）	2850	肉鸡（肥）	226	鸭血（母麻鸭）	110
鸭蛋黄	1980	鳟鱼	206	江虾	102
鹅蛋黄	1977	锯缘青蟹	202	小黄花鱼	94
鸭肝	1040	鸡蛋（土鸡）	199	双髻鲨	82
鸡心	910	鹅蛋	192	贻贝（鲜）	73
奶油	840	鲭鱼	183	鸡（土鸡，家养）	64
母麻鸭	476	鸡蛋黄（乌骨鸡）	179	蛏子	59
鸡蛋黄	438	毛蛋	161	鸡血	56
河蟹	389	奶酪［干酪］	152	纯牛奶（代表值，全脂）	54

资料来源：《中国食物成分表标准版（第 6 版　第二册）》。

表 3-27 　常用食物的胡萝卜素的含量　　　　　　　　单位：100g 可食部

食物名称	维生素 A/μgRAE	胡萝卜素/μg	食物名称	维生素 A/μgRAE	胡萝卜素/μg
螺旋藻（干）	3234	38810	芒果（大头，鲜）	173	2080
胡萝卜（脱水）	1438	17250	落葵（鲜）	168	2020
枸杞子（干）	813	9750	小白菜（鲜）	154	1853
豆瓣菜（鲜）	796	9550	紫背天葵（鲜）	154	1847
冬寒菜（鲜）	599	6950	金针菜（鲜）	153	1840
早橘（鲜）	428	5140	雍菜（鲜）	143	1714
羽衣甘蓝（鲜）	364	4368	芥菜（大叶，鲜）	142	1700
胡萝卜（红）	344	4130	蜜橘（鲜）	138	1660
胡萝卜（黄）	344	4010	韭菜（鲜）	133	1596
沙棘（鲜）	320	3840	乌塌菜（鲜）	131	1568
甜菜叶（鲜）	305	3660	南瓜（栗面）（鲜）	127	1518
蕹（鲜）	280	3360	茼蒿（鲜）	126	1510
芹菜叶（鲜）	244	2930	苋菜（紫，鲜）	124	1490
菠菜（鲜）	243	2920	油菜（黑，鲜）	122	1460
刺梨（鲜）	242	2900	油菜（小，鲜）	122	1460
豌豆尖（鲜）	226	2710	芥菜（小叶，鲜）	121	1450
荠菜（鲜）	216	2590	樱桃萝卜缨（鲜）	120	1440
小叶橘（鲜）	205	2460	辣椒（红，小，鲜）	116	1390
茴香（鲜）	201	2410	红薯叶	113	1351
苋菜（绿，鲜）	176	2110	菊苣（鲜）	103	1230

资料来源：《中国食物成分表标准版（第 6 版　第一册）》。

人体维生素 A 来源于动物性食物的视黄醇和植物性食物的类胡萝卜素的转化。含视黄醇丰富的食物有肝脏、蛋黄、全脂奶类、某些鱼类等。在植物中不含有已形成的维生素 A，一些有色植物中含有类胡萝卜素，其中一小部分可在小肠和肝细胞内转变成视黄醇和视黄醛，称为维生素 A 原。目前已经发现的类胡萝卜素有 700 多种，仅有约 1/10 是维生素 A 原，其中最重要的维生素 A 原是 β-胡萝卜素。类胡萝卜素的良好来源是深色的蔬菜和水果，蔬果的颜色越深，一般其类胡萝卜素的含量就越高。荤素搭配，适量用油有利于视黄醇和胡萝卜素的吸收和利用。

2. 改善乳母维生素 A 营养状况的饮食建议

动物肝脏的维生素 A 高度密集，适量摄入动物肝脏对乳母维生素 A 营养状况的改善具有重要的作用。建议适量增加富含维生素 A 的动物性食物，建议每周吃 1~2 次动物肝脏，总量达猪肝 85g，或鸡肝 40g，提供维生素 A 4200μgRAE/d 左右。

哺乳期蔬菜的摄入量为每日 400~500g，其中绿叶蔬菜和红黄色等有色蔬菜应占 2/3 以上，以提供足量的维生素 A 原。

3. 设计提供约 1260μgRAE 维生素 A 的一日食物组合方案

举例说明提供约 1260μgRAE 维生素 A 的一日食物组合方案，见表 3-28。

表 3-28 提供 1260μgRAE 维生素 A 的食物组合方案举例

食物	食用量/g	维生素A 提供量/μgRAE	用这些食物设计营养美味菜点
鸡蛋（白皮）	50	155	
胡萝卜（红）	100	344	（1）蛋炒胡萝卜
鸡肝	6	625	（2）酱鸡肝
菠菜	100	243	（3）拌菠菜
合计	156	1367	

4. 设计富含维生素 A 的营养菜点

（1）蛋炒胡萝卜

①原料：鸡蛋（白皮）50g（市品 57g），胡萝卜（红）100g（市品 104g）。

②调料：盐 0.4g，味精 0.2g，植物油 6g，大蒜头适量。

③营养特点分析：蛋炒胡萝卜营养成分表见表 3-29。

表 3-29 蛋炒胡萝卜营养成分表

项目	每份含量	NRV%	项目	每份含量	NRV%	项目	每份含量	NRV%
能量	162kcal/677kJ	8%	维生素 A	499μgRAE	62%	钾	239mg	12%
蛋白质	7.4g	12%	维生素 E	3.55mg	25%	镁	21mg	7%
脂肪	10.7g	18%	维生素 B_1	0.09mg	6%	钙	57mg	7%
碳水化合物	9.6g	3%	维生素 B_2	0.19mg	13%	铁	2.2mg	15%
膳食纤维	1.1g	4%	维生素 C	13.0mg	13%	锌	0.76mg	5%
钠/食盐	292.5mg/0.7g	15	烟酸	0.70mg	5%	硒	8.9μg	18%

鸡蛋含有大量的维生素、矿物质及高生物价的蛋白质，蛋黄中含有丰富的卵磷脂、固醇类等，对神经系统和身体发育有非常好的作用，受孩子和老人的喜爱。鸡蛋维生素 A 含量为 255μgRAE/100g，是日常维生素 A 的重要来源。胡萝卜富含 β-胡萝卜素，每 100g 胡萝卜（红）含胡萝卜素 4130μg。β-胡萝卜素具很强的抗氧化作用，同时，常吃胡萝卜可保持体内维生素 A 的正常水平。这道菜可以提供丰富的视黄醇和 β-胡萝卜素，常吃可预防维生素 A 的缺乏。

（2）猪肝小米粥

①原料：猪肝 80g，小米 150g，豆油 10g，碘盐 1g，味精 0.2g，姜丝、小葱适量。

②营养特点分析：猪肝小米粥营养成分表见表 3-30。

【动画】猪肝小米粥的营养分析

表 3-30　猪肝小米粥营养成分表

项目	每份含量	NRV%	项目	每份含量	NRV%	项目	每份含量	NRV%
能量	733kcal/3070kJ	37%	维生素A	5214μgRAE	652%	钾	614mg	31%
蛋白质	28.9g	48%	维生素E	14.75mg		镁	180mg	60%
脂肪	18.4g	31%	维生素B_1	0.67mg	48%	钙	68mg	9%
碳水化合物	114.1g	38%	维生素B_2	1.77mg	126%	铁	26.4mg	176%
膳食纤维	2.4g	10%	维生素C	16.0mg	16%	锌	5.86mg	39%
钠/食盐	471.3mg/1.2g	24%	烟酸	10.34mg	74%	硒	28.0μg	56%

猪肝营养价值很高，每 100g 猪肝含维生素 A 6502μgRAE，维生素 A 含量非常丰富，是膳食维生素 A 的重要来源。猪肝含铁丰富，是补血食品中最常用的食物，食用猪肝可调节和改善贫血病人造血系统的生理功能。猪肝中蛋白质、维生素 B_2、维生素 C、锌、硒的含量也很丰富。小米每 100g 含铁 5.1mg，同时 B 族维生素含量也很丰富。小米自古即是滋补佳品，具有滋阴养血的功效。小米煮粥是北方妇女产后调养身体的常用之品。故猪肝小米粥不仅是日常补充维生素 A 的常用菜点，还是缺铁性贫血者的一道补铁佳品。

5. 富含维生素 A 的营养菜点示例

利用富含维生素 A 的食材设计营养菜点。如：猪肝枸杞汤（猪肝、枸杞），菠菜羊肝汤（菠菜、羊肝），鸡心炒时蔬（鸡心、青椒、胡萝卜），蒸河蟹（河蟹），素炒豆瓣菜（豆瓣菜）等。

二、设计富含维生素 C 的营养菜点

1. 识别含维生素 C 高的食物

查找中国食物成分表，找出维生素 C 含量丰富的食物。常用食物维生素 C 的含量见表 3-31。

表 3-31　常用食物维生素 C 的含量　　　　　　　　单位：mg/100g 可食部

食物名称	维生素C含量	食物名称	维生素C含量	食物名称	维生素C含量
甜椒（脱水）	846.0	芥蓝	41.0	余柑子	62.0
辣椒（红，小）	144.0	胡萝卜缨（红，鲜）	41.0	蜜枣	55.0
甜椒	130.0	萝卜缨（青）	41.0	乐陵枣	54.0
彩椒	104.0	圆白菜	40.0	红果	53.0
辣椒（小，红尖）	86.0	豆角（鲜，白）	39.0	枸杞子	48.0
萝卜缨（白）	77.0	节瓜	39.0	草莓	47.0
芥菜（大叶，鲜）	72.0	抱子甘蓝	38.0	桂圆	43.0
油菜薹	65.0	奶白菜	37.4	木瓜	43.0
小白菜	64.0	芥蓝	37.0	荔枝	41.0

续表

食物名称	维生素C含量	食物名称	维生素C含量	食物名称	维生素C含量
羽衣甘蓝	63.0	蕹白（鲜）	36.0	毛核桃	40.0
香瓜茄	60.0	蒜苗（绿色，青蒜）	35.0	葡萄柚	38.0
辣椒（青、尖）	59.0	芥菜头	34.0	橘柑子	35.0
红菜薹	57.0	落葵	34.0	橘（金橘）	35.0
苦瓜（鲜）	56.0	乌塌菜	33.9	黄皮果	35.0
西蓝花	56.0	樱桃番茄	33.0	红毛丹	35.0
豆瓣菜（鲜）	52.0	刺梨	2585.0	橙	33.0
芥菜（小叶，鲜）	51.0	酸枣	900.0	橘（四川红橘）	33.0
萝卜缨（小萝卜）	51.0	枣（鲜）	243.0	木瓜	31.0
香菜（鲜）	48.0	冬枣	243.0	柿	30.0
大白菜（白梗）	47.0	沙棘	204.0	醋栗	28.0
苋菜（绿，鲜）	47.0	黑醋栗	181.0	桂圆肉	27.0
水萝卜	45.0	酸木瓜	106.0	杏仁	26.0
乌菜	45.0	酸刺	74.0	蒲桃	25.0
白菜薹	44.0	番石榴	68.0	早橘	25.0
荠菜（鲜）	43.0	中华猕猴桃	62.0	栗子（鲜）	24.0

资料来源：《中国食物成分表标准版（第6版 第一册）》。

新鲜蔬菜和水果是维生素C的主要食物来源。我国居民膳食维生素C缺乏的主要原因是蔬菜和水果摄入不足，蔬菜水果存放时间过长，烹调、加工方法不当等。

2. 改善乳母维生素C营养状况的饮食建议

哺乳期维生素C的需要量大幅度增加，乳母维生素C的RNI为150mg/d，比一般健康成年女性高出50mg。维生素C主要来自蔬菜和水果，建议每天蔬菜摄入量为400~500g，其中绿色蔬菜或其他有色蔬菜，达到蔬菜总量的2/3。水果也应多样化选择，选择新鲜时令的水果为宜，建议摄入量为200~350g/d。

3. 设计提供约150mg维生素C的一日食物组合方案

举例说明提供约150mg维生素C的一日食物组合方案，见表3-32。

表3-32 提供150mg维生素C的食物组合方案

食物	食用量/g	维生素C提供量/mg	用这些食物设计营养美味菜点
西蓝花	100	56.0	（1）炒时蔬
油菜薹	100	65.0	（2）水果（如刺梨、枣、木瓜、草莓、猕猴桃等）
木瓜	100	43.0	
合计	400	164.0	

4. 设计富含维生素 C 的营养菜点

（1）拌花生芥蓝

①原料：花生仁 10g，芥蓝 150g。

②调料：生抽 5g，香油 5g，醋、蒜末、糖适量。

③营养特点分析：拌花生芥蓝营养成分表见表 3-33。

表 3-33 拌花生芥蓝营养成分表

项目	每份含量	NRV%	项目	每份含量	NRV%	项目	每份含量	NRV%
能量	14kcal/600kJ	7%	维生素 A	1μgRAE	0%	钾	591mg	30%
蛋白质	7.1g	12%	维生素 E	4.72mg		镁	85mg	28%
脂肪	10.2g	17%	维生素 B_1	0.06mg	4%	钙	190mg	24%
碳水化合物	9.0g	3%	维生素 B_2	0.20mg	14%	铁	2.2mg	15%
膳食纤维	0.6g	3%	维生素 C	55.5mg	56%	锌	0.87mg	6%
钠/食盐	351.7mg/0.9g	18%	烟酸	3.00mg	21%	硒	1.0μg	2%

芥蓝营养丰富，每 100g 含蛋白质 3.1g，碳水化合物 4.0g，维生素 C 37mg，胡萝卜素 1080μg，维生素 B_2 0.12mg，钾 345mg，钙 121mg 和镁 40mg。芥蓝中胡萝卜素、维生素 C 含量较高，是人们普遍认为富含维生素 C 的蔬菜。同时，芥蓝中含有大量的膳食纤维，经常食用能防止便秘；芥蓝中含有丰富的硫代葡萄糖苷，它的降解产物是萝卜硫素，是迄今为止所发现的蔬菜中最强有力的抗癌成分；食用芥蓝还有增进食欲、消暑解热、降胆固醇的功效。花生是维生素 E 和 B 族维生素的良好来源，还富含钾、镁、锌、铁等矿物质。这道菜花生浓香，芥蓝爽脆，不仅营养丰富，还别有风味。

（2）蔬菜沙拉

①原料：圆白菜 50g（市品 58g），番茄 40g（市品 41g），黄瓜 30g（市品 33g），甜椒 15g（市品 18g），洋葱 15g（市品 17g）。

②调料：盐 0.5g，柠檬汁 10g，色拉油 8g，蜂蜜 5g。

③营养特点分析：蔬菜沙拉营养成分表见表 3-34。

表 3-34 蔬菜沙拉营养成分表

项目	每份含量	NRV%	项目	每份含量	NRV%	项目	每份含量	NRV%
能量	119kcal/499kJ	6%	维生素 A	19μgRAE	2%	钾	188mg	9%
蛋白质	1.7g	3%	维生素 E	2.57mg		镁	18mg	6%
脂肪	8.4g	14%	维生素 B_1	0.04mg	3%	钙	39mg	5%
碳水化合物	10.2g	3%	维生素 B_2	0.04mg	3%	铁	0.8mg	5%
膳食纤维	0.8g	3%	维生素 C	49.2mg	49%	锌	0.30mg	2%
钠/食盐	216.6mg/0.5g	11%	烟酸	0.56mg	4%	硒	0.8μg	2%

圆白菜、甜椒、番茄中维生素 C 的含量丰富，可以防治坏血病，对牙龈出血、贫血、血管脆弱有辅助治疗作用。甜椒其特有的味道和所含的辣椒素有刺激唾液分泌的作用，能增进食欲。洋葱是目前所知唯一含前列腺素 A 的蔬菜，前列腺素 A 能扩张血管、降低血液黏度，因而具有降血压、预防血栓形成的作用。洋葱所含的微量元素硒是一种很强的抗氧化剂，能消除体内的自由基，增强细胞的活力和代谢能力，具有防癌抗衰老的功效。这道菜还含有多种多样的抗氧化植物化学物，如青椒中的胡萝卜素，番茄中的番茄红素，圆白菜中的硫代葡萄糖苷，都具有抗氧化抗癌的功效。

5. 富含维生素 C 的营养菜点示例

利用富含维生素 C 的食材设计营养菜点。如：素炒豌豆苗、拌菠菜、鲜枣、草莓等。

任务二　设计乳母的营养食谱

【案例】某乳母，25 岁，身高 160cm，体重 62kg，产后第 2 个月，母乳喂养，每日泌乳量为 750mL，为其设计一日食谱并进行营养分析。

一、任务分析

该乳母，产后第 2 个月，已出了月子，日泌乳量正常，但仍然要加强营养，保证整个哺乳期的营养充足和均衡，以持续进行母乳喂养。食物的选择参考本项目必备知识四。在向其提供营养食谱前，应先对其生活方式进行指导，指导她合理选择食物，纠正不良饮食行为，将其行为改变和贯彻既定的配餐方案结合起来。

二、任务要求

（1）选择的食物及食物配比要合理，符合哺乳期妇女的营养需要。
（2）食谱所列菜肴便于加工。加工方法符合哺乳期妇女的生理特点。
（3）菜点颜色、造型美观，符合配餐对象的要求。

三、乳母营养食谱的设计方法与步骤

1. 确定乳母能量和营养素目标

她目前请产假，适量家务劳动和低强度的身体活动，是轻体力劳动者。母乳喂养婴儿，每日泌乳量 750mL。

根据乳母年龄、身体活动水平，查《中国居民膳食营养素参考摄入量（2023 版）》确定乳母每日能量和营养素的 RNI 和 AI，见表 3-35。

表 3-35　乳母能量和各种营养素 RNI 和 AI 数值

项目	数值	项目	数值
能量/kcal	1700+400	铁/mg	18+6
蛋白质/g	55+25	维生素 A/μgRAE	660+600
脂肪/%E	20~30	维生素 D/μg	10
钙/mg	800	维生素 B_1/mg	1.2+0.3

续表

项目	数值	项目	数值
碘/μg	120+120	维生素 B_2/mg	1.2+0.5
锌/mg	8.5+45	维生素 C/mg	100+50

蛋白质、脂肪、碳水化合物可接受范围（AMDR）分别为10%E~20%E，20%E~30%E，50%E~60%E。

$$蛋白质（g）= 2100×10\%÷4 ≈ 53（g）$$
$$蛋白质（g）= 2100×20\%÷4 ≈ 105（g）$$
$$脂肪（g）= 2100×20\%÷9 ≈ 47（g）$$
$$脂肪（g）= 2100×30\%÷9 ≈ 70（g）$$
$$碳水化合物（g）= 2100×50\%÷4 ≈ 263（g）$$
$$碳水化合物（g）= 2100×65\%÷4 ≈ 341（g）$$

蛋白质、脂肪和碳水化合物提供量的合适范围为53~105g，47~70g，263~341g。

2. 设计乳母全日食物参考量

根据表3-25乳母一日食物参考量的推荐，设计1日膳食的食物类别、品种和数量（按表3-36填写）。

表3-36　1日膳食的食物类别、品种和数量设计

食物类别及其质量	各类食物品种及其质量（食部）
谷类（260g）	标准粉40g，挂面30g，稻米100g
——全谷类及杂豆（90g）	小米50g，藜麦40g
薯类（75g）	马铃薯75g
蔬菜（500g）	南瓜50g，菜花（白色）50g，胡萝卜（红）30g，豌豆（带荚，鲜）30g，豆瓣菜140g，小白菜200g
水果（305g）	苹果150g，木瓜150g，葡萄干5g
禽畜肉（75g）	猪瘦肉50g，猪肝25g
鱼虾类（100g）	鲜扇贝50g，小黄花鱼50g
蛋类（50g）	鹌鹑蛋50g
奶类（鲜奶300g）	纯牛奶（全脂）200g，酸奶（脱脂）100g
豆类（25g），坚果（10g）	豆腐（南）90g（折算成干豆约15g），香干20g（折算成干豆约10g），花生10g
植物油（25g）	香油5g，豆油13g，花生油12g
其他（食盐3g）	碘盐3g

3. 编制乳母的营养食谱

乳母应增加能量的摄入，食物品种多样，数量充足，粗细搭配，蛋白质充足，含钙丰富，每天进餐次数为4~5次为宜，少吃油脂高的食物，少吃盐、腌制食物，不吃生冷坚硬、刺激性大的食物。乳母最容易缺乏的是钙，注意富含钙食物的选取。乳母的一日食谱见表3-37。

表 3-37 乳母的一日食谱

食用时间	食物名称	食物原料与定量（食部）	食物原料与定量（市品）
早餐	稻米南瓜粥 煮鹌鹑蛋 牛奶	稻米 50g，南瓜 50g 鹌鹑蛋 50g 纯牛奶（全脂）200g	稻米 50g，南瓜 68g 鹌鹑蛋 58g 纯牛奶（全脂）200g
早点	海鲜面	鲜扇贝 50g，菜花 50g 挂面 30g，香油 5g	鲜扇贝 143g，菜花 61g 挂面 30g，香油 5g
午餐	藜麦马铃薯米饭 香干豌豆炒肉丝 炒豆瓣菜 猪肝汤	稻米 50g，藜麦 40g，马铃薯 75g 瘦猪肉 50g，胡萝卜（红）30g，豌豆（带荚）30g，香干 20g 豆瓣菜 140g，香油 10g 猪肝 25g	稻米 50g，藜麦 40g，马铃薯 80g 瘦猪肉 50g，胡萝卜（红）31g，豌豆（带荚）71g，香干 20g 豆瓣菜 192g，香油 10g 猪肝 25g
午点	酸奶 苹果	酸奶（脱脂）100g 苹果 150g	酸奶（脱脂）100g 苹果 176g
晚餐	小米面发糕 小黄花鱼豆腐汤 花生拌小白菜 木瓜	小米 50g，标准粉 40g 葡萄干 5g 小黄花鱼 50g，豆腐（南）90g 花生 10g，小白菜 200g，花生油 10g 木瓜 150g，全天用盐 3g	小米 50g，标准粉 40g 葡萄干 5g 小黄花鱼 81g，豆腐（南）90g 花生 10g，小白菜 213g，花生油 10g 木瓜 174g，全天用盐 3g

4. 能量及营养素含量的估算与分析

对食谱能量及营养素含量进行估算与分析，结果见表 3-38~表 3-41。

【电子活页】乳母营养食谱能量和营养素含量计算表

表 3-38 乳母食谱能量与营养素分析

餐次	能量/kcal	蛋白质/g	脂肪/g	维生素 A/μgRAE	维生素 B_1/mg	维生素 B_2/mg	维生素 C/mg	钙/mg	铁/mg	锌/mg
供给量	2100	95.6	64.9	3683	1.55	1.80	313.4	1136	29.5	17.50
RNI 或 AI	2100	80	47~70	1260	1.5	1.7	150	800	24	13
比值/%	100	120	正常	292	103	106	209	142	123	135

表 3-39 乳母食谱宏量营养素供能比例分析

项目	蛋白质	脂肪	碳水化合物
占全日能量比例/%	18	28	54
推荐值/%	10~20	20~30	50~65

表 3-40　乳母三餐能量分配分析

项目	早餐	午餐	晚餐
占全日能量比例/%	28	39	33
推荐值/%	25~30	35~40	30~35

表 3-41　乳母食谱蛋白质来源分配

项目	豆类	一般植物类	动物类
占总蛋白质比例/%	9	44	47

5. 食谱评价

该食谱食物多样，种类齐全，能量充足，三餐能量分配合理，蛋白质、脂肪、碳水化合物供能比适宜。同时，钙、锌、维生素 A、维生素 C、维生素 B_2 及维生素 B_1 的供给充足，供给量达到相应的 RNI 或 AI 的 90%以上，可以满足其营养需要。

食谱中猪肝、扇贝、瘦肉可以提供丰富的血红素铁，铁的吸收良好；选择含铁丰富的小米、葡萄干，做成小米面发糕，有利于铁、锌的吸收；同时本食谱提供丰富的维生素 C，可促进非血红素铁的吸收，因此本食谱可以满足乳母预防缺铁性贫血的要求。

本食谱中选取含钙丰富的食材有：牛奶、酸奶、香干、豆腐、扇贝、小黄花鱼、小白菜，本食谱提供 1136mg 的钙，高于钙的 RNI 800mg，可以满足乳母对钙的需要。

6. 制作营养餐与膳后管理

内容参见模块二项目一任务二膳食宝塔法编制大学生营养食谱的内容。

四、学生实训方法建议与效果评价

学生按要求设计哺乳期妇女一日食谱，并完成食谱的烹饪实训，输出合适的配餐报告。按百分制记分。学生实训方法建议与效果评价参见模块二项目二任务二。

【在线测试】乳母营养食谱的设计

项目三

设计老年人的营养食谱

学习目标

知识目标

1. 能够叙述老年人群的生理特点和营养需要特点。
2. 能够叙述老年人群营养食谱的设计原则。

3. 能够说出老年人适宜多吃的食物品种及少吃或不吃的食物品种。

能力目标

1. 能够设计适合老年人的营养菜点。
2. 能够应用营养配餐软件辅助设计老年人一日营养食谱并进行膳食分析与评价。
3. 能够制作营养餐及进行膳后总结。

素质与思政目标

1. 培养科学的工作态度和严谨细致的工作作风,培养良好沟通的能力。
2. 传承尊老敬老的优良文化传统,增强"老有所养"的文化意识。

必备知识

一、老年人的生理特点

1. 代谢功能降低

(1) 合成代谢降低,分解代谢增高,尤其是蛋白质的分解代谢大于合成代谢,致使器官、肌肉细胞及多种蛋白类酶的合成降低,而导致器官、肌肉及物质代谢功能下降,体成分发生改变。

(2) 基础代谢降低。由于老年人体内的瘦体重(去脂组织)或代谢活性组织减少,脂肪组织相对增加,基础代谢率(BMR)随年龄的增长而降低。《中国居民膳食营养素参考摄入量(2023版)》中指出,50~64岁,65~75岁和75岁以上三个年龄组的BMR(kcal/d)较18~49岁组分别降低5%、7.5%和10%。

(3) 脂质代谢能力降低。易出现血甘油三酯、总胆固醇(TC)和低密度脂蛋白胆固醇(LDL-C)升高,高密度脂蛋白胆固醇(HDL-C)下降的现象。

2. 消化系统功能减退

老年人消化器官功能随着衰老而逐渐减退。

(1) 老人由于牙齿的脱落而影响食物的咀嚼。

(2) 由于味蕾、舌乳头和神经末梢功能退化,嗅觉和味觉迟钝而影响食欲。

(3) 肠道消化酶(胃酸、胃蛋白酶、胰酶等)分泌减少、肠蠕动减缓使机体对食物的消化和吸收率降低,并有便秘现象产生。胆汁分泌减少,对脂肪的消化能力下降。此外,肝脏功能下降也会影响消化和吸收功能。

3. 身体成分改变

总体而言,随年龄增长体内瘦体组织逐渐减少而脂肪组织逐渐增加,使身体成分发生改变。

(1) 细胞数量下降,突出表现为肌肉组织的重量减少而出现肌肉萎缩,器官细胞数量减少致器官体积变小,功能下降。

(2) 身体水分减少,主要为细胞内液减少,影响体温调节,降低老年人对环境温度改变的适应能力。

（3）骨组织矿物质和骨基质均减少，致骨密度降低，骨强度下降，易出现骨质疏松症和骨折。尤其是女性更加明显，40~50岁骨质疏松发生率为15%~30%，60岁以上可达60%。

4. 器官功能改变

（1）肝脏功能降低，致胆汁分泌减少及食物消化及代谢相关蛋白类酶合成减少，进一步降低了老人的消化能力和物质代谢。加上肾功能降低，影响到维生素D在肝脏和肾脏中的活化和利用。有人估计，70岁时，肝肾功能仅相当于30岁时的50%~60%。

（2）胰腺分泌功能的降低，使老人对糖代谢的调节能力下降，有人估计，65~75岁时，约40%老人糖耐量降低。

（3）免疫组织重量减少和免疫细胞数量下降使老人免疫功能降低而易于罹患感染性疾病。

（4）老人心率减慢，心脏搏出量减少，血管逐渐硬化，高血压患病率随年龄增加而升高。

5. 体内氧化损伤加重

人体组织的氧化反应可产生自由基。自由基对细胞的损害主要表现为对细胞膜的损害，尤其损伤亚细胞器如线粒体、微粒体及溶酶体的膜。由于细胞器膜上磷脂所含多不饱和脂肪酸量多，对自由基更为敏感。自由基作用于多不饱和脂肪酸形成脂质过氧化物，主要有丙二醛（malondialdehyde，MDA）和脂褐素（lipofuscin），在衰老的过程中脂褐素大量堆积，可沉积于内脏及皮肤组织中，老年人心肌和脑组织中脂褐素沉着率明显高于青年人，如沉积于脑及脊髓神经细胞则可引起神经功能障碍。自由基除损害细胞膜产生脂质过氧化物以外，还可使一些酶蛋白质变性，引起酶的活性降低或丧失。

6. 心理问题

部分老年人由于经济状况拮据，购买力下降，或行动不便外出采购困难，影响了对食物的选择。丧偶老人、空巢老人由于生活孤寂，缺少兴趣，干扰了正常的摄食心态。有些老人因退休而离开工作岗位和工作环境，一时尚不能适应，引起食欲下降。

7. 中老年妇女的特殊生理改变

60岁以上的老年女性，多数处于绝经后8~12年。此期，机体老化，卵巢功能衰竭，主要的生理特征是雌激素水平低落，不足以维持第二性征，骨代谢异常，易发生骨质疏松及骨折。

女性围绝经期（曾称更年期）是受到特别关注的一个周期。此期长短个体差别较大，可始于40岁，历时10~20年。包括三个阶段，绝经前期、绝经期和绝经后期。围绝经期最明显的生理改变是卵巢逐渐萎缩及功能逐渐衰退，包括卵泡的减少，雌、孕激素的合成分泌减少，垂体促性腺激素、促卵泡生成素和促黄体生成素的分泌增加，生殖功能的衰退、内分泌紊乱，血管运动障碍而导致潮热、出汗等血管舒缩功能不稳定的症状。神经精神障碍可表现为情绪不稳定、抑郁、烦躁、失眠等。妇女绝经后雌激素水平下降，比男性更容易罹患心血管疾病。

妇女绝经后，体内雌激素水平下降，骨代谢发生明显变化，主要是骨吸收作用增强，虽然骨重建也增强，但骨吸收过程远超过骨形成的过程，进而造成不断的骨量丢失，导致骨质疏松和骨折。绝经后妇女发生骨质疏松症的比例显著高于男性。绝经后10年内骨丢失速度最快，骨密度可下降10%～15%。绝经后雌激素下降使血脂异常、糖代谢异常等，冠心病的发病率快速增加。冠心病是50岁以上妇女的首要死因，女性心脏性猝死率为男性的1/3，而心肌梗死病死率高于男性。

二、老年人的营养需要

（1）能量　一般来说，随年龄的增长，老年人膳食能量供给应逐渐减少。因为老年人活动量减少及基础代谢降低，热能供应不宜过多。在身体许可的条件下做些适量的运动，保持好心情。老年人应注意控制总能量不超标，以维持标准体重为原则。老年人不应过度苛求减重，体重过高或过低都会影响健康，从降低营养不良风险和死亡风险的角度考虑，老年人适宜的BMI为$20.0\sim26.9kg/m^2$。

（2）蛋白质　老年人容易出现负氮平衡，蛋白质供给不应低于青壮年的供给量。老年人肝脏和肾脏功能降低，蛋白质不宜摄入过多，以免增加肝肾的负担。蛋白质摄入量每天每千克体重为1.0～1.5g，占总能量的15%～20%为宜。因此，建议老年人膳食蛋白质的RNI男女分别为72g/d和62g/d，优质蛋白质应占总蛋白质的50%以上。

（3）脂肪　老年人胆汁分泌减少和酯酶活性降低，脂肪的消化率降低，脂肪的摄入不宜过多。但机体的必需脂肪酸要从食物中获得，一些脂溶性维生素的吸收，也需要脂肪参与。所以，过分强调限制脂肪的摄入，对健康亦不利。适量的植物油，可增加食物风味，有增强食欲的作用。中国营养学会推荐总脂肪AMDR为20%E～30%E为宜，n-6多不饱和脂肪酸AMDR为2.5%E～9.0%E，n-3多不饱和脂肪酸的AMDR为0.5%E～2.0%E，推荐EPA+DHA的AMDR为0.25～2.00g/d。亚油酸AI为4%E，α-亚麻酸AI为0.6%E。

（4）碳水化合物　老年人的糖耐量降低，血糖的调节作用减弱，容易发生血糖升高。近年的研究表明膳食纤维尤其是可溶性膳食纤维对血糖、血脂代谢都起着改善作用，这些功能对老年人特别有益。随着年龄的增长，非传染性慢性病如心脑血管疾病、糖尿病、癌症等发病率明显增加，膳食纤维还有利于这些疾病的预防。膳食纤维还能改善肠道菌群，使食物容易被消化吸收。老年人容易发生便秘，故膳食中除主食外，应包括一定量的新鲜蔬菜、豆类和水果，以提供足量的膳食纤维，一般每日摄入膳食纤维25～30g即可。中国营养学会推荐碳水化合物AMDR为50%E～65%E。

（5）矿物质　老年人容易缺乏矿物质，尤其是铁、钙、锌和硒。

老年人应注意多进食含铁量高的食物。老年人对铁的吸收、利用能力下降，造血功能减退，血红蛋白含量减少，易出现缺铁性贫血。老年人贫血还与蛋白质合成减少，维生素吸收减少有关。铁摄入过多对老年人的健康也会带来不利的影响。老年人铁的RNI男女分别为12mg/d和10mg/d，UL均为42mg/d。

老年人由于饮食、内分泌失调、缺乏体育锻炼等因素的影响，往往容易发生钙、磷代谢失调，骨钙流失，发生骨质疏松。推迟或减轻老年人骨质疏松的发生，对提高老年人的生活质量具有重要的意义。中国营养学会推荐老年人膳食钙的RNI为800mg/d，UL为2000mg/d。

锌是体内许多金属酶的组成成分或酶的激活剂，目前已知的有200多种含锌酶。锌缺乏除导致中老年人性功能减退外，还影响中枢神经系统活动和免疫功能，表现为食欲缺乏、认知行为改变、皮肤粗糙和免疫功能障碍。老年人锌的 RNI 男女分别为 12.0mg/d 和 8.5mg/d，UL 为 40mg/d。对于原发性锌缺乏的预防，主要是合理地安排膳食。适量摄入动物性食物，特别是贝类食物、红肉、动物内脏。面粉、豆类和豆制品经过发酵之后，植酸被分解，锌吸收率提高。

硒可提高机体抗氧化能力，与延缓衰老有关，适量的铬可使胰岛素充分发挥作用，并使低密度脂蛋白水平降低，高密度脂蛋白水平升高，故老年人应注意摄入富含这些微量营养素的食物。

值得注意的是，老年人必须限制钠盐的摄入。钠能使水分在体内储存增多，排出减少，加重心脏负担。高血压患者禁忌高盐饮食。老年人钠盐摄入<5g/d 为宜，高血压、冠心病病人以<5g/d 为宜。

（6）维生素　大量的科学研究和临床观察发现，人体组织、器官功能的减退、老化，与维生素缺乏和利用率低有关。如上皮组织干燥、增生、过度角化，肌肉萎缩，消化系统功能减退，对疾病的抵抗力减弱，神经、内分泌调节紊乱等，所以说维生素对老年人十分重要。老年人要有充足的维生素供给，其供给量不应低于中、青年人，而老年人的进食量减少，因此选择维生素密度高的食物对老年人有特别重要的意义。

老年人户外活动减少，使皮肤合成维生素 D 减少，加之肝脏和肾脏功能衰退导致活性维生素 D 生成减少，因此，老年人易发生维生素 D 缺乏。老年人应在家人的协助下，经常外出晒太阳，并适量进食一些海鱼、肝、蛋等食物。维生素 D 的补充有利于预防老年人的骨质疏松症。老年人维生素 D 的 RNI 为 15μg/d，UL 为 50μg/d。

维生素 E 是一种天然的脂溶性抗氧化剂，可防止脂褐质形成，故具有一定的抗衰老作用。老年人维生素 E 的 AI 为 14mg/d，UL 为 700mg/d。

维生素 B_1 对神经功能、胃肠道的正常蠕动、消化液的分泌和食欲维持方面都起重要作用。老年人维生素 B_1 男女的 RNI 分别为 1.4mg/d 和 1.2mg/d。

维生素 B_2 在蛋白质、脂肪和碳水化合物的代谢中均起重要作用。维生素 B_2 还与肾上腺皮质激素的产生、红细胞的形成及铁在人体中的代谢有关。老年人维生素 B_2 男女的 RNI 分别为 1.4mg/d 和 1.2mg/d。老年人容易缺乏维生素 B_2，因此要注意摄取含维生素 B_2 丰富的食物。按营养素密度来算，深绿色叶菜是维生素 B_2 最密集来源。奶类食品、蛋黄、豆类、坚果、菌类、鱼肉类、动物内脏、发酵的食品（如酸奶、酵母、豆豉等）含维生素 B_2 丰富。

叶酸、维生素 B_{12}、维生素 B_6 可降低血中同型半胱氨酸水平，有防治动脉粥样硬化的作用。维生素 B_6 和维生素 C 对保护血管壁的完整性、改善脂质代谢和预防动脉粥样硬化方面有良好的作用。叶酸和维生素 B_{12} 能促进红细胞的生成，预防贫血。叶酸有利于胃肠黏膜正常生长和预防消化道肿瘤。

三、老年人的食谱设计原则

随着年龄的增加，老年人的器官功能出现渐进性的衰退，如牙齿脱落、消化液分泌减少、消化吸收能力下降、心脑功能衰退、视觉和听觉及味觉等感官反应迟钝、肌肉萎缩、瘦体组织数量减少等，这些改变均可明显影响老年人摄取、消化和吸收食物的能力，使得老年人营养缺乏和慢性非传染性疾病发生的风险增加。因此老年人要实现健康老龄化，就需要有正确的营养指导。中国营养学会组织专家于2022年修订了中国老年人膳食指南。该指南在普通人群膳食指南的基础上，增加了适应老年人特点的膳食指导内容，旨在帮助老年人更好地适应身体机能的改变，努力做到合理营养、均衡膳食，减少和延缓营养相关疾病的发生和发展，延长健康生命时间，促进健康老龄化。

（一）一般老年人的膳食指南

1. 食物品种丰富，动物性食物充足，常吃大豆制品

老年人更加需要注意丰富食物品种。食物品种多样，主食要粗细搭配，除常吃的米饭、馒头等主食外，还可以选小米、玉米、燕麦等各种杂粮谷物，此外，土豆、红薯也可作为主食。努力做到餐餐有蔬菜，不同品种的蔬菜所含营养成分差异较大，老年人应该尽可能换着吃不同种类的蔬菜，特别注意多选深色叶菜。尽可能选择多种多样的水果，每种吃得量少些，种类多一些，此外，水果中某些维生素及一些微量元素的含量与新鲜蔬菜不同，而且水果含有的果糖、果酸、果胶等物质又比蔬菜丰富，所以，不应用蔬菜替代水果。动物性食物换着吃，吃不同种类的奶类和豆类食物。

动物性食物富含优质蛋白质，微量营养素的吸收、利用率高，有利于减少老年人贫血、延缓肌肉衰减的发生。摄入总量应争取达到平均每日120~150g，并应选择不同种类的动物性食物，其中鱼40~50g，畜禽肉40~50g，蛋类40~50g。各餐都应有一定量的动物性食物，食用畜肉时，尽量选择瘦肉，少吃肥肉。选择鱼肉时，建议老年人尽可能多食用鱼腩（鱼肚），这一部位肉质较软，鱼刺较易于剔除，含脂肪较多，其中EPA和DHA含量较高，有利于控制老年人的血脂水平。

奶类是一种营养成分丰富，容易消化吸收的食物，建议老年人尝试选择适合自己身体状况的奶制品，如鲜奶、酸奶、老年人奶粉等，并坚持长期食用。推荐的食用量是每日300~400mL牛奶或蛋白质含量相当的奶制品。

大豆制品口感细软、品种多样，备受老年人的喜爱。可以食用豆腐、豆腐干、豆皮、豆腐脑、黄豆芽及豆浆等不同形式的豆制品，以保证摄入充足的大豆类制品，达到平均每天相当于15g大豆的推荐水平。

2. 鼓励陪伴进餐，保持良好食欲，享受食物美味

老年人每天应至少摄入12种的食物。采用多种方法增加食欲和进食量，吃好三餐。早餐宜有1~2种以上主食、1个鸡蛋、1杯奶，另有蔬菜或水果。午餐、晚餐宜有2种以上主食，1~2个荤菜、1~2种蔬菜、1个豆制品。饭菜应少盐、少油、少糖、少辛辣，以食物自然味来调味，色香味美、温度适宜。

良好的沟通与交往是促进老年人心理健康、增进食欲、改善营养状况的良方。老年人应积极主动参与家庭和社会活动、主动参与烹饪，常与家人一起进餐；独居老年人，可去集体用餐点或多与亲朋一起用餐和活动，以便摄入更多丰富的食物。对于生活自理有困难的老年人，家人应多陪伴，采用辅助用餐、送餐上门等方法，保障食物摄入和营养状况。社会和家人也应对老年人更加关心照顾，陪伴交流，注意老人的饮食和体重变化，及时发现和预防疾病的发生和发展。

3. 积极户外活动，延缓肌肉衰减，保持适宜体重

饮水不足可对老年人的健康造成明显影响，而老年人对缺水的耐受性下降，因此要主动足量饮水，养成定时和主动饮水的习惯。

正确的饮水方法是少量多次、主动饮水，每次 50~100mL，如在清晨一杯温开水，睡前 1~2h 喝一杯水，运动前后也需要喝点水，不应在感到口渴时才饮水。饮水首选温热的白开水，根据个人情况，也可选择饮用矿泉水、淡茶水。老年人每天的饮水量应不低于 1200mL，以 1500~1700mL 为宜。

适量的户外活动能够让老年人更好地接受紫外光照射，有利于体内维生素 D 合成，延缓骨质疏松和肌肉衰减的发展。老年人的运动量应根据自己的体能和健康状况即时调整，量力而行，循序渐进。一般情况下，每天户外锻炼 1~2 次，每次 30~60min，以轻度的有氧运动（慢走、散步、太极拳等）为主；身体素质较强者，可适当提高运动的强度，如快走、广场舞、各种球类等，活动的量均以轻微出汗为度，或每天活动折合至少六千步。每次运动要量力而行，强度不要过大，运动持续时间不要过长，可以分多次运动，每次不低于 10min，要有准备和整理活动。

老年人胖瘦要适当，体重过高或过低都会影响健康，所以不应过度苛求减重，"千金难买老来瘦"的传统观点必须纠正。体重是否适宜，可根据自己的 BMI 来衡量。从降低营养不良风险和死亡风险的角度考虑，老年人的 BMI 最好不低于 $20.0kg/m^2$，最高不超过 $26.9kg/m^2$，鼓励通过营养师的个性化评价来指导和改善。老年人应经常监测体重变化，使体重保持在一个适宜的稳定水平。如果没有主动采取减重措施，与自身一段时间内的正常体重相比，体重在 30d 内降低 5% 以上，或 6 个月内降低 10% 以上，则应该引起高度注意，应到医院进行必要的体格检查。

肌肉衰减综合征（sarcopenia）是与增龄相关的进行性骨骼肌量减少、伴有肌肉力量和（或）肌肉功能减退的综合征。肌肉是身体的重要组成部分，延缓肌肉衰减对维持老年人自理能力、活动能力和健康状况极为重要。延缓肌肉衰减的有效方法是吃动结合，即一方面要增加摄入富含优质蛋白质的食物，另一面要进行有氧运动和适当的抗阻运动。

中国营养学会老年营养分会牵头组建"肌肉衰减综合征营养与运动干预中国专家共识起草组"，并征求了中国营养学会临床营养分会与中华医学会肠外肠内营养分会老年营养支持学组专家的意见。按照循证医学原则，选择当前最佳证据，经反复讨论修改，最终形成共识。共识推荐意见分为三级，即 A 级：单个随机安慰剂对照试验或 Meta 分析；B 级：小型研究；C 级：专家意见。共识突出科学性和实用性的结合，适合卫生专业人员和普通居民使用。肌肉衰减综合征营养与运动干预中国专家共识如下。

（1）蛋白质

①食物蛋白质能促进肌肉蛋白质的合成，有助于预防肌肉衰减综合征。(A)

②老年人蛋白质的推荐摄入量应维持在 $1.0~1.5g/(kg\cdot d)$，优质蛋白质比例最好能达到 50%，并均衡分配到一日三餐中。(B)

③富含亮氨酸等支链氨基酸的优质蛋白质，如乳清蛋白及其他动物蛋白，更有益于预防肌肉衰减综合征。(B)

（2）脂肪酸

①对于肌肉量丢失和肌肉功能减弱的老年人，在控制总脂肪摄入量的前提下，应增加深海鱼油、水产品等富含 n-3 多不饱和脂肪酸的食物摄入。(A)

②推荐 EPA+DHA 的 AMDR 为 0.25~2.00g/d。

(3) 维生素 D

①有必要检测所有肌肉衰减综合征老年人体内维生素 D 的水平，当老年人血清 25-OH-维生素 D 低于正常值范围时，应予补充。（A）

②建议维生素 D 的补充剂量为 15~20μg/d（600~800IU/d）；维生素 D_2 与维生素 D_3 可以替换使用。（A）

③增加户外活动有助于提高老年人血清维生素 D 水平，预防肌肉衰减综合征。（A）

④适当增加海鱼、动物肝脏和蛋黄等维生素 D 含量较高食物的摄入。（B）

(4) 抗氧化营养素

①鼓励增加深色蔬菜和水果以及豆类等富含抗氧化营养素食物的摄入，以减少肌肉有关的氧化应激损伤。（A）

②适当补充含多种抗氧化营养素（维生素 C、维生素 E、类胡萝卜素、硒）的膳食补充剂。（B）

(5) 口服营养补充（ONS）

①口服营养补充有助预防虚弱老年人的肌肉衰减和改善肌肉衰减综合征患者的肌肉量、强度和身体组分。（A）

②每天在餐间/时或锻炼后额外补充 2 次营养制剂，每次摄入 15~20g 富含必需氨基酸或亮氨酸的蛋白质及 200kcal（836.8kJ）左右能量，有助于克服增龄相关的肌肉蛋白质合成抗性。（A）

(6) 运动

①以抗阻运动为基础的运动（如坐位抬腿、静力靠墙蹲、举哑铃、拉弹力带等）能有效改善肌肉力量和身体功能；同时补充必需氨基酸或优质蛋白效果更好。（A）

②每天进行累计 40~60min 中-高强度运动（如快走、慢跑），其中抗阻运动 20~30min，每周≥3d，对于肌肉衰减综合征患者需要更多的运动量。（A）

③减少静坐/卧，增加日常身体活动量。（B）

进行活动时应注意量力而行，动作舒缓、避免碰伤、跌倒等事件发生。

4. 定期健康体检，测评营养状况，预防营养缺乏

体检是做好健康管理的首要途径，有利于及时发现健康问题。在国家基本公共卫生服务老年人健康服务中，健康体检是一个主要项目，也是国家惠民政策的体现。因此，老年人应该根据自身状况，定期到有资质的医疗机构参加健康体检。一般情况下，每年可以参加 1~2 次健康体检。此外，老年人应该从国家正式出版报刊、书籍和社区医疗机构科普讲座等正规渠道学习基本健康知识，提高自己的辨识能力。应该懂得健康体检主要是发现影响身体健康的危害因素，一方面，通过调整生活方式，就能够降低这些危害因素的影响；另一方面，发现较为严重的问题，应该去专业医疗机构做进一步的检查，由医务人员做出专业的诊断，开展规范的治疗。

及时测评营养状况，纠正不健康饮食行为。应鼓励老年人关注自己的饮食，经常自我测评营养状况；定期称量体重，看看是否在推荐的正常范围内，如果在短时间内出现较大波动，应及时查找原因，进行调整；另外，还可以记录一下自己的饮食情况，看看进食的食物种类是否丰富，尽可能达到膳食指南中每天 12 种、每周 25 种食物的推荐。最重要的是能量充足，吃全谷物、水产品、肉、蛋、奶、大豆、蔬菜、水果等食物的量与中国居民平衡膳食宝塔推荐的摄入量基本相当。通过这些简单的自我测评，就能够了解自己的饮食是否基本合理。对于患有多种慢性病，身体功能明显变差的老年人来说，由于活动受限，并在进行医学治疗，其有着特殊的营养需求，应该接受专业的营养不良风险评估、评定，接受医学营养专业人员的指导，科学精细调控饮食，做好疾病治疗、康复中的营养支持。

（二）高龄老年人膳食指南

高龄老年人常指80岁及以上的老年人。高龄、衰弱老年人往往存在进食受限，味觉、嗅觉、消化吸收能力降低，营养摄入不足。因此需要能量和营养素密度高、品种多样的食物，多吃鱼、畜禽肉、蛋类、奶制品及大豆类等营养价值和生物利用率高的食物，同时配以适量的蔬菜和水果。精细烹制，口感丰富美味，食物质地细软，适应老年人的咀嚼、吞咽能力。根据具体情况，采取多种措施鼓励进食，减少不必要的食物限制。体重丢失是营养不良和老年人健康状况恶化的征兆信号，增加患病、衰弱和失能的风险。老年人要经常监测体重，对于体重过轻（BMI<20kg/m^2）或近期体重明显下降的老年人，应进行医学营养评估，及早查明原因，从膳食上采取措施进行干预。如膳食摄入不足目标量的80%，应在医生和临床营养师指导下，适时合理补充营养，如特医食品、强化食品和营养素补充剂，以改善营养状况，提高生活质量。高龄、衰弱老年人需要坚持身体和益智活动，动则有益，维护身心健康，延缓身体功能的衰退。高龄老年人膳食指南包括以下几条核心推荐：（1）食物多样，鼓励多种方式进食；（2）选择质地细软、能量和营养素密度高的食物；（3）多吃鱼禽肉蛋奶和豆，适量蔬菜配水果；（4）关注体重丢失，定期营养筛查评估，预防营养不良；（5）适时合理补充营养，提高生活质量；（6）坚持健身与益智活动，促进身心健康。

四、食物的选择

（1）谷类、薯类和杂豆　主食中包括一定量的全谷类、杂豆和薯类，其比精细粮食含有更多的维生素、矿物质、膳食纤维和植物化学物，可为老年人合理营养提供必要的保障。老年人对食物消化吸收减弱，食物的烹制宜松软，使其易于消化和吸收，以保证均衡营养，促进健康，预防慢性病。主食包括每日摄取谷类和杂豆200~300g为宜，适当增加粗杂粮，建议老年人每日摄入全谷类和杂豆50~150g，每日摄入薯类50~100g，粗粮：细粮：薯类按照1:2:1提供更为合理。

（2）蔬菜和水果类　选用各种新鲜蔬菜300~500g，其中深色蔬菜占一半以上。选用各种新鲜水果，每天吃2~3种新鲜水果，总量达200~350g。

（3）水产品、畜禽肉和蛋类　常吃适量的鱼、禽、蛋和瘦肉，平均每日畜禽类食用量40~50g，鱼虾50~100g，蛋类40~50g。建议每周吃一次动物内脏，每次50g。动物血铁含量高，吸收好，每周也可适量食用一次动物全血制品（如鸭血）。宜将禽肉和鱼肉作为老年人的首选肉类，有条件的老年人可多选择一些海鱼和虾。如果每天烹调鱼不方便，可改为每周食用2~3次鱼，其中至少一次海产鱼类，每次150~200g，总量达500g，以提供对延缓肌肉衰减有重要作用的n-3长链多不饱和脂肪酸；大多数老年人一天可以吃一个鸡蛋，胆固醇异常者每周可吃 3～4 个鸡蛋，蛋最好用水煮的，尽量不吃或少吃咸蛋和松花蛋。

（4）奶类、豆类及坚果　奶类是优质蛋白质、钙等的重要来源，每日饮用 300～400g 鲜奶或相当量的奶制品，宜选择低脂奶、脱脂奶或其制品。乳糖不耐受者，可选用酸奶或乳糖已经酶解的舒化奶。每日食用 30～40g 大豆或坚果。老年人每天至少进食一次大豆或其制品，有条件的老年人可吃 10g 左右坚果仁替代相应量的大豆。豆浆含钙不高，用豆浆替代牛奶补钙是不妥当的。如用豆类食品来补充钙，宜选用豆腐、豆腐干、千张等。

（5）烹调油和盐　可选用各种植物油，每日摄入量为 20～25g。烹调时少用油炸、油煎、爆炒，多选用清淡少油的烹调方式，如蒸、煮、炖、拌、汆等。烹调选择也应多样化，应经常更换品种，多选用含 α-亚麻酸丰富的亚麻籽油、低芥酸菜籽油、大豆油等。食盐摄入量每日不超过 5g。

65 岁老年人一日膳食的食物类别、品种和数量设计如表 3-42 所示。

表 3-42　65 岁老年人一日膳食的食物类别、品种和数量

食物类别	食物质量/g					
	5.86MJ 1400/kcal	6.70MJ 1600/kcal	7.55MJ 1800/kcal	8.35MJ 2000/kcal	9.20MJ 2200/kcal	10.05MJ 2400/kcal
谷类和杂豆	150	200	225	250	275	300
薯类（鲜重）	50～100					
蔬菜	300	350	400	450	500	500
水果	200	200	200	300	350	350
畜禽肉	40	50	50	50	50	75
水产品	40	50	100	100	100	100
蛋类	40	40	50	50	50	50
奶类	300	300	300	400	400	400
豆类	20	20	20	30	30	30
坚果	10	10	10	10	10	10
烹调油	15	20	25	25	25	30
盐	5	5	5	5	5	5

（6）不宜常吃或禁用的食物　含盐高的食物，如腌制品、熏制品、酱制品、某些海贝类等。含油高的食物，如油炸食物、高油地方点心、肥肉等。荤油、奶油、浓肉汤、高糖食物、高胆固醇食物也应少用。

> **课堂讨论**
>
> ### 关于老年人的膳食指南
>
> 随着年龄增加，老年人会出现代谢能力下降，呼吸功能衰退，心脑功能衰退，视觉和听觉及味觉等感官反应迟钝，肌肉衰减等变化。这些变化影响老年人摄取、消化食物和吸收营养物质的能力，使老年人容易出现蛋白质、微量营养素摄入不足，降低身体抵抗力，增加罹患疾病的风险。因此中国营养学会发布了《中国老年人膳食指南（2022）》，在一般成年人平衡膳食的基础上，为一般老年人（65岁至79岁）和高龄老年人（80岁及以上）的膳食搭配做了核心推荐。
>
> 思考：
> 1. 请谈谈为什么国家要发布针对老年人的膳食指南？这体现了怎样的社会价值观？
> 2. 作为一名未来的营养师或配餐员，我们应该如何帮助老年人树立健康饮食的意识？

项目实施

任务一　设计老年人的营养菜点

老年人合理营养有助于延缓衰老进程、促进健康和预防慢性退行性疾病，提高生命质量。本任务将设计的菜点分成设计细软的营养菜点、高钙的营养菜点和富含铁的营养菜点三大类，也可以参考中年人、孕妇和乳母营养菜点的相关内容。

一、设计细软的营养菜点

1. 细软食物的制作方法

老年人常因生理机能减退以及食物摄入不足等缘故，容易引发骨质疏松、肌肉衰减、便秘及贫血、体重过低等问题，这些问题可通过合理营养、运动加以预防或纠正。对于有吞咽障碍和80岁以上老人，可选择软食，进食过程中要细嚼慢咽，预防呛咳和误吸。

老年人保健，吃喝一定要把好关。上了年纪的老人都多多少少会患上一些消化系统疾病，产生牙齿脱落、咀嚼能力下降、便秘等各种症状，这会在不同程度上影响老人的正常生活。针对这些问题，老年人应调整饮食结构，加强运动，以应对身体变化的需求。多采用炖、煮、蒸、烩、焖、烧等方法进行烹调，少煎炸、熏烤等方法制作食物。高龄和咀嚼能力严重下降的老年人，饭菜应煮软烧烂，如制成软饭、稠粥、细软的面食等；对于有咀嚼吞咽障碍老年人可选择软食、半流质或糊状食物，液体食物应适当增稠。

（1）注意鱼、肉的烹调方法 食用鱼、肉时，应该选择肉质较嫩的部位，并尽量切碎或者剁成肉泥制作成肉丸食用，这样就更加有利于老年人咀嚼和消化吸收。

（2）适量饮用新鲜果汁 对于质地比较硬的水果，老年人咬不动，如苹果、梨、桃等，或将其切成薄片食用，或者榨果汁食用，但一定要现榨现吃，而且果汁和果肉一起饮用。老年人可以每日适量地饮用新鲜果汁，不仅可以补充水分，而且能够补充老年人容易缺乏的多种水溶性维生素。

（3）注意蔬菜的烹调方法 烹调蔬菜的时候应该尽量切碎，炒煮的时间要长一些，保证蔬菜细软，便于食用。对于含植物纤维较多的蔬菜，比如芹菜、韭菜等，要切得细一些，适当增加烹调时间。对于含草酸较多的蔬菜，如菠菜、苋菜、空心菜等，要先用热水焯一下，以提高蔬菜中的钙的吸收率。

（4）注意豆类和坚果的烹调方法 整粒黄豆不容易消化，可加工成豆腐、豆腐干、豆浆等豆制品再食用。豆类可以泡软和大米煮成粥，或豆类先发芽再烹制，也可以用豆类煨汤，这样可把豆类变得松软易于消化吸收。坚果仁可以和肉类一起烧煮，也可以碾碎成粉末，还可以煨汤煮烂使其便于老年人食用。

2. 设计适合老年人的细软营养菜点

（1）山药芡实粳米粥

①原料：山药（鲜）100g（市品120g），芡实（干）50g，粳米（标一）50g。

【动画】山药芡实粳米粥的营养分析

②营养特点分析：山药芡实粳米粥营养成分表见表3-43。

表3-43 山药芡实粳米粥营养成分表

项目	每份含量	NRV%	项目	每份含量	NRV%	项目	每份含量	NRV%
能量	406kcal/1699kJ	20%	维生素A	3μgRAE	0%	钾	292mg	15%
蛋白质	9.9g	17%	维生素E	0.75mg		镁	45mg	15%
脂肪	0.7g	1%	维生素B_1	0.28mg	20%	钙	40mg	5%
碳水化合物	90.9g	30%	维生素B_2	0.11mg	8%	铁	1.1mg	7%
膳食纤维	1.6g	6%	维生素C	5.0mg	5%	锌	1.62mg	11%
钠/食盐	34.0mg/0.1g	2%	烟酸	1.15mg	8%	硒	4.8μg	10%

山药不仅仅是一种淀粉类食物，它富含多种营养成分，山药干品的蛋白质、B族维生素、钾、镁的含量都比大米丰富。每100g山药含水分84.8g，能量57kcal（240kJ），蛋白质1.9g，脂肪0.2g，碳水化合物12.4g，胡萝卜素20μg，维生素B_1 0.05mg，维生素B_2 0.02mg，烟酸0.3mg，维生素C 5mg，钙16mg，磷34mg，钾213mg，镁20mg，锌0.27mg和铁0.3mg。更重要的是，山药富含多种生物活性成分，包括山药多糖、黏液蛋白、皂苷、尿囊素、脱氢表雄酮等。研究表明，山药多糖能清除多种自由基，提高动物体内抗氧化酶系统活性，减少氧化产物含量；山药黏液蛋白可提高动物免疫功能，改善心血管功能；山药中的脱氢表雄酮具有强化免疫功能、提高记忆力、镇静安眠、延缓骨骼肌肉老化、预防动脉硬化等多种延缓衰老作用。和白米相比，山药还有利于控制血糖，还能

改善体质。我国有人体研究发现，糖尿病人食用山药可以帮助降低胰岛素抵抗，改善外周组织对血糖的利用；在食物中添加山药和莲子粉，能够改善糖尿病患者的乏力、饥饿及多尿等症状，同时也有助于降低血清总胆固醇水平。因此，山药可以作为糖尿病的一种辅助的膳食改善措施。

芡实的蛋白质含量较高，高于大米、玉米、高粱等一般谷类作物。芡实蛋白质由18种氨基酸组成，其氨基酸种类齐全，配比合理，可作为人体优质蛋白的理想来源。芡实中铁、磷、硒、维生素E、B族维生素含量比较丰富，新鲜芡实中还含有一定量的维生素C。芡实中的功效成分包括黄酮类、环肽类、固醇类、脂类、脑苷脂类等，有抗氧化和抗心肌缺血的功效。临床研究发现，中风后遗症患者在接受功能训练、针灸推拿及服用治疗方剂的基础上，再食用煮熟的芡实，能较好地从整体上恢复各项机能，促进脑组织的病灶吸收，有效控制血压。医学研究还显示，芡实不仅对肾亏脾虚、小便失禁、白带崩下等症有一定疗效，对慢性腹泻、轻度浮肿、腰腿关节痛也有显著疗效。

《神农本草经》称山药可"补虚羸"，久服能使人"耳目聪明，轻身不饥，延年"。此粥性质平和，可起到健脾益肾、补益虚劳的功效，是中老年人日常平补的佳品，《寿世保元》称其为"神仙粥"。

（2）黄豆花生浆

①原料：黄豆20g，花生仁5g，甜杏仁5g，白糖5g。

②制作：黄豆洗净，置清水中浸泡8h左右。将杏仁置沸水中略煮，使其皮微皱起，然后捞出浸入凉水中，脱去仁皮，去尖，放入浸泡黄豆的水中。花生仁洗净，捞出，备用。最后将黄豆、杏仁和花生放入豆浆机中，加入清水，磨成浆，煮熟即可。

③营养特点分析：黄豆花生浆营养成分表见表3-44。

表3-44 黄豆花生浆营养成分表

项目	每份含量	NRV%	项目	每份含量	NRV%	项目	每份含量	NRV%
能量	136kcal/567kJ	7%	维生素A	4μgRAE	0%	钾	335mg	17%
蛋白质	9.4g	16%	维生素E	5.61mg		镁	58mg	19%
脂肪	7.7g	13%	维生素B_1	0.12mg	9%	钙	45mg	6%
碳水化合物	9.1g	3%	维生素B_2	0.07mg	5%	铁	1.9mg	12%
膳食纤维	3.8g	15%	维生素C	1.4mg	1%	锌	1.01mg	7%
钠/食盐	1.0mg/0g	0%	烟酸	1.32mg	9%	硒	2.2μg	4%

黄豆是维生素E和B族维生素的良好来源，还富含钾、镁、锌、铁等矿物质，值得注意的是大豆中的矿物质生物利用率低，如铁的的生物利用率只有3%左右。100g黄豆（大豆）含能量390kcal（1631kJ），蛋白质35.0g，脂肪16.0g，碳水化合物34.2g，膳食纤维15.5g，维生素E 18.90mg，维生素B_1 0.41mg，维生素B_2 0.20mg，烟酸2.1mg，钾1503mg，镁199mg，钙191mg，锌3.34mg和铁8.2mg。豆类脂肪组成以不饱和脂肪酸居多，其中油酸占32%~36%，亚油酸占51.7%~57.0%，亚麻酸占2%~10%，此外尚有1.64%左右的磷脂。由于大豆不仅富含不饱和脂肪酸、维生素和矿物质，还含有多种有益

健康的物质，如大豆皂苷、大豆异黄酮、大豆低聚糖等，大豆皂苷有抗氧化、抗血栓、降脂减肥、降低胆固醇等活性，大豆异黄酮具有抗氧化和弱雌激素活性，大豆低聚糖具有通便洁肠、促进肠道内双歧杆菌增殖的作用，这些营养物质协同作用，可降低心脑血脑疾病的发病风险，黄豆整粒吃效果更好。

花生是维生素 E 和 B 族维生素的良好来源，还富含钾、镁、锌、铁等矿物质，100g 花生仁（生）含能量 574kcal（2400kJ），蛋白质 24.8g，脂肪 44.3g，碳水化合物 21.7g，维生素 E 18.09mg，维生素 B_1 0.72mg，维生素 B_2 0.13mg，烟酸 17.9mg，钾 587mg，镁 178mg，锌 2.50mg 和铁 2.1mg。花生含有维生素 E 和胆碱，能增强记忆，抗老化，延缓脑功能衰退，滋润皮肤，预防动脉粥样硬化。花生中的维生素 K 有止血作用，花生红衣的止血作用比花生更是高出 50 倍，对多种出血性疾病都有良好的止血功效。

杏仁中维生素 E、维生素 C 和维生素 B_2 的含量很丰富，还含有丰富的钾、镁、锌、铁等矿物质，100g 杏仁含能量 578kcal（2419kJ），蛋白质 22.5g，脂肪 45.4g，碳水化合物 23.9g，维生素 E 18.53mg，维生素 B_1 0.08mg，维生素 B_2 0.56mg，钾 106mg，镁 178mg，锌 4.30mg 和铁 2.2mg。甜杏仁是一种健康食品，适量食用不仅可以有效控制人体内胆固醇的含量，还能显著降低心脏病和多种慢性病的发病危险。素食者食用甜杏仁可以及时补充蛋白质、铁、锌及维生素 E。杏仁含有丰富的单不饱和脂肪酸，有益于心脏健康；含有维生素 E 等抗氧化物质，能预防疾病和早衰。科学研究还表明，甜杏仁能促进皮肤微循环，使皮肤红润光泽，具有美容的功效。杏仁营养价值虽高，但其含有毒物质氢氰酸，不可过量食用。

以黄豆、花生、甜杏仁为浆，具有健脾润肺，润燥养心的保健功效，适合于中老年人日常饮用。

（3）老鸭海参煲

①原料：鸭肉 50g，海参（水浸）200g。

②调料：食盐 0.3g，味精 0.3g，生姜适量。

③营养特点分析：老鸭海参煲营养成分表见表 3-45。

表 3-45 老鸭海参煲营养成分表

项目	每份含量	NRV%	项目	每份含量	NRV%	项目	每份含量	NRV%
能量	96kcal/402kJ	5%	维生素 A	22μgRAE	3%	钾	145mg	7%
蛋白质	19.6g	33%	维生素 E	0.99mg		镁	74mg	25%
脂肪	1.0g	2%	维生素 B_1	0.01mg	0%	钙	483mg	60%
碳水化合物	2.1g	1%	维生素 B_2	0.10mg	7%	铁	3.3mg	22%
膳食纤维	0.0g	0%	维生素 C	0.0mg	0%	锌	1.13mg	8%
钠/食盐	326.2mg/0.8g	16%	烟酸	2.70mg	19%	硒	17.9μg	36%

鸭肉的营养价值很高，鸭肉中的脂肪含量适中，脂肪酸主要是不饱和脂肪酸和低碳饱和脂肪酸，因此，熔点低，易于消化。鸭肉是含 B 族维生素和维生素 E 比较多的肉类，对心肌梗死等心脏病人有保护作用，维生素 E 是人体多余自由基的清除剂，在抗衰老过程中

起着重要作用。民间有俗语说，"嫩鸭湿毒，老鸭滋阴"，所以食疗多选用老鸭。

海参既是美味佳肴，又是疗效卓著的良药。海参含高蛋白，低脂肪，不含胆固醇，且含有大量的黏蛋白、精氨酸，对老年性冠心病、动脉硬化、心绞痛、糖尿病有良好的食疗功效。故患高血压、冠心病的人可经常食用。

鸭与海参共炖，炖出的鸭汁善补五脏之阴；鸭肉同糯米煮粥，有养胃、补血、生津之功效，对病后体虚大有裨益；鸭同海带炖食，能软化血管、降低血压。

二、设计高钙的营养菜点

1. 改善老年人钙营养状况的饮食建议

我国老年人膳食钙的摄入量不到推荐量的50%，而钙摄入不足与骨质疏松的发生和发展有着密切的关系，因此，要合理选择高钙食物，制作成美味的营养菜点，经常食用，以提高钙的摄入量。

设计富含钙的营养菜点请参考模块二项目一任务一。

除摄入充足的膳食钙外，老年人还要积极参加户外活动。户外活动能更好地接受紫外线照射，有利于体内维生素D的合成，延缓骨质疏松和肌肉衰减的发展。

2. 设计适合老年人的高钙营养菜点

（1）泥鳅豆腐汤

①原料：泥鳅100g（市品167g），豆腐（北）100g，香菇（干）10g。

②调料：碘盐1g，味精少许，胡椒粉、料酒、姜、葱各适量。

③营养特点分析：泥鳅豆腐汤营养成分表见表3-46。

表3-46 泥鳅豆腐汤营养成分表

项目	每份含量	NRV%	项目	每份含量	NRV%	项目	每份含量	NRV%
能量	240kcal/1006kJ	12%	维生素A	14μgRAE	2%	钾	434mg	22%
蛋白质	29.2g	49%	维生素E	9.26mg		镁	106mg	35%
脂肪	10.2g	17%	维生素B_1	0.17mg	12%	钙	413mg	52%
碳水化合物	10.9g	4%	维生素B_2	0.48mg	34%	铁	5.5mg	36%
膳食纤维	3.2g	13%	维生素C	0.5mg	1%	锌	4.36mg	29%
钠/食盐	296.1mg/0.7g	15%	烟酸	8.36mg	60%	硒	38.4μg	77%

泥鳅是鱼类中含钙最多的一种，而且B族维生素、铁、锌含量也高于普通鱼类。每100克泥鳅含蛋白质17.9g，脂肪2.0g，胆固醇136mg，核黄素0.33mg，烟酸6.2mg，维生素A 14μgRAE，维生素E 0.79mg，钙299mg，磷302mg，钾282mg，铁2.9mg，锌2.76mg。

这道菜是我国传统的滋补美食，蛋白质、铁、锌、B族维生素、维生素E的含量非常高，同时也是补钙佳肴。初秋的泥鳅营养价值较高，肉质最为肥美。泥鳅肉质细嫩，味道极为鲜美，是一种高蛋白、低脂肪的食物，适宜各类人群食用，素有"水中人参"的美誉。泥鳅富含钙和磷，豆腐也是富含钙的食品，经常食用这道菜可预防佝偻病及老年骨质疏松症等。

（2）酸奶芸豆

①原料：酸奶（低脂）150g，芸豆（干，红）50g。

②营养特点分析：酸奶芸豆营养成分表见表3-47。

表3-47 酸奶芸豆营养成分表

项目	每份含量	NRV%	项目	每份含量	NRV%	项目	每份含量	NRV%
能量	271kcal/1135kJ	14%	维生素A	36μgRAE	5%	钾	810mg	41%
蛋白质	15.5g	26%	维生素E	4.07mg	29%	镁	99mg	33%
脂肪	3.5g	6%	维生素B_1	0.14mg	10%	钙	298mg	37%
碳水化合物	46.3g	15%	维生素B_2	0.26mg	18%	铁	3.0mg	20%
膳食纤维	4.2g	17%	维生素C	1.5mg	2%	锌	1.85mg	12%
钠/食盐	49.1mg/0.1g	2%	烟酸	1.15mg	8%	硒	4.1μg	8%

芸豆有多个品种，营养价值都很高，其中B族维生素、钙、钾、镁、铁及锌含量都比较丰富。每100g芸豆（干，红）含蛋白质21.4g，钙176mg，镁164mg，钾1215mg，钠0.6mg，铁5.4mg，锌2.07mg。芸豆（杂、带皮）含钙高达349mg，镁197mg，钾1058mg。很少人知道，带皮芸豆是钙含量非常高的一种食物，每100g带皮芸豆含钙量达349mg，比黄豆还要多。用芸豆制作甜点，不失为一种好的补钙食品。酸奶中钙、磷含量高且比例合适，并且有维生素D、乳糖等促进吸收的因子，钙的吸收利用率高。带皮芸豆拌上酸奶，不仅美味，更称得上补钙的美食。

三、设计富含铁的营养菜点

1. 如何预防老年人贫血

老年人贫血比较常见。除缺铁性贫血外，许多感染性疾病及肿瘤等慢性疾病也会导致老年人贫血。老年贫血可由多种病因造成，对于老年贫血患者应积极查找贫血原因，积极治疗原发病，同时进行合理的营养支持，降低贫血危害。

（1）应适当增加瘦肉、禽类、鱼类、动物肝脏、动物血的摄入；主要是为了保证能量、蛋白质、铁、维生素B_{12}、叶酸的供给，提供造血的必需原材料。

（2）同时多吃新鲜的水果蔬菜，蔬果一般含丰富的维生素C和叶酸，有利于铁的吸收，同时促进红细胞的合成。

（3）饭前饭后一小时不宜饮用浓茶、咖啡，浓茶和咖啡会干扰食物铁的吸收。

（4）多选用含铁的强化食品，如强化铁酱油、强化铁的面粉等；国内外的研究表明，食物强化是改善人群铁缺乏和缺铁性贫血最经济、最有效的方法。

（5）适当摄入营养素补充剂。这是在无法通过食物获得足够的营养素时，可以选择铁、B族维生素、维生素C等制剂。

（6）积极治疗原发病，很多老年人的贫血是由于其他的慢性疾病引起的，所以需要去查明病因积极治疗。

2. 设计富含铁营养菜点

富含铁营养菜点的设计参考模块二项目一任务一。

（1）羊肝炒韭菜

①原料：羊肝 50g，韭菜 150g（市品 167g）。

②调料：豆油 5g，盐 0.6g，姜丝、料酒、鸡精各适量。

③营养特点分析：羊肝炒韭菜营养成分表见表 3-48。

表 3-48　羊肝炒韭菜营养成分表

项目	每份含量	NRV%	项目	每份含量	NRV%	项目	每份含量	NRV%
能量	150kcal/625kJ	7%	维生素 A	10686μgRAE	1336%	钾	482mg	24%
蛋白质	12.6g	21%	维生素 E	20.47mg		镁	43mg	14%
脂肪	7.4g	12%	维生素 B_1	0.17mg	12%	钙	71mg	9%
碳水化合物	10.5g	4%	维生素 B_2	0.95mg	68%	铁	4.9mg	33%
膳食纤维	0.0g	0%	维生素 C	3.0mg	3%	锌	2.16mg	14%
钠/食盐	322.6mg/0.8g	16%	烟酸	12.34mg	88%	硒	10.8μg	22%

羊肝营养价值很高，每 100g 羊肝含蛋白质 17.9g，视黄醇 20972μgRAE，维生素 B_1 0.21mg，维生素 B_2 1.75mg，烟酸 22.1mg，钾 241mg，钠 123.0mg，铁 7.5mg，锌 3.45mg，胆固醇 349mg。羊肝中含有丰富的维生素 A，可防止夜盲症和视力减退，有助于对多种眼疾的治疗。羊肝含铁丰富，是补血食品中最常用的食物。羊肝中还含有丰富的维生素 B_2 和微量元素硒等。韭菜中胡萝卜素含量高，每 100g 韭菜含胡萝卜素 1596μg。膳食纤维、核黄素的含量也丰富。我国传统中医认为，这道菜能补肾壮阳，生精补血，养肝明目。

（2）黑豆芝麻浆

①原料：黑豆 20g，黑芝麻 10g，白糖适量。

②营养特点分析：黑豆芝麻浆营养成分表见表 3-49。

表 3-49　黑豆芝麻浆营养成分表

项目	每份含量	NRV%	项目	每份含量	NRV%	项目	每份含量	NRV%
能量	136kcal/570kJ	7%	维生素 A	1μgRAE	0%	钾	311mg	16%
蛋白质	9.1g	15%	维生素 E	8.51mg		镁	78mg	26%
脂肪	7.8g	13%	维生素 B_1	0.11mg	8%	钙	123mg	15%
碳水化合物	9.1g	3%	维生素 B_2	0.09mg	7%	铁	3.7mg	24%
膳食纤维	3.4g	14%	维生素 C	0.0mg	0%	锌	1.45mg	10%
钠/食盐	1.4mg/0g	0%	烟酸	0.99mg	7%	硒	1.8μg	4%

黑豆每 100g 含能量 1678kJ，蛋白质 36.0g，脂肪 15.9g，碳水化合物 33.6g，维生素 E 17.36mg，维生素 B_1 0.20mg，维生素 B_2 0.33mg，钾 1377mg，镁 243mg，锌 4.18mg 和铁 7.0mg。黑豆中蛋白质含量高，是日常饮食优质蛋白质的来源之一。黑豆

含有较多的不饱和脂肪酸，熔点低，易于消化吸收，不易沉积在血管壁上。黑豆含有丰富的植物甾醇，植物甾醇能抑制胆固醇的吸收。黑豆中富含的钙是人体钙的极好来源。钾的含量也非常丰富，钾在人体内起着维持细胞内外渗透压和酸碱平衡的作用，可以排除人体多余的钠，从而有效降低原发性高血压的发病率。黑豆中的锌和铁含量也较丰富，但吸收率不高，若黑豆（或制成豆粉）发酵后再食用，可大大提高其吸收率，对素食者具有重要的意义。黑豆含有丰富的维生素，其中维生素 E 和 B 族维生素含量最高，具有美容养颜的功效。黑豆不仅富含不饱和脂肪酸、维生素和矿物质，还含有多种有益健康的物质，如大豆皂苷、大豆异黄酮、大豆低聚糖等，这些营养物质协同作用，对降低心脑血脑疾病的发病率具有积极的作用。

黑芝麻富含多种营养物质，经常食用可健身强体。每 100g 黑芝麻含能量 2340kJ，蛋白质 19.1g，脂肪 46.1g，碳水化合物 24.0g，维生素 E 50.4mg，维生素 B_1 0.66mg，维生素 B_2 0.25mg，烟酸 5.9mg，钙 780mg，钾 358mg，镁 290mg，锌 6.13mg 和铁 22.9mg。芝麻有抗衰老作用，主要在于它含有丰富的维生素 E。维生素 E 具有抗氧化作用，可以阻止体内产生过氧化脂质，以维持细胞膜的完整性和正常功能，同时还可以减少体内脂褐质的积累，从而延缓衰老的速度。芝麻还具有养血的作用，可以治疗皮肤干枯、粗糙，令皮肤细腻光滑、红润光泽。

中医认为黑豆为肾之谷，具有健脾利水、消水下气、滋肾阴、润肺燥、治风热而活血解毒、止盗汗、乌发黑发以及延年益寿的功能；黑芝麻具有补血、生津、润肠、通乳和养发等功效。因此，常饮黑豆黑芝麻浆可以乌发养发、补血、止盗汗等功效。

任务二　设计老年人的营养食谱

【案例】某退休老人王先生，男，70 岁，身高 172cm，体重 70kg，轻体力劳动。请为其编制一日食谱。

一、任务分析

老人王先生，体重指数 BMI 为 23.7，是正常体重，轻体力劳动。老年人膳食应食物多样化，保证食物摄入量充足。消化能力明显降低的老年人，应制作细软食物，少量多餐。老年人身体对缺水的耐受性下降，要主动饮水，首选温热的白开水。户外活动能够更好地接受紫外线照射，有利于体内维生素 D 合成和延缓骨质疏松的发展。老年人常受生理功能减退的影响，更易出现矿物质和某些维生素的缺乏，因此应精心设计膳食、选择营养食品、精准管理健康。老年人应有意识地预防营养缺乏和肌肉衰减，主动运动。老年人不应过度苛求减重，应维持体重在一个稳定水平、预防慢性疾病发生和发展。当非自愿的体重下降或进食量明显减少，应主动去体检和营养咨询。老年人应积极主动参与家庭和社会活动，主动与家人或朋友一起进餐或活动，积极快乐享受生活。

二、任务要求

（1）选择的食物及食物配比要合理，符合老年人的营养需要。

(2) 食谱所列菜肴便于加工，加工方法符合老年人的生理特点。
(3) 菜点颜色、造型美观，符合配餐对象的要求。

三、老年人营养食谱的设计方法与步骤

1. 确定能量和营养素目标

对于健康成人，全日能量需要目标可以通过基础代谢率（BMR）和身体活动水平（PAL）来进行估算。根据实测数据，中国居民DRIs预测推算BMR的公式见表2-17。中老年人PAL估算值见表2-18。

$$BMR = (14.52W-155.88S+565.79) \times (1-7.5\%)$$
$$= (14.52 \times 70-155.88 \times 0+565.79) \times (1-7.5\%)$$
$$= 1464 \ (kcal/d)$$

王先生的能量目标为：

$$EER = BMR \times PAL = 1464 \times 1.4 = 2050 \ (kcal/d)$$

膳食蛋白质、脂肪、碳水化合物AMDR分别为15%E~20%E、20%E~30%E、50%E~65%E。

蛋白质：2050×15%÷4≈77（g），2050×20%÷4≈103（g）

脂肪：2050×20%÷9≈46（g），2050×30%÷9≈68（g）

碳水化合物：2050×50%÷4≈256（g），2050×65%÷4≈333（g）

蛋白质、脂肪和碳水化合物的参考摄入量分别是77~103g、46~68g和256~333g。

2. 设计老年人全日食物参考量

食谱设计要注意预防老年人营养不良和贫血，多选用富含钙、铁、锌的食物和维生素含量丰富的食物。

王先生的能量目标值是2050kcal，根据表3-42的食物推荐量设计1日膳食的食物类别、品种和数量（按表3-50填写）。

表3-50 设计1日膳食的食物类别、品种和数量

食物类别及其质量	各类食物品种及其质量（食部）
谷类（250g）	大米145g
——全谷类及杂豆（105g）	小米面30g，玉米面20g，燕麦片30g，新鲜芡实60g（折算成干品约25g）
薯类（100g）	山药100g
蔬菜（400g）	红薯叶150g，香菇（鲜）25g，冬笋25g，油菜150g，草菇50g，荷兰豆20g，胡萝卜30g，甜椒50g
水果（305g）	木瓜150g，葡萄干5g，草莓150g
禽畜肉（60g）	猪肉（瘦）30g，鸡血30g
鱼虾类（100g）	小黄花鱼100g
蛋类（50g）	鸡蛋50g
奶类（鲜奶400g）	牛奶（低脂）200g，酸奶（脱脂）200g
豆类（30g）	豆腐（南）120g（折算为大豆约20g），黄豆10g
坚果（10g）	花生仁（生）5g，杏仁5g

续表

食物类别及其质量	各类食物品种及其质量（食部）
植物油（25g）	香油 5g，豆油 10g，茶油 10g
其他（食盐 4g）	碘盐 4g

3. 编制老年人的营养食谱

王先生已 70 岁，这里为其安排三餐二点，早餐（包括早点）、午餐（包括午点）、晚餐提供的能量按 30%、40%、30% 分配，设计的食谱见表 3-51。

表 3-51　老年人群一日营养食谱

食用时间	食物名称	食物原料与定量（食部）	食物原料与定量（市品）
早餐	小米面发糕	小米面 30g，玉米面 20g，白糖 2g，葡萄干 5g	小米面 30g，玉米面 20g，白糖 2g，葡萄干 5g
	水煮蛋	鸡蛋 50g	鸡蛋 58g
	拌红薯叶	红薯叶 150g，香油 5g，盐 0.5g	红薯叶 150g，香油 5g，盐 0.5g
	黄豆花生浆	黄豆 10g，花生仁（生）5g，杏仁 5g	黄豆 10g，花生仁（生）5g，杏仁 5g
早点	酸奶	酸奶（脱脂）200g	酸奶（脱脂）200g
	木瓜	番木瓜 150g	木瓜 174g
午餐	软米饭	稻米 80g	稻米 80g
	菇笋炒油菜	香菇（鲜）25g，冬笋 25g，油菜（黑）150g	香菇（鲜）25g，冬笋 64g，油菜（黑）156g
	小黄花鱼汤	小黄花鱼 100g	小黄花鱼 161g
		豆油 10g，盐 2g	豆油 10g，盐 2g
	草莓 150g	草莓 150g	草莓 155g
午点	燕麦牛奶粥	燕麦片 30g，牛奶（低脂）200g	燕麦片 30g，牛奶（低脂）200g
晚餐	山药芡实粥	稻米 65g，山药（鲜）100g，芡实（鲜）60g	稻米（粳，标一）65g，山药（鲜）121g，芡实 127g
	草菇肉末豆腐	草菇 50g，猪肉（瘦）30g，南豆腐 120g	草菇 50，猪肉（瘦）30g，南豆腐 120g
	清炒三丝	荷兰豆 20g，胡萝卜 30g，甜椒 50g	荷兰豆 23g，胡萝卜 31g，甜椒 61g
	鸡血汤	鸡血 30g，鸡汤一碗	鸡血 30g，鸡汤一碗
		茶油 10g，盐 2g	茶油 10g，盐 2g

4. 能量和营养素摄入量的估算与分析

对食谱中能量及营养素含量进行估算与分析，结果见表 3-52~表 3-55。

【电子活页】老年人营养食谱能量与营养素含量计算表

表 3-52　老年人食谱能量与营养素分析

餐次	能量/kcal/kJ	蛋白质/g	脂肪/g	维生素 A/μgRAE	维生素 B_1/mg	维生素 B_2/mg	维生素 C/mg	钙/mg	铁/mg	锌/mg
供给量	2056	96.6	58.9	930	1.60	2.02	256.8	1654	34.8	12.2
RNI 或 AI	2050	72	46~68	730	1.4	1.4	100	800	12	12.0
比值/%	100	134	正常	127	114	144	257	207	290	102

表 3-53　老年人食谱宏量营养素供能比例分析

项目	蛋白质	脂肪	碳水化合物
占全日能量比例/%	18.8	25.8	55.4
推荐值/%	15~20	20~30	50~65

表 3-54　老年人三餐能量分配分析表

项目	早餐	午餐	晚餐
占全日能量比例/%	30	38	32
推荐值/%	25~30	30~40	30~40

表 3-55　老年人食谱蛋白质来源分配

项目	豆类	一般植物类	动物类
占总蛋白质比例/%	10.7	42.1	47.2

5. 食谱评价

该食谱食物多样，种类齐全，能量充足，三餐能量分配合理，蛋白质、脂肪、碳水化合物供能比适宜，优质蛋白质占总蛋白质的58%。铁摄入量充足，特别是食谱中鸡血可以提供丰富的血红素铁，铁的吸收良好，可以满足老年人预防缺铁性贫血的要求。同时，钙、锌、维生素 A、维生素 C、维生素 B_1 及维生素 B_2 的供给量达到相应的 RNI 或 AI 的90%以上，可以满足其营养需要。小黄花鱼的 EPA 和 DHA 的含量比较丰富，查食物成分表，食用100g可摄入 EPA 0.828g，DHA 1.714g，EPA+DHA 合计有 2.542g。

6. 制作营养餐与膳后管理

内容参见模块二项目一任务二膳食宝塔法编制大学生营养食谱。

四、学生实训方法建议与效果评价

学生按要求设计老年人一日食谱并作膳食评价，并完成食谱的烹饪实训，输出合适的配餐报告。学生实训方法建议与效果评价参见模块二项目二任务二。

【在线测试】老年人营养食谱的设计

巩固训练

【实训任务】

1. 案例描述：李女士，孕妇，23岁，身高160cm，办公室工作，轻体力劳动者，孕20周，体重57.5kg，孕前体重54kg，第一胎。以其一日膳食为基本单位，设计七日营养食谱并进行定量营养评价，并任选其中三日食谱，烹制加工膳食、拍摄每一餐膳食图像。每一日膳食图片不能少于三幅（一般为早餐、中餐和晚餐各一幅，临近的加餐可纳入正餐的图片中）。

2. 案例描述：李女士，乳母，24岁，身高165cm，65kg，轻体力劳动者，产后第2周（月子），全母乳喂养，婴儿生长良好，泌乳量充足。请以其一日膳食为基本单位，设计七日营养食谱并进行定量营养评价，并任选其中三日食谱，烹制加工膳食、拍摄每一餐膳食图像。每一日膳食图片不能少于三幅（一般为早餐、中餐和晚餐各一幅，临近的加餐可纳入正餐的图片中）。

3. 案例描述：王女士，80岁，身高165cm，体重65kg，日常生活属轻体力劳动。请为其编制一日食谱并进行定量营养评价。

【问答题】

1. 妊娠各期膳食营养侧重点是什么？各期配餐要求有哪些？
2. 简述孕妇与一般（未孕妇未哺乳）妇女在营养需求上的差异。
3. 简述孕妇与一般妇女在食物选择上的差异。
4. 组织同学们分组进行调查，探究周围的孕妇常见的饮食误区有哪些？
5. 简述备孕和孕期妇女膳食指南。
6. 简述乳母与一般妇女在营养需求上的差异。
7. 简述乳母与一般妇女在食物选择上的差异。
8. 简述哺乳期妇女膳食指南。
9. 简述老年人的生理特点和营养需要特点。
10. 与年轻人相比，老年人在食物选择上有什么不同的特点？

【案例分析】

1. 某孕妇，孕32周，晚上睡觉经常腿抽筋，血常规检查示血红蛋白值为100g/L。请针对孕妇的具体情况提出饮食的合理建议。

2. 某乳母，产后两周，乳汁不足。请针对她的具体情况提出饮食的合理建议。

模块四

集体用餐营养食谱的设计

项目一
幼儿园营养食谱的设计

学习目标

知识目标

1. 能够叙述学龄前儿童的生理特点及营养需要特点。
2. 够叙述学龄前儿童膳食指南和幼儿园食谱编制原则。
3. 能够说出幼儿园儿童适宜多吃的食物品种及少吃或不吃的食物品种。

能力目标

1. 能够设计适合幼儿园的营养菜点。
2. 能够应用营养配餐软件辅助设计幼儿园1人份一日营养食谱并进行膳食分析与评价。
3. 能够测算原料采购量及进行膳食总结。

素质与思政目标

1. 参与传统节日餐食制备，创制营养健康菜点，在创新中传承优秀饮食文化。
2. 关注儿童健康成长，尝试不同方法解决"三减"菜点设计问题，培养自主创新意识。

必备知识

3~6岁儿童（也称为学龄前儿童）仍然处于生长发育的旺盛时期，脑及神经系统发育持续并逐渐成熟，因此，此阶段其生长发育需要大量的营养物质。学龄前儿童已基本完成从奶类食物为主到谷类食物为主的过渡，食物种类与青少年食物种类逐渐接近。这时，足量食物，食物种类多样，平衡膳食，不偏食，每天饮奶，多喝水，选择健康的零食，控制高盐、高脂、高糖食品及含糖饮料的摄入，是学龄前儿童获得全面营养、构建健康膳食行为的保障。

一、学龄前儿童的生理特点

生长发育是个连续的过程，一般而言，年龄越小发育越快，3岁后的学龄前儿童在各个方面的能力都有了很大的提高。

(1) 消化系统方面　此阶段儿童20颗乳牙已经出齐，5岁左右恒牙开始替换乳牙，6岁以后第一颗恒牙开始萌出。尽管如此，学龄前儿童咀嚼能力仅达到成人的40%，尤其是对固体食物需要较长时间适应。同时，此阶段儿童肠道内与消化有关的酶类还不成熟，分泌量较少，胃容量也有限。如果过早进食成人膳食或供给不对称食物，不仅会造成消化道损伤，导致以后消化功能下降，还会造成儿童营养素吸收利用不良，继而影响其体格发育。因此，在条件允许时儿童膳食最好单独制作。

(2) 体格方面　学龄前儿童体格发育较之3岁之前相对减慢，但仍保持稳步增长。在这段时期（即3~6岁）身高大约增长21cm，即每年身高增长大约5cm；体重增长约5.5kg，即平均每年约1.5kg；头部增长逐渐减慢，头围每年增加小于1cm；四肢的加长较躯干迅速。此时期儿童各项生理的发育速度很快，新陈代谢比较旺盛，但由于身体功能的发育还不成熟，对外界环境的适应能力以及对疾病的抵抗能力都较弱。

(3) 神经系统方面　神经系统的发育逐渐完善，3岁时已基本完成，但脑细胞体积的增大和神经纤维的髓鞘化仍在继续。神经冲动的传导速度明显快于婴幼儿期。

(4) 心理发育特点　3~6岁的儿童注意力分散，无法专心进食，在食物选择上有自我做主的倾向，且模仿能力极强，因此这一时期应特别注意培养儿童良好的饮食习惯。

二、学龄前儿童的营养需要

(1) 能量　中国营养学会推荐的学龄前儿童每日能量需要男童高于女童。由于生长发育的需要，儿童需要的蛋白质较多。摄入的蛋白质主要有两方面作用，一是用来补充体内消耗，二是用来满足身体的增长和构成组织。《中国居民膳食营养素参考摄入量（2023版）》建议：学龄前儿童蛋白质的RNI为30~35g/d，其中动物性蛋白质应占到一半以上。学龄前儿童脂肪提供的能量由婴幼儿时期的35%E~40%E减少到20%E~30%E，和一般成年人相同。要有足够的必需脂肪酸、DHA、ARA的摄入，其中亚油酸AI为4.0%E，α-亚麻酸AI为0.60%E。碳水化合物是学龄前儿童能量的主要来源，其AMDR为50%E~65%E，且以淀粉类食物为主，避免糖和甜食的过多摄入，添加糖<10%E。

(2) 铁　铁缺乏引起缺铁性贫血是儿童期最常见的疾病。缺铁性贫血患儿的常见临床表现为皮肤黏膜苍白，以唇、口腔黏膜、甲床最为明显。铁缺乏的早期表现还包括头发枯黄、倦怠乏力、不爱活动或易烦躁、注意力不集中、对周围不感兴趣、记忆调节过程障碍等。学龄前儿童铁缺乏的主要原因有：儿童生长发育快，需要的铁较多，每千克体重约需要1mg的铁；内源性可利用的铁较少，其对铁需要更多依赖食物补充；学龄前儿童膳食中奶类食物仍占较大比例，奶类铁含量低，吸收率也低。《中国居民膳食营养素参考摄入量（2023版）》提出，学龄前儿童铁的 RNI 为 10mg/d，4~6岁儿童的 UL 为 30mg/d。建议在学龄前儿童膳食中增加富含铁的食物，常见食物铁含量见模块二项目一任务一。蔬菜中的铁吸收利用率不高，但蔬菜水果中丰富的维生素 C 可促进铁吸收，宜经常食用。常用食物维生素 C 含量见表 3-31。

（3）锌　我国部分儿童存在边缘性锌缺乏的问题。锌缺乏儿童常出现味觉下降、厌食甚至异食癖，嗜睡、面色苍白，抵抗力差而易患各种感染性疾病等，严重者导致生长迟缓、生殖器发育障碍。《中国居民膳食营养素参考摄入量（2023版）》建议 2~3 岁儿童锌的 RNI 为 4.0mg/d，UL 为 9mg/d；4~6 儿童锌的 RNI 为 5.5mg/d，UL 为 13mg/d。摄入充足锌的膳食方案参见模块二项目一任务一。

（4）碘　WHO 估计，世界有 8 亿人口缺碘，我国约有 4 亿儿童对缺碘敏感。为减少因碘缺乏导致的儿童生长发育障碍，《中国居民膳食营养素参考摄入量（2023版）》提出学龄前儿童碘的 RNI 为 90μg/d，UL 为 200μg/d。使用碘强化食盐烹调食物是补碘最好的途径。含碘较高的食物主要是海藻类食物，为保证碘摄入充足，除必需使用碘盐烹调食物外，还建议每周膳食至少安排 1 次海藻类食品。摄入充足碘的膳食方案参见模块三项目一任务一。

（5）钙　学龄前儿童每日平均骨骼钙储存量为 100~150mg，食物钙的平均吸收率为 35%。《中国居民膳食营养素参考摄入量（2023版）》提出 2~3 岁儿童钙的 RNI 为 500mg/d，UL 为 1500mg/d；4~6 岁儿童钙的 RNI 为 600mg/d，UL 为 2000mg/d。奶及奶制品含钙丰富，吸收率高，是儿童最理想的钙来源。要保证学龄前儿童钙的适宜摄入水平，每日奶的摄入量应不低于 300mL/d。摄入充足钙的膳食方案参见模块二项目一任务一。

（6）生长发育的影响因素　影响学龄前儿童生长发育的因素包括内因和外因两方面。内因包括性别、内分泌激素水平、父母的身高等；外因包括各种环境因素，如营养膳食、体育锻炼等。此外，要重视疾病对生长期儿童的影响，疾病可能会影响儿童食欲，发热、腹泻也会引起体内营养素消耗增加，另外药物也会影响到营养素在肠道的吸收率或机体利用率。患病儿童的体重、身高可明显低于同龄儿童，出现明显或不明显的生长发育迟缓。在这些影响因素中，营养与膳食无疑是最为重要的明确因素，而其他因素对机体发育的作用都无一例外地通过营养素的利用表现出来。

学龄前儿童能量及部分营养素的参考摄入量见表 4-1。

表 4-1　学龄前儿童能量及部分营养素的参考摄入量

人群	能量 MJ/d EER	能量 kcal/d EER	蛋白质 g/d RNI	钙 mg/d RNI	碘 μg/d RNI	锌 mg/d RNI	铁 mg/d RNI	维生素 A μgRAE/d RNI
3 岁	4.81~5.23	1150~1250	30	500	90	4.0	10	340（男）/330（女）
4~5 岁	5.23~5.86	1250~1400	30	600	90	5.5	10	390（男）/380（女）
6 岁	5.44~7.53	1300~1800	35	600	90	5.5	10	390（男）/380（女）

三、学龄前儿童食谱的设计原则

中国营养学会推荐：学龄前儿童的膳食指南是在一般人群膳食指南的基础上，增加以下5条推荐。

1. 食物多样，规律就餐，自主进食，培养健康饮食行为

食物多样、规律就餐是2~5岁儿童获得全面营养和良好消化吸收的保障。学龄前儿童胃容量小，肝糖原储备少，又活泼好动，容易饥饿，应通过适当增加餐次来适应其消化功能特点，因此要注意引导儿童自主、有规律地进餐，保证每天不少于三次正餐和两次加餐，不随意改变进餐时间、环境和进食量；培养专注进食和自主进食能力，纠正挑食、偏食等不良饮食行为。

2. 每天饮奶，足量饮水，合理选择零食

目前，我国儿童钙摄入量普遍偏低。对于快速生长发育的儿童，应鼓励多饮奶，建议每天饮奶350~500mL或相当量的奶制品。

儿童新陈代谢旺盛，活动量大，水分需要量相对较多，建议2~5岁儿童每天水的总摄入量（即饮水和膳食中汤水、牛奶等总和）为1300~1600mL。饮水时以白水为佳。

零食应尽可能与加餐相结合，以不影响正餐为前提，多选用营养密度高的食物如乳制品、水果、蛋类及坚果类食物，不宜选高盐、高脂、高糖食品及含糖饮料。推荐和限制的零食品种见表4-2。

表4-2 推荐和限制的零食品种

推荐	限制
新鲜水果、蔬菜	果脯、果汁、果干、水果罐头
乳制品（液态奶、酸奶、奶酪等）	乳饮料、冷冻甜品类食物（冰激凌、雪糕等）、奶油、含糖饮料（碳酸饮料、果味饮料等）
谷薯类（馒头、面包、玉米、甘薯、马铃薯等）	膨化食品（薯片、虾条等）、油炸食品（油条、麻花、油炸土豆等）、含人造奶油的甜点
鲜肉鲜鱼等	咸鱼、香肠、腊肉、鱼肉罐头等
鸡蛋（煮鸡蛋、蒸蛋羹）	咸鸭蛋、皮蛋
豆制品（豆腐干、豆浆）	烧烤类食品
坚果类（磨碎食用）	高盐坚果、糖浸坚果

3. 合理烹调，少调料、少油炸

建议多采用蒸、煮、炖、煨等方式烹制儿童膳食，从小培养儿童清淡口味，少放调料、少用油炸。

膳食加工原则上应尽可能保持食物的原汁原味，让儿童品尝和接纳各种食物的自然味道。加工方法以煮、炖、焖等为主，适当多加点水，时间长一点，易于咀嚼，有利于保护消化道，适宜儿童消化吸收。膳食中应减少多刺的小鱼，腌制、熏制的食物，小粒状的坚果类食物。花生、黄豆、核桃等须经过磨碎或制成酱后食用。蔬菜烹调时应注意切小、切细、煮软以利于儿童咀嚼和吞咽。肉类食物可加工成肉糜后制作成肉糕或肉饼，或加工成细小的肉丁使用。

儿童咀嚼和消化能力低于成年人，他们不能进食一般家庭膳食和成人膳食。此外，家庭膳食中的过多调味品，也不适宜儿童食用。因此，食物要专门制作，先由软饭逐渐变成普通米饭、面条。每天的食物要更换品种及烹调方法，一周内不应重复，并尽量注意色、香、味的搭配。将牛奶（或奶粉）加入馒头、面包或其他点心中，或用酸奶拌水果沙拉是保证膳食钙供给的好方法。随着年龄的增长逐渐增加食物的种类和数量，烹调向成人膳食过渡。

另外，重视早餐结构，儿童早餐多以"谷类+奶蛋类+蔬果类""谷类+奶肉类+蔬果类"为主。目前我国食用谷类食物的比例很高，而食用肉类、奶类、蔬菜、水果等其他类食物的比例较低。早餐比较简单易操作的方法是以"牛奶+鸡蛋"为主的配餐模式，同时增加谷物的摄入，这样可以摄入充足的优质蛋白质，同时可以避免早餐因缺乏碳水化合物而影响蛋白质的利用。此外，还要避免以纯能量食物（如白糖、藕粉等）替代早餐的配餐现象。

4. 参与食物选择与制作，增进对食物的认知与喜爱

鼓励儿童认识和体验各种食物的天然味道和质地，了解食物特性，增进对食物的喜爱。

5. 经常户外活动，定期体格测量，保障健康生长

鼓励儿童经常参加户外游戏与活动，每天至少2h，同时减少久坐行为和视频时间。每次久坐时间不超过1h，一天视频时间累计不超过1h，且越少越好。保证儿童充足睡眠，推荐每天总睡眠时间10~13h，其中包括1~2h午睡时间。2~5岁儿童生长发育速度较快，身高、体重可反映儿童膳食营养摄入状况，家长可通过定期监测儿童的身高、体重，及时调整其膳食和身体活动，以保证正常的健康发育。

四、幼儿园食谱编制的原则

（1）制订膳食计划　幼儿园食谱应按照儿童年龄均值进行编制，根据《中国居民膳食营养素参考摄入量》确定其营养需要目标，制订膳食计划。

（2）食谱应按周编制　营养师提出食谱，司务长或食品采购员负责采购，厨师按营养要求和儿童的特点进行烹煮。应做到一周食谱不重复。食谱提前公布，本周周末公布下一周的食谱，家长可根据幼儿园的食谱进行家庭食物安排，做到幼儿园膳食和家庭膳食互补，使幼儿获得最好的营养。交换份方法仍然适用集体供餐。

（3）确定膳食制度　1日膳食以3餐2点为宜。食物及营养素分配原则：早上活动多，早餐、早点占30%；午餐宜丰盛，午点应低能量，以避免影响晚餐食欲，午餐加午点占40%；晚餐较清淡，以免影响睡眠，晚餐占30%。

（4）食谱编制原则　食谱编制要点基本上与学龄前儿童个体配餐要点相同，包括合理搭配各种食物，品种宜丰富多样化，一周内菜式、点心尽可能不重复，清淡少盐，主食粗细粮搭配，每餐荤素搭配等。

五、食物的选择

对于集体供餐的幼儿园来说，食物选购、价格和营养都是非常重要的。食谱编制也显然不同于一家一户的个体配餐。此外幼儿园在原料采购、加工场所卫生洁净、就餐场所条件、容器消毒设施、就业人员卫生等方面要符合国家有关规定。

3~6岁的儿童胃容量小，大约600~700mL。须选择营养丰富、容量小、密度高的食物，正餐少用汤类代替炒菜，稀饭代替米饭。学龄前儿童一日食物参考量见表4-3。

表4-3 学龄前儿童一日食物参考量　　　　　　　　　　　　　　　　单位：g

食物种类	2~3岁	4~5岁	6岁
谷类	75~125	100~150	150~200
—全谷物及杂豆	适量	适量	30~70
薯类（鲜重）	适量	适量	25~50
蔬菜	100~200	150~300	300
—深色蔬菜	占所有蔬菜的二分之一		
水果	100~200	150~250	150~200
肉禽鱼类	50~75	50~75	80
蛋类	50	50	25~40
乳制品	350~500	350~500	350
大豆（适当加工）	5~15	15~20	15
坚果（适当加工）	—	适量	7
烹调油	10~20	20~25	20~25
食盐	<2	<3	<4
水	600~700	700~800	800~1000

注：参考来源中国营养学会妇幼营养分会《6~10岁学龄儿童平衡膳食宝塔（2022版）》.

项目实施

任务一　设计幼儿园营养菜点

幼儿园应注意根据幼儿的膳食费用、食物的价格、季节性蔬菜水果供应、食品安全等情况选择食物。例如，鸡、鱼、牛肉比猪肉贵，可以根据实际情况多选猪肉，然后适当选用其他肉类。此外，尽量多食用深色蔬菜，深色蔬菜要占每日进食蔬菜类食物的一半以上，采购的蔬菜水果应选用当季时令的，少选用反季节的蔬果。每周至少进食一餐以上的水产品。午餐应保证每天有汤，以便补充足够的水分。适当选择杂粮，尽量选用新鲜食物，少选用半成品，不选用外购熟食。选择食物要做到粗细结合、荤素搭配、品种多样，使幼儿的膳食既营养均衡，又经济实惠。

（1）豆浆饭

①原料：粳米（标一）50g，豆浆75g。

②营养特点分析：豆浆饭营养成分表见表4-4。

表4-4 豆浆饭营养成分表

项目	每份含量	NRV%	项目	每份含量	NRV%	项目	每份含量	NRV%
能量	196kcal/817kJ	10%	维生素A	0μgRAE	0%	钾	136mg	7%
蛋白质	6.1g	10%	维生素E	1.30mg		镁	28mg	9%
脂肪	1.5g	3%	维生素B_1	0.10mg	7%	钙	9mg	1%
碳水化合物	39.6g	13%	维生素B_2	0.06mg	4%	铁	0.9mg	6%
膳食纤维	0.3g	1%	维生素C	0.0mg	0%	锌	0.94mg	6%
钠/食盐	4.0mg/0.01g	0%	烟酸	0.76mg	5%	硒	1.3μg	3%

豆浆含有丰富的植物蛋白质、磷脂、维生素B_1、维生素B_2和叶酸，还含有铁、钙等矿物质，具有补虚、和胃、清热、利尿的功能，是一种老少皆宜的营养食品。豆浆饭清香可口，能充分发挥蛋白质的互补作用，具有清热、补虚的作用。

加入豆浆的量与一般蒸饭的加水量相同。如果豆浆的量不够，可以加入清水补足水分。

（2）小米饭

①原料：大米30g，小米30g。

②营养特点分析：小米具有益脾胃、养肾气的功用，其蛋白质、脂肪含量均高于大米、面粉。由于小米不需精制，它保留了许多的维生素和无机盐，其无机盐含量高于大米，维生素B_1的含量甚至可达大米的几倍，而小米中粗纤维的含量又是几种主要粮食作物中最低的，是幼儿食品中的滋补佳品。小米饭营养成分表见表4-5。

表4-5 小米饭营养成分表

项目	每份含量	NRV%	项目	每份含量	NRV%	项目	每份含量	NRV%
能量	212kcal/886kJ	11%	维生素A	2μgRAE	0%	钾	114mg	6%
蛋白质	5.0g	8%	维生素E	1.39mg		镁	42mg	14%
脂肪	1.1g	2%	维生素B_1	0.15mg	11%	钙	16mg	2%
碳水化合物	45.8g	15%	维生素B_2	0.05mg	4%	铁	1.9mg	12%
膳食纤维	0.7g	3%	维生素C	0.0mg	0%	锌	1.00mg	7%
钠/食盐	2.0mg/0.01g	0%	烟酸	0.84mg	6%	硒	2.2μg	4%

（3）多味饭

①原料：菜心50g（市品60g），豆腐干10g，胡萝卜（黄）20g，鸡蛋25g（市品29g），猪肉（瘦）20g，香菇（干）5g，粳米（标一）60g。

②调料：油7g，盐0.2g，酱油2g，姜、芹菜少许。

③营养特点分析：豆腐干营养丰富，含有大量蛋白质、脂肪、碳水化合物，还含有钙、磷、铁等多种人体所需的矿物质。炒制食材时有汁液，注意和米饭拌匀时汁液的量要适中，汁液过多会使米饭太绵烂，汁液过少会使米饭口感干硬，幼儿都不喜欢。豆腐干选口感较为松软的白豆腐干。浅褐色的豆干是经过熏制的，建议幼儿少吃。多味饭营养成分表见表4-6。

表4-6　多味饭营养成分表

项目	每份含量	NRV%	项目	每份含量	NRV%	项目	每份含量	NRV%
能量	392kcal/1640kJ	20%	维生素A	118μgRAE	15%	钾	350mg	17%
蛋白质	16.0g	27%	维生素E	8.99mg		镁	57mg	19%
脂肪	12.7g	21%	维生素B_1	0.26mg	19%	钙	124mg	16%
碳水化合物	55.0g	18%	维生素B_2	0.21mg	15%	铁	4.6mg	30%
膳食纤维	3.1g	12%	维生素C	25.5mg	25%	锌	2.74mg	18%
钠/食盐	290.0mg/0.7g	14%	烟酸	3.58mg	26%	硒	11.8μg	24%

（4）小白菜肉丝炒面

①原料：波纹面饼60g，鸡蛋25g（市品29g），油菜（黑）80g，胡萝卜（黄）15g，猪肉（瘦）25g。

②调料：花生油8g，盐0.2g，糖1g，酱油1g。

③营养特点分析：小白菜是蔬菜中含矿物质和维生素最丰富的菜之一。小白菜所含的钙、维生素C、胡萝卜素均比大白菜高，所含的糖类和碳水化合物略低于大白菜。胡萝卜含有大量胡萝卜素，进入机体后，在肝脏及小肠黏膜内经过酶的作用，其中50%变成维生素A，有补肝明目的作用，可治疗夜盲症。此外胡萝卜还有利膈宽肠、健脾除疳、增强免疫功能、降糖降脂等作用。波纹面做炒面软硬适中，比使用其他干面饼效果好。炒面配料改变可以制成多种炒面，例如韭黄肉丝炒面、椰菜肉丝炒面等。小白菜肉丝炒面营养成分表见表4-7。

表4-7　小白菜肉丝炒面营养成分表

项目	每份含量	NRV%	项目	每份含量	NRV%	项目	每份含量	NRV%
能量	379kcal/1587kJ	19%	维生素A	160μgRAE	20%	钾	313mg	16%
蛋白质	16.4g	27%	维生素E	8.49mg		镁	64mg	21%
脂肪	12.4g	21%	维生素B_1	0.33mg	24%	钙	177mg	22%
碳水化合物	50.9g	17%	维生素B_2	0.17mg	12%	铁	11.8mg	79%
膳食纤维	1.0g	4%	维生素C	21.6mg	22%	锌	2.88mg	19%
钠/食盐	301.7mg/0.8g	15%	烟酸	2.99mg	21%	硒	10.9μg	22%

(5) 海蛎蚬壳粉

①原料：蚬壳粉 60g，海蛎 50g，猪肉（瘦）20g，番茄 25g，油菜 25g，竹荪 5g。

②调料：大豆油 8g，盐 0.2g，味精和粟粉少许。

③营养特点分析：番茄含有丰富的胡萝卜素、维生素 C 和 B 族维生素等。海蛎钙、铁、锌含量非常丰富。蚬壳粉比较硬，一定要煮透煮软，煮的时间比煮面和螺蛳粉都长，一般要 20min 以上。蚬壳粉吸水性没有面条强，所以蚬壳粉汤料的加水量要比汤面少些。海蛎蚬壳粉营养成分表见表 4-8。

表 4-8　海蛎蚬壳粉营养成分表

项目	每份含量	NRV%	项目	每份含量	NRV%	项目	每份含量	NRV%
能量	367kcal/1534kJ	18%	维生素 A	61μgRAE	8%	钾	965mg	48%
蛋白质	15.3g	25%	维生素 E	8.21mg		镁	88mg	29%
脂肪	10.6g	18%	维生素 B_1	0.19mg	14%	钙	116mg	15%
碳水化合物	54.1g	18%	维生素 B_2	0.21mg	15%	铁	7.8mg	52%
膳食纤维	2.7g	11%	维生素 C	5.3mg	5%	锌	6.67mg	44%
钠/食盐	360.7mg/0.9g	18%	烟酸	2.94mg	21%	硒	48.9μg	98%

(6) 红豆莲子薏仁粥

①原料：大米 50g，红小豆 5g，去芯干莲子 5g，薏仁 5g，瘦肉 40g。

②调料：豆油 8g，盐 0.5g，粟粉少许。

③营养特点分析：红豆健胃养血、薏仁清热利水，此粥有健脾益胃、利水消肿的功效。薏米因含有多种维生素和矿物质，有促进新陈代谢和减少胃肠负担的作用，可作为病中或病后体弱患者的补益食品。经常食用薏米食品对慢性肠炎、消化不良等症也有效果。薏米能增强肾功能，并有清热利尿作用，因此对浮肿病人也有疗效；但尿多者不宜食用薏仁。红豆莲子薏米粥营养成分表见表 4-9。

表 4-9　红豆莲子薏米粥营养成分表

项目	每份含量	NRV%	项目	每份含量	NRV%	项目	每份含量	NRV%
能量	353kcal/1478kJ	18%	维生素 A	18μgRAE	2%	钾	268mg	13%
蛋白质	14.5g	24%	维生素 E	9.04mg		镁	51mg	17%
脂肪	11.1g	18%	维生素 B_1	0.32mg	23%	钙	20mg	2%
碳水化合物	49.4g	16%	维生素 B_2	0.10mg	7%	铁	2.6mg	18%
膳食纤维	0.9g	4%	维生素 C	0.3mg	0%	锌	2.34mg	16%
钠/食盐	103.8mg/0.3g	5%	烟酸	3.18mg	23%	硒	5.6μg	11%

任务二　设计幼儿园的营养食谱

【案例】南方某市一幼儿园集体用餐，现欲进行配餐采购。已知幼儿园 3 岁儿童有 80 个，4 岁儿童有 100 个，5 岁儿童有 120 个，请确定其能量和营养素目标，并编制营养食谱。

一、任务分析

常见的幼儿园儿童在 3~6 岁，为学龄前儿童。幼儿集中管理时，活动多、消耗量大，食物喜好相互影响，年龄、性别和食量也参差不齐。这些都需要幼儿园食谱的营养目标和膳食方案有所考虑。

二、任务要求

（1）选择的食物及食物配比要合理，符合学龄前儿童的营养需要。
（2）食谱所列菜肴便于加工，要考虑幼儿园的加工条件。加工方法符合学龄前儿童的生理特点。
（3）菜点颜色、造型美观，符合学龄前儿童就餐的要求。

三、幼儿园营养食谱的设计方法与步骤

1. 确定能量和营养素目标

本案例中集体用餐儿童年龄参差不齐，参考《中国居民膳食营养素参考摄入量（2023版）》推荐 3~5 岁学龄前儿童平均总能量供给范围是 4.81~5.86MJ/d（1150~1400kcal/d），平均能量参考摄入量为（1250×40+1150×40+1300×50+1250×50+1400×60+1300×60）÷30＝1285kcal≈1300kcal。

将各营养素的 RNI 或 AI 作为幼儿园学龄前儿童每日膳食的营养目标值，查《中国居民膳食营养素参考摄入量》表，确定每日各种营养素的目标值（表 4-10）。

表 4-10　3~5 岁学龄前儿童能量和各种营养素 RNI 和 AI 数值

项目	数值		项目	数值	
	3 岁	4~6 岁		3 岁	4~6 岁
能量/kcal	1150~1250	1250~1800	铁/mg	10	10
蛋白质/g	30	30	维生素 A/μgRAE	340（男）/330（女）	390（男）/380（女）
总脂肪/%E	35（AI）	20~30	维生素 D/μg	10	10
钙/mg	500	600	维生素 B_1/mg	0.6	0.9
碘/μg	90	90	维生素 B_2/mg	0.7（男）/0.6（女）	0.9（男）/0.8（女）
锌/mg	4.0	5.5	维生素 C/mg	40	50

蛋白质 4~5 岁儿童 AMDR 为 8%E~20%E。

脂肪 AMDR 为 20%E~30%E，碳水化合物 AMDR 为 50%E~65%E。

蛋白质：1300×8%÷4＝26（g），1300×20%÷4＝65（g）。

脂肪：1300×20%÷9＝29（g），1300×30%÷9＝43（g）。

碳水化合物：1300×50%÷4＝163（g），1300×65%÷4＝211（g）。

蛋白质、脂肪和碳水化合物提供量的合适范围为 26~65g，29~43g，163~211g。

2. 设计幼儿园全日食物参考量

幼儿园儿童的能量目标值平均每人 1300kcal，根据表 4-3 的食物推荐量设计 1 日 1 人份膳食的食物类别、品种和数量（表 4-11）。

表 4-11　1 日 1 人份膳食的食物类别、品种和数量设计

食物类别及其质量	各类食物品种及其质量（食部）
谷类（150g）	标准粉 45g，挂面 50g，大米 45g
——全谷类及杂豆（10g）	小米 10g
薯类（50g）	红薯 50g
蔬菜（203g）	豇豆（长）20g，胡萝卜 20g，香菇（干）3g，洋葱 20g，荠菜 60g，番茄 40g，油菜 40g
水果（150g）	草莓 150g
禽畜肉（30g）	猪肝 10g，猪肉（腿）20g
鱼虾类（30g）	海虾 30g
蛋类（50g）	鹌鹑蛋 25g，鸡蛋 25g
奶类（牛奶 350g）	鲜牛奶 200g，酸奶 150g
豆类（15g）	南豆腐 30g（折算为干豆约 5g），豆腐丝 20g（折算为干豆约 10g）
植物油（17g）	花生油 5g，豆油 10g，芝麻油 2g
其他（食盐 1.5g）	盐 1.5g

3. 编制幼儿园的营养食谱

根据表 4-11 编制一日食谱，并将食物原料定量（食部）转换成食物原料定量（市品），以方便幼儿园食物采购。设计的幼儿园营养食谱（一）见表 4-12。

表 4-12　幼儿园营养食谱（一）

食用时间	食物名称	食物原料与定量（食部）	食物原料与定量（市品）
早餐	牛奶	纯牛奶 200g	纯牛奶 200g
	菜包	标准粉 40g，豇豆（长）20g 胡萝卜 20g，豆油 4g，盐 0.5g	标准粉 40g，豇豆（长）20g 胡萝卜 21g，豆油 4g，盐 0.5g
	酱猪肝	猪肝 10g	猪肝 10g
早点	草莓	草莓 150g	草莓 155g
午餐	海鲜饭	大米 45g，海虾 30g，鸡蛋 25g，香菇（干）3g，洋葱 20g，花生油 5g	大米 45g，海虾 59g，鸡蛋 29g，香菇（干）3g，洋葱 22g，花生油 5g
	荠菜豆腐汤	荠菜 60g，南豆腐 30g，芝麻油 2g，盐 0.5g	荠菜 68g，南豆腐 30g，芝麻油 2g，盐 0.5g

续表

食用时间	食物名称	食物原料与定量（食部）	食物原料与定量（市品）
午点	酸奶 小米面发糕	酸奶 150g 小米 10g，面粉 5g	酸奶 150g 小米 10g，面粉 5g
晚餐	面条汤 烤红薯	挂面 50g，鹌鹑蛋 25g，猪腿肉 20g，番茄 40g，油菜 40g，豆腐丝 20g，豆油 6g，盐 0.5g 红薯 50g	挂面 50g，鹌鹑蛋 29g，猪腿肉 20g，番茄 41g，油菜 42g，豆腐丝 20g，豆油 6g，盐 0.5g 红薯 56g

按照同类互换、多种多样的原则设计食谱，如表 4-13 所示。

表 4-13　幼儿园营养食谱（二）

食用时间	食物名称	食物原料与定量（食部）	食物原料与定量（市品）
早餐	牛肉面	面条（生）50g，牛肉（前腱）20g，绿豆芽 50g，香菇（干）2g，盐 0.5g 花生油 5g	面条（生）50g，牛肉（前腱）16g，绿豆芽 50g，香菇（干）2g，盐 0.5g 花生油 5g
早点	牛奶 水果	纯牛奶 150g 番木瓜 75g	纯牛奶 150g 番木瓜 87g
午餐	蛋炒饭 冬瓜瘦肉汤	稻米 60g，鸡蛋 40g，豆腐干 10g，圆白菜 70g，豆油 5g 冬瓜 30g，猪肉（瘦）10g，盐 0.5g	稻米 60g，鸡蛋 46g，豆腐干 10g，圆白菜 81g，豆油 5g 冬瓜 38g，猪肉（瘦）10g，盐 0.5g
晚点	牛奶 哈密瓜	纯牛奶 200g 哈密瓜 75g	纯牛奶 200g 哈密瓜 106g
晚餐	燕麦米饭 牡蛎煲 拌木耳菜 豆浆	大米 50g，燕麦片 10g 牡蛎 100g，鸡蛋 10g，红薯粉 5g，菜籽油 5g 木耳菜 100g，香油 2g，盐 0.5g 豆浆 150g	大米 50g，燕麦片 10g 牡蛎 100g，鸡蛋 11g，红薯粉 5g，菜籽油 5g 木耳菜 132g，香油 2g，盐 0.5g 豆浆 150g

4. 评价食谱的营养特点

（1）计算能量及营养素的供给量及营养分析　利用营养配餐软件计算食谱能量和营养素供给量。计算结果见表 4-14～表 4-17。

【电子活页】幼儿园食谱能量与营养素含量计算表（一）　【电子活页】幼儿园食谱能量与营养素含量计算表（二）

表 4-14 计算膳食能量与营养素供给量

能量和营养素	食谱（一）提供量	食谱（二）提供量	二日平均值	营养素目标值	比值/%
能量/kcal	1274	1315	1295	1300	100
蛋白质/g	57.5	54.9	56.2	30	187
脂肪/g	42.1	43.1	42.6	29~43	正常
维生素 A/μgRAE	1234	634	934	390	239
维生素 B_1/mg	0.79	0.66	0.73	0.9	81
维生素 B_2/mg	1.23	0.96	1.10	0.9	122
维生素 C/mg	124.2	110.2	117.2	50	234
钙/mg	919	853	886	600	148
铁/mg	19.8	20.4	20.1	10	201
锌/mg	7.01	16.95	11.98	5.5	218

表 4-15 幼儿园食谱宏量营养素供能比例分析

项目		蛋白质	脂肪	碳水化合物
占全日能量比例/%E	食谱（一）	18.1	29.7	52.2
	食谱（二）	16.7	29.5	53.8
	合计	17.4	29.6	53.0
推荐值/%		8~20	20~35	50~65

表 4-16 幼儿园三餐能量分配分析

项目		早餐	午餐	晚餐
占全日能量比例/%	食谱（一）	30	39	31
	食谱（二）	27	39	34
推荐值/%		25~30	30~40	30~40

表 4-17 幼儿园食谱蛋白质来源分配

项目		豆类	一般植物类	动物类
占总蛋白比例/%	食谱（一）	10.4	40.2	49.4
	食谱（二）	10.9	35.4	53.7

（2）食谱评价　该食谱食物多样，种类齐全，能量充足，三餐能量分配合理，蛋白质、脂肪、碳水化合物供能比适宜，来源于动物性食物的蛋白质占总蛋白质的50%左右，同时钙、铁、锌、维生素A、维生素C及维生素B_2的供给量达到相应的RNI或AI的90%以上，可以满足幼儿园小朋友一天的营养需要。

维生素 B_1 达到目标量的 81%，摄入量偏低，在以后膳食中，应增加富含维生素 B_1 的食物。

一日食谱确定后，可根据食用者饮食习惯，市场供应情况等因素在同一类食物中更换品种和烹调方法，编排成一周食谱。

5. 测算膳食原料的采购量

1 人份食物量乘以幼儿园儿童数 300 人，即为幼儿园食物采购总量。

6. 检查配餐方案的实施效果

制订出食谱以后，要及时巡查幼儿园儿童的进餐情况，收集幼儿园管理人员的反馈意见，观察儿童每餐食物剩量，定期进行膳食调查，了解学龄前儿童对菜式的喜好，食物的用量是否适宜，儿童真正摄入的膳食营养是否达到要求等，根据实际情况对菜式的食物材料和用量、烹调方法加以改进，才能不断完善幼儿膳食。

四、学生实训方法建议与效果评价

学生按要求设计幼儿园一日食谱并作膳食评价，并完成食谱的烹饪实训，输出合适的配餐报告。学生实训方法建议和效果评价参见模块二项目二任务二。

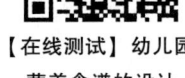

【在线测试】幼儿园营养食谱的设计

项目二

学校食堂营养食谱的设计

学习目标

知识目标

1. 能够叙述学龄儿童与青少年的生理特点及营养需要特点。
2. 能够叙述学龄儿童与青少年营养食谱设计的原则及集体食堂食谱设计的方法。
3. 能够说出学龄儿童与青少年适宜多吃的食物品种及少吃或不吃的食物品种。

能力目标

1. 能够设计适合中小学生食堂的营养菜点。
2. 能够应用营养配餐软件辅助设计一日学生午餐食谱及一周午餐食谱并进行膳食分析与评价。
3. 能够核算学校食堂食物采购数量和菜肴价格。

素质与思政目标

1. 养成爱岗敬业的品格，立志守护人类营养健康和美好生活。
2. 养成勤俭节约的好习惯，培养健康饮食行为，提高营养健康素养。

必备知识

学龄儿童是指 6 岁到不满 18 岁的未成年人，包括 6~12 岁小学阶段的学龄期儿童和 12~18 岁的青少年，相当于初中和高中阶段的学生。

一、学龄儿童生长发育特点

学龄儿童生长发育是在不断进行的，各个阶段具有承接关系，前面的过程可对以后的发展起一定的作用。任何一个阶段的发育受到阻碍，都会对后一阶段产生不良影响。

生长发育有时快有时慢，不是直线的，而是波浪式进行的。年龄越小，体格增长越快，到小学高年级时增长速度趋于平稳，但到青春期前又猛然加快。学龄期儿童体重平均每年可增加 2~2.5kg，身高每年可增长 4~7.5cm。从青春前期开始，即女孩月经初潮、男孩首次遗精的前 1~2 年，进入第二个生长高峰，体重每年可增加 4~5kg，身高每年可增长 7~12cm，甚至更多，伴随着青春期的到来，生长发育趋于平稳。

学龄期儿童和青春期各阶段发育快慢不同。神经系统发育较早；皮下脂肪发育年幼时较发达，肌肉组织到学龄期才发育加速；学龄期儿童消化系统发育尚未成熟，咀嚼和消化能力还不及成人，仍易发生营养缺乏和消化紊乱；生殖系统发育较晚，至青春期，生殖系统发育加速，第二性征逐渐明显，心理发育也逐渐成熟；身体的成分也发生变化，在青春期以前，男生和女生体内的脂肪占体重的比例是相似的，分别为 15% 和 19%，进入青春期以后，女生体内脂肪增加到 22%，男生仍为 15%，而此时男生增加的体重约为女生的 2 倍。

身体各部分发育的先后不同，四肢先于躯干，下肢先于上肢，呈现自下而上、自肢体远端向中心躯干的规律性变化发育。一般而言，学龄期儿童和青少年的生长发育一般按上述规律发展。但由于遗传、性别、环境、营养以及社会等因素影响，儿童和青少年的生长发育存在着相当大的个体差异。对于营养充足的学龄期儿童和青少年，体格成熟的年龄主要取决于遗传因素。

男生发育成熟的时间大约比女生晚 2 年，在同一性别中成熟的时间也可以相差几年。女生青春发育期比男生平均早 2 年，一般在 10 岁左右开始，17 岁左右结束；男生一般在 12 岁前后开始，22 岁左右结束。在这个时期体格生长加速，第二性征出现，生殖器官及内脏功能日益发育成熟，大脑的功能和心理的发育也进入高峰，身体各系统逐渐发育成熟，是人一生中最有活力的时期。在性发育逐渐成熟的同时，青少年在心理上也趋向于独立，易有反抗行为的发生。

青少年时期是知识和体质增长最重要时期。青少年必须承担一定的学习任务和适度体育锻炼，尤其是男生更热衷于各项体育运动，活动量较大，食欲旺盛。良好的营养、适当的锻炼和合理的作息是影响青少年时期身心发育的 3 个重要因素。

二、学龄儿童的营养需要

学龄儿童的营养摄入量不仅要维持生命活动，还要满足其生长发育的需要，因此，所需要的能量和各种营养素的量相对比成人要高，尤其是能量、蛋白质、脂类、钙、锌和铁等营养素。

1. 学龄期儿童的营养需要

（1）能量 学龄期儿童，机体各器官继续发育，肌肉组织以较大的速率增长，生长发育的速率虽不如婴幼儿，但仍处在旺盛的过程之中，而且智力发育也大大加快，身体活动也增多，因而营养需求相对比成人高。比如一个7岁的男童，能量需要量（EER）7.11MJ（1700kcal），蛋白质推荐摄入量40g，均接近轻体力活动的成年男子需要量的75%；而11岁的男童，已达到轻体力劳动成年男子的能量和蛋白质的需要量，即9.00MJ（2150kcal）和65g。如果按体重计，学龄儿童能量和蛋白质需要均比成人高一倍。学龄期儿童的机体蛋白质代谢处于正氮平衡，需要蛋白质的量较高，为了满足儿童的消化吸收和身体需要，这段时期，蛋白质的供应仍要量够质优，其AMDR为10%E~20%E，其中优质蛋白质占总蛋白质的1/2以上。脂肪不宜过多，学龄期儿童脂肪AMDR为20%E~30%E，膳食中碳水化合物的AMDR为50%E~65%E为宜。

（2）矿物质 学龄期儿童骨骼、牙齿发育快，需要大量钙、磷等矿物质作为骨骼钙化的原料，钙的需要量达到或超过成人，为800~1000mg。其他矿物质的需要量也明显增加，如铁、锌、铜、碘、硒等也不可缺少。儿童缺铁易引起缺铁性贫血，影响生长发育的速度，并对智力、神经、消化和免疫功能产生不良影响，应在膳食中适当配给瘦肉、肝脏、木耳等含铁丰富的食品。碘、锌对儿童的生长发育也非常重要，儿童缺碘可引发生长发育迟缓、智力落后，锌可增强儿童食欲，促进生长发育，应在膳食中多配给一些水产品。

（3）维生素 学龄儿童维生素A、维生素C、维生素D、B族维生素的需要量均已接近或大于成人需要的水平。有关能量代谢、蛋白质代谢和维持正常视力、智力的维生素必须保证充足供给，特别是维生素A及维生素B_2；维生素C可提升免疫力，提升铁的吸收率，也应供给充足。为保证骨骼正常发育，补充足量的维生素D，儿童应多做户外活动。

2. 青少年的营养需要

为了满足生长发育的需要，青少年时期对能量和营养素的需要也比成年人相对要高，而且该时期的营养需要与生理成熟程度密切相关。由于体格的增大和骨骼的矿化，青少年比儿童期需要更多的膳食能量，对营养素的需要也高于儿童时期。

（1）能量 青少年对能量的需要与生长发育速度及活动量成正比。为满足快速的生长发育和大量活动对能量的需求，一般来说，青春期的能量供给量要超过从事轻体力劳动的成人。10岁以上的青少年能量推荐摄入量女生6.90~11.09MJ/d（1650~2650kcal/d），男生7.53~13.81MJ/d（1800~3300kcal/d）。

青春期是发育旺盛的时期，身体组织增长很快，性器官逐渐发育成熟。蛋白质是青少年身高和体重增长的基础物质，对于生长发育非常重要。如果蛋白质经常供给不足，青少年身体常出现发育迟缓、抵抗力弱、病后不易康复等现象。尤其是女生，由于其生长发育速度较男生快，加上内分泌的变化和其他因素影响，蛋白质的营养作用更为重要。12~17岁男生每日蛋白质推荐摄入量为70~75g，女生为60g。蛋白质的供应仍要量够质优，优质蛋白质占总蛋白质的1/2以上。

碳水化合物是供应身体活动的主要能量来源，尤其是喜好运动需要较高能量的青少年，足够的碳水化合物供应可以节省蛋白质的消耗，以使蛋白质能更好地发挥建造和修补身体组织的功能。膳食中碳水化合物的 AMDR 为 50%E~65%E 为宜。脂肪不宜摄入过多，青少年脂肪 AMDR 为 20%E~30%E。

（2）钙　为满足青少年的快速生长和调节正常生理功能的需要，要供给足量的矿物质。钙是构成骨骼牙齿的重要材料，青春期钙的 RNI 为 1000mg/d。青春期钙缺乏主要表现为肢体酸痛、无力、多汗、抽搐、下肢麻木、腓肠肌痉挛、睡眠不安等症状。如何从食物中获得充足的钙呢？请参考模块二项目一任务一富含钙营养菜点的设计。

（3）铁　在发达国家，膳食中铁含量丰富，儿童铁缺乏的危险性较低。在发展中国家或贫困地区，由于膳食中铁含量低且生物利用率低，或因钩虫感染使肠道隐性失血，导致学龄儿童缺铁性贫血患病率较高。青春期少女因生长发育迅速及月经失血，机体的铁需要量增加，容易出现铁缺乏。铁的生理功能主要是合成血红蛋白，因此缺铁时易引起缺铁性贫血。缺铁还会影响神经系统，损害参加神经传导的单胺代谢，导致智力低下和行为障碍。缺铁还影响免疫系统细胞功能，如 T 淋巴细胞数量减少、免疫反应缺陷、淋巴细胞转化不良、中性粒细胞功能异常、杀菌能力减弱等。即使轻度的缺铁性贫血，也会对儿童青少年的生长发育和健康产生不良影响，造成其体力、耐力、抵抗力及学习能力下降。2023 年 DRIs 推荐：7~8 岁儿童铁的 RNI 为 12mg/d，UL 为 35mg/d；9~11 岁 RNI 为 16mg/d，UL 35mg/d；12~17 岁男女分别为 16mg/d 和 18mg/d，UL 均为 40mg/d。

诊断为缺铁性贫血的青少年，应在医生指导下及时补充铁剂。如何从食物中获得充足的铁呢？请参考模块二项目一任务一富含铁营养菜点的设计。

（4）碘　青春期生长发育快，需要较多的碘来合成甲状腺素，缺碘可导致青春期甲状腺肿。这使得处于青春期的青少年成为碘缺乏的高危人群，严重缺乏可影响其生长发育。近年来，大量流行病学资料证实，在碘缺乏的早期或生活于轻度缺碘环境中的隐匿性碘缺乏状态下，个体就已发生了不同程度的甲状腺功能改变或形态学的变化，这种改变也是机体对碘缺乏的一种具有适应与代偿意义的反映。只有当碘缺乏严重到一定程度，或持续相当一段时间（学龄儿童或青春发育期为 4~6 个月），才会出现临床可见的甲状腺肿。严重缺乏时，可影响儿童的生长发育。青春期对碘缺乏更为敏感。人体储备碘的能力有限，甲状腺中储备的碘仅供机体 2~3 个月所用，如不及时摄入碘，就容易发生碘不足或缺乏。我国 2023 年 DRIs 推荐 7~11 岁儿童碘的 RNI 为 90μg/d，UL 为 250μg/d；12~14 岁为 110μg/d，UL 均为 300μg/d；15~17 岁为 120μg/d，UL 均为 500μg/d。

如何从食物中获得充足的碘呢？请参考模块三项目一任务一富含碘营养菜点的设计。

（5）锌　我国部分儿童存在边缘性锌缺乏的问题。有少数青春期女性，追求苗条而不吃动物性食物，导致锌缺乏。锌缺乏可致味觉下降、厌食甚至异食癖，嗜睡、面色苍白，抵抗力差而易患各种感染性疾病等，严重者导致生长迟缓、生殖器发育障碍。我国 2023 年 DRIs 推荐，7~11 岁儿童锌的 RNI 为 7.0mg/d，UL 7~8 岁为 21mg/d，9~11 岁为 24mg/d，12~14 岁青春期男女，锌的 RNI 分别为 8.5mg/d 和 7.5mg/d，UL 均为 32mg/d；15~17 岁男女分别为 11.5mg/d 和 8.0mg/d，UL 均为 37mg/d。如何从食物中获得充足的锌呢？请参考模块二项目一任务富含锌营养菜点的设计。

（6）维生素　青少年对维生素的需求一般高于成人，尤其是对于能量代谢有关的 B 族维生素（如维生素 B_1、维生素 B_2、烟酸），有助于保护视力的维生素 A 及促进发育、增强机体抵抗力并促进铁吸收的维生素 C 等必须供给充足。

三、学龄儿童食谱设计原则

学龄儿童充足的营养摄入可以保证其体格和智力的正常发育，为成年时期乃至一生的健康奠定良好基础，青春期女性的营养状况还会影响下一代的健康，应特别予以关注。充足营养摄入需要合理的膳食和良好饮食习惯来保证。学龄儿童对食物的消化能力已经与成人无异，其膳食是家庭膳食的一部分，学龄儿童应在遵循一般成人膳食指南的基础上，并遵循以下5条核心推荐的指导。

1. 主动参与食物选择和制作，提高营养科学素养

学龄期是儿童学习营养健康知识、养成健康行为、提高营养健康素养的关键时期。家庭、学校和社会需要共同努力，开展饮食教育，帮助学龄儿童认识食物，做到合理膳食，传承我国优秀饮食文化和礼仪。家长应将营养健康知识融入学龄儿童日常生活，鼓励他们参与食物的选择和烹调，培养健康的饮食行为。学校应开设符合学龄儿童特点的营养教育相关课程，营造校园营养环境，提高学龄儿童的营养健康素养。

2. 吃好早餐，合理选择零食，培养健康饮食行为

学龄儿童应做到一日三餐，两餐间隔4~6h，三餐定时、定量，早餐、午餐、晚餐提供的能量和营养素应分别占全天总量的25%~30%、35%~40%、30%~35%。学龄儿童要每天吃早餐，并保证早餐的营养充足，包括谷类、禽畜肉蛋类、奶类或豆类及其制品和新鲜蔬菜、水果等食物；三餐不能用糕点、甜食或零食代替；少吃含高盐、高糖、高脂肪的快餐。

零食是指一日三餐以外吃的所有食物和饮料，不包括水。零食提供的能量和营养素不如正餐全面和均衡，应选择天然、新鲜、营养丰富和清洁卫生的食物作为零食。如新鲜蔬菜水果、坚果、奶及奶制品、大豆及其制品等。可以在两餐之间，吃少量零食。

3. 天天喝奶，足量饮水，不喝含糖饮料，禁止饮酒

奶制品营养丰富，是钙和优质蛋白质的良好来源。足量饮水可以促进学龄儿童健康成长，经常大量饮用含糖饮料会增加龋齿和超重肥胖的风险，酒精会损伤肝脏和神经系统发育。学龄儿童要天天喝奶，足量饮水，首选白开水，不喝或少喝含糖饮料，更不能抽烟饮酒。

抽烟和饮酒对儿童青少年的不利影响远远超过成年人。研究表明，酒对儿童青少年大脑造成的伤害程度远远超过对成人大脑的伤害，过早大量饮酒可能对人的神经功能造成伤害。酒精不仅影响他们的身体健康和学习成绩，还影响他们应对愤怒、焦躁或沮丧等情绪的能力，以及他们和家人、朋友沟通的能力。酒精能使生殖器官的正常功能衰退，使性成熟的年龄推迟2~3年。儿童青少年的食管、胃黏膜细嫩，管壁浅薄，对酒精更敏感，饮酒影响胃酸及胃中酶的分泌，导致胃炎或胃溃疡的发生。酒精进入人体后，要靠肝脏来分解，而儿童青少年的肝组织较脆弱，饮酒会破坏肝的功能，甚至引起肝脾肿大、酒精性肝硬化。儿童青少年饮酒与成年后的酗酒习惯有直接联系，饮酒不但危害儿童青少年的身心健康，也可导致其以后的生活障碍和引发社会问题。儿童青少年饮酒的另一个危险是发生意外事故的可能性增加。儿童青少年正处于心理、智力和体格迅速发育的时期，养成不吸烟、不饮酒的好习惯，对于自身的健康成长具有重要意义。

4. 多户外活动，少视屏时间，每天60min以上中高强度身体活动

有规律的身体活动、充足的睡眠与减少静坐时间，可以促进学龄儿童的生长发育、预防超重肥胖的发生，并能提高学习效率。学龄儿童应每天累计达到 60min 以上的中高强度以上身体活动，其中每周至少 3 次高强度身体活动（如长跑、游泳、打篮球等）、3 次提高肌力的抗阻力运动和骨质增强型运动（如伏地起身、仰卧起坐、引体向上等）。鼓励儿童增加户外活动时间，每天视屏时间不超过 2h，越少越好。

每天进行充足的户外运动，鼓励参与家务劳动。近年来，我国城市中小学生超重和肥胖发生率逐年增长，在发达地区已经超过 10%，其主要原因是摄入的食物，特别是动物性食物过量，而体力活动过少，能量摄入与消耗不平衡。因此，儿童青少年应有足够的体育锻炼和户外活动，以强健肌肉和骨骼、塑造健康的体魄。此外，在户外运动中，儿童青少年还能接受一定量的紫外线照射，有利于体内维生素 D 的合成，保证骨骼的健康发育。学校应有意识地安排儿童青少年每天进行至少 60min 中等强度或以上的运动，如果不能安排连续 60min 的体育活动，可以改为每天 3 次、每次 20min 体育活动。此外，家庭应鼓励儿童青少年参与家务劳动。家务劳动有利于培养热爱劳动、珍惜劳动成果的好品德和责任感；有利于锻炼意志和毅力，增加劳动技能和独立生活能力；有利于培养交往能力，调节家庭气氛、协调家庭关系。

5. 定期监测体格发育，保持体重适宜增长

及时发现并纠正学龄儿童偏食、挑食、过度节食的行为，帮助他们树立科学的体形认知，保证适宜的体重增长。超重、肥胖会损害儿童的体格和心理健康，要通过合理膳食和积极身体活动预防超重、肥胖。已经超重、肥胖的儿童，应在保证体重合理增长的基础上，控制总能量摄入，逐步增加运动频率和运动强度。学龄儿童的营养应均衡，以保持适宜的体重增长。偏食挑食和过度节食会影响儿童营养素的摄入，容易出现营养不良。暴饮暴食在短时间内会摄入过多的食物，加重消化系统的负担，增加发生超重肥胖的风险。超重肥胖不仅影响学龄时期的健康，损害儿童的体格和心理健康，更容易延续到成年期，增加慢性病发生的风险。

四、食物的选择

为中小学生供餐的学生食堂或供餐单位在配餐时应做到食物多样，适时搭配，注重营养与口味相结合，以满足中小学生生长发育所需的能量和营养素需要。

（1）谷类、薯类及杂豆　安排主食时应做到粗细搭配，可用杂粮或薯类部分替代米或面，避免长期提供一种主食。

（2）鱼、禽、蛋和瘦肉　禽肉与畜肉互换，鱼与虾、蟹等互换，各种蛋类互换。优先选择水产类或禽类，畜肉以瘦肉为主，少提供肥肉。每周提供 1 次动物肝脏，每人每次 20~25g。蛋类可分一日三餐提供，也可集中于某一餐提供。

（3）奶类、豆类和坚果　平均每人每天提供 200~300g（一袋/盒）牛奶或相当量的奶制品，如鲜牛奶，有条件时可适当多吃些奶类及其制品。每天提供各种大豆或大豆制品，如黄豆、豆腐、豆腐干、腐竹、豆腐脑等。奶及奶制品可分一日三餐提供，也可集中于某一餐提供。

（4）蔬菜和水果类　每天提供至少三种以上新鲜蔬菜，一半以上为深绿色、红色、橙色、紫色等深色蔬菜，适量提供菌藻类。有条件的地区每天提供至少一种新鲜水果。

（5）烹调油和盐　学生餐要清淡，每人每天烹调油用量不超过 30g；控制食盐摄入，

（6）预防营养缺乏　经常提供下列矿物质和维生素含量丰富的食物：①富含钙的食物，包括奶及奶制品、豆类、虾皮、海带、芝麻酱等。②富含铁的食物，包括动物肝脏、瘦肉、动物血、木耳等；同时搭配富含维生素 C 的食物，如深绿色的新鲜蔬菜和水果。③富含维生素 A 的食物，包括动物肝脏、水产品、蛋类、深色蔬菜和水果等。如果日常食物提供的营养素不能满足学生生长发育的需求，可鼓励使用微量营养素强化食物，如强化面粉或大米、强化酱油或强化植物油等。

（7）每人全天的食物种类及数量　每餐应提供谷薯类、新鲜蔬菜水果、鱼禽肉蛋类、奶类及大豆类四类食物中的三类及以上，尤其是早餐。

根据 WS/T 554-2017《学生餐营养指南》推荐，不同年龄段学生全天各类食物的供给量标准见表 4-18。有条件的学校，可增加奶类的摄入量，达到每天 300g，以提高钙的摄入。

表 4-18　不同年龄段学生全天各类食物的供给量标准

食物种类/g	6~8 岁	9~11 岁	12~14 岁	15~17 岁
谷薯类	250~300	300~350	350~400	350~400
蔬菜类	300~350	350~400	400~450	450~500
水果类	150~200	200~250	250~300	300~350
畜禽肉类	30~40	40~50	50~60	60~70
鱼虾类	30~40	40~50	50~60	50~60
蛋类	50	50	75	75
奶类及其制品	200	250	250	250
大豆类及制品和坚果	30	35	40	50
植物油	25	25	30	30
食盐	5	5	5	6

注：①均为可食部分生重。
②谷薯类包括各种米、面、杂粮、杂豆及薯类等。
③大豆包括黄豆、青豆和黑豆，大豆制品以干黄豆计。
资料来源 WS/T 554-2017《学生餐营养指南》。

早餐、午餐、晚餐提供的能量和营养素应分别占全天总量的 25%~30%、35%~40%、30%~35%。根据 WS/T 554-2017《学生餐营养指南》推荐，不同年龄段学生每人每天早餐的食物种类及数量见表 4-19。不同年龄段学生每人每天午餐、晚餐的食物种类及数量见表 4-20。

表 4-19　不同年龄段学生每人每天早餐的食物种类及数量

食物种类/g	6~8 岁	9~11 岁	12~14 岁	15~17 岁
谷薯类	75~90	90~105	105~120	105~120
蔬菜类	90~105	105~120	120~125	130~150
水果类	45~60	60~75	75~90	90~105

续表

食物种类/g	6~8 岁	9~11 岁	12~14 岁	15~17 岁
畜禽肉类	9~12	12~15	15~18	18~21
鱼虾类	9~12	12~15	15~18	15~18
蛋类	15	15	25	25
奶类及其制品	60	60	75	75
大豆类及制品和坚果	9	11	12	15
植物油	5	5	5	5
食盐	1.5	1.5	1.5	2

注：资料来源 WS/T 554-2017《学生餐营养指南》。

表 4-20　不同年龄段学生每人每天午餐、晚餐的食物种类及数量

食物种类/g	6~8 岁	9~11 岁	12~14 岁	15~17 岁
谷薯类	100~120	120~140	140~160	140~160
蔬菜类	120~140	140~160	160~180	180~200
水果类	60~80	80~100	100~120	120~140
畜禽肉类	12~16	16~20	20~24	24~28
鱼虾类	12~16	16~20	20~24	20~24
蛋类	20	20	30	30
奶类及制品	80	80	100	100
大豆类及制品和坚果	12	14	16	20
植物油	10	10	10	15
食盐	2	2	2	2.5

注：资料来源 WS/T 554-2017《学生餐营养指南》。

● 课堂讨论

大食物观

习近平总书记在中国共产党第二十次全国代表大会上的报告中指出，树立大食物观，发展设施农业，构建多元化食物供给体系。大食物观强调食物供给的多元化，确保粮食及各类食物的有效供给；而营养配餐追求的是科学、均衡的饮食搭配。这两者均体现了以人民为中心的发展理念，致力于满足人民对美好生活的需求。

思考：

1. "大食物观"与"营养配餐"的关系。
2. 如何在生活中践行"大食物观"？

五、介绍常见食物的份量

同一类食物有许多品种,各品种食物的营养成分有差异,但大体上近似,故在膳食安排时根据具体需要可以相互替换。同类食物的等能互换是在保持能量相等的前提下,以粮换粮,以菜换菜,以肉换肉,以豆换豆。例如大米可与面粉或杂粮互换;大豆可与相当量的豆制品互换;牛奶可与羊奶、酸奶、奶粉、奶酪互换。每份食物能量约90kcal的食物份量如表4-21~表4-27所示。

表4-21 粮薯类食物能量约90kcal的食物份量

食品	质量/g	食品	质量/g
大米、小米、糯米、薏米	25	绿豆、红豆、芸豆、干豌豆	25
高粱米、玉米渣	25	油条、油饼、苏打饼干	25
面粉、米粉、玉米面	25	烧饼、烙饼、馒头	35
混合面	25	咸面包、窝窝头	35
燕麦片、莜麦面	25	生面条、魔芋生面条	35
荞麦面、苦荞面	25	米饭	120
各种挂面、龙须面	25	马铃薯	100
通心粉	25	湿粉皮	150
干粉条、干莲子	25	鲜玉米(1中个带棒心)	200

注:上表食品按每份能量约90kcal、蛋白质2g,碳水化合物20g来计算;即吃25g大米相当于吃35g生面条。

表4-22 蔬菜类食物能量约90kcal的食物份量

	食品	质量/g		食品	质量/g
甲类:含糖量1%~3%的蔬菜(食部)	大白菜、圆白菜、菠菜、油菜、韭菜、茴香、茼蒿	400~600	乙类:含糖量4%~10%的蔬菜(食部)	倭瓜、南瓜、菜花	350
	芹菜、苤蓝、莴苣、油菜薹			鲜豇豆、扁豆、洋葱、蒜苗	250
	西葫芦、番茄、冬瓜、苦瓜、黄瓜、茄子、丝瓜			胡萝卜	200
	芥蓝菜、瓢儿菜、塌棵菜			山药、荸荠、藕、凉薯	150
	蕹菜、苋菜、龙须菜			慈姑、百合、芋头	100
	绿豆芽、鲜蘑、水浸海带			毛豆、鲜豌豆	70
	白萝卜、青椒、茭白、冬笋				

注:上表食品按每份能量约90kcal、蛋白质5g、碳水化合物17g来计算;即吃400~600g大白菜相当于吃350g南瓜。

表 4-23　水果类食物能量约 90kcal 的食物份量

食品	质量/g	食品	质量/g
柿、香蕉、鲜荔枝	150	李子、杏	200
梨、桃、苹果	200	葡萄	200
橘子、橙子、柚子	200	草莓	300
猕猴桃	200	西瓜	500

注：上表食品按每份能量约 90kcal、蛋白质 1g，碳水化合物 21g 来计算；即吃 150g 香蕉相当于吃 500g 西瓜。

表 4-24　肉蛋类食物能量约 90kcal 的食物份量

食品	质量/g	食品	质量/g
熟火腿、香肠	20	鸭蛋、松花蛋（1 大个带壳）	60
肥瘦猪肉	25	鹌鹑蛋（6 个带壳）	60
熟叉烧肉（无糖）、午餐肉	35	鸡蛋清	150
瘦猪、牛、羊肉	50	带鱼	80
带骨排骨	50	草鱼、鲤鱼、黑鲢、鲫鱼	80
鸭肉、鸡肉、鹅肉	50	大黄鱼、鳝鱼、黑鱼、鲫鱼	80
兔肉	100	对虾、青虾、鲜贝	80
鸡蛋粉	15	蟹肉、水浸鱿鱼	100
鸡蛋（1 大个带壳）	55	水浸海参	350

注：上表食品按每份能量约 90kcal、蛋白质 9g、脂肪 6g 来计算；即吃 50g 瘦猪肉相当于吃 1 个（55g）鸡蛋。

表 4-25　大豆类食物能量约 90kcal 的食物份量

食品	质量/g	食品	质量/g
腐竹	20	北豆腐	100
大豆	25	南豆腐（嫩豆腐）	150
大豆粉	25	豆浆（黄豆质量 1 份加水质量 8 份磨浆）	300
豆腐丝、豆腐干、油豆腐	50		

注：上表食品按每份能量约 90kcal、蛋白质 9g，脂肪 4g，碳水化合物 4g 来计算；即吃 20g 腐竹相当于吃 100g 北豆腐。

表 4-26　奶类食物能量约 90kcal 的食物份量

食品	质量/g	食品	质量/g
奶粉	20	牛奶	160
脱脂奶粉	25	羊奶	160
乳酪	25	无糖酸奶	130

注：上表食品按每份能量约 90kcal、蛋白质 5g，脂肪 5g，碳水化合物 6g 来计算；即吃 20g 奶粉相当于吃 160g 牛奶。

表 4-27 油脂、硬果、糖类食物能量约 90kcal 的食物份量

食品	质量/g	食品	质量/g
花生油、香油（1 汤匙）	10	核桃	15
玉米油、菜籽油（1 汤匙）	10	杏仁	15
豆油	10	花生米	15
红花油（1 汤匙）	10	葵花籽（带壳）	25
猪油	10	西瓜子（带壳）	40
牛油	10	白糖	22
羊油	10	红糖	23
黄油	10		

注：上表食品按每份能量约 90kcal，油脂硬果类含脂肪 10g、白糖和红糖含糖水化合物 22g 来计算；即吃 10g 香油相当于吃 15g 核桃。

项目实施

任务一　设计中小学学生营养菜点

对于集体供餐的学校食堂来说，食物选购、价格和营养都是非常重要的。在满足中小学学生生长发育所需能量和营养素需要的基础上，食物多样，食物同类互换，注重营养与口味相结合。

（1）清蒸鲈鱼
①原料：鲈鱼 100g（市品 172g），香菇（干）5g。
②调料：酱油 3g，姜片、葱丝各少许。
③营养特点分析：清蒸鲈鱼营养成分表见表 4-28。

表 4-28 清蒸鲈鱼营养成分表

项目	每份含量	NRV%	项目	每份含量	NRV%	项目	每份含量	NRV%
能量	166kcal/695kJ	8%	维生素 A	19μgRAE	2%	钾	238mg	12%
蛋白质	19.8g	33%	维生素 E	2.89mg		镁	49mg	16%
脂肪	8.5g	14%	维生素 B_1	0.04mg	3%	钙	145mg	18%
碳水化合物	3.4g	1%	维生素 B_2	0.24mg	17%	铁	2.9mg	20%
膳食纤维	1.6g	6%	维生素 C	0.3mg	0%	锌	3.32mg	22%
钠/食盐	317.5mg/0.8g	16%	烟酸	4.18mg	30%	硒	33.4μg	67%

鲈鱼蛋白质含量为 17.5%，为优质蛋白，消化吸收率高，脂肪含量为 3.1%，多不饱和脂肪酸含量高，另外，鲈鱼还富含钙、铁、磷、核黄素、烟酸等营养素，采取清蒸的烹调方法，营养素损失较少。

（2）鱼香肉丝

①原料：猪肉（腿）75g，木耳 5g，胡萝卜（黄）50g（市品 52g）。

②调料：花生油 6g，酱油 2g，盐 0.5g，鸡精、泡椒、淀粉、葱、姜、蒜、高汤、香醋及白糖各适量。

③营养特点分析：猪瘦肉可提供优质蛋白质，并富含铁、硫胺素和核黄素；木耳含铁丰富；胡萝卜含有丰富胡萝卜素，在体内可转化为维生素 A。鱼香肉丝营养成分表见表 4-29。

表 4-29 鱼香肉丝营养成分表

项目	每份含量	NRV%	项目	每份含量	NRV%	项目	每份含量	NRV%
能量	225kcal/938kJ	11%	维生素 A	175μgRAE	22%	钾	362mg	18%
蛋白质	14.8g	25%	维生素 E	2.90mg		镁	33mg	11%
脂肪	14.8g	25%	维生素 B_1	0.43mg	31%	钙	35mg	4%
碳水化合物	9.2g	3%	维生素 B_2	0.22mg	16%	铁	6.1mg	41%
膳食纤维	2.1g	9%	维生素 C	8.0mg	8%	锌	1.91mg	13%
钠/食盐	374.1mg/0.9g	19%	烟酸	3.93mg	28%	硒	11.7μg	23%

（3）甜椒炒猪肝

①原料：猪肝 50g，甜椒 100g（市品 122g），木耳 3g。

②调料：花生油 5g，盐 0.5g，味精 0.3g，淀粉、花椒粉各少量。

③营养特点分析：猪肝可为用餐者提供优质蛋白质、维生素 A、硫胺素、核黄素、铁、锌等营养素，青椒维生素 C、类胡萝卜素含量较高，木耳中铁含量丰富。甜椒炒猪肝营养成分表见表 4-30。

表 4-30 甜椒炒猪肝营养成分表

项目	每份含量	NRV%	项目	每份含量	NRV%	项目	每份含量	NRV%
能量	134kcal/565kJ	7%	维生素 A	3257μgRAE	407%	钾	141mg	7%
蛋白质	11.0g	18%	维生素 E	2.85mg		镁	17mg	6%
脂肪	7.6g	13%	维生素 B_1	0.14mg	10%	钙	11mg	1%
碳水化合物	6.7g	2%	维生素 B_2	1.04mg	75%	铁	14.7mg	98%
膳食纤维	0.9g	4%	维生素 C	140.0mg	140%	锌	1.96mg	13%
钠/食盐	249.8mg/0.6g	12%	烟酸	5.53mg	39%	硒	13.6μg	27%

(4) 松子仁玉米

①原料：松子仁 10g，玉米（鲜）50g（市品 109g），猪肉（腿）50g。

②调料：花生油 5g，盐 0.5g，味精、葱花及淀粉各少量。

③营养特点分析：松子仁玉米营养成分表见表 4-31。

表 4-31　松子仁玉米营养成分表

项目	每份含量	NRV%	项目	每份含量	NRV%	项目	每份含量	NRV%
能量	268kcal/1119kJ	13%	维生素 A	2μgRAE	0%	钾	317mg	16%
蛋白质	12.3g	20%	维生素 E	5.76mg		镁	40mg	13%
脂肪	19.1g	32%	维生素 B_1	0.36mg	26%	钙	12mg	1%
碳水化合物	13.0g	4%	维生素 B_2	0.20mg	14%	铁	1.6mg	11%
膳食纤维	2.5g	10%	维生素 C	8.0mg	8%	锌	2.03mg	14%
钠/食盐	229.8mg/0.6g	11%	烟酸	3.75mg	27%	硒	7.6μg	15%

松子仁含有大量脂肪，且多不饱和脂肪酸含量高，有助于保持学生的大脑活跃性，增强学习能力，另外松子仁含有丰富的硫胺素、核黄素、维生素 E、铁、钙等营养素；鲜玉米含有大量膳食纤维，有助于增加肠道蠕动，防止便秘。

任务二　设计学校食堂的营养食谱

【案例】设计学生餐（以高中部学生为例）营养食谱并进行营养分析。

一、任务分析

根据学生的年龄、性别及体重，以《中国居民膳食营养素参考摄入量（2023 版）》为标准来确定其能量和营养素需要量。WS/T 554—2017《学生餐营养指南》推荐了中小学不同年龄段学生的一日、早餐及中晚餐各类食物的供给标准。因此，中小学学生食堂可根据 WS/T 554—2017《学生餐营养指南》的推荐，方便快捷地安排学生膳食。

二、任务要求

（1）选择的食物及食物配比要合理，符合学龄儿童和青少年的营养需要。

（2）食谱所列菜肴便于加工，要考虑学生食堂的加工条件。加工方法符合学龄儿童和青少年的生理特点。

（3）菜点颜色、造型美观，符合学龄儿童和青少年就餐的要求。

三、学生食堂食谱的设计方法与步骤

1. 确定能量和营养素目标

根据 WS/T 554—2017《学生餐营养指南》和《中国居民膳食营养素参考摄入量

（2023版）》确定能量和营养素供给量目标。每人每天能量和营养素供给量见表4-32。

表4-32 每人每天能量和营养素供给量

能量及营养素	6~8岁		9~11岁		12~14岁		15~17岁	
	男	女	男	女	男	女	男	女
能量/kcal/MJ	1700/7.11	1550/6.48	2100/8.78	1900/7.94	2600/10.88	2200/9.20	2950/12.34	2350/9.82
蛋白质/g	40	40	50	50	70	60	75	60
脂肪供能比/%	占总能量的20%~30%							
碳水化合物供能比/%	占总能量的50%~65%							
蛋白质供能比/%	占总能量的10%~20%							
钙/mg	750		1000		1000		1000	
铁/mg	12		16		18		18	
锌/mg	6.5		7.0		8.5	7.5	11.5	8.0
维生素A/μgRAE	430		550		780	730	810	670
维生素B_1/mg	1.0		1.1		1.4	1.2	1.6	1.3
维生素B_2/mg	0.9		1.1		1.4	1.2	1.6	1.2
维生素C/mg	60		75		95		100	
膳食纤维/g	15~20		15~20		20~25		25~30	

注：能量供给量应达到标准值的90%~110%。

午餐各类营养素的摄入量应占表4-32推荐量的40%。女生高中阶段的年龄在15~17岁，能量及营养素目标如下：

能量目标：2350×40%＝940（kcal），蛋白质AMDR为10%E~20%E。

蛋白质：2350×10%÷4×40%＝24（g），2350×20%÷4×40%＝47（g）。

脂肪AMDR为20%E~30%E，碳水化合物AMDR为50%E~65%E。

脂肪：2350×20%÷9×40%＝21（g），2350×30%÷9×40%＝31（g）。

碳水化合物：2350×50%÷4×40%＝118（g），2350×65%÷4×40%＝153（g）。

蛋白质、脂肪和碳水化合物供给量的目标范围为24~47g，21~31g，118~153g。

各类营养素摄入是否可以满足用餐者需求，是衡量营养配餐成功与否的关键，因此，为学生配餐之前应了解学生对各类营养素的需求量。各类营养素的目标为：钙400mg，铁7.2mg，锌3.2mg，维生素A 268μgRAE，维生素B_1 0.52mg，维生素B_2 0.48mg，维生素C 40mg，膳食纤维10g。

2. 编制高中女生午餐营养食谱

（1）设计高中女生午餐食物参考量 高中女生的午餐能量目标值平均每人940kcal，根据表4-20的食物推荐量设计1日膳食的食物类别、品种和数量（见表4-33）。

表 4-33　1 日膳食的食物类别品种和数量设计

食物类别及其质量	各类食物品种及其质量（食部）
谷薯类（145g）	稻米（粳，标一）120g 红薯 150g（折算为干品约 25g）
蔬菜（200g）	番茄 50g，茼蒿 150g
水果（120g）	草莓 120g
禽畜肉鱼虾类（45g）	瘦猪肉 45g
蛋类（30g）	鸡蛋 30g
奶类（鲜奶 100g）	纯牛奶 100g
大豆类及制品和坚果（20g）	北豆腐 60g
植物油（15g）	花生油 15g
其他（食盐 2.5g）	碘盐 2.5g

（2）编制高中女生午餐的营养食谱　以早餐在 6∶30～8∶30，午餐 11∶30～13∶30，晚餐 17∶30～19∶30 进行为宜。根据当地的食物品种、季节特点和饮食习惯等具体情况，结合中小学生营养健康状况和身体活动水平配餐。

根据表 4-33 午餐食物品种及其数量编制午餐食谱，并将食物原料定量（食部）转换成食物原料定量（市品），以方便学校食堂食物采购。高中女生午餐营养食谱见表 4-34。

表 4-34　高中女生午餐营养食谱

食用时间	食物名称	食物原料与定量（食部）	食物原料与定量（市品）
午餐	米饭	稻米 120g	稻米 120g
	蒸红薯	红薯 150g	红薯 167g
	瘦肉烩豆腐	瘦猪肉 45g，北豆腐 60g	瘦猪肉 45g，北豆腐 60g
	拌茼蒿	茼蒿 150g	茼蒿 183g
	番茄蛋汤	番茄 50g，鸡蛋 30g	番茄 52g，鸡蛋 34g
	牛奶	纯牛奶 100g	纯牛奶 100g
	水果	草莓 120g	草莓 124g
	其他	花生油 12g，碘盐 2.5g	花生油 12g，碘盐 2.5g

（3）高中女生午餐营养食谱的评价　膳食营养核算过程中，一般针对日常饮食容易缺乏且对身体健康影响比较大的营养素进行核算，营养配餐中经常核算的营养素一般包括维生素 A、维生素 B_1、维生素 B_2、维生素 C、钙、铁、锌。利用营养配餐软件计算食谱能量和营养素的供应量。计算结果见表 4-35 和表 4-36。

【电子活页】高中女生午餐营养食谱能量与营养素含量计算表

表 4-35　高中女生午餐食谱能量与营养素分析表

餐次	能量/kcal	蛋白质/g	脂肪/g	维生素 A/μgRAE	维生素 B$_1$/mg	维生素 B$_2$/mg	维生素 C/mg	钙/mg	铁/mg	锌/mg
供给量	937	36.9	28.0	453	0.68	0.48	96.4	373	10.9	5.33
RNI 或 AI	940	24~47	21~31	268	0.52	0.48	40	400	7.2	3.2
比值/%	100	正常	正常	169	131	100	241	93	153	167

表 4-36　高中女生午餐营养食谱宏量营养素供能比例分析

项目	蛋白质	脂肪	碳水化合物
占全日能量比例/%	15.8	26.9	57.4
推荐值/%	10~20	20~30	50~65

该女生午餐食谱食物多样，包括膳食宝塔推荐的五大类食物，种类齐全，能量充足，蛋白质、脂肪、碳水化合物供能比适宜，优质蛋白质（来源于瘦猪肉、北豆腐、鸡蛋和纯牛奶）占总蛋白质的59%，优质蛋白质充足，同时钙、铁、锌、维生素 A、维生素 C 及 B 族维生素的供给量达到相应营养目标要求，可以满足高中女生的营养需要。

3. 编制高中女生一周午餐营养食谱

（1）编制高中女生一周午餐营养食谱　1日午餐食谱确定后，可根据食用者饮食习惯，市场供应情况等因素在同一类食物中更换品种和烹调方法，编排成一周午餐食谱。根据食物交换份法编制一周午餐食谱，见表4-37。

表 4-37　高中女生（940kcal）一周午餐营养食谱（以食部定量）

星期	主食	副食	点心零食
一	二米饭（稻米120g，燕麦20g）	小白菜炒鸡蛋（小白菜150g，鸡蛋50g） 家常豆腐（南豆腐90g）花生油12g 海带肉汤（水发海带50g，猪腿肉25g）	纯牛奶（100g） 桃子（120g）
二	米饭（稻米110g）	马铃薯炖鸡肉（马铃薯130，鸡肉45g） 芹菜拌腐竹（芹菜茎150g，腐竹12g），菜籽油12g 紫菜蛋花汤（紫菜2g，鸡蛋30g）	酸奶（120g） 梨（120g）
三	米饭（稻米120g） 绿豆汤（绿豆20g）	鱼香豆腐干（豆腐干35g，甜椒50g，胡萝卜50g） 肉炒西蓝花（猪肉60g，西蓝花100g），花生油12g	纯牛奶（100g） 橙（120g）
四	馒头（小麦粉80g） 红薯小米粥（红薯120g，小米40g）	红烧鱼（草鱼60g） 黄豆芽拌花生米［黄豆芽50g，花生（炒）10g］ 素炒奶白菜（奶白菜150g），花生油12g	酸奶（120g） 葡萄（120g）
五	二米饭（稻米120g，黑米20g）	牛肉炖萝卜（牛肉40g，白萝卜100g） 卤猪肝（猪肝20g） 炒油菜薹（油菜薹100g），豆油12g 豆浆（豆浆200g）	纯牛奶（100g） 冬枣（120g）

（2）高中女生午餐营养食谱的评价　利用营养配餐软件计算食谱能量和营养素的供应量。计算结果见表4-38和表4-39。

【电子活页】高中女生一周午餐食谱能量和营养素含量计算表

表4-38　高中女生一周午餐食谱能量与营养素分析

项目	能量/kcal/kJ	蛋白质/g	脂肪/g	总维生素A/μgRAE	硫胺素/mg	核黄素/mg	维生素C/mg	钙/mg	铁/mg	锌/mg
星期一	938/3972	35.3	31.3	429	0.54	0.52	108.0	589.6	9.7	4.92
星期二	958/4024	36.5	25.0	193	0.47	0.46	39.2	338.5	8.7	4.62
星期三	941/3942	39.2	28.8	261	0.69	0.46	166.5	379.3	7.5	5.41
星期四	952/3999	36.9	27.0	261	0.51	0.53	72.7	395.2	7.3	3.89
星期五	964/4045	39.1	23.0	1401	0.57	0.88	379.6	356.0	11.8	7.44
周平均	951/3997	37.4	27.0	509	0.56	0.57	153.2	411.7	9.0	5.25
目标	940/3933	24~47	21~31	268	0.52	0.48	40	400	7.2	3.2
比例	101	正常	正常	190	107	119	383	103	125	164

表4-39　高中女生一周午餐食谱宏量营养素供能比例分析

项目	星期一	星期二	星期三	星期四	星期五	周平均	推荐值
蛋白质供能比/%	15.1	15.3	16.7	15.5	16.2	15.7	10~20
脂肪供能比/%	30.1	23.5	27.6	25.5	21.5	25.6	20~30
碳水化合物供能比/%	54.8	61.2	55.7	59.0	62.3	58.7	50~65

该食谱食物多样，种类齐全，能量充足，三餐能量分配合理，蛋白质、脂肪、碳水化合物供能比适宜，来源于动物性食物的蛋白质占总蛋白质的50%以上，同时钙、铁、锌、维生素A、维生素C及B族维生素的供给量达到相应营养目标要求，可以满足高中女生的营养需要。

4. 编制各年龄段学生一日三餐营养食谱

（1）编制各年龄段学生的营养食谱　根据WS/T 554-2017《学生餐营养指南》推荐，不同年龄段学生的全天各类食物的供给量的标准见表4-18。根据表4-18至4-20的食物推荐量设计1日1人份三餐膳食的食物品种和数量，一日三餐带量食谱举例参见表4-40。

表 4-40　一日三餐带量食谱举例　　　　　　　　　　　　　　　　　　　单位：g

就餐时间	菜名	配料	6~8 岁	9~11 岁	12~14 岁	15~17 岁
早餐	馒头	小麦粉	40	50	65	75
	蒸马铃薯	马铃薯	50	80	100	125
	牛奶	纯牛奶	200	250	250	250
	煮鸡蛋	鸡蛋	50	50	75	75
	炒红薯叶	红薯叶	80	120	120	120
		花生油	3	5	5	5
	水果	柚子	50	60	70	80
午餐	玉米饭	大米	85	100	120	140
		玉米（鲜）	60	70	100	100
	鱼香肉丝	瘦猪肉	35	50	60	65
		柿子椒	30	40	50	50
		胡萝卜	30	40	50	50
		菜籽油	5	5	8	8
	炒时蔬	炒四季豆	70	80	80	100
		菜籽油	5	5	5	7
	水煮花生	花生	10	10	10	10
	水果	苹果	80	100	120	120
晚餐	米饭	稻米	55	65	85	90
	小米粥	小米	25	40	40	40
	芦笋拌木耳	芦笋（紫）	100	100	120	150
		木耳	3	4	4	5
		芝麻油	5	5	5	5
	虾仁烩豆腐	海虾	35	50	60	60
		豆腐（南）	120	150	180	250
		花生油	5	5	7	7
	水果	木瓜	60	80	90	100

（2）各年龄段学生食谱的营养评价　利用营养配餐软件计算食谱能量和营养素的供应量。计算结果见表 4-41~表 4-43。

【电子活页】各年龄段学生餐食谱能量与营养素计算表

表 4-41　各年龄段学生餐食谱能量与营养素分析

能量和营养素	6~8 岁		9~11 岁		12~14 岁		15~17 岁	
	摄入量	目标量	摄入量	目标量	摄入量	目标量	摄入量	目标量
能量/kcal/MJ	1641/6.88	1625/6.80	2005/8.41	2000/8.37	2402/10.08	2400/10.04	2631/11.04	2650/11.09
蛋白质/g	65.9	40	82.6	50	99.0	70（男）60（女）	108.5	75（男）60（女）
脂肪/%E	29	20~30	27	20~30	27	20~30	26	20~30
维生素 A/μgRAE	532	430	664	550	780	780（男）730（女）	801	820（男）630（女）
维生素 B_1/mg	1.28	1.0	1.64	1.1	1.92	1.4（男）1.2（女）	2.12	1.6（男）1.3（女）
维生素 B_2/mg	1.15	0.9	1.45	1.1	1.62	1.4（男）1.2（女）	1.72	1.6（男）1.2（女）
维生素 C/mg	110.7	60	142.5	75	172.9	95	186.7	100
钙/mg	691	750	901	1000	982	1000	1077	1000
铁/mg	16.0	12	20.7	16	23.5	18	26.3	18
锌/mg	8.31	6.5	10.44	7.0	12.49	8.5（男）7.5（女）	13.65	11.5（男）8.0（女）

表 4-42　各年龄段学生餐食谱宏量营养素供能比例分析

项目	6~8 岁	9~11 岁	12~14 岁	15~17 岁	推荐值
蛋白质供能比/%	16.1	16.5	16.5	16.5	10~20
脂肪供能比/%	28.9	27.2	26.7	26.1	20~30
碳水化合物供能比/%	55.0	56.4	56.8	57.4	50~65

表 4-43　各年龄段学生三餐能量占全日能量分配比例分析

项目	6~8 岁	9~11 岁	12~14 岁	15~17 岁	推荐值
早餐	27.6	28.9	28.6	28.4	25~30
午餐	38.9	37.0	37.5	37.4	35~40
晚餐	33.5	34.2	33.9	34.2	30~35

该食谱食物多样，种类齐全，能量充足，三餐能量分配合理，蛋白质、脂肪、碳水化合物供能比适宜，优质蛋白质占总蛋白质的50%以上，同时钙、铁、锌、维生素 A、维生素 C 及 B 族维生素的供给量达到相应营养目标要求，可以满足高中女生的营养需要。

5. 测算膳食原料的采购量

最后将计算出来的一人份食物需要数量乘以学生人数即为学校食堂整体食物采购的参考量。

学校食堂在制定好食谱后就要开列膳食原料采购单，并进行食谱成本核算，为采购部门提供采购依据，膳食原料采购和成本核算单可依据表 4-44 制作。

表 4-44　食谱综合成本测算

营养师：		电话：		厨师：		电话：		
采购员：		电话：		采购日期：	年　月　日			
餐次	菜肴及原料	食部质量 g	食部 %	市品质量 g	份数	总质量 g	单价 元/kg	总价 元	单份成本 元
早餐									
午餐									
晚餐									
合计									

在营养计算中都按食物的食部质量进行，采购是按市品质量。通常制定膳食原料采购单时要参照食物成分表，将可食部质量换算为市品质量。

6. 检查配餐方案的实施效果

制订出食谱以后，要及时巡查学校食堂学生的进餐情况，收集食堂管理人员的反馈意见，观察学生每餐食物剩量，定期进行膳食调查，了解学生对菜式的喜好，食物的用量是否适宜，学生真正摄入的膳食营养是否达到要求等，根据实际情况对菜式的食物材料和用量、烹调方法加以改进，才能不断完善食堂膳食。

四、学生实训方法建议与效果评价

按要求设计学生一周午餐食谱并核算其成本，输出合适的配餐报告。学生实训方法建议与效果评价参见模块二项目二任务二。

【在线测试】学校食堂营养食谱的设计

项目三

单位集体食堂食谱编制与管理

学习目标

知识目标

1. 能够叙述集体食堂用的特点。
2. 能够叙述集体食堂食谱编制的原则和方法。

■ 能力目标

1. 能够应用营养配餐软件辅助设计单位集体食堂的1日食谱并进行膳食分析与评价。
2. 能够测算膳食的综合成本并检查配餐方案的实施效果。

■ 素质与思政目标

1. 养成爱岗敬业的品格，立志守护人类营养健康和美好生活。
2. 贯彻实施《中华人民共和国反食品浪费法》，践行光盘行动。

■ 必备知识

一、单位集体食堂的特点

单位集体食堂一般是指国家机关和企事业单位的集体用餐食堂，这些集体食堂一般具有如下特点：

（1）用餐者一般多为成年人，也有部分中老年人；
（2）一般每天每餐用餐人数相对固定，但是三餐人数不同；
（3）就餐者年龄差异较大、劳动强度也不相同。

二、集体用餐食谱设计原则

因单位集体食堂配餐相对复杂，难度较大。为单位集体食堂配餐时，应遵循以下几个方面原则。

（1）充分掌握就餐者信息　通过对单位集体就餐者的调查和分析，总结就餐者的个人信息情况，如年龄、性别、工作岗位、工作内容等，以此作为膳食能量核算的重要依据。

（2）调查评估三餐就餐人数　一日三餐的就餐人数是食谱设计以及食物原料采购的重要依据，因此应该调查分析清楚。

（3）设计合理的食谱　由于单位集体用餐人员复杂，所以在充分了解就餐情况的前提下，可将用餐的所有人核算成标准人，然后设计标准人的一日食谱，在食谱菜品的选择上，尽量兼顾到用餐者中年纪较大的人，尽量避免一些只适合年轻人的饮食。一般控制脂肪占总能量的20%~30%，蛋白质10%~20%，碳水化合物50%~65%。

三餐膳食调配的基本原则是：主食粗细巧安排，菜肴品种常变化，餐餐有荤，顿顿有绿，平衡膳食勤调配。每天各餐要注意做到日间的均衡分配，并适度调节。一周的食谱，在各天之间要保持食物、营养与价格的分配保持相对平衡，防止起伏过大。

（4）按需求采购膳食原料　在核算食物原料采购数量的时候，注意每餐的总人数可能是有差异的，以免过多或过少核算采购数量。因单位集体食堂每餐的人数可能比调查的结果会有微小变动，一般采购的时候，应在核算结果的基础上少量增加，以免造成供餐不足。

项目实施

任务　单位集体食堂食谱的设计

【案例】某单位,职工共 300 人,年龄为 20~60 岁,请设计该食堂的一日食谱并核算菜肴的价格。

一、任务分析

对于单位集体,只有掌握就餐者的情况,才能设计合理的食谱,因此设计食谱之前,首先应对单位所有人员进行调查;接着要对集体单位用餐人员的个人情况进行统计、整理分析总结,就可获得每天每餐的用餐者的人数及详细信息,这些准备工作是配制合理的餐食和采购食品原料的前提。

二、任务要求

(1) 选择的食物及食物配比要合理,符合配餐对象的营养需要。
(2) 食谱所列菜肴便于加工,要考虑单位食堂的加工条件。加工方法符合单位食堂用餐者的生理特点和饮食习惯。
(3) 菜点颜色、造型美观,符合配餐对象就餐的要求。

三、单位集体食堂食谱的设计方法与步骤

1. 调查单位集体就餐者信息

调查可参照表 4-45 进行。

表 4-45　单位集体食堂就餐者情况调查表

序号	部门	姓名	性别	年龄	主要工作内容	劳动强度	用餐餐次
1							
2							
3							
4							
5							
6							
7							
…							

2. 分析就餐情况

分析整理单位就餐情况可以采用表 4-46 进行。对单位职工进行调查分析,就餐情况统计如表 4-46 所示。

表 4-46　某企业食堂就餐情况统计分析表

年龄段	性别	体力活动	总数人/人	早餐人数/人	午餐人数/人	晚餐人数/人
18~29 岁	男	轻	20	10	20	0
		中	80	20	80	20
		重	30	30	30	10
	女	轻	50	20	50	10
		中	50	20	50	20
		重	20	20	20	10
30~49 岁	男	轻	10	5	10	3
		中	15	5	15	5
		重	0	0	0	0
	女	轻	10	5	10	2
		中	10	5	10	5
		重	0	0	0	0
50~64 岁	男	轻	2	0	2	0
		中	2	0	2	0
	女	轻	1	0	1	0
		中	0	0	0	0
人数合计			300	140	300	85

3. 计算标准人数量

营养食谱设计的基础是能量，但由于集体用餐单位的用餐情况复杂，因此可以采取核算标准人的方法，进行平均能量和营养素摄入量的核算。

标准人是指每日能量需要标准为 2400kcal 的劳动者。将其他人群的每日能量需要与标准人的每日能量需要进行比较，即可获得标准人系数。不同人群的标准人系数见表 4-47。

获得了标准人系数，就可以将食堂用餐的所有人员核算为标准人，计算公式如下：

标准人数=实际就餐人数×标准人系数

例如，表 4-46 中，将所有就餐人员核算为标准人的计算结果如表 4-47 所示。

表 4-47　标准人系数和标准人数计算结果

年龄段	性别	体力活动	能量/kcal/d	折合标准人系数	总标准人数	早餐标准人数	午餐标准人数	晚餐标准人数
18~29 岁	男	轻	2150	0.90	17.9	9.0	17.9	0.0
		中	2550	1.06	85.0	21.3	85.0	21.3
		重	3000	1.25	37.5	37.5	37.5	12.5
	女	轻	1700	0.71	35.4	14.2	35.4	7.1
		中	2100	0.88	43.8	17.5	43.8	17.5
		重	2450	1.02	20.4	20.4	20.4	10.2

续表

年龄段	性别	体力活动	能量/kcal/d	折合标准人系数	总标准人数	早餐标准人数	午餐标准人数	晚餐标准人数
30~49岁	男	轻	2050	0.85	8.5	4.3	8.5	2.6
		中	2500	1.04	15.6	5.2	15.6	5.2
		重	2950	1.23	0.0	0.0	0.0	0.0
	女	轻	1700	0.71	7.1	3.5	7.1	1.4
		中	2050	0.85	8.5	4.3	8.5	4.3
		重	2400	1.00	0.0	0.0	0.0	0.0
50~64岁	男	轻	1950	0.81	1.6	0.0	1.6	0.0
		中	2400	1.00	2.0	0.0	2.0	0.0
	女	轻	1600	0.67	0.7	0.0	0.7	0.0
		中	1950	0.81	0.0	0.0	0.0	0.0
人数合计					284.1	137.1	284.1	82.0

由表4-47可见，此企业总人数换算为284.1标准人，早餐137.1标准人，午餐284.1标准人，晚餐82.0标准人。

4. 设计一日营养食谱

（1）设计食谱 单位集体食堂的营养食谱设计可先按一标准人设计一日营养食谱，进而形成一周、一月食谱。营养食谱设计方法，同样可以采取食物交换份法。按标准人能量目标2400kcal设计食谱，食谱如表4-48所示。

表4-48 一标准人一日食谱

餐次	食物名称	原料及质量
早餐	杂粮馒头	标准粉60g，荞麦粉30g
	煮鸡蛋	鸡蛋50g
	牛奶	纯牛奶250g
	凉拌海带黄瓜丝	黄瓜50g，海带（浸）50g，芝麻油5g
	苹果	苹果150g
午餐	白米饭	大米140g
	豆腐干炒肉丁	胡萝卜30g，甜椒30g，猪瘦肉60g，豆腐干（香干）50g
	上汤鲜菇小白菜	小白菜100g，平菇40g
	水果	梨150g
		花生油13g
晚餐	小米花生粥	小米70g，花生仁10g
	玉米饼	玉米面70g
	拌木耳菜	木耳菜100g
	醋熘土豆丝	土豆100g
	蒜苗炒河虾	河虾60g，青蒜50g
		花生油12g

（2）食谱营养分析 一标准人食谱能量和营养素供给量分析见表4-49，宏量营养素

供能比例及三餐供能比例分析见表 4-50。在以上设计的 1 日食谱的基础上,根据食物交换份编制食堂的一周食谱。

【电子活页】 一标准人食谱能量和营养素含量计算表

表 4-49 一标准人食谱能量及营养素摄入量分析

餐次	能量/kcal	蛋白质/g	脂肪/g	维生素 A/μgRAE	维生素 B_1/mg	维生素 B_2/mg	维生素 C/mg	钙/mg	铁/mg	锌/mg
供给量	2417	91.7	69.0	769	1.77	1.25	191.6	1215	25.3	11.06
RNI 或 AI	2400	65	53~80	770	1.4	1.4	100	800	18	12.0
比值/%	101	141	正常	100	127	89	192	152	141	92

表 4-50 食谱宏量营养素供能比例及三餐供能比例分析

项目	宏量营养素			一日三餐		
	蛋白质	脂肪	碳水化合物	早餐	午餐	晚餐
占全日能量比例/%	15.2	25.7	59.1	28.6	37.6	33.8
推荐值/%	10~20	20~30	50~65	25~30	30~40	30~40

5. 测算膳食综合成本

在膳食采购综合测算过程中,要注意每个餐次人数的不同,膳食采购数量核算如表 4-51 所示。食品原料单价以当地市场价格为准。

表 4-51 食物采购量和食谱综合成本

营养师:		电话:		厨师:		电话:	
采购员:		电话:		采购日期:	年	月	日

餐次	菜肴及原料		食部质量 g	食部 %	市品质量 g	份数	总质量 kg	单价 元/kg	总价 元
早餐	杂粮馒头	标准粉	60	100	60.0	137.1	8.23		
		荞麦面	30	100	30.0	137.1	4.11		
	煮鸡蛋	鸡蛋	50	87	57.5	137.1	7.88		
	牛奶	纯牛奶(全脂)	250	100	250.0	137.1	34.28		
	凉拌海带黄瓜丝	海带(浸)	50	100	50.0	137.1	6.86		
		黄瓜(鲜)	50	92	54.3	137.1	7.44		
		芝麻油	5	100	5.0	137.1	0.69		
	苹果	苹果	150	85	176.5	137.1	24.20		

续表

餐次	菜肴及原料		食部质量 g	食部 %	市品质量 g	份数	总质量 kg	单价 元/kg	总价 元
午餐	白米饭	粳米（标一）	140	100	140.0	284.1	39.77		
	豆腐干炒肉丁	胡萝卜（黄）	30	97	30.9	284.1	8.78		
		甜椒	30	82	36.6	284.1	10.40		
		猪肉（腿）	60	100	60.0	284.1	17.05		
		豆腐干（香干）	50	100	50.0	284.1	14.21		
	鲜菇小白菜汤	平菇	40	93	43.0	284.1	12.22		
		小白菜	100	94	106.4	284.1	30.23		
		花生油	13	100	13.0	284.1	3.69		
	水果	梨	150	82	182.9	284.1	51.96		
晚餐	小米花生粥	小米	70	100	70.0	82.0	5.74		
		花生仁（生）	10	100	10.0	82.0	0.82		
	玉米饼	玉米面（黄）	70	100	70.0	82.0	5.74		
	拌木耳菜	木耳菜	100	76	131.6	82.0	10.79		
	醋熘土豆丝	马铃薯	100	94	106.4	82.0	8.72		
	蒜苗炒河虾	河虾	60	86	69.8	82.0	5.72		
		蒜苗	50	82	61.0	82.0	5.00		
		花生油	12	100	12.0	82.0	0.98		

6. 检查配餐方案的实施效果

制订出食谱以后，要及时巡查单位食堂人员的进餐情况，收集食堂管理人员的反馈意见，观察每餐食物剩量，定期进行膳食调查，了解单位人员对菜式的喜好、食物的用量是否适宜、单位人员真正摄入的膳食营养是否达到要求等，根据实际情况对菜式、食材、食材用量、烹调方法等加以改进，不断完善食堂膳食。

【在线测试】单位集体食堂食谱的编制与管理

四、学生实训方法建议与效果评价

按要求设计单位食堂的食谱并核算其成本，输出合适的配餐报告。学生实训方法建议与效果评价参见模块二项目二任务二。

巩固训练

【实训任务】

1. 案例描述：某幼儿园一共130人，包括：3岁男生18人，3岁女生16人，4岁男生22人，4岁女生24人，5岁男生26人，5岁女生24人。请为该幼儿园设计一周带量食谱，并对食谱进行定量营养分析。

2. 案例描述：设计学生（以初中男生为例）一周午餐食谱，并进行定量营养评价。

3. 案例描述：某单位，职工共50人，均是轻体力劳动者，其中18~29岁，男15名，女10名；30~49岁，男10名，女10名；50~60岁，男2名，女3名。一日三餐所有人在单位集体用餐，请设计该食堂的一日食谱，并核算食物采购量和食谱综合成本。

【问答题】

1. 简述幼儿园儿童的生理特点。
2. 简述学龄前儿童的膳食指南。
3. 为什么学龄前儿童食谱需要安排成三餐两点甚至三餐三点？
4. 学龄前儿童食谱编制时，应注意哪些细节？
5. 简述学龄儿童和青少年的生理特点。
6. 简述学龄儿童和青少年的膳食指南。
7. 简述集体食堂食谱编制的原则。

【案例分析】

一初中男生的午餐有鸡肉汉堡包2份，香辣鸡翅2只，可乐300mL，冰激凌1杯。

请根据上述案例回答以下问题：(1) 请分析男生的午餐存在的主要营养问题是什么？(2) 请给男生的午餐食谱提出合理化建议。

模块五

非传染性慢性病人群的膳食管理

项目一
超重和肥胖者的减重食谱设计

学习目标

知识目标

1. 能够叙述超重和肥胖的发生因素及超重和肥胖者的代谢特点。
2. 能够叙述肥胖症的主要表现与危害及超重肥胖人群食物的选择原则。
3. 能够说出超重肥胖人群适宜多吃的食物品种及少吃或不吃的食物品种。

能力目标

1. 能够应用营养配餐软件辅助设计超重和肥胖者的营养食谱并进行膳食分析与评价。
2. 能够制作营养餐并做膳后总结。

素质与思政目标

1. 养成爱岗敬业的品格，立志守护人类营养健康和美好生活。
2. 养成按时作息、合理膳食、适量运动、戒烟限酒、心理平衡的良好生活习惯。

必备知识

随着社会经济的发展，生活水平普遍提高，饮食和生活方式改变，体力劳动少的人群中，肥胖正逐渐成为日常保健的实际问题。能量摄入多于能量消耗，多余的能量以脂肪的形式贮存于体内。肥胖加重机体的负担、加速衰老的进程、应激反应能力下降，抗感染能力降低。

2012年中国居民营养与健康监测结果表明，我国18岁及以上成年居民超重率达到30.1%，肥胖率达到11.9%，两者合计为42.0%。2015—2019年中国居民慢性病与营养监测显示，城乡各年龄组居民超重肥胖率继续上升，18岁及以上居民超重率和肥胖率分别为34.3%和16.4%，两者合计为50.7%；6～17岁儿童青少年超重率和肥胖率分别为11.1%和7.9%，6岁以下儿童超重率和肥胖率分别为6.8%和3.6%。过去20年中国居民超重率和肥胖率均显著增加，并超过了多个发达国家。

一、超重和肥胖症的定义及判定方法

肥胖是由于人体内脂肪堆积过多，全身脂肪组织块增大（脂肪细胞增多和/或细胞体积增大），使体重超过相应身高所确定标准值的20%以上的病理状态。肥胖虽然表现为体重超过标准体重，但是超重不一定全是肥胖。机体肌肉组织和骨骼特别发达，重量增加也可以使体重超过标准体重。肥胖必须是机体脂肪组织增加，导致的脂肪组织所占重量比例增加。判定肥胖的常用方法是人体测量法，测量身高、体重、腰围、臀围、上臂围、皮褶厚度等参数。

肥胖的判定方法有以下几种。

（1）体重指数法 通常依据体重指数（body mass index，BMI）对成人超重或肥胖进行判定。

$$BMI=体重（kg）/[身高（m）]^2$$

国际上很多国家使用BMI切点（临界点）$\geqslant 25.0 kg/m^2$和$\geqslant 30.0 kg/m^2$分别诊断成人超重和肥胖。亚洲一些国家使用BMI切点$\geqslant 23.0 kg/m^2$和$\geqslant 25.0 kg/m^2$分别诊断成人超重（$23.0 kg/m^2 \leqslant BMI < 25.0 kg/m^2$）和肥胖（$BMI \geqslant 25.0 kg/m^2$）。根据《中国成人超重和肥胖症预防与控制指南》，我国建议使用BMI切点$\geqslant 24.0 kg/m^2$和$\geqslant 28.0 kg/m^2$，见表5-1。

表5-1 体重指数

项目	BMI/(kg/m²)	理想体重百分比
体重过低	<18.5	<90%
正常体重	18.5≤BMI<24.0	90%≤理想体重百分比≤110%
超重	24.0≤BMI<28.0	110%<理想体重百分比≤120%
肥胖	≥28.0	>120%

（2）理想体重法 理想体重又称标准体重，目前计算成人的理想体重方法如下。

成年男性：理想体重（kg）= 身高（cm）-105

成年女性：理想体重（kg）=[身高（cm）-100]×0.85

理想体重百分比（%）= 实际体重（kg）÷理想体重（kg）×100%

理想体重判断肥胖标准见表5-1。

肥胖有单纯性肥胖和继发性肥胖之分。单纯性肥胖为无内分泌疾病或无明显病因的肥胖症，占肥胖症总数的比例超过95%。继发性肥胖的病因主要是内分泌疾病，如下丘脑、垂体、甲状腺、皮质醇、胰岛素等内分泌系统功能紊乱或异常导致，需要专科医师诊断，营养治疗也需要配合内分泌疾病的治疗。

需要注意的是在部分正常生理情况下，如婴儿期的肥胖，妊娠期及哺乳期的肥胖，或个别职业需要机体有较多的脂肪蓄积（如运动员、举重运动员等），由于人体自身的需要，使脂肪蓄积过多的状态，属于生理性肥胖。

二、超重和肥胖的发生因素

肥胖成因非常复杂，除遗传等不可改变的因素外，环境因素和不良行为习惯是主要外因，其中不健康饮食和缺乏身体运动是最主要的不良行为习惯。

(1) 社会因素　随着我国社会经济的发展，我国国民生产总值增长，人民生活水平普遍提高，饮食和生活方式改变，肥胖发生率明显增长。交通发达、方便快捷，人们活动量明显减少；电视机、手机的普及，人们坐着看屏幕的时间明显增多等。这些因素均能导致能量摄入大于支出，从而导致肥胖。

(2) 饮食因素　胚胎期因孕妇能量摄入过剩，可致婴儿出生时体重较重；出生后人工过量喂养，过早添加固体食物和断奶；进食速度快及食量大、偏食、喜食油腻和甜食、吃零食；摄入过多的动物性食物、脂肪等高能量食物，或消耗过少，或既摄入过多又消耗过少等，都可致肥胖。饮食习惯和饮食组成对体脂消长也有影响。晚餐安排十分丰富而又过食者，常要比一般人易发胖。每天摄入能量相同，少餐次者又要比多餐次者易发胖。

(3) 体力活动和行为心理因素　体力活动是决定个人能量消耗多少的最重要因素，体力活动也是抑制机体脂肪积聚的最强有力的"制动剂"。以有氧代谢为特征的体力活动对降低体脂的效果最为明显。而某些以无氧代谢为特征的静力运动项目，减肥效果则远不如动力活动为主的有氧代谢活动，有氧运动有慢跑、中快速步行、体操、游泳、爬山、打太极拳等，而举重、柔道则为无氧代谢的静力运动。

肥胖者常受到排斥和嘲笑，因而自卑感强，性格逐渐形成内向抑郁，不愿参加集体活动，郁郁寡欢，这些行为心理异常又常以进食得到安慰，导致心理行为问题，而心理行为问题又促进肥胖，两者相互促进，相互加强，形成恶性循环。

三、超重和肥胖者的代谢特点

人体脂肪量的增减主要由脂肪细胞数量和脂肪细胞大小的变化来调节。脂肪细胞的大小随年龄增长而增大。

根据脂肪细胞数量多少、脂肪细胞大小或胞内脂肪含量，可将单纯性肥胖分为：以脂肪细胞的肥大为表现的肥大型；以脂肪细胞数量明显增加，而脂肪细胞大小及胞内脂肪含量正常为表现的增生型；既有脂肪细胞数量增加又有胞内脂肪含量超标为表现的混合型。

能量代谢变化方面：与非肥胖者相比，肥胖者对寒冷刺激后代谢率增加不明显。肥胖者的食物热效应仅为正常人的一半，且在运动时生长激素分泌不如瘦者多。

糖代谢方面：超重和肥胖者常出现空腹胰岛素升高和餐后高胰岛素血症，伴有糖耐量下降，外周胰岛素抵抗，导致血糖升高，发生糖尿病的风险增加。

脂类代谢方面：超重和肥胖者血清甘油三酯及胆固醇一般高于正常。多种参与脂代谢调节的激素或酶物质，如生长激素、胰岛素、血浆脂蛋白酶等发生变化，导致脂代谢紊乱，出现血浆游离脂肪酸浓度过高，胆汁代谢异常，易出现胆结石、高血压、动脉硬化和冠心病等。

四、肥胖症的主要表现与危害

一般轻、中度肥胖者无任何自觉症状，重度肥胖者则多有不耐热，活动能力减低甚至有轻度气促，睡眠时打鼾，有的可有并发症如高血压、糖尿病、痛风等表现。其他临床表现可包括胃纳亢进、善饥多食、腰背疼痛、关节痛、多汗怕热、皮肤紫纹等。

肥胖的危害：超重或肥胖相关疾病多，如：代谢综合征、糖尿病前期、2型糖尿病、血脂异常、高血压、冠状动脉粥样硬化性心脏病、非酒精性脂肪性肝病、多囊卵巢综合征、女性不孕、睡眠呼吸暂停综合征、骨关节炎、痛风等。重度并发症有：心肌梗死、心力衰竭、脑卒中、糖尿病慢性并发症（视网膜病变，肾功能不全）、肝硬化、肥胖相关性癌症等。

减重可以预防肥胖相关疾病，如：预防2型糖尿病、降低糖化血红蛋白值、减少降糖药的用药量、减轻糖尿病症状、降低三酰甘油和低密度脂蛋白、升高高密度脂蛋白、降低收缩压和舒张压、对高血压者可以减少降压药用量、减少肝细胞内脂质、减轻炎症和肝纤维化症状、改善排卵、改善月经情况、减轻多毛症状、提高胰岛素敏感性、降低血清雄激素指标、怀孕和成功生育。

五、超重和肥胖症的营养干预

肥胖作为一种慢性病，其防治应遵循常见慢性病的管理模式，以疾病的三级预防和治疗为基本原则。一级预防：针对大众和容易发生肥胖的高危人群，通过公共教育、改造环境、促进健康的饮食和运动等行为，预防超重和肥胖的发生。二级预防：通过筛查，对已经确诊为超重和肥胖的个体进行并发症的评估。通过积极的生活方式干预阻止体重的进一步增加，并防止肥胖相关并发症的发生，必要时可以考虑使用药物减轻体重。三级预防：采用生活方式干预、行为修正联合减重治疗的方式，达到减轻或改善肥胖相关并发症，预防疾病进一步发展的目的，必要时可使用减重手术的方法。

为了保证体重管理各环节操作的科学性和可行性，从而使体重管理达到理想的效果，应建立肥胖的规范化干预流程。其中干预前的评估对于方案的制定非常重要，包括病理生理评估、营养状态评估、能量平衡评估和运动能力及安全性评估。干预方案应该结合评估结果进行个性化的制定。

干预方案还根据超重或肥胖的程度及合并相关疾病，给予相应的治疗建议。①轻、中度肥胖者：建议通过减少膳食能量、增加体力活动、改变行为习惯等生活方式干预，将体重控制到正常范围。若经过3~6个月的单纯控制饮食和增加运动量处理仍不能减重5%，甚至体重仍有上升趋势者可考虑在医疗专业人员指导下配合使用减重药物。②重度肥胖者：建议通过减少膳食能量、增加体力活动、改变行为习惯等生活方式干预，同时配合减重药物治疗，效果不佳者可考虑减重手术治疗。如：BMI≥35.0kg/m² 或 BMI≥32.5kg/m² 合并2型糖尿病重度肥胖患者，可考虑手术减重。

六、超重和肥胖症的食物选择原则

对超重或肥胖者进行日常膳食情况调查和分析，可以通过问卷表对超重或肥胖者膳食中的全谷类、蔬菜、水果、优质蛋白、奶制品、加工肉制品、脂肪、添加糖、盐、酒精的摄入进行调查，评估出膳食营养质量。食物选择方面注意以下原则。

（1）摄入充足的蛋白质、维生素和矿物质　选择优质蛋白，每餐在鱼、肉、蛋、奶、大豆制品中选择两种以上；尽可能多选择叶类蔬菜，深色蔬菜与淡色蔬菜相配合，约各占一半；选择蘑菇、海藻类食物；每餐食物品种尽量达到5种及以上。

（2）主食要粗细搭配，副食选择低脂肪大体积的食物　红肉类选择瘦肉部分；鱼类、贝类、虾蟹类脂肪低，含蛋白质丰富，可适当选择；选择低脂奶类、低糖酸奶；选择低糖水果。

（3）保证充足的水分摄入，以白开水为主，避免含糖饮料和饮酒。

（4）避免油炸食物、控制烹调油用量，避免用膨化食品做零食。

（5）高能量密度食物举例　控制能量摄入，注意食物搭配，长期控制饮食时需要保证营养均衡。在减重期间做到控制高能量密度（高油、高糖、高脂）食物的摄入，高能量密度食物举例参见表5-2。

表5-2　高能量密度食物举例

编码	食物名称	食部/%	能量/kcal	蛋白质/g	脂肪/g	碳水化合物/g
081102	猪肥肉（肥，89g）	100	807	2.4	88.6	0.0
071013	松子仁	100	718	13.4	70.6	12.2
071004	核桃（干）[胡桃]	43	646	14.9	58.8	19.1
071037	榛子（熟）	66	642	12.5	57.3	25.6
071039	开心果（熟）	82	631	20.6	53.0	21.9
203114	芝麻酱	100	630	19.2	52.7	22.7
072007	葵花籽（炒，咸）	52	625	22.6	52.8	17.3
071035	杏仁（熟，去壳）	100	625	28.0	54.4	11.1
072025	南瓜子（熟）[白瓜子]	69	615	26.6	52.8	12.9
071036	腰果（熟）	100	615	24.0	50.9	20.4
072003	花生（炒）	71	601	21.7	48.0	23.8
203104	花生酱	100	600	6.9	53	25.3
072013	西瓜子（炒）	43	582	32.7	44.8	14.2
031525	炸素虾	100	582	27.6	44.4	19.3
072017	芝麻子（黑）	100	559	19.1	46.1	24
092105	鸭皮	100	538	6.5	50.2	15.1

注：数据引自《中国食物成分表标准版（第6版）》。

> **课堂讨论**
>
> **西布曲明屡禁不止——神奇"减肥糖果"被查明违法添加西布曲明**
>
> 商家售卖减肥产品,称"不用节食、不用运动,只吃糖果就能瘦。"消费者购买后出现口干、心慌、食欲缺乏等不良反应。后查明,该减肥产品中含有国家禁止添加的西布曲明成分。
>
> 我国自2010年10月起已停止生产、销售和使用"西布曲明"制剂和原料药,将其列入"有毒有害的非食品原料"。减肥食品中添加"西布曲明"事件,依据《中华人民共和国刑法》第一百四十四条规定,可能涉嫌生产、销售有毒、有害食品罪。根据不同危害结果,最高可至无期徒刑。
>
> 思考:
> 1. 含有西布曲明的"减肥糖果"可能对人体造成哪些危害?
> 2. 西布曲明是什么?为何屡禁不止?
> 3. 科学减肥应该从哪些方面着手?

项目实施

任务一　设计超重和肥胖症人群的减重食谱

【案例】×××,男性,26岁,轻体力劳动,身高170cm,体重90kg,体重指数31.14kg/m^2,体检发现:血尿酸高(450μmol/L)、脂肪肝。平素食欲好,未发现食物过敏和食物不耐受情况,请为其设计减重营养干预方案。

一、任务分析

为了个体化地提供减重方案,原则上需要对肥胖者的日常膳食情况进行较为详细的调查和评估,如:饮食偏好、进餐时间、进餐速度、进餐环境等。明确肥胖者日常饮食的摄入量,在此基础上来制定营养减重方案会更适合该患者。

本案减重目标:70kg,计划需要减重:20kg,预备完成时间:1年。分阶段:第一阶段减重7.5kg,用时:3个月;第二阶段减重7.5kg,用时:4个月;第三阶段减重5kg,用时5个月。

二、任务要求

(1)选择的食物及食物配比要合理,符合肥胖人群的营养需要。
(2)食谱所列菜肴便于加工。加工方法符合肥胖人群的生理特点。

（3）菜点颜色、造型美观，符合肥胖人群的要求。

三、减重营养食谱的设计方法与步骤

1. 确定减重的能量摄入目标

根据理想体重确定能量摄入量，适用于18~65岁的成年人，一天所需的总能量=理想体重（kg）×每千克理想体重所需要的能量。

理想体重（kg）=身高（cm）-105=170-105=65kg；轻体力劳动的肥胖者，所以，能量摄入（kcal/d）=理想体重（kg）×20kcal/kg·d=65×20=1300kcal/d。

个体化制订减重方案，可根据以往饮食习惯估算平均每日能量摄入量。用以往的能量摄入量减去每日需减少的能量，即为减重期间每日需要的摄入量。1kg人体脂肪大约含有7000kcal的能量，若每周减轻体脂肪0.5kg，必须每天减少能量摄入500kcal。

减体重是一个动态过程，在减重过程中，需不断调整能量摄入。当机体适应目前的低能量摄入后，基础代谢也相应减低，可能会出现体重停滞不减的状态。这也是现实中有不少肥胖者进食量并不多，体重却仍然不下降的原因。这是除了采取坚持运动增加消耗外，还需要调整能量摄入，直至体重降至目标体重。

目前有两种常用的医学营养减重方案：高蛋白膳食方案、低能量的平衡膳食方案，分别介绍如下。

2. 编制高蛋白膳食方案的食谱

（1）确定宏量营养素目标

蛋白质摄入量：

计算方法1：占总能量的20%~30%。

蛋白质摄入量（g/d）=1300×(20%~30%)/4=65~97.5（g/d）

计算方法2：理想体重×(1.5~2.0g/kg·d)=65×(1.5~2.0)=97.5~130g/d

注：优质蛋白质摄入量中，50%来自乳清蛋白。

碳水化合物摄入量：占总能量的40%，包括：主食、蔬菜、水果中所含的碳水化合物；

碳水化合物摄入量=1300×40%/4=130g/d

脂肪摄入量：占总能量的30%，包括：食物本身所含有的脂肪，烹调用油<15~20g/d。

脂肪摄入量=1300×30%/9=43.3g/d

其他：食盐摄入量不超过5g/d；饮水量达到2000mL以上；可以补充维生素、矿物质等微量元素复合片。

初步给予膳食摄入量为：能量约1300kcal/d，蛋白质100g/d，碳水化合物130g，脂肪43g/d。餐次安排：一天进食餐次5~6餐，如早餐、加餐1、午餐、加餐2、晚餐、加餐3。

（2）设计1日膳食的食物类别、品种和数量　根据减重目标设计高蛋白减重1日膳食的食物类别、品种和数量（按表5-3填写）。

表 5-3　1 日膳食的食物类别、品种和数量设计

食物类别及其质量	各类食物品种及其质量（食部）
谷类（85g）	粳米 45g
——全谷类及杂豆（45g）	赤小豆 20g，燕麦 20g
薯类（150g）	马铃薯 150g
蔬菜（500g）	海带（鲜）100g，秋葵（黄秋葵）50g，红薯叶 150g，菜花 100g，西洋菜 100g
水果（200g）	白粉桃 200g
禽畜肉（75g）	瘦牛肉 75g
鱼虾类（100g）	鲈鱼 100g
蛋类（50g）	鸡蛋清 50g
奶类（鲜奶 250g）	脱脂纯牛奶 250g
豆类（15g），坚果（10g）	花生仁 10g，豆浆 200g
植物油（25g）	橄榄油 20g，芝麻油 5g
其他（食盐 5g）	低盐酱油 10mL，食盐<4g
营养补充剂：	
乳清蛋白粉组件	乳清蛋白粉 20g
膳食纤维组件	膳食纤维粉 10g

（3）编制 1 日营养食谱　根据表 5-3 设计一日食谱，食谱见表 5-4。

表 5-4　减重营养食谱（高蛋白膳食）

餐次安排	食物名称	食物原料与定量（食部）	食物原料与定量（市品）
早餐	蒸马铃薯 凉拌海带丝 水煮鸡蛋 脱脂奶	马铃薯 150g 海带（鲜）100g，芝麻油 5g 鸡蛋清 25g 脱脂纯牛奶 250mL	马铃薯 160g 海带（鲜）100g，芝麻油 5g 鸡蛋清 25g 脱脂纯牛奶 250mL
加餐 1	乳清蛋白粉 20g	乳清蛋白粉 20g	乳清蛋白粉 20g
午餐	杂粮饭 炒牛肉 拌秋葵 炒红薯叶 豆浆	燕麦 20g，粳米（标一）20g 瘦牛肉 75g 秋葵（黄秋葵）50g 红薯叶 150g 橄榄油 10g 豆浆 200g，膳食纤维 10g	燕麦 20g，粳米（标一）20g 瘦牛肉 75g 秋葵（黄秋葵）51g 红薯叶 150g 橄榄油 10g 豆浆 200g，膳食纤维 10g
加餐 2	鸡蛋清、水果	鸡蛋清 25g，白粉桃 200g	鸡蛋清 20g，白粉桃 215g
晚餐	杂粮饭 清蒸鲈鱼 炒菜花 拌西洋菜 水煮花生	赤小豆 20g，粳米（标一）25g 鲈鱼 100g 菜花 100g 西洋菜 100g 花生仁 10g 橄榄油 10g	赤小豆 20g，粳米（标一）25g 鲈鱼 172g 菜花 122g 西洋菜 100g 花生仁 10g 橄榄油 10g
		全天：碘盐 3g，味精 1g	

（4）食谱营养分析　对食谱能量和营养成分含量进行计算，结果见表5-5至表5-7。

【电子活页】减重营养食谱能量与营养素含量计算表（高蛋白膳食）

表 5-5　高蛋白减重营养食谱能量与营养素分析

餐次	能量/kcal	蛋白质/g	脂肪/g	碳水化合物/g	维生素A/μgRAE	维生素B_1/mg	维生素B_2/mg	维生素C/mg	钙/mg	铁/mg	锌/mg
供给量	1302	101.1	40.1	141.6	1094	1.04	1.94	126.8	934	15.4	12.91
目标	1300	100	43	130	770	1.4	1.4	100	800	12	12.0
比值/%	100	101	95	112	142	74	138	127	117	129	108

表 5-6　高蛋白减重营养食谱宏量营养素供能比例分析

项目	蛋白质	脂肪	碳水化合物
占全日能量比例/%	31.0	28.2	40.8
推荐值/%	20~30	20~30	40

表 5-7　高蛋白减重人群三餐能量分配分析

项目	早餐	午餐	晚餐
占全日能量比例/%	27	39	34
推荐值/%	25~30	35~40	30~35

（5）食谱评价及注意事项

①食谱评价：上述食谱食物多样，种类齐全，能量合适，蛋白质充足，脂肪、碳水化合物供能比适宜，同时维生素B_2、维生素C、维生素A、钙、铁、锌供给充足，其供给量达到相应目标量的90%以上，可以满足其营养需要。维生素B_1供给量只占目标量的74%，下一餐要注意增加富含维生素B_1食物的摄入。优质蛋白质占总蛋白质量的74%，高于50%，优质蛋白质摄入充足。

本食谱中选取含钙丰富的食材有脱脂纯牛奶、秋葵、红薯叶、鲈鱼，一日钙总供给量为934mg，高于钙的RNI 800mg，可以满足人体对钙的需要。

胡萝卜素主要来自深色的蔬果，本食谱选用胡萝卜素含量丰富的深色蔬菜红薯叶150g、西洋菜100g，可提供胡萝卜素11734μg，折算为视黄醇活性当量为977μgRAE，再加上动物性食物提供的视黄醇，维生素A可以满足其需要。

②高蛋白减重方案食谱注意事项：可以选用含蛋白质丰富且高生物价的食物，如瘦肉、低脂奶制品、鱼类等天然食物，或者蛋白粉、营养代餐等营养品来代替一天中的一餐

到一餐半，以达到限制总能量，快速减重的目的。

高蛋白减重方案的减重速度较快，连续 3~4 个月效果明显者，可减 15~20kg，对体重要求有短平快减重需求的人群这种方法首先选择。

高蛋白饮食方案的优势：对于单纯性肥胖以及合并高甘油三酯血症者、高胆固醇血症者采用高蛋白膳食较正常蛋白膳食更有利于减轻体重以及改善血脂情况，并有利于控制减重后体重的反弹。但高蛋白减重方案并不符合我们的日常饮食习惯，而且如果选择蛋白粉和代餐，需要选择符合国家相关标准的营养产品或特殊医学用途食品，才能在减肥的同时还能满足营养和健康的需求。

另外，合并慢性肾病患者应慎重选择高蛋白饮食。本方案需要减重者的肝肾功能在正常范围，且需定期到医院复查，以免长期使用加重肝肾负担。本方案需要保证饮水量达 2000mL 以上，若出汗明显者可以增加。对于合并高尿酸血症者，如本案，需保证饮水量以促进尿酸排泄。食物选择方面也应避免高嘌呤食物摄入，如动物肝脏、心、肾等；宜选择嘌呤含量较低的食物，如本案的鸡蛋清、乳清蛋白粉、低脂牛奶等；亦可以在烹饪过程中，调整烹饪方式，如鸡胸肉、牛肉在烹饪前先焯水，以减少嘌呤摄入。

3. 编制低能量的平衡膳食方案食谱

（1）确定宏量营养素目标　设计案例的能量摄入目标为 1300kcal/d。

按平衡膳食的模式确定宏量营养素摄入量。

蛋白质摄入量：占总能量的 15%~20%，即 48.8~65.0g/d。

碳水化合物摄入量：占总能量的 40%~55%，即 130.0~178.8g/d，包括主食、蔬菜、水果中所含的碳水化合物。

脂肪摄入量：占总能量的 20%~30%，即 28.9~43.3g/d，包括食物本身所含有的脂肪，烹调用油 15~20g/d。

餐次安排：一天进食餐次 5~6 餐，如早餐、加餐 1、午餐、加餐 2、晚餐、加餐 3。

（2）设计 1 日膳食的食物类别、品种和数量　根据减重目标设计低能量平衡膳食减重方案。1 日膳食的食物类别、品种和数量设计见表 5-8。

表 5-8　1 日膳食的食物类别、品种和数量设计

食物类别及其质量	各类食物品种及其质量（食部）
谷类（140g）	粳米（标一）50g
——全谷类及杂豆（90g）	鲜玉米 150g［相当于玉米（干）50g］， 小米 30g，赤小豆（干）10g
薯类（200g）	山药（鲜）200g
蔬菜（500g）	木耳（水发）100g，菠菜（鲜）150g，大白菜（白梗）50g 莴笋（鲜）50g，红薯叶 150g
水果（200g）	草莓 100g，木瓜［番木瓜］100g
禽畜肉（35g）	牛肉（后腿）35g
鱼虾类（35g）	小黄花鱼 35g
蛋类（45g）	鸡蛋清 45g

续表

食物类别及其质量	各类食物品种及其质量（食部）
奶类（鲜奶 200g）	脱脂纯牛奶 200g
豆类（17g），坚果（10g）	黄豆浆 200mL（相当于干豆 17g），葵花籽 10g
植物油（25g）	橄榄油 20g，芝麻油 5g
其他（食盐 3g）	食盐 3g

（3）编制1日营养食谱　根据表5-8中的食物品种及其质量设计一日食谱，食谱见表5-9。

表5-9　减重营养食谱（低能量平衡膳食）

餐次安排	食物名称	食物原料与定量（食部）	食物原料与定量（市品）
早餐	蒸鲜玉米 拌木耳 水煮鸡蛋 黄豆浆	鲜玉米 150g 木耳（水发）100g，芝麻油 5g 鸡蛋清 45g 黄豆浆 200mL	鲜玉米 326g 木耳（水发）100g，芝麻油 5g 鸡蛋清 45g 黄豆浆 200mL
加餐1	草莓	草莓 100g	草莓 103g
午餐	小米山药粥 炒牛肉 拌菠菜 炒大白菜	小米 30g，山药 200g 瘦牛肉 35g 菠菜（鲜）150g 大白菜 50g，橄榄油 10g	小米 30g，山药 241g 瘦牛肉 35g 菠菜（鲜）169g 大白菜 54g，橄榄油 10g
加餐2	木瓜 葵花籽	木瓜［番木瓜］100g 葵花籽 10g	木瓜［番木瓜］116g 葵花籽 21g
晚餐	杂粮饭 红烧小黄花鱼 拌莴笋 炒红薯叶 牛奶	赤小豆 10g，粳米（标一）50g 小黄花鱼 35g 莴笋（鲜）50g 红薯叶 150g，橄榄油 10g 脱脂纯牛奶 200g	赤小豆 10g，粳米（标一）50g 小黄花鱼 57g 莴笋（鲜）81g 红薯叶 150g，橄榄油 10g 脱脂纯牛奶 200g
		全天：碘盐 3g	

（4）食谱营养分析　对食谱能量和营养成分含量进行计算，结果见表5-10~表5-12。

【电子活页】减重营养食谱能量与营养素含量计算表（低能量平衡膳食）

表 5-10 减重营养食谱能量与营养素分析

餐次	能量/kcal	蛋白质/g	脂肪/g	碳水化合物/g	不溶性膳食纤维/g	维生素A/μgRAE	维生素B₁/mg	维生素B₂/mg	维生素C/mg	钠/mg	钙/mg	铁/mg	锌/mg
供给量	1302	66.0	40.4	179.7	20.2	747	1.21	1.73	198.5	1973.8	867	24.2	10.80
目标	1300	49~65	29~43	130~179	—	770	1.4	1.4	100	1500	800	12	12.0
比值/%	100	正常	正常	正常	—	97	87	123	199	132	108	202	90

表 5-11 减重营养食谱宏量营养素供能比例分析

项目	蛋白质	脂肪	碳水化合物
占全日能量比例/%	20	28	52
推荐值/%	15~20	20~30	40~55

表 5-12 减重人群三餐能量分配分析

项目	早餐	午餐	晚餐
占全日能量比例/%	28	38	35
推荐值/%	25~30	35~40	30~35

(5) 食谱评价及注意事项

①食谱评价：上述食谱食物多样，种类齐全，能量合适，蛋白质充足，脂肪、碳水化合物供能比适宜，同时维生素 B_2、维生素 C、维生素 A、钙、铁、锌供给足，其供给量达到相应目标量的 90% 以上，可以满足其营养需要。维生素 B_1 供给量占目标量的 87%，达到相应目标量的 80% 以上，为安全起见，下一餐要注意增加富含维生素 B_1 食物的摄入。优质蛋白质占总蛋白质量的 51%，高于 50%，优质白质摄入充足。

在减重干预的同时补充维生素 D 和钙可以增强减重效果。本食谱中选取含钙丰富的食材有脱脂纯牛奶、菠菜、红薯叶、小黄花鱼，一日钙总供给量为 867mg，高于钙的 RNI 800mg，可以满足人体对钙的需要。同时要坚持户外活动，接触阳光，促进体内合成足量的维生素 D。

本食谱选用胡萝卜素含量丰富的深色蔬菜红薯叶 150g、菠菜 100g、番木瓜可提供 7610μg，折算为视黄醇活性当量为 634μgRAE，再加上动物性食物提供的视黄醇，维生素 A 基本可以满足其需要。

本食谱增加了富含膳食纤维的蔬菜、水果、全谷物及薯类，提供不溶性膳食纤维 20.2g，再加上可溶性膳食纤维，可以保证膳食纤维的摄入量达到推荐量 25~30g/d。

本食谱选用小黄花鱼，它富含 n-3 系多不饱和脂肪酸 EPA 和 DHA，可以增强限制能量平衡膳食的减重效果。

②低能量的平衡膳食食谱注意事项：每日摄入的总能量减少 1/3 或减少 300~500kcal。

除了水，把平常吃的各种食物如一日三餐的主食、肉蛋菜奶，以及加餐的水果、酸奶等都均匀地减量 1/4，长期坚持下来就是很好的"减肥餐"。这样减重的优点是营养平衡，蛋白质、脂肪、碳水化合物、维生素、微量元素等都可以均匀摄入，而且操作简单，便于长期执行。缺点是减重速度不够快，需要长期坚持。

饮食调整的原则是在控制总能量的基础上的平衡膳食。一般情况下，建议能量摄入每天减少 300~500kcal，严格控制食用油和脂肪的摄入，适量控制精白米面和肉类，保证蔬菜水果和牛奶的摄入充足。在用低能量饮食时，为了避免因食物减少引起维生素和矿物质不足，应适量摄入含维生素 A、维生素 B_2、维生素 B_6、维生素 C 和锌、铁、钙等微量营养素补充剂。蛋白质摄入量达到 1.2~1.5g/kg 理想体重，可能增强限制能量平衡膳食的减重效果。

4. 制作营养餐与膳后管理

内容参见模块二项目一任务二膳食宝塔法编制大学生营养食谱。

四、学生实训方法建议与效果评价

学生按要求设计超重/肥胖患者一日食谱并作膳食评价，并完成食谱的烹饪实训，输出合适的配餐报告。学生实训方法建议与效果评价参见模块二项目二任务二。

任务二　减重的行为习惯改变及运动指导建议

增加体力活动与适当控制膳食总能量和减少饱和脂肪摄入量相结合，促进能量负平衡，是世界公认的减重良方。与单纯饮食或运动相比，饮食结合运动的减重效果更加显著。对超重/肥胖者进行认知-行为干预，同时附加体力活动和饮食行为干预，减重效果更明显，并有助于维持减重效果。

一、行为习惯改变

（1）每天记录体重、饮食和运动情况，定期测量腰臀围，营养专科咨询。
（2）避免久坐，三餐规律，控制进食速度，不熬夜，足量饮水，避免暴饮暴食，减少在外就餐，减少高糖、高脂肪、高盐食物。
（3）积极寻求家庭成员及社交圈的鼓励和支持。
（4）必要时接受专业减重教育和指导。

二、运动指导建议

（1）有氧运动　建议超重或肥胖者每天累计达到 60~90min 中等强度有氧运动，每周 5~7d。
（2）抗阻运动　抗阻肌肉力量锻炼隔天进行，每次 10~20min。
（3）个性化建议　根据自身健康状况及个人偏好，合理选择运动方式并循序渐进。

【在线测试】超重和肥胖者的减重食谱设计

项目二
心血管疾病人群营养食谱的设计

学习目标

知识目标

1. 能够叙述我国心血管疾病的流行情况及高血压、冠心病、脑卒中的危险因素。
2. 能够说出膳食、营养因素和心血管疾病的关系。
3. 能够叙述心血管疾病人群的食谱设计原则。
4. 能够说出心血管疾病人群适宜多吃的食物品种及少吃或不吃的食物品种。

能力目标

1. 能够设计低钠的营养菜点、富含钾的营养菜点、富含膳食纤维的营养点及富含植物甾醇的营养菜点。
2. 能够应用营养配餐软件辅助设计高血压人群、高脂血症人群的营养食谱并进行膳食分析与评价。
3. 能够制作营养餐并做膳后总结。

素质与思政目标

1. 养成健康生活方式，实施"三减三健"，树立全面健康理念，强化科普营养健康知识的责任和担当意识。
2. 坚持以营养科学理论指导配餐实践。

我国常见的与膳食营养相关的心血管病是高血压、脑卒中及冠心病。这是一组以血压升高及动脉粥样硬化为病理基础的心血管疾病。膳食营养是影响心血管疾病的主要环境因素之一。现有的循证医学证据显示，从膳食中摄入的能量、饱和脂肪和胆固醇过多以及蔬菜水果摄入不足等因素增加心血管病发生的风险，而合理科学膳食可降低心血管疾病风险。健康的生活方式（包括合理的膳食）是预防和治疗心血管疾病的基石。医学营养治疗和/或生活方式治疗可减少心血管疾病危险因素，作为心血管疾病二级预防的措施之一，能降低冠心病发病率和病死率，且经济、简单、有效、无副作用。因此，膳食干预和/或生活方式治疗是心血管疾病一级、二级预防和康复的重要内容。

必备知识

一、我国心血管疾病的流行情况

血压水平与心脑血管病发病和死亡风险之间存在密切的因果关系。据2012—2015年全国高血压调查，我国人群18岁及以上居民高血压患病粗率为27.9%（标化率23.2%），患病率总体呈增高的趋势；高血压患病率随年龄增加而显著增高，但青年高血压亦值得注意，18~24岁、25~34岁、35~44岁的青年高血压患病率分别为4.0%、6.1%、15.0%；男性高于女性，北方高南方低的现象仍存在，但目前差异正在转变，呈现出大中型城市高血压患病率较高的特点，如北京、天津和上海居民的高血压患病率分别为35.9%、34.5%和29.1%；农村地区居民的高血压患病率增长速度较城市快，患病率（粗率28.8%，标化率23.4%）首次超越了城市地区（粗率26.9%，标化率23.1%）。不同民族间比较，藏族、满族和蒙古族高血压的患病率较汉族人群高，而回、苗、壮、布依族高血压的患病率均低于汉族人群。

近30年来，中国人群的血脂水平逐步升高，血脂异常患病率明显增加。2012年全国调查结果显示，成人血清总胆固醇（TC）平均为4.50mmol/L，高胆固醇血症的患病率4.9%；甘油三酯平均为1.38mmol/L，高甘油三酯血症的患病率13.1%；高密度脂蛋白胆固醇平均为1.19mmol/L，低高密度脂蛋白胆固醇血症的患病率33.9%。中国成人血脂异常总体患病率高达40.4%，较2002年呈大幅度上升。《中国居民营养与慢性病状况报告（2020）》显示，中国18岁以上居民高胆固醇血症患病率为8.3%。我国居民血脂异常主要类型正在向高胆固醇血症发展。

二、高血压按血压水平分类

目前我国采用正常血压、正常高值血压和高血压进行血压水平分类（表5-13）。以上分类适用于18岁以上任何年龄的成年人。将血压水平120~139/80~89mmHg定为正常高值血压，主要根据我国流行病学研究的数据确定。血压水平120~139/80~89mmHg的人群，10年后心血管风险比血压水平110/75mmHg的人群增加1倍以上；而且，血压120~129/80~84mmHg和130~139/85~89mmHg的中年人群，10年后分别有45%和64%成为高血压患者。

表5-13 基于诊室血压的血压分类和高血压分级 单位：mmHg

分类	收缩压		舒张压
正常血压	<120	和	<80
正常高值血压	120~139	和/或	80~89
高血压	≥140	和/或	≥90
1级高血压（轻度）	140~159	和/或	90~99
2级高血压（中度）	160~179	和/或	100~109
3级高血压（重度）	≥180	和/或	≥110
单纯收缩期高血压	≥140	和	<90
单纯舒张期高血压	<140	和	≥90

注：当收缩压和舒张压分属于不同级别时，以较高的分级为准。
资料来源：《中国高血压防治指南（2024年修订版）》。

根据诊室血压、家庭血压和动态血压以及患者服药情况，高血压的定义如下：在未使用降压药的情况下，非同日 3 次测量诊室血压≥140/90mmHg；或连续 5~7d 测量家庭血压≥135/85mmHg；或 24h 动态血压≥130/80mmHg，白天血压≥135/85mmHg，夜间血压≥120/70mmHg。患者既往有高血压史，目前使用降压药，血压虽然低于上述诊断界值，仍应诊断为高血压。

高血压是最常见的心血管疾病，目前不仅患病率高，而且极易引起心、脑、肾脏器官并发症，是脑卒中、冠心病和早死的主要危险因素。

三、血脂异常分类

血脂异常通常指血清中总胆固醇和（或）甘油三酯水平升高，俗称高脂血症。实际上血脂异常也泛指包括低高密度脂蛋白胆固醇血症在内的各种血脂异常。分类较繁杂，最简单的有病因分类和临床分类两种，最实用的是临床分类。

1. 血脂异常病因分类

血脂异常根据病因不同可分为继发性高脂血症和原发性高脂血症。

（1）继发性高脂血症　是指由于其他疾病所引起的血脂异常。可引起血脂异常的疾病主要有：肥胖、糖尿病、肾病综合征、甲状腺功能减退症、肾功能衰竭、肝脏疾病、系统性红斑狼疮、糖原累积症、骨髓瘤、脂肪萎缩症、急性卟啉病、多囊卵巢综合征等。此外，某些药物如利尿剂、非心脏选择性 β-受体阻滞剂、糖皮质激素等也可能引起继发性血脂异常。

（2）原发性高脂血症　是指由不良生活方式或基因突变所致的血脂异常。除了不良生活方式（如高能量、高脂和高糖饮食、过度饮酒等）与血脂异常有关，大部分原发性高脂血症是由于单一基因或多个基因突变所致。由于基因突变所致的高脂血症多具有家族聚集性，有明显的遗传倾向，特别是单一基因突变者，故临床上通常称为家族性高脂血症。

2. 血脂异常临床分类

从实用角度出发，血脂异常可进行简易的临床分类（表 5-14）。

表 5-14　血脂异常的临床分类

病症	TC	TG	HDL-C	相当于 WHO 表型
高胆固醇血症	增高			Ⅱa
高 TG 血症		增高		Ⅳ、Ⅰ
混合型高脂血症	增高	增高		Ⅱb、Ⅲ、Ⅳ、Ⅴ
低 HDL-C 血症			降低	

注：TC 为总胆固醇；TG 为甘油三酯；HDL-C 为高密度脂蛋白胆固醇；WHO 为世界卫生组织。

四、心血管疾病的危险因素

1. 高血压的危险因素

高血压危险因素包括遗传因素、年龄以及多种不良生活方式等多方面。

(1) 高钠、低钾膳食　高钠、低钾膳食是我国人群重要的高血压发病危险因素。据 2012 年中国居民营养与慢性病状况调查显示，我国 18 岁及以上居民的平均烹调盐摄入量为 10.5g/d，《中国居民营养与慢性病状况报告（2020 年）》显示，人均食盐摄入量为 9.3g/d 较《中国居民膳食指南（2022）》推荐的食盐人均摄入量 5g/d，依旧高 86%，且中国人群普遍对钠敏感。

(2) 超重和肥胖　超重和肥胖显著增加全球人群全因死亡的风险，同时也是高血压患病的重要危险因素。向心性肥胖与高血压的关系较为密切，随着内脏脂肪指数的增加，高血压患病风险增加。此外，向心性肥胖与代谢综合征密切相关，可导致糖、脂代谢异常。

(3) 过量饮酒　过量饮酒包括危险饮酒（男性 41~60g，女性 21~40g）和有害饮酒（男性 60g 以上，女性 40g 以上）。目前有关少量饮酒有利于心血管健康的证据尚不足，相关研究表明，即使对少量饮酒的人而言，减少酒精摄入量也能够改善心血管健康，减少心血管疾病的发病风险。

(4) 长期精神紧张　长期精神紧张是高血压患病的危险因素，精神紧张可激活交感神经从而使血压升高。

(5) 增龄　增龄是导致高血压的重要因素。高血压的患病率随着年龄的增长而不断攀升，65 岁以上的老年人中，高血压的患病率已超过 55%。

(6) 其他危险因素　长期大量吸烟也显著增加心血管疾病及死亡的风险；空气污染，不论是室内还是室外，都会提高高血压的患病风险；肿瘤治疗导致的心血管疾病已成为癌症生存者的第二大死因，其中化疗是高血压的一个独立危险因素；在高海拔地区居住（>750m），随着海拔的升高，平均血压也会逐渐上升；此外，高血压家族史、缺乏体力活动、教育程度低也是高血压的危险因素；城市碎片化、健康食品匮乏、人口密度过大、不适宜步行以及绿地不足等因素，均在不同程度上增加了高血压的患病风险。

2. 冠心病的危险因素

(1) 血压升高　血压升高对冠心病发病的作用是连续增高的，血压偏高与血压正常者相比，冠心病的发病危险显著增高。

(2) 血清总胆固醇或低密度脂蛋白胆固醇水平增高，冠心病的病理改变是动脉粥样硬化。粥样斑块从动脉壁上隆起，导致冠状动脉狭窄，心肌供血不足。现在已知导致动脉粥样硬化的最重要的脂蛋白是低密度脂蛋白，血清总胆固醇浓度在 5.2~6.2mmol/L 者，冠心病发病的危险比低于 5.2mmol/L 者增加约一倍，血清总胆固醇达到及超过 6.2mmol/L 者，冠心病发病的相对危险增加约两倍。在中国虽然血清总胆固醇水平较西方国家为低，但其对冠心病发病的作用仍呈剂量反应关系，随着血清总胆固醇水平升高，冠心病发病率必然增高。

(3) 血清高密度脂蛋白胆固醇水平过低　高密度脂蛋白可以将动脉壁泡沫细胞中的胆固醇带到肝脏，而防止动脉粥样硬化斑块形成，因此是冠心病的保护因素。反之，高密度脂蛋白胆固醇过低（低于 0.9mmol/L），已由许多前瞻性研究证明是冠心病的独立的危险因素。如高密度脂蛋白胆固醇达到 1.6mmol/L，则被认为对冠心病有预防的作用。饮酒及体力运动可使高密度脂蛋白胆固醇升高，而吸烟及超重可使血清高密度脂蛋白胆固醇降低。

BMI 和腰围与血清高密度脂蛋白胆固醇均分别呈负相关。

(4) 吸烟　许多研究已经证明，吸烟是冠心病的四大危险因素之一。在我国，随着血清总胆固醇水平的升高，吸烟对冠心病的作用日益显现出来。前瞻性研究表明，吸烟者比不吸烟者冠心病发病的相对危险增加 2.2 倍，同时癌症死亡的危险增加 45%，总死亡的危险增加 21%，充分说明吸烟对我国人群的危害。吸烟还可使冠状动脉痉挛的优势比增加 4.2 倍，在一些冠状动脉粥样硬化很轻的年轻人中可以诱发心肌梗死。吸烟还能使血浆纤维蛋白原升高，促使血栓形成，从而增加动脉闭塞的危险。

(5) 超重、肥胖　超重与肥胖是冠心病的独立危险因素，BMI 每增加 1，冠心病发病的相对危险增高 12%。又因伴有血清胰岛素升高、糖耐量异常、甘油三酯升高、高密度脂蛋白胆固醇降低等一系列代谢异常，使危险因素呈聚集状态，更增加了冠心病发病的危险性。肥胖往往与静坐的缺乏体力运动的工作方式有关。已有研究表明，缺乏体力运动本身就是冠心病的独立危险因素。近年的研究表明，以腹部肥胖为特征的向心性肥胖反映了内脏脂肪的蓄积，对冠心病发病具有更大的危险性。

(6) 糖尿病　糖尿病是冠心病的危险因素，糖尿病患者往往伴有一系列脂质代谢异常，使冠心病发病的危险大大增高。

3. 脑卒中的危险因素

最常见的脑卒中包括出血性和缺血性两种病理基础不同的脑血管病。出血性脑卒中多在脑血管病变的基础上由血压升高而诱发；缺血性卒中则是在脑动脉粥样病变加上血栓形成而致脑动脉闭塞。这两类脑卒中的发病危险因素有共同之处，又有区别。脑卒中的危险因素如下。

(1) 血压升高　血压升高是两类脑卒中的共同危险因素。前瞻性研究表明，收缩压每增高 1.33kPa（10mmHg），出血性脑卒中发病危险增加 54%，缺血性脑卒中危险增加 47%。舒张压每增高 0.667kPa（5mmHg），出血性脑卒中发病危险增加 50%，缺血性脑卒中发病危险增加 44%。

(2) 肥胖　肥胖是缺血性脑卒中的危险因素之一。体重指数每增加 1，缺血性脑卒中发病危险增加 6%，但对出血性脑卒中发病无显著影响。2002 年赵连成等报告，体重指数与缺血性脑卒中发病危险呈正关联。

(3) 吸烟　吸烟比不吸烟者缺血性脑卒中的发病危险增加 96%，这可能与吸烟能使血液中纤维蛋白原增高，促使血栓形成有关。吸烟还能使血液黏稠度增高，并促使血管收缩，从而增加缺血性脑卒中发病的危险。

(4) 饮酒　长期酗酒及饮酒超过 60g/d 乙醇（约相当于 100g/d 白酒），可增加脑卒中发病的危险。但有人报告中度饮酒（低于 60g/d 乙醇）对两类脑卒中的作用似不完全相同，中度饮酒者，随饮酒量增加，出血性脑卒中的发病也增加，而对缺血性脑卒中的作用尚不肯定。

(5) 血清胆固醇　血清胆固醇对脑卒中发病的作用比较复杂，已有一些研究表明，血清总胆固醇超过 5.2mmol/L，将增加缺血性脑卒中的发病危险，而过低又可能增加出血性脑卒中的发病。血清胆固醇过低，往往反映食物中的动物蛋白质缺少，其对血管壁的影响是正待研究的问题。

(6) 其他心脏病　心律不齐、心房栓子脱落是造成脑栓塞的危险因素。

五、膳食、营养因素和心血管疾病的关系

（1）饱和脂肪酸 大量关于膳食脂肪与心血管疾病尤其是与冠心病之间的动物实验、人群观察研究、临床试验和代谢研究均证明脂肪酸和膳食胆固醇与心血管疾病强相关。脂肪摄入量过高，尤其是饱和脂肪酸摄入增多可升高血甘油三酯、总胆固醇和低密度脂蛋白胆固醇水平。硬脂酸（$C_{18:0}$）对血总胆固醇没有显著影响，即不升高也不降低血总胆固醇水平，且在机体内很快转变成油酸。

（2）反式脂肪酸 代谢研究和人群研究证明，反式脂肪酸摄入过多不仅升高血低密度脂蛋白胆固醇，而且还降低高密度脂蛋白胆固醇，易诱发动脉粥样硬化，增加冠心病风险。

（3）不饱和脂肪酸 代谢研究证明，用单不饱和脂肪酸和 $n-6$ 多不饱和脂肪酸代替饱和脂肪酸可以降低血总胆固醇和低密度脂蛋白胆固醇水平，其中多不饱和脂肪酸比单不饱和脂肪酸降脂效果更好。$n-3$ 多不饱和脂肪酸具有广泛的生物学作用，对血脂和脂蛋白、血压、心脏功能、动脉顺应性、内分泌功能、血管反应性和心脏电生理均具有良好的作用，并有抗血小板聚集和抗炎作用。EPA 和 DHA 有较强的降血甘油三酯、升高高密度脂蛋白胆固醇效果，对预防冠心病有一定的作用。

（4）胆固醇 血总胆固醇主要来自膳食胆固醇和内源性合成的胆固醇。尽管胆固醇摄入量与心血管疾病关系的研究证据尚不完全一致，但是膳食胆固醇摄入过多会升高血总胆固醇水平，因此应尽可能减少膳食胆固醇的摄入。蛋黄富含胆固醇，但蛋黄含饱和脂肪酸较低。如果能很好控制肉类食物的摄入量，就不需要非常严格地限制蛋黄的摄入。研究显示，每天不超过 1 个蛋黄，对健康有益，但冠心病患者应减少摄入量。

（5）植物甾醇 临床试验和荟萃分析证实，植物甾醇通过抑制胆固醇的吸收降低血清总胆固醇水平，每日摄入 1.5~2.4g 的植物甾醇可减少膳食中胆固醇吸收 30%~60%，平均降低血液低密度脂蛋白胆固醇水平 10%~11%。2009 年美国食品与药物管理局（FDA）批准了健康声称（Health Claims）"每日最少摄入量为 1.3g 的植物甾醇酯（或 0.8g 游离甾醇）作为低饱和脂肪和胆固醇膳食的一部分，可以降低心脏病发生危险"。我国卫生和计划生育委员会已经批准植物甾醇为新资源食品，包括植物甾烷醇酯，摄入量<5g/d（孕妇和<5 岁儿童不宜食用）；植物甾醇，摄入量≤2.4g/d（不包括婴幼儿食品）；植物甾醇酯，摄入量≤3.9g/d（不包括婴幼儿食品）。现有的证据支持推荐成人摄入植物甾醇降低低密度脂蛋白胆固醇。

（6）膳食纤维 许多研究显示，绝大多数膳食纤维可降低血总胆固醇和低密度脂蛋白胆固醇，高膳食纤维以及富含全谷粒的食物、豆类、蔬菜、水果的膳食可降低冠心病风险。

（7）抗氧化营养素（剂）、叶酸和类黄酮 目前的研究证据显示，只有通过天然食物摄入的抗氧化营养素才有益于健康。类黄酮是多酚类化合物，广泛存在于各种新鲜蔬菜和水果、茶叶等食物中。前瞻性研究显示膳食类黄酮与冠心病负相关。

叶酸与心血管疾病的关系多数是通过其对同型半胱氨酸的影响得出的结论。同型半胱氨酸很可能是一个独立的冠心病危险因素和卒中危险因素。血浆叶酸的下降与血浆同型半胱氨酸水平的升高有很大关系，补充叶酸可以降低血浆同型半胱氨酸水平。健康调查显

示,通过膳食和补充剂补充叶酸和维生素 B_6 可以预防冠心病。前瞻性研究荟萃分析显示,通过饮食摄入较高的叶酸可以使患缺血性心脏病的风险下降16%,卒中的风险下降24%。随机对照试验(RCT)研究荟萃分析显示,补充叶酸对心血管疾病没有显著影响,对预防卒中可能有益。

(8)钠 膳食高钠是高血压重要的发病因素之一,研究证据表明,膳食钠摄入量和血压呈正相关。前瞻性研究显示,24h 尿钠排泄量与急性冠心病呈正相关,尤其是超重男性。临床试验还证明从小限制钠的摄入,可使血压持续保持低水平到成年。包括中国在内的低钠膳食干预试验结果表明24h 尿钠为 70mmol/L 左右的低钠膳食是安全有效的,干预组血压大幅度下降。

(9)钾 钾可抑制钠从肾小管的吸收,促进钠从尿液中排出,钾盐可对抗钠盐升高血压的作用,对血管的损伤有防护作用,有利于减少降压药的用量。随机对照试验的荟萃分析证明,提高钾摄入量可使正常人收缩压/舒张压分别下降 1.8/1.0mmHg,使高血压患者血压下降 4.4/2.5mmHg。大样本人群研究发现,钾摄入量与卒中呈负相关。虽然证明钾补充剂对血压和心血管疾病有保护作用,但没有迹象显示必须长期使用钾补充剂才能减少心血管疾病风险。建议多摄入蔬菜和水果保障足够钾的摄入。

(10)维生素 D 大型前瞻性队列研究显示,人体内较低浓度的 25-羟基维生素 D 与心血管疾病、癌症高发及全因病死率相关,但目前缺少干预研究证据,应用维生素 D 防治心血管病时应慎重。

(11)蔬菜水果 前瞻性研究显示,冠心病和卒中与蔬菜、水果摄入负相关。荟萃分析结果显示,每天多食用 1 份蔬菜或水果(100g)可减少4%冠心病的风险和5%的卒中风险。

(12)鱼 绝大多数人群研究证明吃鱼可降低冠心病风险。每周至少吃鱼 1 次可减少冠心病风险15%。一项系统综述表明,只有高危人群才能从增加鱼的摄入中获益。据估计,高危人群每天摄入 40~60g 脂肪含量高的海鱼可以使冠心病病死率减少约50%。第 1 次心肌梗死的生还者 1 周至少吃 2 次脂肪含量高的鱼(fatty fish),2 年的病死率可降低29%。根据 36 个国家的研究数据显示,吃鱼可以降低各种死亡危险以及心血管疾病病死率。

(13)坚果 大型流行病学研究证明,经常吃富含不饱和脂肪酸的坚果与冠心病低风险相关。荟萃分析显示,平均每天食用67g 坚果,可降低血清总胆固醇 0.28mmol/L(约5.1%)和低密度脂蛋白胆固醇 0.27mmol/L(约7.4%);在高 TG 血症的人群中,坚果更可以降低血清甘油三酯 0.54mmol/L(约10.2%)。但坚果的能量密度较高,需要注意膳食能量的平衡,以防摄入能量过高。

(14)大豆 大豆含有丰富的优质蛋白、不饱和脂肪酸、钙、B 族维生素以及异黄酮、植物甾醇及大豆低聚糖等,是我国居民膳食中优质蛋白质的重要来源。38 个临床研究结果显示,在未患冠心病的人群中,每天摄入47g 大豆蛋白可以使血总胆固醇下降9%,低密度脂蛋白胆固醇下降13%。动物实验结果显示,摄入大豆异黄酮可以预防冠心病。美国 FDA 1999 年通过了健康声称"每日摄入 25g 的大豆蛋白,并且保持低饱和脂肪酸和低胆固醇饮食,可以降低心脏病发生的危险"。

(15)酒和酒精 有充分证据表明,适量饮酒可以降低冠心病风险。无论是啤酒、葡萄酒还是白酒，所有酒精饮品都只与冠心病低风险有关，并不适用于其他心血管疾病，也不提倡已经罹患心血管疾病的患者饮酒。

（16）咖啡　未过滤的熟咖啡可升高血总胆固醇和低密度脂蛋白胆固醇，因为咖啡豆含有一种咖啡雌醇的类萜酯。咖啡里的咖啡雌醇量取决于冲咖啡的方法，经过滤纸过滤的咖啡其含量为零，而未过滤的咖啡含量高。在芬兰，由饮用未过滤的咖啡改为饮用过滤的咖啡可大幅度降低血总胆固醇。一项前瞻性队列研究表明，饮用过滤的咖啡不会增加冠心病的风险。

（17）茶　流行病学调查和动物实验研究表明，茶中的茶多酚及其茶色素类物质可调节血脂、血压并预防动脉粥样硬化和保护心肌，从而降低心血管疾病发生的危险。荷兰一项人群调查发现，每天喝1~2杯红茶可使患动脉粥样硬化的危险性降低46%，饮用4杯以上红茶则危险性可降低69%。在日本、挪威等国家进行的人群干预试验也显示了茶及其有效成分对心血管疾病具有预防作用。

流行病学研究实验和临床研究表明，心血管疾病与许多膳食因素和生活方式密切相关。膳食营养因素与患心血管疾病风险研究证据水平见表5-15。

表5-15　膳食营养因素与患心血管疾病风险研究证据水平

证据	降低危险	没有相关	增加危险
令人信服	亚油酸 鱼和鱼油（EPA和DHA） 蔬菜和水果（包括浆果） 钾 适量酒精（对冠心病） 植物甾醇 规律的身体活动	维生素E补充剂	饱和脂肪酸（豆蔻酸$C_{14:0}$和棕榈酸$C_{16:0}$） 反式脂肪酸 高钠摄入 大量饮酒（对卒中）超重和肥胖
很可能	α-亚麻酸 油酸 膳食纤维 全谷物 无盐坚果 叶酸	硬脂酸$C_{18:0}$	膳食胆固醇 未过滤的熟咖啡
可能	大豆制品 类黄酮		富含月桂酸$C_{12:0}$的脂肪 β-胡萝卜素补充剂 胎儿营养不良
证据不足	钙 镁 维生素C 维生素D		碳水化合物 铁

六、心血管疾病人群的食谱设计原则

医学营养治疗（Medical Nutrition Therapy，MNT）是心血管疾病综合防治的重要措施之一。营养治疗的目标是控制血脂、血压、血糖和体重，在降低心血管疾病危险因素的同时，增加保护因素。营养治疗和咨询包括客观地营养评估、准确地营养诊断、科学地营养干预（包括营养教育）、全面地营养监测。从药物治疗开始前，就应进行饮食营养干预措施，并在整个药物治疗期间均持续进行膳食营养干预，以便提高疗效。校正多种危险因素的关键是增加运动，减少能量摄入和减轻体重。

1. 总原则

（1）平衡膳食　食物多样化，粗细搭配，平衡膳食。

（2）吃动平衡，健康 BMI 在 18.5~23.9kg/m²。

（3）摄入充足的不饱和脂肪酸　多不饱和脂肪酸占总能量的 6%~10%，$n-6/n-3$ 多不饱和脂肪酸比例在 5%~8%/1%~2% 比较适宜，即 $n-6/n-3$ 比例达到（4~5）:1。适量使用植物油，每人每天 25g。每周食用鱼类≥2 次，尤其是含油多的鱼，每次 150~200g，相当于 200~500mg EPA 和 DHA。素食者可以通过摄入亚麻籽油和坚果获取 α-亚麻酸。提倡从自然食物中摄取 $n-3$ 脂肪酸，不主张盲目补充鱼油制剂。单不饱和脂肪酸占总能量的 10%~20%。

（4）限制饱和脂肪酸的摄入　膳食中脂肪提供的能量不超过总能量的 30%，其中饱和脂肪酸不超过总能量的 10%，尽量减少摄入肥肉、多油的肉类加工食品和奶油，尽量不用椰子油和棕榈油。每日烹调油用量控制在 20~30g。

（5）限制反式脂肪酸的摄入　控制反式脂肪酸不超过总能量的 1%。少吃含有人造黄油的糕点、含有起酥油的饼干和油炸油煎食品。

（6）限制胆固醇的摄入　膳食胆固醇摄入量不应超过 300mg/d。

（7）限盐　选择低盐或无盐的食物，减少烹调用盐。每天摄入食盐不超过 5g，包括味精、防腐剂、酱菜、调味品中的食盐，提倡食用高钾低钠盐（肾功能不全者慎用）。

（8）适当增加钾的摄入　使钾/钠=1，每天摄入大量蔬菜水果获得钾盐。

（9）足量摄入膳食纤维　每天摄入膳食纤维 25~30g（来自食物），其中来自食物的可溶性膳食纤维>20g。建议从蔬菜水果和全谷物中获取每天所需的膳食纤维，摄入的谷类至少一半是全谷物及其制品。

（10）足量摄入蔬果　足量摄入新鲜蔬菜（400~500g/d）和水果（200~400g/d），包括绿叶菜、十字花科蔬菜、豆类、水果，可以减少患冠心病、卒中和高血压的风险。

（11）增加身体活动　每天 30min 中等强度的身体活动，每周 5~7d。

2. 高血压人群食谱的设计原则

生活方式干预可以降低血压、预防或延迟高血压的发生、降低心血管病风险。生活方式干预包括提倡健康生活方式，消除不利于身体和心理健康的行为和习惯。生活方式干预应该连续贯穿高血压治疗全过程，必要时联合药物治疗。高血压人群营养食谱设计原则具体内容简述如下。

（1）减少钠盐摄入　钠盐摄入过多和（或）钾摄入不足，以及钾钠摄入比值较低是我国高血压发病的重要危险因素。严格控制钠盐，推荐食盐用量<5g/d，提倡低盐膳食，限制或不食用腌制品。

（2）增加钾摄入　增加膳食中钾的摄入量可降低血压，推荐从自然食物中摄取，摄入量达到 3.5~4.7mg/d。

（3）合理膳食　健康的膳食模式可降低高血压、心血管疾病的发病风险。合理膳食是防治高血压的重要手段。正常高值血压以及高血压患者应掌握膳食管理的原则与方法，并坚持应用到日常生活和自我管理中。

①DASH饮食：DASH饮食（Dietary Approaches to Stop Hypertension）是1997年美国国立卫生健康研究院资助，为控制高血压，按照"富含水果、蔬菜、蛋白质，低脂、低糖、低盐"原则特定设计的医学饮食模式。DASH饮食富含新鲜蔬菜、水果、低脂（或脱脂）乳制品、禽肉、鱼、大豆和坚果，少含糖饮料和红肉，其饱和脂肪和胆固醇水平低，富含钾镁钙等微量元素、优质蛋白质和纤维素。高血压患者食用DASH饮食可降低收缩压11.4mmHg，舒张压5.5mmHg。坚持DASH饮食能够有效降低心血管事件和全因死亡风险。

②CHH饮食：中国心脏健康饮食（CHH饮食）是符合中国饮食文化特点的健康膳食模式，根据国人健康膳食的营养素摄入标准，由连续2周不重样的早、中、晚餐主副食食谱构成。该膳食模式将每日钠的摄入量从6g减少到3g，同时减少摄入饱和脂肪，增加摄入蛋白质、优质碳水化合物、钾及膳食纤维。高血压患者食用CHH饮食可降低收缩压10mmHg，舒张压3.8mmHg，研究者认为，如果坚持CHH饮食，主要心血管疾病将减少20%，心力衰竭减少28%，全因死亡减少13%。

③辣膳食：研究发现，经常吃辣食物的人群，可以预防高血压，爱吃辣可以降低心血管疾病和癌症等的死亡风险。女性中，每周吃辣大于3次者比从不吃辣者出现高血压的风险降低12%，每周吃辛辣食物的次数越多，收缩压、舒张压下降越明显。在不喝酒的人中，每天吃辣者比从不吃辣者出现高血压的风险降低28%，爱吃辣者较不爱吃辣者每天减少摄盐量2.5g，收缩压和舒张压较之分别低6.6mmHg和4.0mmHg。

有利于调节血压的膳食成分还有：富含钾镁钙的食物，包括甜菜根等含有硝酸盐的新鲜蔬菜、芹菜等绿叶蔬菜、豆荚类、豆腐等豆制品、牛油果、坚果、奇亚籽等；以及黑巧克力、绿茶、石榴汁、甜菜根汁等饮料。

（4）控制体重　推荐将体重维持在健康范围内（BMI18.5~23.9kg/m²，男性腰围<90cm，女性<85cm）。建议所有超重和肥胖患者减重。建议将目标定为一年内体重减少初始体重的5%~10%。

（5）运动干预　运动可以改善血压水平。研究表明，规律运动对预防和治疗高血压都有益。具体运动干预的方式包括：①有氧运动，强有力的证据表明，有氧运动可以降低成年高血压患者的血压5~7mmHg。在低、中、高强度有氧运动中，中等强度有氧运动降压效果最好。②抗阻运动，降压效果可能与有氧运动相当，甚至更大。③冥想与呼吸训练，可以使得心理应激、颈源性心血管疾病、姿势与体态不良导致的各种高血压成因得以缓解甚至解除。④柔韧性训练与拉伸训练，关节活动度和肌肉力量的综合性训练，是消除疲劳、提高日常活动能力、延缓衰老的简单安全的运动治疗方式。

对于血压控制良好的高血压患者，推荐以有氧运动为主（中等强度，每天30min，每周5~7d），以抗阻运动为辅（每周2~3次）的混合训练，也建议同时结合呼吸训练与柔韧性和拉伸训练。对于血压没有得到控制者（收缩压>160mmHg），在血压得到控制前，不推荐进行高强度运动。

（6）不吸烟　吸烟是一种不健康行为，是心血管病和癌症的主要危险因素之一。被动吸烟显著增加心血管疾病风险。戒烟虽不能降低血压，但戒烟可降低心血管疾病风险。因此，强烈建议高血压患者戒烟。询问每位患者每日吸烟数量及吸烟习惯等，并应用清晰、强烈、个性化方式建议其戒烟。评估吸烟者的戒烟意愿后，帮助吸烟者在1~2周的准备期后采用"突然停止法"开始戒烟。指导患者应用戒烟药物对抗戒断症状，如尼古丁贴片、尼古丁咀嚼胶（非处方药）、盐酸安非他酮缓释片和伐尼克兰。对戒烟成功者进行随访和监督，避免复吸。

（7）限制饮酒　过量饮酒显著增加高血压的发病风险，且其风险随着饮酒量的增加而增加，限制饮酒可使血压降低。建议高血压患者不饮酒。如饮酒，则应少量并选择低度酒，避免饮用高度烈性酒。每日酒精摄入量男性不超过15g，女性也一样，即每周酒精摄入量不超过80g。白酒、葡萄酒和啤酒摄入量分别少于50，100和300mL。

（8）减轻精神压力，保持心理平衡　精神紧张可激活交感神经从而使血压升高。精神压力增加的主要原因包括过度的工作和生活压力以及病态心理，包括抑郁症、焦虑症、A型性格、社会孤立和缺乏社会支持等。建议高血压患者进行压力管理，指导患者进行个体化认知行为干预。可建议患者到专业医疗机构就诊，避免由于精神压力导致的血压波动。必要情况下采取心理治疗联合药物治疗缓解焦虑和精神压力。

（9）保持健康睡眠　健康睡眠包括充足的睡眠时间和良好的睡眠质量。健康睡眠与较低的高血压风险相关，在高血压患者中与较低的冠心病和脑卒中发病率相关。睡眠时间短增加高血压发病风险，失眠与心血管疾病死亡和全因死亡相关。认知行为疗法对高血压患者有益，可改善睡眠质量，降低血压。保持健康睡眠的具体建议包括：①建议成年人每晚睡眠时间为7~9h，确保睡眠质量，按时作息；②难治性高血压、夜间高血压和/或血压异常下降的患者，应筛查睡眠障碍；③有睡眠障碍（打鼾、睡眠呼吸暂停、失眠等）者应定期测量血压，并考虑进行动态血压监测（ABPM）；④经常值夜班或需要轮班工作者应考虑使用ABPM进行诊断和后续评估；⑤高血压患者不应在夜间使用利尿剂，以免夜尿过多而影响睡眠。

（10）其他　茶叶中除含有多种维生素与微量元素外，还含有茶多酚，有利尿和降压作用，但不宜饮浓茶。定时定量，少食多餐，一日4~5餐，晚餐要清淡易消化。

3. 高血脂、动脉粥样硬化、冠心病人群的食谱设计原则

以低密度脂蛋白胆固醇或总胆固醇升高为特点的血脂异常是动脉粥样硬化性心血管疾病（ASCVD，包括冠心病、缺血性卒中以及外周动脉疾病）重要的危险因素；降低低密度脂蛋白胆固醇水平，可显著减少ASCVD的发病及死亡危险。其他类型的血脂异常，如甘油三酯增高或高密度脂蛋白胆固醇降低与ASCVD发病危险的升高也存在一定的关联。因此，应将降低低密度脂蛋白胆固醇水平作为防控ASCVD危险的首要干预靶点，非高密度脂蛋白胆固醇可作为次要干预靶点。

血脂异常明显受饮食及生活方式的影响，饮食治疗和生活方式改善是治疗血脂异常的基础措施。无论是否进行药物调脂治疗，都必须坚持控制饮食和改善生活方式。良好的生活方式包括坚持健康饮食、规律运动、远离烟草和保持理想体重。生活方式干预是一种最佳成本/效益比和风险/获益比的治疗措施。

（1）低脂肪、低饱和脂肪酸、低反式脂肪酸和低胆固醇饮食　一周内膳食脂肪平均摄入量为20%E~25%E；一般人群摄入饱和脂肪酸应小于10%E；高胆固醇血症者饱和脂肪酸摄入量应小于 7%E；一般高脂血症的成年人，胆固醇摄入量小于 300mg/d 为宜，而高胆固醇症患者不超过 200mg 为宜；反式脂肪酸摄入量应小于 1%E；高甘油三酯血症者更应尽可能减少每日摄入脂肪总量，每日烹调油应少于 25g。脂肪摄入应优先选择富含 $n-3$ 多不饱和脂肪酸的食物（如深海鱼、鱼油、植物油）。

（2）高膳食纤维、低添加糖饮食　选择富含膳食纤维和低升糖指数的碳水化合物替代饱和脂肪酸，每日饮食应包含 25~40g 膳食纤维（其中 7~13g 为可溶性膳食纤维）。碳水化合物摄入以全谷物、杂豆和薯类为主。添加糖摄入量不应超过 10%E，对于肥胖和高甘油三酯血症者要求比例更低。可溶性（黏性）膳食纤维 10~25g/d，有利于血脂控制，但应长期监测其安全性。适量控制精制碳水化合物食物（精白米面、糕点、糖果、含糖果汁等）的摄入，保证蔬菜水果摄入。

（3）高植物甾醇饮食　多食用富含植物甾醇的食物，如蔬菜、水果、豆类等。或适当选择植物甾醇补充剂，如植物甾醇/烷醇（2~3g/d），虽有利于血脂控制，但应长期监测其安全性。

（4）控制体重　血脂代谢紊乱的超重或肥胖者的能量摄入应低于身体能量消耗，以控制体重增长，并争取逐渐减少体重至理想状态。减少每日食物总能量（每日减少 300~500kcal），改善饮食结构，增加身体活动，可使超重和肥胖者体重减少 10% 以上。维持健康体重（BMI 在 20.0~$23.9kg/m^2$），有利于血脂控制。

（5）规律身体活动　建议每周 5~7d、每次 30min 中等及以上强度身体运动。每天锻炼至少消耗 200kcal。对于 ASCVD 患者应先进行运动负荷试验，充分评估其安全性后，再进行身体活动。

（6）中度限盐　盐摄入不超过 5g/d。

（7）戒烟　完全戒烟和有效避免吸入二手烟，有利于预防 ASCVD，并升高高密度脂蛋白胆固醇水平。可以选择戒烟门诊、戒烟热线咨询以及药物来协助戒烟。

（8）限制饮酒　适量饮酒应因人而异，并取得医师的同意。不饮酒者，不建议适量饮酒。如有饮酒习惯，建议男性每天的饮酒量（酒精）不超过 15g，相当于 50 度白酒 30mL，或 38 度白酒 45mL，或葡萄酒 150mL，或啤酒 450mL，女性也一样。

（9）少量多餐，避免过饱，忌烟和浓茶。

动脉粥样硬化和冠心病患者营养治疗基本要素见表 5-16。

表 5-16　动脉粥样硬化和冠心病患者营养治疗基本要素

要素	建议
1. 限制使 LDL-C 升高的膳食成分	
饱和脂肪酸	<总能量的 7%
膳食胆固醇	<200mg/d
反式脂肪酸	0 或<总能量的 1%
2. 增加降低 LDL-C 的膳食成分	
植物甾醇	2~3g/d
可溶性膳食纤维	10~25g/d

续表

要素	建议
3. 总能量	调节到能够保持理想体重或减轻体重
4. 身体活动	保持中等强度锻炼，每天至少消耗200kcal能量，相当于中速步行50～60min

注：LDL-C 为低密度脂蛋白胆固醇。

七、食物的选择

1. 高血压人群食物的选择

（1）谷类、薯类及杂豆　精细加工的米面要少吃，在加工中引入过量白砂糖、油脂（包括氢化油）和盐的食品［如糕点、甜食、油炸油煎食品（油饼、油条等）、咸大饼、咸花卷、咸面包、咸饼干等］要少吃或不吃，建议每日摄入谷类200～300g，其中全谷物和杂豆类50～150g，薯类50～100g。

（2）水产品、畜禽肉和蛋类　选择鱼、禽、蛋和瘦肉，平均120～200g/d。对于高危人群，建议每天摄入40～60g脂肪含量高的海鱼。少食用或不食用高盐、高脂肪、高胆固醇的动物性食物。

建议蛋类摄入量每天不超过1个，咸蛋和皮蛋钠含量高，要少吃。

（3）奶类、大豆及坚果　建议高血压患者每日摄入鲜奶300mL以上，以满足其对钙的需要，优先选择无脂或低脂奶制品，而脂肪含量高的全脂鲜奶、全脂奶粉、奶酪、冰激凌等奶制品要少吃或不吃。

建议多吃豆类、坚果。建议大豆及其制品的摄入量为相当于大豆15～25g/d。优先选择黄豆、豆腐、豆腐干等豆制品，而高盐或多油的豆腐乳、油豆腐、豆腐泡、素什锦、咸豆干等膳食品种要少吃或不吃。

坚果建议摄入量为10g/d。推荐食用原味坚果，合并超重和肥胖者应注意避免脂肪摄入过量。

（4）蔬菜和水果类　建议多吃蔬菜、水果。建议蔬菜的摄入量为400～500g/d，其中绿叶蔬菜和红黄色、紫色等有色蔬菜应占1/2以上。腌制品（榨菜、酱菜、雪里蕻、泡菜等）、蔬菜罐头（玉米罐头、草菇罐头等）、罐头蔬菜汁等膳食品种要少吃或不吃。

水果也应多样化选择，选择新鲜时令的水果为宜，建议摄入量为200～400g/d。蜜饯、加工果汁、加糖果味饮料等膳食品种要少吃或不吃。

（5）烹调油和盐　烹调油建议以植物油为主，摄入量为20～30g/d。烹调油也应多样化选择，特别是富含α-亚麻酸的亚麻籽油、低芥酸菜籽油、大豆油等要注意选用。含单不饱和脂肪酸丰富的茶籽油、橄榄油、高油酸花生油等植物油也要常用选。棕榈油、棕榈仁、椰子油、奶油、猪油、牛油和羊油的饱和脂肪酸含量高，要尽量少吃或不吃。在添加了氢化油（包括起酥油、植脂末、人造黄油、部分氢化油等）的加工食品中，反式脂肪酸含量可能会比较高，也要少吃。

建议每天食盐摄入量<5g。若食用了鸡精、豆瓣酱、番茄酱、豆豉、酱油这些高盐的调味品，要相应减少食盐的摄入量。提倡食用高钾低钠盐（肾功能不全者慎用）。

限制含糖饮料和糖果。白砂糖、红糖、糕点、甜食、饮料、果汁等也要少吃。

身体活动水平中等，体重正常的高血压患者可参考表 5-17 制订膳食营养方案。

表 5-17　2000kcal 能量水平下高血压人群的食物参考量设计

食物类别		质量	适宜食物	主要提供的营养素
谷薯类	谷类和杂豆	200~250g	主食以全谷物、杂豆为主，其中全谷物和杂豆类 50~150g	能量、纤维等
	薯类	50~100g	各种甘薯、马铃薯、山药、芋头等	
蔬菜		400~500g	各种新鲜蔬菜，深色蔬菜占一半以上	钾、镁、纤维、维生素等
水果		400~500g	各种新鲜水果	钾、镁、纤维、维生素等
禽畜肉		50~75g	各种瘦肉、去皮的禽肉、鱼类和蛋类等。每周食用鱼类≥2 次，每次 150~200g，多脂的海鱼每周至少食用 1 次	优质蛋白质、镁、EPA 和 DHA 等
鱼虾类		50~75g		
蛋类		40~50g		
奶类		400~500g	各种低脂或脱脂奶制品	钙和蛋白质等
大豆类		15~25g	各种坚果、油籽和大豆类及其制品	蛋白质、钾、镁和纤维等
坚果、种子类		10g		
植物油		25g	各种植物油（如橄榄油、茶油、花生油等）	能量，不饱和脂肪酸等
添加糖		<10%E	最好不添加	能量
盐		5g 以下	碘盐	碘、钠

2. 高血脂、动脉粥样硬化、冠心病人群食物的选择

（1）谷类、薯类及杂豆　建议每日摄入谷类 200~300g，其中全谷物和杂豆不少于 1/2，薯类 50~150g。高糖高油高盐的食物，以及含氢化油高的食物要少吃或不吃，并减少精制米面的摄入。

（2）水产品、畜禽肉和蛋类　脂肪含量高的海鱼富含 EPA 和 DHA，建议每天摄入 40~60g。选择鱼、禽、蛋和瘦肉，平均 100~150g/d。

肥肉、腌制加工的肉制品、高胆固醇食物要少吃或不吃。

建议蛋类每周摄入量 3~4 个，但咸蛋和皮蛋钠含量高，要少吃。

（3）奶类、大豆及坚果　建议每日摄入鲜奶 300mL，以满足其对钙的需要，优先选择无脂或低脂乳制品全脂奶及其制品要少吃。

建议多吃豆类、坚果。建议大豆及其制品的摄入量为相当于大豆 30~50g/d。优先选择黄豆、豆腐、豆腐干等豆制品，而高盐或多油的豆制品要少吃或不吃。

坚果建议摄入量为 10g/d。

（4）蔬菜和水果类　建议多吃蔬菜、水果。建议蔬菜的摄入量为 500g/d 以上，其中绿叶蔬菜和红黄色、紫色等有色蔬菜应占 1/2 以上。腌制品、蔬菜罐头、罐头蔬菜汁等膳食品种要少吃或不吃。

水果也应多样化选择，选择新鲜时令的水果为宜，建议摄入量为 200~350g/d。蜜饯、加工果汁、加糖果味饮料等膳食品种要少吃或不吃。

（5）烹调油和盐　烹调油建议以植物油为主，摄入量应低于20g/d，烹调油也应多样化选择。饱和脂肪酸含量高的油脂，要尽量避免。添加了氢化油的加工食品最好少吃。

建议每天食盐摄入量<5g。最好不吃含糖饮料和糖果。

身体活动水平中等，体重正常的高血脂、动脉粥样硬化、冠心病患者2000kcal能量水平下食物参考量设计见表5-18。

表5-18　2000kcal能量水平下食物参考量设计

食物类别		质量	适宜食物	主要提供的营养素
谷薯类	谷类和杂豆	250~300g	主食以全谷物、杂豆为主，其中全谷物和杂豆类50~150g	能量、纤维等
	薯类	50~100g	各种甘薯、马铃薯、山药、芋头等	
蔬菜		500g	各种新鲜蔬菜或蔬菜汁，深色蔬菜占一半以上	钾、镁、纤维、维生素等
水果		200~350g	各种新鲜水果和果汁	钾、镁、纤维、维生素等
禽畜肉		40~50g	各种瘦肉、去皮的禽肉、多脂的海鱼、蛋类和蛋清等。	优质蛋白质、镁、EPA和DHA等
鱼虾类		50~75g		
蛋类		25g		
奶类		300g	各种低脂或脱脂乳制品	钙和蛋白质等
大豆类		20~40g	各种坚果、油籽和大豆类及其制品	蛋白质、钾、镁和纤维等
坚果、种子类		10g		
植物油		20g	各种植物油（如橄榄油、茶油、花生油、亚麻籽油、玉米油等）	能量，不饱和脂肪酸等
糖		<10g	最好不吃甜食	能量
盐		5g以下	碘盐	碘、钠

3. DASH膳食模式

在美国的DASH（Dietary Approaches to Stop Hypertension）研究中提出了一套有利于控制高血压的西式饮食模式。DASH饮食及其改良模式已经进行了多个临床随机对照试验，研究其对心血管疾病风险因素的影响。最初的DASH饮食试验显示，与典型的美国饮食相比，DASH饮食模式可以降低血压和低密度脂蛋白胆固醇的水平，从而降低心血管疾病风险。

DASH膳食的试验对象为高血压正常偏高和轻度高血压者。研究结果显示：采用DASH膳食8周，血压下降明显，收缩压均值下降11.4mmHg，舒张压下降5.5mmHg，几乎与单纯药物治疗作用相似，为此，DASA膳食不仅用来防治高血压，而且被列为《2005年美国膳食指南》的范例之一。

DASH饮食——钠盐试验，从三个饮食钠盐摄入水平证实DASH饮食模式对于血压和低密度脂蛋白胆固醇的有益影响，并且也证明伴随钠盐摄入减少，血压呈现阶梯式降低。OmniHeart试验发现，用等量的蛋白质或不饱和脂肪酸来替代DASH饮食中的部分碳水化合物，会比原始的DASH饮食模式更加有效地降低血压和低密度脂蛋白胆固醇的水平。

DASH 饮食模式是一个灵活平衡的饮食计划，建议多吃蔬菜、水果、全谷物、无脂或低脂乳制品、鱼、家禽、豆类、坚果和植物油，限制高饱和脂肪的食物，如多脂肪的肉类、全脂乳制品和热带油（如椰子油、棕榈仁油和棕榈油），限制含糖饮料和糖果，限制高反式脂肪酸的食物。该模式为低饱和脂肪酸，富含钾、钙、镁及膳食纤维和蛋白质的膳食（表 5-19）。与典型美国饮食相比，DASH 饮食钠盐更低，它包括每日 2300 和 1500mg 两个钠盐摄入等级的推荐。

表 5-19 DASH 膳食的食物构成[g]

食物类别	份数 1600kcal	份数 2000kcal	每份的量	示例和注释	对 DASH 饮食计划的益处
谷类[a]	6	6~8	1 片面包 1oz 干谷物[e] 1/2 杯（约 113g）煮熟的米饭、意大利面或其他谷类食品[e]	全麦面包和面包卷、全麦面食、英式松饼、皮塔面包、百吉圈（硬面包）、谷类食品、玉米糁、燕麦片、糙米、无盐椒盐卷饼和爆米花	主要提供能量和纤维
蔬菜类	3~4	4~5	1 杯[f]（约 110g）生叶蔬菜 1/2 杯切碎的生菜 1/2 杯（约 100g）熟菜 1/2 杯蔬菜汁	西蓝花、胡萝卜、羽衣甘蓝、四季豆、嫩豌豆、甘蓝、利马豆、马铃薯、菠菜、南瓜、甘薯、番茄	富含钾、镁和纤维
水果类	4	4~5	1 个中等大小的水果 1/4 杯（约 57g）干果 1/2 杯新鲜、冷冻或罐装水果 1/2 杯果汁	苹果、杏、香蕉、枣、葡萄、橘子、葡萄柚、葡萄柚汁、芒果、甜瓜、桃子、菠萝、葡萄干、草莓、柑橘	钾、镁和纤维的重要来源
低脂或脱脂奶制品[b]	2~3	2~3	1 杯牛奶或酸奶 1.5oz[f] 奶酪	无脂牛奶或脱脂奶；无脂、低脂或减脂的奶酪；无脂、低脂普通酸奶或冷冻酸奶	钙和蛋白质的主要来源
瘦肉、家禽和鱼	3~4 或更少	6 或更少	1oz 煮熟的瘦肉、禽肉或鱼肉 1 个蛋	瘦肉、去皮禽肉、蛋	富含蛋白质和镁
坚果、种子、豆类	3~4/周	4~5/周	1/3 杯或 1.5oz 坚果（无盐） 2 汤匙花生酱 2 汤匙[f] 或 0.5oz 种子 1/2 杯（约 90g）煮熟的豆类（干豆、豌豆）	杏仁、榛子、混合坚果、花生、核桃、向日葵籽、花生酱、芸豆、扁豆、豌豆	丰富的能量、镁、蛋白质和纤维
油脂类[c]	2	2~3	1 茶匙[f] 软质人造黄油 1 茶匙（4g）植物油 1 汤匙蛋黄酱 2 汤匙沙拉酱	软质人造黄油、植物油（菜籽油、玉米油、橄榄油、红花油等）、低脂蛋黄酱、清淡沙拉酱	在 DASH 研究中，有 27% 的能量来自脂肪，包括食物中的脂肪和添加到食物中的脂肪

续表

食物类别	份数 1600kcal	份数 2000kcal	每份的量	示例和注释	对DASH饮食计划的益处
甜品	3或更少/周	5或更少/周	1汤匙（15g）糖 1汤匙果冻或果酱 1/2杯冰糕、明胶甜点 1杯柠檬水	果味明胶、果酒、硬糖、果冻、枫糖浆、冰糕、糖	甜品应该是低脂肪的
最大钠限量[d]	2300mg/d	2300mg/d			

注：[a] 谷类建议大部分选用全谷物，作为纤维和营养的良好来源。
　　[b] 对于乳糖不耐症，尝试乳糖酶药片或无乳糖及低乳糖乳。
　　[c] 脂肪含量不同，油脂的用量也不同。例如，1汤匙普通色拉调味汁＝一份；1汤匙低脂调味汁＝半份；1汤匙无脂调味汁＝零份。
　　[d] DASH饮食计划的钠最高限值为每天2300mg或1500mg。
　　[e] 每份量的大小变化取决于谷类食品的类型，一般在1/2杯和1杯之间，可通过产品的营养成分标签来确定。
　　[f] 1茶匙（tsp）＝5mL，即小匙；1汤匙（tbsp.）＝3茶匙＝15mL，也叫大匙；1杯（cup）＝236.6mL；1盎司（oz）＝28.3g。
　　[g] 资料来源：http://www.nhlbi.nih.gov。

DASH饮食是健康饮食模式的一个范例，最初DASH饮食计划的每日营养素水平见表5-20。它是一个灵活平衡的饮食计划，应用者可以根据自己的食物偏好、价格、市场供应情况调整食物选择。

表5-20　最初DASH饮食计划的每日营养素水平（能量目标2000kcal/g）

营养素	含量/g	占总能量/%	营养素	含量/mg	占总能量/%
蛋白质	90	18	胆固醇	150	—
碳水化合物	275	55	钾	4700	—
总脂肪	60	27	钠*	2300	—
饱和脂肪酸	13	6	钙	1250	—
膳食纤维	30	—	镁	500	—

注：* 必要时，将钠降低到1500mg以进一步降低血压。

项目实施

任务一　设计心血管疾病人群的营养菜点

EPA和DHA有较强的降血甘油三酯、升高高密度脂蛋白胆固醇效果，对预防冠心病有一定的作用；适度减少钠盐摄入可有效降低血压；钾可对抗钠盐升高血压的作用；足量的钙和镁有利于降低血压；多食用富含膳食纤维、植物甾醇的食物有利于血脂控制。因此，本任务将设计的菜点分成低钠的营养菜点、富含钾的营养菜点、富含钙镁的营养菜点、富含膳食纤维的营养菜点、富含植物甾醇的营养菜点及其他六大类。富含 EPA、DHA 的营养菜点设计参考模块三项目一任务一相关内容。

一、设计低钠的营养菜点

1. 识别含钠高的食物

查找中国食物成分表，找出含钠高的食物。常用食物钠的含量见表 5-21。

表 5-21　常用食物钠的含量（以 100g 可食部计）

食物	含量/mg	食物	含量/mg	食物	含量/mg
盐[b]	39311.0	辣酱（麻）	3222.5	蟹（梭子蟹）	481.4
腊羊肉	8991.6	咸鸭蛋（生）	2706.1	盐水鸭（熟）	1557.5
味精[b]	8160.0	鱼片（干）	2320.6	牡蛎	462.1
辣椒酱[b]	8027.6	鲍鱼	2011.7	花生仁（炒）	445.1
豆瓣酱[b]	6012.0	牛肉松	1945.7	泥蚶	354.9
酱油[b]	5757.0	猪肉松（太仓肉松）	1880.0	面条（虾蓉面）	304.2
虾皮	5057.7	腊肠	1420.0	馒头（代表值）	165.1
海参（干）	4968.0	挂面[a]	800.0	茼蒿	161.3
苔菜（干）	4955.0	龙须面（鸡蛋）	711.2	菠菜	85.2
酱油（一级）[b]	4861.1	火腿（fat.27g）	1086.7	小白菜	132.2
莴笋（酱）[b]	4665.1	脆皮肠	992.7	白萝卜	54.3
榨菜[b]	4252.6	海蚌（鲜）	810.9	西蓝花	46.7
酱黄瓜[b]	3769.5	蛤蜊（沙蛤）	577.7	荷兰豆	8.8
雪里蕻（腌）[b]	3304.2	沙丁鱼（盐水浸）	530.0	番茄	9.7

注：[a] 引自市售挂面的营养标签，生产日期 2024.9.24。

　　[b] 除 a 外，数据来源于杨月欣主编《中国食物成分表标准版（第 6 版）》第一册、第二册和《中国食物成分表 2004》。

一般未经加工的天然食物钠含量很低。饮食钠主要来自两方面，一是烹饪时调味的食盐、味精、鸡精、各种调味酱等，二是高盐的加工食品，如腊肉、肉松、咸蛋、板鸭、香肠、卤肉制品、鱼肉罐头、奶酪、腌制的蔬菜（榨菜、酱菜、雪里蕻、泡菜等）、豆腐乳、豆豉、海苔、挂面、方便面等。

2. 减少钠盐摄入的饮食建议

无论是初发高血压，还是长期的高血压患者，都需要低盐饮食，将全日膳食食盐总量控制在 5g 以下，一般情况 4g 为宜。减少盐的摄入量不可骤然降低或突然停止食盐的摄入，减盐应分阶段逐渐递减。假如最初盐的摄入量为 10g，逐渐递减为 8，6，5，4g。

减少钠盐摄入的饮食建议有以下几点。

（1）烹饪时少放盐，建议使用可定量的盐勺，每日食盐摄入量不超过5g。烹饪时可逐渐减少用盐量，让味蕾慢慢适应，还可用香料、大蒜、柠檬等食物调味，使饭菜更美味，同时减少了用盐量。

（2）如果使用味精、酱油等含钠盐的调味品，就要相应的减少食盐用量。举个例子，半汤匙（7.5mL）酱油约相当于1g盐。

（3）选择低盐食品。购物前查看营养标签，少选购含钠盐较高的各类加工食品，如咸菜、火腿、香肠以及各类炒货。一些食品吃起来感觉不咸，可它们含盐量也很高，不知不觉就会摄入很多的盐，比如饼干、薯片、面包、披萨、火腿肠等。举个例子，市面上很多品牌的挂面包装上营养标签标示，每100g挂面含钠600mg，而挂面是家庭很常见的面食，用100g挂面煮一碗面条，这差不多是成年女性一人一餐的份量，即使煮面不再放盐调味，也摄入高达600mg的钠了，占其RNI（1500mg）的40%，占营养素参考值（NRV）的30%，若要避免钠摄入超标，就要选择低钠挂面。因此，看营养标签，选购低钠食品，这对控盐很重要。

（4）增加蔬菜和水果的摄入量。蔬菜水果一般钾含量高而钠含量低，多吃蔬菜水果可减少钠的摄入，同时促进体内钠的排泄。

（5）肾功能良好者，可部分选用含钾的烹调用盐。

3. 设计低钠的营养菜点

一般未经加工的天然食物钠含量很低，膳食钠主要来源于食物烹调或食品加工过程中加入的钠盐。比如，香焖茄豆这道菜，黄豆和茄子的钠含量是很低的，100g黄豆含钠2.2mg，而茄子是5.4mg。菜点中的钠盐主要来自烹调过程加入的食盐和其他调味料，减少食盐和其他调味料的用量就能减少的钠摄入。

香焖茄豆

①原料：黄豆20g，茄子100g（市品104g）。

②调料：酱油1g，盐0.5g，香油2g，葱丝、香菜及花椒粒各少量。

③营养特点分析：香焖茄豆营养成分表见表5-22。

表5-22 香焖茄豆营养成分表

项目	每份含量	NRV%	项目	每份含量	NRV%	项目	每份含量	NRV%
能量	120kcal/501kJ	6%	维生素A	8μgRAE	1%	钾	446mg	22%
蛋白质	8.2g	14%	维生素E	6.28mg		镁	54mg	18%
脂肪	5.4g	9%	维生素B_1	0.10mg	7%	钙	63mg	8%
碳水化合物	11.8g	4%	维生素B_2	0.08mg	6%	铁	2.3mg	15%
膳食纤维	4.4g	18%	维生素C	5.0mg	5%	锌	0.91mg	6%
钠/食盐	260.0mg/0.7g	13%	烟酸	1.04mg	7%	硒	1.7μg	3%

茄子含有特别丰富的生物类黄酮，也被称为维生素P，它的含量远远高于一般蔬菜和水果，每100g茄子中约含类黄酮物质700mg。茄子中的主要类黄酮成分是芸香苷，

又称芦丁。茄子中的生物类黄酮具有增强毛细血管弹性，防止微血管破裂，提高血管修复能力，使血小板保持正常功能。茄子还具有强大的抗氧化能力，能增强体内抗氧化物质的活性，有清除自由基的作用，是抗衰老的食品之一。茄子中的皂苷降低胆固醇的功效非常明显，巴西科学家发现，食用茄子后人体内的胆固醇含量能下降10%。美国的营养学家在介绍降低胆固醇的蔬菜时，也总是把茄子排在首位。茄子还是高钾低钠的食物，有利于控制血压。显而易见，对高血压、动脉硬化患者，茄子是一种理想的保健蔬菜。

茄子有很多品种，颜色深的，如深紫色，黑色的茄子比浅色的茄子含有更丰富的生物类黄酮，所以才是保健的上品。茄子含有一种带涩味的生物碱，不宜生食。黄豆的营养特点参考模块三项目三任务一黄豆花生浆。高血压肾病患者应慎食黄豆，否则容易引起高钾血症，出现胸闷、心慌、心律失常等情况。

二、设计富含钾的营养菜点

1. 识别含钾高的食物

查找中国食物成分表，识别含钾丰富的常见食物。常用食物钾的含量见表5-23。

表5-23　常用食物钾的含量（以100g可食部计）

食物	含量/mg	食物	含量/mg	食物	含量/mg
口蘑（干）	3106	番茄酱	985	菠菜	311
甲级龙井	2812	扇贝（干）	969	荸荠	306
绿茶	1661	麦麸	862	蘑菇	312
银耳（干）	1588	红小豆	860	小米	284
黄豆	1503	猪肝	855	雪里蕻	281
甜椒（脱水）	1443	莲子（干）	846	冬苋菜	280
黑豆	1377	豌豆	823	苦瓜	256
桂圆（干）	1348	绿豆	787	香蕉	256
蘑菇（干）	1225	海带（干）	761	韭菜	247
冬菇（干）	1155	黑木耳（干）	757	空心菜	243
扁豆（白）	1070	花生仁（炒）	674	薏米	238
芸豆（杂）	1058	金针菜	610	芥菜（大叶芥菜）	224
绿豆面	1055	豆腐皮	526	茼蒿	220
脱水香菜	1031	枣（鲜）	375	油菜	210
葡萄干	995	马铃薯	347	哈密瓜	190

注：引自杨月欣主编《中国食物成分表标准版（第6版)》。

大豆、杂豆、坚果、蔬菜、水果是钾的良好来源，全谷物钾含量比精细加工的谷物高。一般主张从天然食物（特别是蔬菜和水果）中摄入充足的钾。

2. 改善高血压患者钾营养状况的饮食建议

建议多吃蔬菜、水果、全谷物、无脂或低脂奶制品、豆类、坚果等钾含量高的食物。每天新鲜蔬菜水果摄入500g以上，主食以粗粮（全谷物、杂豆、薯类）为主，粗粮占主食总量的一半以上，再加上其他食物提供的钾，每日摄入钾可达PI值（3600mg/d）以上。

3. 钾摄入量达到PI的膳食方案举例

每日钾提供量达到PI值（3600mg/d）的食物组合举例见表5-24。

表5-24　提供3600mg钾的食物组合举例

食物	食用量/g	钾提供量/mg	用这些食物设计营养美味菜点
绿豆	50	394	
南瓜	100	182	
马铃薯	200	694	（1）绿豆南瓜粥
苦瓜	200	512	（2）蒸马铃薯
红薯叶	200	990	（3）苦瓜酿肉
酸奶（脱脂）	250	390	（4）炒红薯叶
苹果	200	238	（5）酸奶（脱脂）
桃子	200	332	（6）苹果
			（7）桃子
合计	1400	3732	

4. 设计富钾的营养菜点

（1）荠菜豆腐汤

①原料：荠菜100g（市品114g），豆腐100g，胡萝卜（红）30g（市品31g），鲜香菇50g，黑木耳（干）3g。

②调料：盐0.6g，味精0.2g，香油3g，淀粉适量。

③营养特点分析：荠菜豆腐汤能量及营养素含量见表5-25。

表5-25　荠菜豆腐汤能量及营养素含量

项目	每份含量	NRV%	项目	每份含量	NRV%	项目	每份含量	NRV%
能量	175kcal/729kJ	9%	维生素A	319μgRAE	40%	钾	488mg	24%
蛋白质	11.3g	19%	维生素E	9.32mg		镁	92mg	31%
脂肪	8.9g	15%	维生素B_1	0.12mg	8%	钙	391mg	49%
碳水化合物	15.4g	5%	维生素B_2	0.23mg	17%	铁	10.0mg	67%
膳食纤维	4.6g	18%	维生素C	47.4mg	47%	锌	1.75mg	12%
钠/食盐	313.0mg/0.8g	16%	烟酸	2.07mg	15%	硒	3.6μg	7%

荠菜的营养价值很高，每100g荠菜含蛋白质2.9g，胡萝卜素2590μg，核黄素0.15mg，维生素C 43mg，钙294mg，磷81mg，镁37mg，钾280mg，钠31.6mg，铁5.4mg。荠菜富含钾、钙、镁、胡萝卜素、维生素C和核黄素，且钠含量低，这些都对防

治高血压有利。现代药理研究证实，荠菜含有丰富的胆碱、乙酰胆碱、荠菜酸钾等成分，具有降低血压的功能。所含的黄酮素、芦丁等有扩张冠状动脉的作用。因此，高血压、冠心病患者可常吃荠菜。

荠菜豆腐汤中多种不同保健成分、营养成分的协同作用对防治血压起重要的作用，具有补虚益气，清热降压的作用。荠菜可炒食，凉拌，作菜馅、菜羹，食用方法多样，风味特殊。

（2）毛豆炒肉丁

①原料：毛豆（鲜）50g（市品94g），猪肉（瘦）50g，茭白60g（市品81g），胡萝卜60g（市品63g）。

②调料：茶油8g，盐0.6g，料酒、生姜粉和糖适量。

③营养特点分析：毛豆炒肉丁营养成分表见表5-26。

表5-26 毛豆炒肉丁营养成分表

项目	每份含量	NRV%	项目	每份含量	NRV%	项目	每份含量	NRV%
能量	244kcal/1022kJ	12%	维生素A	235μgRAE	29%	钾	589mg	29%
蛋白质	18.0g	30%	维生素E	4.40mg		镁	63mg	21%
脂肪	13.8g	23%	维生素B_1	0.36mg	26%	钙	90mg	11%
碳水化合物	14.4g	5%	维生素B_2	0.12mg	8%	铁	3.8mg	25%
膳食纤维	3.1g	13%	维生素C	21.9mg	22%	锌	2.72mg	18%
钠/食盐	342.5mg/0.9g	25%	烟酸	3.65mg	26%	硒	6.6μg	13%

毛豆又称为菜用大豆，它营养既丰富又均衡，每100g毛豆所含营养素如下：能量131kcal，蛋白质13.1g，脂肪5.0g，碳水化合物10.5g，不溶性膳食纤维4.0g，维生素B_1 0.15mg，维生素B_2 0.07mg，维生素C 27mg，维生素E 2.44mg，钙135mg，钠3.9mg，镁70mg，铁3.5mg，锌1.73mg，钾478mg。毛豆含有丰富的有益健康的活性成分，脂肪含量明显高于其他种类的蔬菜，多以不饱和脂肪酸为主，如人体必需的亚油酸和亚麻酸，它们可以改善脂肪代谢，有助于降低体内甘油三酯和胆固醇水平；毛豆含有丰富的磷脂，有助于改善大脑的记忆力及软化血管；丰富的膳食纤维，能改善便秘，有利于血压和胆固醇的降低；毛豆中含有丰富的大豆异黄酮，具有抗氧化和弱雌激素活性；毛豆是高钾低钠食物，有助于降血压。这些营养物质共奏防治心脑血脑疾病的作用。

胡萝卜富含β-胡萝卜素，每100g胡萝卜含β-胡萝卜素2653μg。β-胡萝卜素具很强的抗氧化作用，降低脂质过氧化物损伤，抑制体内脂质过氧化物产生及脂褐素的生成，延缓衰老，并能防止老化和衰老引起的多种退化性疾病，可降低冠心病和脑卒中的危险性。胡萝卜细胞壁的成分里含有极其丰富的钙果胶酸酯。钙果胶酸酯可加速人体内胆固醇向胆汁酸发生转变，从而起到降胆固醇、预防冠心病的作用。最近研究发现：每天膳食中摄入15mg胡萝卜素的人与摄入量不足6mg者相比，心脏病发病率减少40%，心肌梗死的发病率降低22%，脑卒中发病率降低40%；每天喝25mL的鲜胡萝卜榨汁，既可保持体内维生素A的正常水平，并能达到防治心肌梗死和脑卒中等疾病。

茭白所含的膳食纤维能促进肠道蠕动，预防便秘及肠道疾病；茭白富含钾，有稳定血压的作用。但由于茭白含有较多的草酸，其钙质不容易被人体所吸收。

每100g猪肉（瘦）含能量143kcal，蛋白质20.3g，脂肪6.2g，维生素A 44μgRAE，维生素B_1 0.54mg，维生素B_2 0.10mg，烟酸5.3mg，镁25mg，铁3.0mg，锌2.99mg，硒9.50μg，钾305mg，胆固醇81mg。猪肉的蛋白质属于优质蛋白质。在畜肉中，猪肉的脂肪含量最高，脂肪的组成以饱和脂肪酸为主。瘦猪肉胆固醇含量较低，肥肉比瘦肉高，内脏中更高，一般为瘦肉的3~5倍，脑中胆固醇含量最高，每100g可达2571mg。虽然胆固醇在人体内有着广泛的生理作用，但它也是血栓和结石的主要成分，所以，高胆固醇食物摄食过多会导致动脉硬化，增加高血压病的发生概率。

5. 富含钾的营养菜点示例

利用富含钾的食材设计营养菜点。如香焖茄豆、双耳炝苦瓜、混合果蔬汁、烤马铃薯、豆沙包、核桃仁拌芹菜等。

三、设计富含钙镁的营养菜点

1. 识别含钙、镁丰富的食物

如果摄入较为丰富的钙、镁，就可部分消除高钠饮食带来的不利影响。参考模块二项目一任务一内容设计富含钙的营养菜点。

查找中国食物成分表，识别含镁丰富的常用食物。常用食物镁的含量见表5-27。

表5-27 常用食物镁的含量（以100g可食部计）

食物	含量/mg	食物	含量/mg	食物	含量/mg
苔菜	1257	大豆（黄豆）	199	小米	107
海参	1047	燕麦片	177	紫菜	105
杏仁（苦）	567	口蘑（干）	167	玉米（黄）	96
松子（生）	567	红小豆	138	黑米	79
榛子（干）	420	豆腐丝	127	豆腐（北）	63
白瓜	376	绿豆	125	木耳菜	62
桑葚（干）	332	绿苋菜	119	芹菜（叶）	58
荞麦	258	豌豆（干）	118	香蕉	43
菊花	256	玉米面（白）	111	油菜	22
黑豆	243	花生（生）	110	小白菜	18
莲子（干）	242	豆腐干（熏干）	109	牛奶	11

注：引自杨月欣主编《中国食物成分表标准版（第6版）》。

镁在绿叶蔬菜、全谷物、杂豆、大豆及坚果类食物中含量都很丰富，其中绿色蔬菜是镁的最佳来源。

2. 饮食建议

建议多吃绿叶蔬菜、全谷物、杂豆、大豆及坚果类等镁含量高的食物。每天新鲜蔬菜摄入300~500g，其中深色蔬菜占一半以上，全谷物和杂豆50~150g，薯类50~100g，再加上其他食物提供的镁，每日摄入镁可达 RNI 值（330mg/d）。

3. 提供 330mg 镁的膳食方案举例

举例：每日镁提供量达到 RNI 值（330mg/d）的食物组合，见表 5-28。

表 5-28 提供 330mg 镁的食物组合举例

食物	食用量/g	镁提供量/mg	用这些食物设计营养美味菜点
绿豆	50	63	
小米	100	107	（1）绿豆小米粥
马铃薯	100	23	（2）蒸马铃薯
苦瓜	200	36	（3）苦瓜酿肉
白薯叶	200	132	（4）炒白薯叶
合计	650	361	

4. 设计富含镁的营养菜点

（1）绿豆南瓜粥

①原料：绿豆 50g，南瓜（栗面）200g（市品 270g）。

②营养特点分析：绿豆南瓜粥营养成分表见表 5-29。

表 5-29 绿豆南瓜粥营养成分表

项目	每份含量	NRV%	项目	每份含量	NRV%	项目	每份含量	NRV%
能量	237kcal/994kJ	12%	维生素 A	260μgRAE	32%	钾	1284mg	64%
蛋白质	13.6g	23%	维生素 E	9.32mg		镁	81mg	27%
脂肪	0.6g	1%	维生素 B_1	0.19mg	13%	钙	73mg	9%
碳水化合物	48.6g	16%	维生素 B_2	0.14mg	10%	铁	4.1mg	27%
膳食纤维	8.4g	34%	维生素 C	10.0mg	10%	锌	1.53mg	10%
钠/食盐	23.6mg/0.06g	1%	烟酸	2.04mg	15%	硒	3.1μg	6%

绿豆富含钾和镁（每 100g 绿豆含钾 787mg，镁 125mg），可以对抗钠对血压的不利影响，同时钙、铁、锌、维生素 E 等含量也很丰富，具有抗过敏、清热解毒、止渴利尿、降血脂和胆固醇，尤宜高血压患者夏天食用。南瓜高钾低钠（每 100g 栗面南瓜含钾 445mg，钠 11.0mg），可以促进体内多余钠离子排出。同时南瓜含有钴和果胶，有促进胰岛素分泌、调节血糖的作用，能够预防和辅助治疗高血压并发糖尿病。绿豆和南瓜搭配食用，不仅钾和镁含量高，其他营养素配比更均衡。

（2）红小豆香蕉酸奶

①原料：红小豆 50g，香蕉 100g（市品 170g），酸奶 100g。

②营养特点分析：红小豆香蕉酸奶营养成分表见表 5-30。

表 5-30 红小豆香蕉酸奶营养成分表

项目	每份含量	NRV%	项目	每份含量	NRV%	项目	每份含量	NRV%
能量	341kcal/1431kJ	17%	维生素 A	32μgRAE	4%	钾	836mg	42%
蛋白质	14.3g	24%	维生素 E	7.54mg		镁	123mg	41%
脂肪	3.1g	5%	维生素 B_1	0.13mg	9%	钙	172mg	22%
碳水化合物	66.6g	22%	维生素 B_2	0.22mg	15%	铁	4.4mg	29%
膳食纤维	5.1g	20%	维生素 C	9.3mg	9%	锌	1.71mg	11%
钠/食盐	39.6mg/0.1g	2%	烟酸	1.79mg	13%	硒	4.1μg	8%

红小豆是高钾低钠的食物，香蕉含钠极低，钾、镁的含量却非常高，每 100g 香蕉含钾 256mg，镁 43mg，也是高钾低钠的食品。香蕉还含有血管紧张素转化酶抑制物质，能抑制血压升高，适合高血压、冠心病患者食用。酸奶可增加肠道益生菌，帮助消化，同时酸奶富含钙，易吸收。红小豆、香蕉和酸奶搭配，钾、钙、镁、维生素 E 等营养素含量很丰富，这款菜点有润肠、排毒、养颜、辅助降血压等功效，适合高血压合并肥胖的人食用。

四、设计富含膳食纤维的营养菜点

1. 识别含膳食纤维含量高的食物

查找中国食物成分表，识别含膳食纤维丰富的常见食物。常用食物膳食纤维的含量见表 5-31。

表 5-31 常用食物膳食纤维的含量（以 100g 可食部计）

食物	膳食纤维含量/g			食物	膳食纤维含量/g		
	总	可溶性	不溶性		总	可溶性	不溶性
小麦面粉（标准粉）	3.7	—	—	芥蓝[a]	—	—	1.6[b]
馒头（富强粉）	4.4	—	—	菠菜[a]	—	—	1.7[b]
粳米（极品粳米）	2.8	—	—	苋菜（绿）[a]	—	—	2.2[b]
籼米	5.9	—	—	山药[a]	—	—	0.8[b]
玉米（粒，干）	14.4	—	—	白薯叶[a]	—	—	1.0[b]
黑大麦[a]	—	—	15.2[b]	草菇	—	—	1.6[b]
小米（黄）	4.6	—	—	黑木耳（干）[a]	—	—	29.9[b]
燕麦片	13.2	—	—	海带（浸）[a]	—	—	0.9[b]
马铃薯	1.2	0.1	1.1	白蘑菇	1.8	—	—
甘薯（红心）	2.2	—	—	鸡腿菇（干）	18.8	—	—
黄豆[a]	—	—	9.0[b]	裙带菜（干）	40.6	8.3	31.1
鹰嘴豆（桃豆）[a]	—	—	11.6[b]	藕	2.6	0.3	2.2

续表

食物	膳食纤维含量/g			食物	膳食纤维含量/g		
	总	可溶性	不溶性		总	可溶性	不溶性
绿豆[a]	—	—	6.4[b]	秋葵	4.4	2.6	1.8
白萝卜（圆）	1.6	0.4	1.0	梨[a]	—	—	3.1[b]
紫菜头	4.5	0.2	4.2	橙[a]	—	—	0.6[b]
豇豆（鲜豆荚）	4.3	—	—	西梅	1.5	0.6	0.7
甜脆荷兰豆（甜豆）	7.6	0.8	6.8	冬枣	3.8	1.4	2.2
黄豆芽	3.6	—	—	红毛丹	1.5	1.0	0.5
黑豆苗	2.6	1.0	1.6	火龙果	2.0	0.4	1.6
茄子（紫皮，长）	3.0	—	—	香蕉（红皮，海南）	1.8		
飞碟瓜	2.5	0.9	1.6	山竹	1.5	0.9	0.4
南瓜（栗面）	2.7	0.1	2.6	山核桃（熟）	20.2	—	—
奶白菜	2.3	0.8	1.5	腰果（熟）	10.5	0.1	10.4
乌塌菜	2.6	0.8	1.8	开心果（熟）	8.2	Tr	8.2
西蓝花	3.7	—	—	葵花籽（熟）	12.1	3.9	8.2

注：[a]引自杨月欣主编《中国食物成分表标准版（第6版 第一册）》，其余摘自《中国食物成分表2004》。
[b]用中性洗涤剂法测得的不溶性膳食纤维数据，未作任何标示的数据均为用酶重量法测定。
"—"表示未检测，理论上食物中应存在一定量的该种成分，但未实际检测。
Tr 微量，低于目前应用的检测方法的检出限或未检出。

膳食纤维分为可溶性膳食纤维和不溶性膳食纤维。

（1）可溶性膳食纤维 通常具有黏性，有80%~100%的可溶性纤维可以被大肠中的细菌发酵，提供肠道细菌能量的来源。可溶性纤维能结合胆汁酸并促进胆汁酸排出体外，降低血胆固醇及预防心血管疾病的发生。可溶性膳食纤维在水果、豆类、燕麦片、木耳、海带、紫菜、菌类、瓜类及蔬菜茎部含量较为丰富。

（2）不溶性膳食纤维 较不具有黏性，只有50%可被大肠中的细菌发酵，它能增加粪便的体积，促进大肠蠕动，减少粪便通过肠道时间，降低肠道与致癌物质接触的时间，并抑制肠内厌氧菌增殖，从而预防直肠癌的发生。不溶性膳食纤维在青菜、全谷类等食物中含量较为丰富。

2. 饮食建议

《中国居民膳食营养素参考摄入量（2023版）》推荐，膳食纤维的AI为25~30g/d。美国供给量专家委员会推荐摄入膳食纤维的组成以70%~75%不溶性纤维和25%~30%可溶性纤维为宜。

建议：以谷薯类杂豆、水果、蔬菜和大豆类食物作为膳食纤维的来源，而不用纯化的多糖、果胶或树胶等膳食纤维补充剂来增加每日膳食纤维的摄入量。每日摄入400~500g蔬菜，300~350g水果，全谷物和杂豆50~150g，膳食纤维的摄入量就可达到25~40g/d的目标。

3. 膳食方案举例

对多数人而言，每日摄入足量的膳食纤维相当不易。摄入 25～30g 膳食纤维的食物组合举例见表 5-32。

表 5-32　摄入 25～30g 膳食纤维的食物组合举例

食物	食用量/g	总膳食纤维提供量/mg	用这些食物设计营养美味菜点
马铃薯	100	1.2	
籼米	100	5.9	（1）蒸马铃薯
燕麦片	50g	6.6	（2）燕麦饭
蔬菜类	400～500g	6～10	（3）炒时蔬
水果类	300～350g	4～7	（4）各种新鲜时令水果
合计	950～1100	23.7～30.7	

对于幼儿及老年人，不易咀嚼含较粗糙的高纤食物，在饮食的制备上需要花些心思创意，蔬果类可先经过果汁机打碎，不需过滤，保留残渣，蔬菜汁可配合制作咸粥或汤品，果汁类亦可制作甜点果冻布丁，以增加适口性。可溶性及不溶性膳食纤维两者共同管理肠道的菌群平衡，有效地对抗便秘及腹泻的现象，若是经常发生排便困难或是腹泻者，最佳的良药既不是泻药也不是止泻剂，而是天然的膳食纤维。

4. 设计富含膳食纤维的营养菜点

（1）燕麦饭

①原料：燕麦片 40g，大米 60g。

②营养特点分析：燕麦饭营养成分表见表 5-33。

表 5-33　燕麦饭营养成分表

项目	每份含量	NRV%	项目	每份含量	NRV%	项目	每份含量	NRV%
能量	343kcal/1445kJ	17%	维生素 A	0μgRAE	0%	钾	210mg	10%
蛋白质	8.8g	15%	维生素 E	0.62mg		镁	65mg	22%
脂肪	0.6g	1%	维生素 B_1	0.27mg	20%	钙	28mg	4%
碳水化合物	77.3g	26%	维生素 B_2	0.05mg	4%	铁	1.8mg	12%
膳食纤维	2.8g	11%	维生素 C	0.0mg	0%	锌	1.62mg	11%
钠/食盐	1.9mg/0g	0%	烟酸	1.20mg	9%	硒	1.7μg	3%

燕麦富含膳食纤维，特别是含有大量的可溶性纤维，还含有皂苷等有益健康的成分，对降低血胆固醇和甘油三酯具有一定的作用。燕麦的脂肪中富含不饱和脂肪酸，特别是油酸含量高于其他谷类脂肪，有益于心血管健康。燕麦的蛋白质含量可达 15%～17%，其中赖氨酸含量较高，生物价高于其他谷类蛋白质。燕麦中钙、铁、锌等矿物质的含量显著高于其他谷类。

（2）双耳炝苦瓜

①原料：黑木耳（干）5g，银耳（干）5g，苦瓜 100g（市品 123g）。

②调料：盐 0.8g，味精 0.2g，茶油 8g，辣椒（红，小）少量。

③营养特点分析：双耳炝苦瓜营养成分表见表 5-34。

表 5-34 双耳炝苦瓜营养成分表

项目	每份含量	NRV%	项目	每份含量	NRV%	项目	每份含量	NRV%
能量	139kcal/579kJ	7%	维生素 A	9μgRAE	1%	钾	374mg	19%
蛋白质	2.2g	4%	维生素 E	4.27mg	31%	镁	29mg	10%
脂肪	10.2g	17%	维生素 B_1	0.04mg	3%	钙	29mg	4%
碳水化合物	11.6g	4%	维生素 B_2	0.06mg	5%	铁	5.9mg	39%
膳食纤维	4.4g	18%	维生素 C	56.0mg	56%	锌	0.71mg	5%
钠/食盐	339.9mg/0.9g	17%	烟酸	0.79mg	6%	硒	0.7μg	1%

现在药理研究表明，银耳所含的银耳多糖等成分能增强机体免疫力，抑制肿瘤生长，提高肝脏的解毒能力，促进肝脏蛋白质与核酸的合成，改善肾脏功能。银耳多糖还能降低血清胆固醇和甘油三酯，对高血压、动脉粥样硬化和高脂血症均有良好的疗效。

黑木耳是高钾低钠的食物，有助于降血压；黑木耳含有丰富的黑木耳多糖，能抑制胆固醇在血管壁上沉积，防止动脉硬化和血栓的形成，减轻血液对血管壁的压力，既起到了降血压的作用，同时还具有免疫调节、降血脂、降血糖、抗氧化等功能；黑木耳中的胶质能吸附滞留在胃肠中的有害物质，起到清胃涤肠的作用；黑木耳中的腺嘌呤核苷具有抑制血小板凝集的作用，可防治冠心病和中风。

苦瓜脂肪含量很低，100g 苦瓜中含钾 256mg，钠 2.5mg，镁 18mg，维生素 C 50～80mg，是一种典型的高钾低钠食品，有防治高血压和高血脂的作用。

黑木耳、银耳和苦瓜搭配食用，营养更均衡，其中膳食纤维、钾、维生素 C 的含量很高，对防治高血压有利。

五、设计富含植物甾醇的营养菜点

1. 识别含植物甾醇高的食物

查找中国食物成分表，识别含植物甾醇丰富的常见食物。常用食物植物甾醇的含量见表 5-35。

表 5-35 常用食物植物甾醇的含量（以 100g 可食部计）

食物	含量/mg	食物	含量/mg	食物	含量/mg
全麦粉	85.49	大白菜	12.52	脐橙	32.63
标准粉	64.07	胡萝卜	19.29	橘子	25.53
大米	12.28	荷兰豆	17.73	芒果	24.44
黄豆	114.54	豇豆（蔬菜类）	29.77	贡梨（新疆）	17.91

续表

食物	含量/mg	食物	含量/mg	食物	含量/mg
青豆	86.12	黄豆芽	15.26	猕猴桃	17.47
黑豆	83.84	菜花	42.79	木瓜	16.86
绿豆	64.07	西蓝花	40.96	菠萝	16.66
赤小豆	23.56	藕	10.23	葡萄	14.83
南豆腐	37.24	番茄	6.17	圣女果	14.37
豆浆	7.08	黄瓜	7.20	桃	13.66
豌豆（蔬菜类）	72.70	西葫芦	16.69	芝麻油	588.48
油麦菜	31.15	白萝卜	5.77	菜籽油	570.16
娃娃菜	15.07	圆青椒	3.18	大豆油	317.12
菠菜	10.51	茄子	3.03	花生油	259.70
韭菜	13.05	冬瓜	1.20	茶油	180.63

注：引自杨月欣主编《中国食物成分表标准版（第6版）》。

植物甾醇广泛存在于植物油脂和植物性食物中，例如芝麻油、菜籽油、花生油、蔬菜、水果、豆类、坚果及谷物，全谷物中植物甾醇含量比精细加工的谷类高。

2. 摄入充足的植物甾醇的饮食建议

建议多吃植物甾醇含量高的食物。《中国居民膳食营养素参考摄入量（2023版）》推荐：NCD易感人群通过膳食途径摄入植物甾醇的特定建议值（SPL）800mg/d，可耐受最高摄入量（UL）2400mg/d。《中国成人血脂异常防治指南（2016年修订版）》建议：血脂异常患者的治疗性生活方式改变基本要素之一是植物甾醇摄入量达到2000~3000mg/d，以抑制胆固醇的吸收。但是，对多数人而言，要从每日膳食中获得足量的植物甾醇是很困难的。因此，可考虑在膳食中添加食品添加剂植物甾醇，但应长期监测其安全性。

3. 一日膳食植物甾醇提供量举例

一日摄取食物种类、份量及其植物甾醇的提供量见表5-36。

表5-36 一日摄取食物种类、份量及其植物甾醇的提供量

食物	食用量/g	植物甾醇提供量/mg	用这些食物设计营养美味菜点
全麦粉	300	256.47	
绿豆	50	32.04	
黄豆	30	34.36	
油麦菜	300	93.45	（1）全麦馒头
菜花	300	128.37	（2）绿豆汤
脐橙	400	130.52	（3）香焖茄豆
猕猴桃	200	34.94	（4）拌时蔬
芝麻油	15	88.27	（5）脐橙
大豆油	10	31.71	（6）猕猴桃
合计	1605	830.13	

4. 设计富含植物甾醇的营养菜点

（1）混合果蔬汁

①原料：橙、芹菜、猕猴桃等，低脂酸奶适量。

②营养特点分析：芹菜营养丰富，蛋白质、钙、磷、铁和维生素的含量高于一般的蔬菜。芹菜中含有丰富的生物类黄酮，能降低毛细血管的通透性，具有降低血压的功效。

橙含有丰富的有机酸，可开胃消食；橙子的果肉中含有大量的膳食纤维，特别是果胶含量很丰富，可以增强肠道功能，降低胆固醇；橙子除富含维生素 C 外，还含有丰富的生物类黄酮、植物固醇等生理活性成分，具有抗氧化、降低血中胆固醇、增强毛细血管弹性的作用；橙子中钾含量丰富，每 100g 可食部含钾 159mg，而钠含量很低，是高血压患者的食疗水果之一。

猕猴桃营养丰富，富含有机酸、维生素 C、钾等营养素。猕猴桃富含抗氧化剂叶黄素，研究证实叶黄素具有降血压的作用。此外，猕猴桃中的钾对于调节血压也发挥重要的作用。猕猴桃含有丰富的维生素 C，适合高血压合并冠心病、动脉硬化患者食用。中医认为，猕猴桃性寒凉，脾胃功能较弱的人不宜多食。

用酸奶调味，不仅营养丰富，口味好，酸奶中少量的脂肪还能促进蔬果中胡萝卜素等脂溶性物质更好地吸收。

（2）核桃仁芹菜粥

①原料：核桃仁 20g，芹菜 50g，稻米（粳，标一）80g。

②调料：食盐 0.8g，味精 0.2g，茶油 5g。

③营养特点分析：核桃芹菜粥营养成分表见表 5-37。

表 5-37 核桃芹菜粥营养成分表

项目	每份含量	NRV%	项目	每份含量	NRV%	项目	每份含量	NRV%
能量	457kcal/1912kJ	23%	维生素 A	2μgRAE	0%	钾	219mg	11%
蛋白质	9.4g	16%	维生素 E	10.84mg		镁	62mg	21%
脂肪	17.3g	29%	维生素 B_1	0.16mg	12%	钙	28mg	4%
碳水化合物	67.3g	22%	维生素 B_2	0.10mg	7%	铁	1.6mg	11%
膳食纤维	2.9g	12%	维生素 C	1.2mg	1%	锌	1.68mg	11%
钠/食盐	417.2mg/1.0g	21%	烟酸	1.33mg	10%	硒	3.0μg	6%

芹菜营养丰富，蛋白质、钙、磷、铁和维生素的含量高于一般的蔬菜。芹菜中含有丰富的生物类黄酮，能降低毛细血管的通透性，具有降低血压的功效。研究证实，每日食用 50g 芹菜，有稳定血压的作用。核桃仁富含 $n-3$ 脂肪酸，有助于应对心理压力，使舒张压明显下降，对心理压力造成的血压升高有缓解作用。核桃还含有丰富的卵磷脂、维生素 E、膳食纤维、钾、镁和多种 B 族维生素，可滋补强身。核桃仁、芹菜、稻米、茶油均含有一定量的植物甾醇。

芹菜炒熟后降压作用并不明显，最好是生吃或凉拌，连叶带茎一起嚼食，可以最大限度地保存营养，起到降压作用。芹菜和核桃搭配煮粥食用，二者的营养成分可以相互补充，使人体获得更全面的营养。

六、设计其他营养菜点

研究证明蔬菜、水果、鱼、坚果、大豆、茶对心血管疾病具有一定的预防作用。

1. 设计蔬菜类营养菜点

（1）鱼丸杂菇汤

①原料：新鲜的金针菇20g，平菇20g（市品22g），香菇20g，油菜（小）50g，鱼丸50g（草鱼）。

②调料：盐0.5g，味精0.2g，鸡汤、生姜适量。

③营养特点分析：鱼丸杂菇汤营养成分表见表5-38。

表5-38 鱼丸杂菇汤营养成分表

项目	每份含量	NRV%	项目	每份含量	NRV%	项目	每份含量	NRV%
能量	79kcal/333kJ	4%	维生素A	67μgRAE	8%	钾	329mg	16%
蛋白质	10.3g	17%	维生素E	1.78mg		镁	37mg	12%
脂肪	2.9g	5%	维生素B_1	0.07mg	5%	钙	97mg	12%
碳水化合物	4.0g	1%	维生素B_2	0.18mg	13%	铁	2.9mg	19%
膳食纤维	2.0g	8%	维生素C	4.9mg	5%	锌	1.20mg	8%
钠/食盐	264.3mg/0.7g	13%	烟酸	3.24mg	23%	硒	4.1μg	8%

菌类是蔬菜的一种，营养价值高。在我国，菌类属于"山珍"。

菌类的蛋白质含量较高，一般鲜品为2%~3%，干品为20%~30%。食用菌含有已知的所有维生素，而B族维生素含量异常丰富是它显著的营养特点之一。100g鲜草菇含维生素B_2 0.34mg，烟酸8.0mg；平菇含维生素B_2 0.16mg，烟酸3.1mg。干品食用菌B族维生素含量更为丰富，如100g干品香菇含维生素B_2 1.26mg，维生素B_3 20.5mg。食用菌还含有丰富的叶酸、泛酸和维生素B_{12}等B族维生素。有些食用菌的矿物质含量特别高，比如，黑木耳含铁极高，松蘑的铁和铜的含量突出，珍珠白蘑含铁和硒极多。

食用菌受到人们的青睐，除了其含有丰富的各种维生素和矿物质，味道非常鲜美外，很重要的原因在于它的保健功能。中医对每一种食用菌都给予很高的评价，如黑木耳补血，白木耳润肺，香菇可益胃和血、化痰理气等。中医认为，多吃食用菌可"益气延年，轻身不老"。现代医学研究表明，许多食用菌中含有特殊的多糖类物质，这些菌类多糖是目前最强的免疫调节因子之一，具有明显的抗癌活性。灵芝中多糖物质对心血管具有调节作用，可强心、降血压、降低胆固醇等；蘑菇、香菇、金针菇、木耳等13种食用菌的子实体具有降低胆固醇的作用，其中以金针菇为最强；许多菌类多糖具有清除自由基，提高抗氧化酶活性和抑制脂质过氧化的作用，可起到保护生物膜和延缓衰老的作用；菌类多糖还具有抗肿瘤、抗突变、抗辐射等功能。研究发现，香菇等食用菌含有植物固醇有降低血糖、降低血胆固醇的效果，金针菇具有提高大脑活动能力的作用，被誉为"益智菇"。

鱼肉的蛋白质含量高，且易被人体吸收和利用，各种菌类和鱼丸搭配，再配以鸡汤，味道鲜美，营养丰富，可滋补强身，且老少皆宜。

（2）降压药膳——五味平压饮

①原料：紫菜 10g，芹菜 50g，番茄 1 个，荸荠 20g，洋葱 1 个。

②制作：先将芹菜洗净切段，把番茄切成薄片，洋葱切成丝，最后再把荸荠也切成片，接下来在砂锅里加入 500g 的清水，再将芹菜、番茄还有荸荠一起放进砂锅，用中火煮大约 20min，再调入少许食盐和味精，搅拌均匀，注意此时才能加入洋葱和紫菜，煮沸后就可出锅了。

③营养特点分析：每 100g 紫菜中含有 460mg 的镁离子，因此紫菜被誉为蔬菜当中"镁离子的宝库"。而镁离子是血管忠实的维修工，它可以维护血管壁，排出威胁血管的破坏因子，进而达到降压的作用。镁离子本身还可以预防各种应激，比如预防紧张或者压力大引起的去甲肾上腺素释放，从而达到全身放松的作用，也可以起到降血压的作用。

番茄中含有的番茄红素，以色列的有关研究人员认为，它可以直接降血压。洋葱中含有前列腺素 A，这个物质也可以扩张血管，起到直接降血压的作用。同时，因为高血压和血液高黏度往往是如影随形，所以高血压和高血脂也常常是相互作用，而洋葱中富含的硒，却能够轻松降血脂。硒还有助于排出体内的垃圾，使血管中的各种杂质排出体外，降低血液的黏稠度，从而起到防治高血压及其并发症的作用。

五味平压饮，这五种食物组合在一块是非常有讲究的，其中紫菜和芹菜使人身心放松，洋葱和番茄使人血管通畅，荸荠滋阴平肝，通过这样的组合达到一个平肝、滋阴、活血的功效。

④注意事项：因为洋葱中所富含的硒是怕热的，煮的时间越长损失越多，因此在出锅前再放有助于营养成分的保留。

2. 选择合适的水果

高血压患者最好 1 日食用 400~500g 的新鲜时令水果，或者部分用果汁、水果干替代。水果可选择各种新鲜时令水果，如苹果、猕猴桃、桑葚、草莓、杏、西瓜、蓝莓、黑加仑、香蕉、柿子、樱桃、枣等都是很好的选择。

（1）葡萄 葡萄果实中含有大量的多酚类物质，主要存在于葡萄皮和葡萄籽中。葡萄中的多酚类化合物对心血管有广泛的保护作用。葡萄皮中最主要的多酚类化合物为花色苷类和非花色苷酚（如肉桂酸类、白藜芦醇类和黄酮醇类等），国内外研究表明，在众多的植物多酚中，以葡萄多酚抗氧化、清除自由基的能力最强，花色苷在生理环境下还表现出强烈的防癌抗癌、免疫调节活性、预防心脑血管疾病、抗疲劳、抗过敏及抗炎、改善视觉功能、皮肤保健及美容、保护肝脏、抗突变、降低血清胆固醇等生物活性。葡萄籽中含量最高的酚类物质是原花青素。近年来，研究者们发现葡萄籽原花青素具有广泛的生理、药理及治疗作用，如抗氧化作用（此作用强于维生素 C、维生素 E），心血管保护效应（包括抗血小板凝聚、抗心肌缺血再灌注损伤、抑制心肌细胞凋亡等），抗炎、抗水肿、降低毛细血管通透性等作用。白藜芦醇有降低血脂含量，防止低密度脂蛋白的氧化，抗血小板凝集及减少心脏病突发等作用。白藜芦醇的生物活性使其有可能成为人类预防癌症的一种天然物质，除此之外，白藜芦醇还具有抗炎、抗过敏、抗病原微生物等多种有益于人体的生物学作用，故在人体保健上有极其重要的应用价值。葡萄连皮带籽一起吃对防治心血管疾病最好。1997年，美国威斯康星大学医学院"冠状动脉血栓形成研究及预防实验室"主任弗兰特博士在研究中发现，若每日饮用3玻璃杯紫葡萄汁，可使血小板的凝聚力降低40%，与阿司匹林的溶栓、抗血凝和溶纤作用类似。高血压患者可用葡萄汁、芹菜汁各25mL，温开水送服，每日3次，20d为一疗程。

（2）橙子　橙子含有丰富的有机酸，可开胃消食；橙子的果肉中含有大量的膳食纤维，特别是果胶含量很丰富，可以促进大肠蠕动，促进肠道有益菌的增殖，增强肠道功能，还能吸附胆固醇以使其随粪便排出，降低胆固醇；橙子除富含维生素C外，还含有丰富的生物类黄酮等生理活性成分，具有抗氧化、降低血中胆固醇、增强毛细血管弹性、防止心血管疾病和抑制癌症发生等生理作用；橙子中钾含量丰富，100g可食部含钾159mg，同时植物甾醇含量高，而钠含量很低，是高血压患者的食疗水果之一。

（3）山楂　山楂又名山里红。山楂中维生素C、维生素E、钙、钾等营养素含量较高。其中维生素C达50mg左右，而且其在加工中不易受到破坏，这在水果中实属可贵。山楂中富含黄酮类物质和三萜类物质，对强化血管，保护心脏有益。而山楂中所含的槲皮苷等苷类物质能够扩张血管，增加冠状动脉血流量，促进气管纤毛的运动，有排痰平喘的功效。山楂还含有以果胶为主的大量的膳食纤维，而果胶有降低血胆固醇、降低血糖、预防胆结石形成的功效。因此，山楂是心脏功能障碍、血管性神经症、心血管病人和气管疾病患者的良果。高血压患者可用山楂（切成片）30g，菊花2g，绿茶2g，三种食材以沸水冲泡频饮。

山楂虽好，也非多多益善，健康人食用应有所节制，脾胃虚弱者最好不要食用。山楂具有降血脂的作用，血脂过低的人多食山楂会影响健康。

3. 设计合适的茶饮

茶及其有效成分对心血管疾病具有预防作用。茶根据发酵程度不同分为绿茶、白茶、黄茶、青茶（乌龙茶）、红茶和黑茶六种。根据自己喜好，每天喝2~4杯茶水，解渴又降脂。

（1）柠檬绿茶

①原料：柠檬半个，绿茶适量，蜂蜜适量。

②制作：绿茶用开水冲泡，等绿茶泡出味道和颜色后，将茶叶过滤掉。等茶温凉后，加入柠檬和蜂蜜，搅拌均匀。直接饮用或放冰箱冷藏后饮用。

③营养特点分析：柠檬四季成熟，但一般以春花果品质最佳。柠檬的特点是含酸量高达4%~7%，可达醋的酸味，柠檬酸因此而得名。吃柠檬可以防治心血管疾病，柠檬酸有收缩、增固毛细血管，降低通透性，提高凝血功能及血小板数量的作用，可缩短凝血时间和出血时间，具有止血作用；鲜柠檬维生素C含量极为丰富，是美容的天然佳品。柠檬虽有健胃消食的作用，但胃酸过多或胃溃疡者不宜食用。

绿茶中含有丰富的蛋白质、胡萝卜素、钾等营养成分，还富含咖啡碱、茶多酚等植物化学物。茶多酚具有很强的抗氧化活性，是人体自由基的清除剂，其抗氧化效果比维生素E强18倍。茶多酚可抑制血小板凝集，降低血液黏稠度，从而抑制动脉硬化。茶叶中的氨茶碱可扩张血管，也有利于降低血压。茶不仅有提神清心、清热解毒、消食化痰、去腻减肥、解毒醒酒、生津止渴、降火明目等功效，还对辐射伤害、心脑血管病及癌症等现代疾病有一定保健作用。

饮用绿茶时，适宜加入柠檬。因为柠檬中的柠檬酸和维生素C能增加绿茶中儿茶素的功效，提高人体的免疫力。此饮品不宜随餐饮用，因其可使铁吸收不良，若常随餐饮用可能会造成贫血。

（2）枸杞菊花茶

①原料：菊花10g，枸杞子5g。

②制作：菊花、枸杞洗净，用沸水浸泡10min，代茶饮用。

③营养特点分析：枸杞子除了含有丰富的维生素和矿物质外，还含有丰富的枸杞多糖。现代研究表明，枸杞多糖能明显降低高脂血症患者血清胆固醇、甘油三酯含量，同时能升高高脂血症患者高密度脂蛋白与低密度脂蛋白的比值。枸杞多糖具有提高人体免疫力、抗氧化、清除自由基、抗癌等功效。枸杞中富含的维生素C、胡萝卜素、硒、枸杞多糖都具有强大的抗氧化能力，它们协同作用，可预防心血管疾病，并有抗癌活性。

菊花是一种重要的药用植物，具有抗菌、抗炎、抗氧化、舒血管、降血脂、抗肿瘤、驱铅等多种药理作用。菊花化学成分主要为挥发油、黄酮类化合物、绿原酸及多种微量元素。华波等人的药理实验研究表明，杭白菊黄酮类化合物对心脑的作用是多方面的，不仅具有良好的抗自由基和抗氧化能力，明显增加冠脉流量，对抗乌头碱和氯仿诱发的心律失常，拮抗Ca^{2+}的内流从而改善心肌细胞的收缩力，还具有明显的舒张血管和降血脂作用。

任务二　设计高血压人群的营养食谱

【案例】李先生，某公司总经理，高血压患者，年龄50岁，身高175cm，体重80kg，高血压病史10年，服用降压药5年，尚未发现明显的并发症。经常外出进餐，饮白酒200mL/次，吸烟30支/d，生活不规律，睡眠较差。请确定其能量和营养素目标并设计营养食谱。

一、任务分析

了解李先生基本病情及其饮食和行为，李先生，高血压，超重，过量喝酒，吸烟，生活不规律，同时，外出进餐往往能量摄入偏高，菜肴比较重口味，导致体重进一步增加，钠摄入过量，这些都是高血压的危险因素，不利于血压控制和身体健康。在向其提供营养食谱前，应先对其进行生活方式指导，指导他合理选择食物，指导其行为改变，纠正不良饮食行为，将其行为改变和贯彻既定的配餐方案结合起来。高血压和膳食营养密切相关，合理饮食是治疗和控制病情的关键措施。生活方式指导部分请参考本项目中高血压人群食谱的设计原则章节。

二、任务要求

（1）选择的食物及食物配比要合理，符合高血压人群的营养需要。
（2）食谱所列菜肴便于加工。加工方法符合高血压人群的生理特点。
（3）菜点颜色、造型美观，符合配餐对象的要求。

三、高血压人群营养食谱的设计方法与步骤

1. 确定能量和营养素目标

能量和营养素目标的确定步骤是：首先根据高血压病患者的年龄、性别、劳动强度、生理状况和体态特征等确定能量需要量，然后确定蛋白质、脂肪和碳水化合物的目标量，最后根据 DRIs 标准确定矿物质和维生素的目标量。

（1）确定用餐对象全日能量目标。

$$李先生的标准体重 = 175 - 105 = 70（kg）$$

李先生的 BMI = 体重（kg）÷[身高（m）]^2 = 80÷1.75^2 = 26.1，则患者李先生属于超重。他是办公室的工作人员，属于轻体力劳动者。查表 2-33 可知，李先生能量需要量为 20~25kcal/kg 标准体重。

$$能量目标（kcal）= 标准体重（kg）× 能量供给标准（kcal/kg 标准体重）$$
$$= 70 × 25 = 1750（kcal/d）$$

（2）确定用餐对象全日营养素目标。

宏量营养素适宜供能比为蛋白质 15%~20%，脂肪 20%~30%，碳水化合物 50%~65%，则估算得出：李先生一日宏量营养素的目标量是蛋白质 66~88g，脂肪 39~58g，碳水化合物 219~284g。

根据李先生的性别、年龄查《中国居民膳食营养素参考摄入量（2023 版）》，确定李先生每日矿物质和维生素的目标量。查表得：钙的 RNI 为 800mg，钾的 AI 为 2000mg，钠的 AI 为 1500mg，镁的 RNI 为 320mg，碘的 RNI 为 120μg，铁的 RNI 为 12mg，锌的 RNI 为 12.0mg，维生素 A 的 RNI 为 750μgRAE，维生素 B_1 的 RNI 为 1.4mg，维生素 B_2 的 RNI 为 1.4mg。维生素 C 的 PI 为 200mg，钾的 PI 为 3600mg。

2. 设计全日食物参考量

根据表 5-17 推荐的食物参考量设计李先生 1 日膳食的食物类别、品种和数量（表 5-39）。

表 5-39　1 日膳食的食物类别、品种和数量设计

食物类别及其质量	各类食物品种及其质量（食部）
谷类（180g）	粳米（标一）110g
——全谷类及杂豆（70g）	燕麦片 40g，赤小豆 30g
薯类（100g）	马铃薯 100g
蔬菜（502g）	茼蒿 100g，蘑菇（鲜）50g，大叶芥菜 100g，番茄 50g，紫菜 2g，金针菇 50g，紫背天葵 150g
水果（400g）	中华猕猴桃 200g，四川红橘 200g

续表

食物类别及其质量	各类食物品种及其质量（食部）
禽畜肉（60g）	猪肉（瘦）40g，鸭肉（母麻鸭）20g
鱼虾类（60g）	堤鱼 60g
蛋类（25g）	鸡蛋（红皮）25g
奶类（鲜奶 400g）	纯牛奶（脱脂）300g，酸奶（脱脂）100g
豆类（15g），坚果（10g）	豆腐（北）60g，花生仁 10g
植物油（16g）	芝麻油 4g，茶油 6g，花生油 6g
其他（食盐<5g）	盐 3g，酱油 5g，味精 1g

3. 编制 1 日营养食谱

根据表 5-39 设计高血压人群营养食谱，见表 5-40。

表 5-40　高血压人群营养食谱

食用时间	食物名称	食物原料与定量（食部）	食物原料与定量（市品）
早餐	牛奶燕麦粥 水煮蛋 拌茼蒿 煮花生	纯牛奶（脱脂）300g，燕麦片 40g 鸡蛋 25g 茼蒿 100g，芝麻油 4g 花生仁 10g	纯牛奶（脱脂）300g，燕麦片 40g 鸡蛋 29g 茼蒿 122g，芝麻油 4g 花生仁 10g
早点	水果	中华猕猴桃 200g	中华猕猴桃 241g
午餐	豆饭 鲜蘑烩豆腐 肉末芥菜 紫菜番茄汤	赤小豆 30g，粳米（标一）50g 蘑菇（鲜）50g，豆腐（北）60g 猪肉（瘦）40g，大叶芥菜 100g 紫菜 2g，番茄 50g，茶油 6g	赤小豆 30g，粳米（标一）50g 蘑菇（鲜）51g，豆腐（北）60g 猪肉（瘦）40g，大叶芥菜 141g 紫菜 2g，番茄 52g，茶油 6g
午点	酸奶 橘	酸奶（脱脂）100g 四川红橘 200g	酸奶（脱脂）100g 四川红橘 256g
晚餐	马铃薯米饭 清蒸堤鱼 炒紫背天葵 金针菇鸭汤	粳米（标一）60g，马铃薯 100g 堤鱼 60g 紫背天葵 150g，花生油 6g 金针菇 50g，母麻鸭 20g	粳米（标一）60g，马铃薯 106g 堤鱼 94g 紫背天葵 150g，花生油 6g 金针菇 50g，母麻鸭 27g

全天：碘盐 2g，酱油 5g，味精 1g

4. 食谱评价

（1）能量及营养素的计算　利用中国食物成分表中的能量及营养素含量数据，估算表 5-40 中食谱的能量及营养素含量，并对其适宜性进行评价，详见表 5-41 至表 5-44。

[电子活页] 高血压人群营养食谱能量和营养素含量计算表

表 5-41 高血压人群食谱能量及营养素摄入量分析

项目	能量/kcal	蛋白质/g	脂肪/g	不溶性膳食纤维/g	胆固醇/mg	维生素 A/μgRAE	硫胺素/mg	核黄素/mg	维生素 C/mg	钙/mg	钾/mg	钠/mg	镁/mg	铁/mg	锌/mg
摄入量	1756	83.2	54.0	18.6	251	865	1.87	1.72	308.7	1064	3893	1954	528	23.6	11.73
目标值(RNI/AI)	1750	66~88	39~58	—	<300	750	1.4	1.4	200(PI)	800	3600(PI)	1500	320	12	12.0
比值/%	100	正常	正常	—	正常	115	134	123	154	133	108	130	165	197	98

表 5-42　高血压人群营养食谱宏量营养素供能比例分析

项目	蛋白质	脂肪	碳水化合物
占全日能量比例/%	19	28	53
推荐值/%	15~20	20~30	50~65

表 5-43　高血压人群三餐能量分配分析

项目	早餐	午餐	晚餐
占全日能量比例/%	30	36	34
推荐值/%	25~30	30~40	30~40

表 5-44　高血压人群营养食谱蛋白质来源分析

项目	豆类	一般植物类	动物类
占总蛋白质比例/%	14	40	46

（2）食谱评价　上述食谱食物多样，种类齐全，能量合适，蛋白质充足，脂肪、碳水化合物供能比适宜，同时维生素 B_1、维生素 B_2、维生素 C、维生素 A、锌、铁、钙供给充足，其供给量达到相应目标量的 90% 以上，可以满足高血压患者李先生的营养需要。优质蛋白质占总蛋白质量的 60%，高于 50%，优质蛋白质摄入充足。

高血压患者需要充足的钙，本食谱中选取含钙丰富的食材牛奶、酸奶、北豆腐、茼蒿、紫背天葵，一日钙总供应量为 1064mg，高于钙的 RNI 800mg，可以满足配餐对象对钙的需要。

食谱选用富含 EPA、DHA 的堤鱼，根据中国食物成分表中堤鱼 EPA、DHA 的含量估算，60g 堤鱼可提 EPA 0.281g，DHA 0.751g，EPA+DHA 为 1.031g，达到中国营养学会推荐的 18 岁以上成人 EPA+DHA 的 AMDR 值。

本食谱中选取含钾丰富的食材燕麦片、纯牛奶、茼蒿、中华猕猴桃、赤小豆、蘑菇、芥菜、番茄、酸奶、四川红橘、马铃薯、堤鱼、紫背天葵、金针菇，一日钾总供应量为 3893mg，高于钾的 PI 值 3600mg，可以满足配餐对象对钾的需要。

5. 制作营养餐与膳后管理

内容参见模块二项目一任务二膳食宝塔法编制大学生营养食谱的内容。

四、学生实训方法建议与效果评价

学生按要求设计高血压患者一日食谱并作膳食评价，并完成食谱的烹饪实训，输出合适的配餐报告。学生实训方法建议与效果评价参见模块二项目二任务二。

任务三　设计高脂血症人群的营养食谱

【案例】李先生，某公司员工，日常家务，高脂血症，年龄 45 岁，身高 175cm，体重75kg，无高血压、高血糖以及其他疾病。请确定其能量和营养素目标并设计营养食谱。

一、任务分析

高脂血症患者，由于血浆中脂蛋白水平升高，血液黏稠度增加，血流速度缓慢，血氧饱和度降低，表现为倦怠、易困，肢体末端麻木、感觉障碍，记忆力减退，反应迟钝等，出现动脉硬化或原有动脉硬化加重，细小动脉阻塞时，出现相应靶器官功能障碍。目前已知高脂血症是代谢综合征的表现之一，血脂异常明显受饮食及生活方式的影响，饮食治疗和生活方式改善是治疗血脂异常的基础措施。无论是否进行药物调脂治疗，都必须坚持控制饮食和改善生活方式。良好的生活方式包括坚持健康饮食、规律运动、远离烟草和保持理想体重。生活方式干预是一种最佳成本/效益比和风险/获益比的治疗措施。

二、任务要求

（1）选择的食物及食物配比要合理，符合高血脂人群的营养需要。
（2）食谱所列菜肴便于加工，加工方法符合高血脂人群的生理特点。
（3）菜点颜色、造型美观，符合高血脂人群的要求。

三、高脂血症人群营养食谱的设计方法与步骤

1. 确定能量和营养素目标

（1）确定用餐对象全日能量目标。

$$李先生的标准体重 = 175 - 105 = 70（kg）$$

李先生的 BMI = 体重（kg）÷[身高（m）]^2 = $75 ÷ 1.75^2$ = 24.5，则患者李先生属于超重。他是办公室的工作人员，属于轻体力劳动者。查表2-33可知，李先生能量需要量为20~25kcal/kg标准体重。

$$能量目标（kcal）= 标准体重（kg）\times 能量供给标准（kcal/kg 标准体重）$$
$$= 70 \times 25 = 1750（kcal/日）$$

（2）确定用餐对象全日营养素目标。

宏量营养素适宜供能比为蛋白质15%~20%，脂肪15%~25%，碳水化合物50%~65%，则估算得出：李先生一日宏量营养素的目标量是蛋白质66~88g，脂肪29~49g，碳水化合物219~284g。

根据李先生的性别、年龄查《中国居民膳食营养素参考摄入量（2023版）》，确定李先生每日矿物质和维生素的目标量。查表得：钙的RNI为800mg，钠的AI为1500mg，镁的RNI为320mg，碘的RNI为120μg，铁的RNI为12mg，锌的RNI为12.0mg，维生素A的RNI为770μgRAE，维生素B_1的RNI为1.4mg，维生素B_2的RNI为1.4mg。维生素C的PI为200mg，钾的AI为2000mg。

2. 设计全日食物参考量

按营养需求设计1日膳食的食物类别、品种和数量（按表5-45填写）。

表 5-45　1 日膳食的食物类别、品种和数量设计

食物类别及其质量	各类食物品种及其质量（食部）
谷类（230g）	粳米（标一）100g
——全谷类及杂豆（130g）	全麦粉 60g，燕麦片 40g，绿豆 30g
薯类（100g）	甘薯（红心）100g
蔬菜（505g）	黄豆芽 50g，豆瓣菜 50g，香菇（鲜）50g，油菜（小）100g，银耳 5g，白萝卜 50g，油麦菜 200g
水果（350g）	中华猕猴桃 200g，橘（四川红橘）150g
禽畜肉（40g）	鸭胸脯肉 40g
鱼虾类（60g）	小黄花鱼 60g
蛋类（25g）	鸡蛋清 25g（约一个鸡蛋的蛋清）
奶类（鲜奶 300g）	纯牛奶（脱脂）300g
豆类（35g），坚果（10g）	豆腐丝 20g，豆腐（南）90g，黄豆 10g，花生仁 5g，甜杏仁 5g
植物油（18g）	芝麻油 4g，茶油 8g，葵花籽油 6g
其他（食盐 5g）	全天盐 2g，酱油 5g，味精 1g

3. 编制营养食谱

根据表 5-45 设计高血脂人群营养食谱，见表 5-46。

表 5-46　高血脂人群营养食谱

食用时间	食物名称	食物原料与定量（食部）	食物原料与定量（市品）
早餐	全麦馒头	全麦粉 60g	全麦粉 60g
	豆腐丝豆芽	豆腐丝 20g，黄豆芽 50g，豆瓣菜 50g 芝麻油 4g	豆腐丝 20g，黄豆芽 50g，豆瓣菜 69g 芝麻油 4g
	牛奶	纯牛奶（脱脂）300g	纯牛奶（脱脂）300g
早点	猕猴桃	中华猕猴桃 200g	中华猕猴桃 241g
午餐	燕麦饭	燕麦片 40g，粳米（标一）50g	燕麦片 50g，粳米（标一）60g
	香菇油菜	香菇（鲜）50g，油菜（小）100g，鸡蛋清 25g，茶油 8g	香菇（鲜）50g，油菜（小）105g，鸡蛋清 25g，茶油 8g
	双白鸭汤	银耳 5g，白萝卜 50g，鸭胸脯肉 40g	银耳 5g，白萝卜 53g，鸭胸脯肉 40g
午点	橘	四川红橘 150g	四川红橘 192g
	黄豆花生浆	黄豆 10g，花生仁 5g，大杏仁 5g	黄豆 10g，花生仁 5g，大杏仁 5g
晚餐	米饭	粳米（标一）50g	粳米（标一）50g
	甘薯绿豆汤	甘薯（红心）100g，绿豆 30g	甘薯（红心）111g，绿豆 30g
	小黄花鱼焖豆腐	小黄花鱼 60g，豆腐（南）90g	小黄花鱼 97g，豆腐（南）90g
	拌油麦菜	油麦菜 200g，葵花籽油 6g	油麦菜 247g，葵花籽油 6g
		全天盐 2g，酱油 5g，味精 1g	

4. 食谱评价

（1）估算食谱能量及营养素的含量　利用中国食物成分表估算食谱能量及营养素的含量。

（2）食谱能量及营养素评价　食谱能量及营养素评价见表 5-47，宏量营养素供能比例分析见表 5-48，三餐能量分配比例分析见表 5-49。

【电子活页】高血脂人群营养食谱能量与营养素含量计算表

表 5-47 高血脂人群营养食谱能量及营养素评价

项目	能量/kcal	蛋白质/g	脂肪/g	不溶性膳食纤维/g	胆固醇/mg	总维生素A/μgRAE	硫胺素/mg	核黄素/mg	维生素C/mg	钙/mg	钾/mg	钠/mg	镁/mg	铁/mg	锌/mg
摄入量	1749	85.3	44.0	25.6	106	928	1.48	1.50	229.9	1237	3097	1937	435	26.5	12.07
目标值(RNI/AI)	1750	66~88	39~58	—	<200	800	1.4	1.4	200 (PI)	800	2000	1500	320	12	12.0
比值/%	100	正常	正常	—	正常	121	106	107	115	155	155	129	136	221	101

表 5-48　高血脂人群营养食谱宏量营养素供能比例分析

项目	蛋白质	脂肪	碳水化合物
占全日能量比例/%	19	23	58
推荐值/%	15~20	15~25	50~65

表 5-49　高血脂人群三餐能量分配比例分析

项目	早餐	午餐	晚餐
占全日能量比例/%	31	37	32
推荐值/%	25~30	30~40	30~35

（3）食谱评价　该食谱食物多样，种类齐全，能量合适，脂肪、碳水化合物和蛋白质供能比例适宜，有效控制每日钠盐的摄入，同时提供丰富的钙、钾、镁、维生素 A、维生素 C、维生素 E 及 B 族维生素等，可以满足高脂血症患者一天的营养需要。饱和脂肪酸供能比 3%，小于 7%；胆固醇摄入量 106mg，一般小于 200mg。

食谱选用富含 EPA、DHA 的小黄花鱼，根据《中国食物成分表标准版》（第 6 版）中小黄花鱼 EPA、DHA 的含量计算，50g 小黄花鱼可提供 EPA 0.414g，DHA 0.857g，EPA+DHA 为 1.271g，中国营养学会推荐的 18 岁以上成人 EPA+DHA 的 AMDR 值是 0.25~2.0g/d，因此本食谱提供了足量的 EPA+DHA。

本食谱选用多种含植物甾醇丰富的食物，如芝麻油、葵花籽油、蔬菜、水果、豆类、坚果、全谷物和杂豆等，全谷类中植物甾醇含量比精细加工的谷类高。

5. 制作营养餐与膳后管理

内容参见模块二项目一任务二膳食宝塔法编制大学生营养食谱。

四、学生实训方法建议与效果评价

学生按要求设计高血脂患者一日食谱并作膳食评价，并完成食谱的烹饪实训，输出合适的配餐报告。学生实训方法建议与效果评价参见模块二项目二任务二。

【在线测试】心血管疾病人群营养食谱的设计

项目三

糖尿病人群营养食谱的设计

《中国居民营养与慢性病状况报告（2020）》显示，中国 18 岁及以上居民糖尿病患病率为 11.9%，与 2002 年相比，患病率呈上升趋势。近几十年来，全球糖尿病患者人数以惊人的速度增长，糖尿病已成为世界范围内患病率较高的慢性非传染性疾病之一。我国人口基数大，糖尿病患者人数众多，控制糖尿病及其并发症已经刻不容缓。

学习目标

知识目标

1. 能够叙述糖尿病的病因及糖尿病人群的营养需要特点。
2. 能够叙述糖尿病人群的营养食谱设计原则和食物选择原则。

能力目标

1. 能够设计低 GI 的营养菜点以及其他适合糖尿病人群的营养菜点。
2. 能够应用营养配餐软件辅助设计糖尿病人群的营养食谱并进行膳食分析与评价。
3. 能够制作营养餐并做膳后总结。

素质与思政目标

1. 养成平等仁爱、爱岗敬业、精勤不倦的品格。
2. 立志以专业之所学,守护人类营养健康和美好生活。
3. 养成按时作息、平衡膳食、合理运动的好习惯。

必备知识

一、糖尿病诊断标准和分类

1. 糖尿病诊断标准

空腹血糖、口服葡萄糖耐量试验(OGTT) 2h 血糖和糖化血红蛋白(HbA1c)均可用于筛查和诊断糖尿病。如果有典型的糖尿病症状(如烦渴多饮、多尿、多食、不明原因体重下降),满足空腹静脉血浆葡萄糖(下面简称为:血糖)≥7.0mmol/L,或 OGTT 2h 血糖≥11.1mmol/L,或 HbA1c≥6.5%,或随机血糖≥11.1mmol/L,可诊断为糖尿病;如果缺乏典型的糖尿病症状,则需要同一时间点的两个血糖指标或两个不同时间点的血糖指标达到或超过诊断切点(不包括随机血糖)方可诊断为糖尿病。当两个不同的血糖指标检测结果不一致,即一个血糖指标达到或超过诊断切点、另一个血糖指标未达到诊断切点时,则需要再次检测达到或超过诊断切点的血糖指标,并考虑可能影响血糖指标检测结果的因素,方可诊断。

2. 糖尿病的分类

糖尿病(Diabetes)也称甜性的多尿,中医称糖尿病为消渴,就是消瘦加上烦渴。糖尿病分 1 型糖尿病、2 型糖尿病、妊娠糖尿病和特殊类型糖尿病。我国糖尿病流行的影响因素主要有:城市化、老龄化、超重和肥胖、生活方式改变、环境污染和中国人 2 型糖尿病的遗传易感性。在糖尿病患者中,2 型糖尿病所占的比例约为 90%。

(1) 1 型糖尿病 多发于小儿及青少年,起病较急,环境及气候、病毒感染等为主要诱因。1 型糖尿病的病因和发病机制尚未完全明了,病理生理学特征是胰岛 β 细胞数量显著减少乃至消失所导致的胰岛素分泌显著下降或缺失，它是具有酮症倾向的糖尿病，患者终身依赖胰岛素维持生命。

（2）2型糖尿病　2型糖尿病的病因和发病机制目前亦不明确，病理生理学特征为胰岛素调控葡萄糖代谢能力的下降（胰岛素抵抗）伴胰岛β细胞功能缺陷所导致的胰岛素分泌减少（相对减少）。2型糖尿病的治疗策略应该是综合性的，包括血糖、血压、血脂、体重的控制，以及抗血小板治疗和改善生活方式等措施。

（3）妊娠糖尿病　妊娠糖尿病是指妊娠合并高血糖的状态，可分为妊娠糖尿病、妊娠期显性糖尿病、孕前糖尿病。发病与妊娠期进食过多以及胎盘分泌的激素抵抗胰岛素的作用有关，大部分病人分娩后可恢复正常。

（4）特殊类型糖尿病　特殊类型糖尿病包括8类，即胰岛β细胞功能缺陷性单基因糖尿病、胰岛素作用缺陷性单基因糖尿病、胰源性糖尿病、内分泌疾病所致糖尿病、药物或化学品所致的糖尿病、感染相关性糖尿病、不常见的免疫介导性糖尿病、其他与糖尿病相关的遗传综合征。特殊类型糖尿病在临床上不是常见的类型。

二、糖尿病的临床症状

1. 一般表现

糖尿病的基本症状为"三多一少"，即多食、多饮、多尿、消瘦。早期症状表现为眼睛容易疲劳，视力急剧下降；常常感到异常的饥饿，食量大增，但依旧饥饿如故；糖尿病人会有顽固性手脚麻痹、手脚发抖、手指活动不灵及阵痛感、剧烈的神经炎性脚痛，下肢麻痹、腰痛、不想走路，夜间小腿抽筋、眼运动神经麻痹，重视和两眼不一样清楚，还有自律神经障碍等症状。

2. 并发症

糖尿病是一种常见的疾病，这种疾病一定要早发现早治疗，错过治疗的最佳时期就会导致很多严重的并发症，糖尿病并发症分为两大类：急性并发症和慢性并发症。

糖尿病急性并发症是因为胰岛素缺乏或过多，而引起代谢异常、需要紧急处理的情况，主要包括低血糖症、酮症酸中毒（DKA）、糖尿病高渗综合征（HNDC）、乳酸性酸中毒。糖尿病急性并发症来势汹汹，可能危及患者生命。

糖尿病慢性并发症的发生和进展比较缓慢，但是发展到一定阶段，就难以逆转。包括：①大血管病变，如冠状动脉、脑血管与周围血管疾病；②微血管病变，如视网膜病变、肾脏病变、糖尿病足等；③神经病变，如疼痛、麻木、感觉过敏、神经麻痹引起的运动障碍、局部肌肉萎缩、出汗异常、血压及心率变化、尿失禁或潴留等。

三、糖尿病人的营养需要

医学营养治疗已经成为防治糖尿病及其并发症的重要手段。医学营养治疗的目标是：促进并维持健康饮食习惯，强调选择适宜食物，并改善整体健康状况；达到并维持健康体重，获得良好的血糖、血压、血脂控制以及延缓糖尿病并发症的发生；改善生活质量，满足个人背景、文化等需求，选择更多类型的营养均衡的食物，改变不良生活行为。

糖尿病医学营养、运动治疗如下。

1. 能量

合理控制总能量摄入是糖尿病营养治疗的首要原则。《中国糖尿病防治指南（2024）》建议：糖尿病前期或糖尿病人应接受个体化能量平衡计划，目标是既达到或维持理想体重，又满足不同情况下的营养需求；对于所有患糖尿病的肥胖或超重个体，应首先调整以饮食、运动、行为为主体的生活方式，控制总能量摄入，保证减轻体重5%。不推荐糖尿病患者长期接受极低能量（<800kcal/d）的营养治疗。对于体重轻、消瘦者应提供足够的能量，使体重恢复正常。成人糖尿病患者每日能量供给量见表5-50。

表5-50 成人糖尿病患者每日能量供给量　　　　　　单位：kcal/kg 标准体重

身体活动水平	体重过低	正常体重	超重/肥胖
高强度（如搬运工）	45~50	40	35
中等强度（如电工安装）	40	30~35	30
低强度（如坐式工作）	35	25~30	20~25
休息状态（如卧床）	25~30	20~25	15~20

注：根据我国体重指数的评判标准，≤18.5kg/m² 为体重过低，18.6~23.9kg/m² 为正常体重，24.0~27.9kg/m² 为超重，≥28.0kg/m² 为肥胖。

合理的运动可促进肌肉组织对葡萄糖的摄取和利用，提高胰岛素与受体的结合力，从而使血糖降低。另外，运动可降低血脂、减轻体重、改善血液循环，有助于防治糖尿病的血管并发症。糖尿病病人可根据自己的身体状况，选择合适的运动方式，运动强度以接近靶心率（能获得较好运动效果并能保证安全的运动心率）为准，靶心率 = 170 - 年龄（岁）。每天运动时间以达到靶心率的累计时间20~30min为佳。运动应遵循循序渐进的原则，运动量由小到大，时间由短到长，动作由易到难。

2. 蛋白质

糖尿病患者的糖异生作用加强，蛋白质分解较快，易出现负氮平衡，因此，需要适量增加蛋白质的摄入量。肾功能正常的糖尿病患者，蛋白质占总能量的15%~20%为宜，其中优质蛋白质占1/2以上。短期高蛋白饮食有助于改善超重和肥胖糖尿病患者的体重、血脂和血糖。有显性蛋白尿或肾小球滤过率下降的糖尿病患者，蛋白质摄入应控制在每日0.8g/kg体重，并推荐摄入优质蛋白。植物来源的蛋白质，尤其是大豆蛋白，相比动物蛋白更有助于降低血脂水平。乳清蛋白有助促进胰岛素分泌，改善糖代谢，并在短期内减轻体重。

3. 碳水化合物

碳水化合物供能应占总能量的45%~60%，餐后血糖控制不佳的糖尿病患者，可适当降低碳水化合物的供能比。不建议长期采用极低碳水化合物膳食。蔗糖引起的血糖升幅并不比相同能量的淀粉引起的升幅更高，但摄入量太高时可能升高血糖及TG水平，不推荐常规摄入，不推荐在糖尿病饮食中常规添加大量果糖作为甜味剂，有增加TG的风险。

高GI食物和低GI食物，虽然两者提供的能量相同，但消化吸收缓慢持久的低GI食物产生了平滑的血糖曲线而没有大的波动，对糖尿病人血糖控制是有利的。高GI/GL饮食显著增加健康人群患 2 型糖尿病的风险。低 GI/GL 饮食在控制空腹血糖、餐后 2h 血糖和糖化血化蛋白比高 GI/GL 饮食更有效，同时不增加低血糖发生率。《中国糖尿病防治指南（2024 版）》推荐：在控制碳水化合物总量的同时应选择低血糖生成指数的碳水化合物，可适当增加非淀粉类蔬菜、水果、全谷类食物，减少精加工谷类的摄入。全谷类应占总谷类的一半以上。全谷类摄入量与全因死亡、冠心病、T2DM 及结直肠癌风险呈负相关。进餐应定时定量。注射胰岛素的患者应保持碳水化合物摄入量与胰岛素剂量和起效时间相匹配。

4. 脂肪

不同类型的脂肪对血糖及心血管疾病（CVD）的影响有较大差异，故难以精确推荐糖尿病膳食中脂肪的最佳供能比。一般认为，膳食中脂肪提供的能量应占总能量的 20%～30%。如果是优质脂肪（如单不饱和脂肪酸和 ω-3 多不饱和脂肪酸组成的脂肪），脂肪供能比可适当提高至 35%，有助于改善血脂和血糖。

应尽量限制饱和脂肪酸和反式脂肪酸的摄入量，饱和脂肪酸供能比不超过 12%，反式脂肪酸供能比不超过 2%。应控制膳食中胆固醇的摄入，不宜超过 300mg/d。

5. 微量营养素

糖尿病患者容易缺乏 B 族维生素、维生素 C、维生素 D 以及铬、锌、硒、镁、铁、锰等多种微量营养素，可根据营养评估结果适量补充。调节维生素和矿物质的平衡有利于纠正糖尿病病人代谢紊乱，防治并发症。

长期应用二甲双胍增加维生素 B_{12} 缺乏风险，推荐此类患者常规补充维生素 B_{12}。

6. 膳食纤维

膳食纤维可延缓食物在胃肠道的消化和吸收，降低餐后血糖上升的幅度，改善葡萄糖耐量，故糖尿病患者宜高膳食纤维饮食。可溶性纤维可以增加胰岛素的敏感性，降低餐后血糖升高的幅度，因此机体只需分泌较少的胰岛素就能维持代谢。久而久之，可溶性纤维就可降低血中的胰岛素水平，减少糖尿病患者对胰岛素的需求量，同时还可降低胆固醇，预防糖尿病合并高脂血症和冠心病。不溶性膳食纤维能促进肠蠕动，加快食物通过肠道，减少吸收，具有间接缓解餐后血糖升高和减肥的作用。

《中国糖尿病防治指南（2024）》建议：高膳食纤维饮食 25～36g/d 或 12～14g/1000kcal，特别是保证可溶性膳食纤维摄入 10～20g/d 有助于控制糖尿病患者的血糖，降低全因死亡率。

7. 膳食模式

对糖尿病患者来说，并不推荐特定有效的膳食模式。地中海膳食、终止高血压膳食（DASH）、低碳水化合物膳食、江南膳食、间断性节食等在短期有助于体重控制、降低心血管疾病的发生风险，但要求在专业人员的指导下完成，并结合患者的代谢目标和个人喜好（如风俗、文化、宗教、健康理念、经济状况等），同时监测血脂、肾功能以及内脏脂肪的变化。

8. 糖尿病治疗药物与营养治疗的配合

糖尿病治疗药物与营养治疗相配合，应当注重个体化，注意防范低血糖及酮症酸中毒发生，兼顾血糖控制及糖尿病慢性并发症防控。胰高糖素样肽-1 受体激动剂（GLP-1RA）在发挥降糖作用的同时具有抑制胃排空、抑制食欲的作用，但也有部分研究报道，

GLP-1RA 可能导致糖尿病患者肌肉和去脂体重减少，通过与合理的营养治疗相配合，在控制总能量的同时，补充充足的优质蛋白质，达到供能比的 15%~20%，补充充足的复合维生素制剂和维生素 D，配合适当的抗阻运动以减少肌肉流失。

9. 营养教育与管理

营养教育与管理的生活方式干预有助于改善糖耐量，降低糖尿病患病率或延迟发病时间，并有助于延缓和（或）降低糖尿病患者慢性并发症发生。应对糖尿病患者制订营养教育与管理的个体化目标与计划，并与运动、睡眠、戒烟一起作为糖尿病及其并发症防治的基础。

10. 运动治疗

运动治疗宜在相关专业人员指导下进行。运动前进行必要的健康评测、运动能力评估和禁忌证筛查，有助于保证运动治疗的安全性和科学性。糖尿病患者运动前的血糖水平应介于 5.0~13.9mmol/L。成年糖尿病患者每周进行至少 150~300min 中等强度（40%~59% 储备心率，运动时感觉有点费力，心跳和呼吸加快但不急促）的有氧运动，每周运动 3~7d，每日持续或累计运动时间 30~60min，有氧运动间隔不应超过 2d。若如无禁忌证，糖尿病患者应每周进行 2~3 次抗阻运动（两次锻炼间隔≥48h），锻炼肌肉力量和耐力。联合进行抗阻运动和有氧运动可获得更大程度的代谢改善。糖尿病患者应进行柔韧性训练，多采用静态拉伸的方式，糖尿病患者还应进行平衡训练。糖尿病患者应养成健康的生活习惯。培养活跃的生活方式，增加日常生活中的身体活动，减少静坐时间，连续静坐时间不超过 30min，久坐生活方式者运动量应达标。

运动处方的制订需遵循个体化原则。糖尿病患者开始运动时要量力而行，循序渐进，从低强度、短时间、小运动量开始。运动前应进行准备活动，运动后整理活动必不可少。防范低血糖是糖尿病患者参加运动时应当注意的问题。无论运动前血糖处于何种水平，任何类型较大强度的运动都会因肾上腺素和胰高糖素等反向调节激素释放而使血糖升高。运动前、中、后要注意适量补充水分。足部溃疡未愈合的患者，应避免水中运动。视网膜病变患者应避免高冲击性运动、较大强度运动以及摇晃、长时间弯腰低头和屏气用力等动作。糖尿病患者在热或冷环境下的体温调节功能受损，应选择适宜的运动环境。

四、糖尿病人群食谱设计原则

医学营养治疗是糖尿病治疗的基础，是改善患者生活质量、延缓并发症的重要措施。营养治疗牵扯面广，内容繁杂琐碎，营养误区很多。目前糖尿病营养治疗相关指南多面向医务人员，专业性强，患者理解存在一定难度。为进一步指导糖尿病患者合理饮食、控制好血糖、减少用药，在中国营养学会的领导下，成立了中国糖尿病营养工作组，采用循证医学的手段和方法，结合多年糖尿病临床营养工作实践编写了《中国糖尿病膳食指南》，为糖尿病患者提供科学的饮食指导，主要推荐内容见下。

1. 吃、动平衡，合理用药，达到或维持健康体重

（1）合理饮食，种类多样，预防营养不良。成年人 BMI 应在 18.5~23.9 kg/m²。

（2）控制体重，吃动平衡，谨防腹型肥胖。男性腰围不超过 90cm，女性腰围不超过 85cm。

（3）规律运动，中等强度、有氧运动为主。每周至少3次，每次不少于20min。

2. 主食定量，粗细搭配，增加全谷物及杂豆类

主食定量，摄入量因人而异；全谷物、杂豆类应占主食摄入量的1/3。

3. 多吃蔬菜，水果适量，种类、颜色要多样

（1）餐餐都有新鲜蔬菜，烹调方法要得当。
（2）每日蔬菜摄入量500g左右，深色蔬菜占1/2以上。
（3）两餐之间适量选择低GI值水果。

4. 常吃鱼、禽，蛋类和畜肉适量，限制加工肉类

（1）常吃鱼禽，畜肉适量，减少肥肉摄入。
（2）少吃烟熏、烘烤、腌制等加工肉类制品。
（3）每周不超过4个鸡蛋，不弃蛋黄。

5. 奶类、豆类天天有，零食加餐合理选择

（1）每日300g左右液态奶或相当量奶制品。
（2）重视大豆及其制品的摄入。
（3）零食加餐可适量选择坚果。

6. 清淡饮食，足量饮水，限制饮酒

（1）烹调注意少油少盐。
（2）足量饮用白开水，也可适量饮用淡茶或咖啡。成人每天饮水量1500~1700mL。
（3）不推荐患者饮酒。

7. 定时定量，细嚼慢咽，注意进餐顺序

（1）定时定量进餐，餐次安排视病情而定；少量多餐，增加餐次，总能量保持不变。
（2）控制进餐速度，细嚼慢咽；早晨15~20min，中晚餐30min左右；每口饭菜最好咀嚼25~30次。
（3）建议调整进餐顺序，养成先吃蔬菜、最后吃主食的习惯。

8. 注重自我管理，定期接受个体化营养指导

（1）注重包括饮食控制、适度体力活动、遵医嘱用药、监测血糖、足部护理以及预防低血糖六方面的自我管理。
（2）定期接受营养医师或营养师的个体化营养指导，每年至少4次。

五、食物的选择

1. 谷类、薯类及杂豆

低GI的食物对血糖和胰岛素调节有利。谷类食物碳水化合物含量高，是人体血糖高低的主导。世界卫生组织和国际粮农组织推荐选择低GI和富含可溶性膳食纤维的食物，并认为定时摄入碳水化合物对胰岛素来说是必需的。因此，要用GI选择谷类食物，选择低GI和中GI的谷类食物，粗细搭配，从而起到调节血糖、减少胰岛素分泌的作用。

谷类、薯类的GI值依赖食物的类型和加工方式，特别是随膳食纤维含量而变化。可选择一些粗加工的谷物，如全麦制品（大麦、小麦和黑麦），或含50%全麦的面包，粗麦粉的全麦面包，荞麦、莜麦制成的面条或馒头，玉米糁、玉米粗粉等。薯类富含多种寡糖，如芋头、山药、马铃薯粉条、藕粉、苕粉等，都可吃一些。马铃薯、甘薯富含淀粉，熟的、软的与面粉一样很快升高血糖，少量食用或不吃。

膳食纤维含量高的食物 GI 值较低。如魔芋，富含可溶性纤维，经加工可制成魔芋块、魔芋片、魔芋豆腐、魔芋面条、雪魔芋、魔芋精粉等，它具有低能量、低 GI、吸水性强的特点，对糖耐量、减肥、高血脂、便秘有良好的效果，因此，也是不错的选择。

杂豆（如绿豆、红小豆、绿豆挂面、利马豆、鹰嘴豆、扁豆等）蛋白质、膳食纤维含量高，所以消化吸收较慢，基本上 GI 值都低，可以做成豆粥、豆饭，每天吃一些，是不错的选择。

在一天的膳食安排中，主食中的谷类、杂豆和薯类应有大部分属于低 GI 和中 GI 的食物，这样血糖控制效果会较好并持久。

主食以全谷物、杂豆、薯类为主，全谷物、杂豆占主食总量的 1/3 以上，精细加工的米面要少吃。高油、高糖、高盐的加工食品要少吃或不吃，建议每日摄入谷类 200~300g，其中全谷物和杂豆不少于 1/3。

2. 水产品、畜禽肉和蛋类

提倡多选用鱼类、去皮的禽肉；常吃 $n-3$ 系脂肪酸 EPA 和 DHA 含量丰富的海鱼（2次/周），有助于心脑血管并发症的防治。

畜禽肉类优先选择瘦畜肉、去皮禽肉，而肥肉、腌制加工的肉制品、鱼肉罐头、快餐食品（炸鸡、汉堡包、牛肉饼等）、高胆固醇含量的食物要少吃或不吃食物。

建议蛋类摄入每周不超过 4 个，不弃蛋黄。咸蛋和皮蛋钠含量高，要少吃。

3. 奶类、大豆及坚果

建议每日 300g 左右液态奶或相当量奶制品。奶类及其制品均是低 GI 食物。为避免脂肪摄入过量，可选低脂或脱脂奶。

重视大豆及其制品的摄入。大豆异黄酮能够改善绝经后 2 型糖尿病患者的胰岛素抵抗、血糖控制和血浆脂蛋白水平，从而降低其患冠心病风险。豆类及其制品的 GI 值都低。它除 GI 值低，还具有许多其他的优点，是优质蛋白质的重要来源，植物固醇、大豆异黄酮、磷脂等有益成分的含量丰富，同时还含有丰富的维生素和矿物质。因此豆类及其制品要每天吃。老年人及消化力弱者可选择各种豆制品。

坚果富含脂类和多不饱和脂肪酸、蛋白质等营养素，适量食用与降低冠心病风险相关。零食加餐可适量选择坚果，建议摄入量为 10g/d。

4. 蔬菜和水果类

建议每日蔬菜摄入量 500g 左右，深色蔬菜占 1/2 以上。

蔬菜类膳食纤维高，无论单吃还是与粮谷类合吃，都能有效地延迟消化吸收速率，所以对降低血糖有好处。一般而言，茎类、花类、叶类蔬菜的 GI 值都低，可以放心食用，而且要多吃。一些根、果蔬菜类，如南瓜、胡萝卜的 GI 值比较高，应注意这些蔬菜的用量。

两餐之间适量选择低 GI 值水果。水果中果糖的 GI 仅 23，水果中的果胶、有机酸均是有利于血糖调节的因素，许多水果包括苹果、梨、桃、橙、柚等，属于低 GI 范围。因此，可以根据 GI 选择一些水果食用。水果酸度越高，对血糖的影响越小，就可以多吃点，如李子、橘子等。水果适合两餐中间食用。

5. 烹调油和盐

烹调油建议以植物油为主,烹调注意少油少盐。成人每天烹调油 25~30g,烹调油也应多样化选择,单不饱和脂肪酸则是较理想的脂肪来源,其在橄榄油、茶籽油、花生油中含量丰富,注意选用。棕榈油、棕榈仁、椰子油、奶油、猪油、牛油和羊油的饱和脂肪酸含量高,要尽量少吃或不吃。在添加了氢化油的加工食品中,反式脂肪酸含量可能会比较高,也要少吃。

盐过量对血压不利,建议一天用量不超过 5g。一些含盐高的腌制蔬菜、虾米、咸肉、咸蛋、板鸭、香肠等,不用或少用。

足量饮用白开水,也可适量饮用淡茶或咖啡。成人每天饮水量 1500~1700mL。限制含糖饮料和糖果。

不推荐患者饮酒。酒精是高能量食物,可导致能量摄入过多。接受胰岛素、降糖药治疗的病人饮酒容易发生低血糖。

不同能量水平的糖尿病患者一日膳食的食物类别、品种和数量可参考表 5-51 制订膳食营养方案。

表 5-51 糖尿病患者一日膳食的食物类别、品种和数量

食物类别	质量/g			食物选择要点	主要提供的营养素
	1400/kcal	1800/kcal	2200/kcal		
谷类	175	250	300	要用 GI 选择谷类食物,大部分选择低 GI 和中 GI 的谷类食物,粗细搭配	能量、纤维、钾、镁、蛋白质等
蔬菜	400	400	500	选用各种新鲜蔬菜,其中深色蔬菜占一半以上。GI 值高的根类蔬菜要适量	钾、镁、维生素、纤维等
水果	200	200	300	多选用低 GI 的酸味水果	钾、镁、纤维、维生素等
禽畜肉鱼虾类蛋类	120	150	200	多选用鱼类、禽类去皮的白肉,蛋类限量选用,一般一日不超过 1 个	能量、镁、钾、蛋白质等
奶类	300	300	300	各种低脂或脱脂奶制品,包括纯牛奶、酸奶和干酪等	钙和蛋白质等
豆类	25	30	40	各种坚果、油籽和大豆类及制品,每天摄入 10g 坚果	能量、钾、镁、蛋白质和纤维等
植物油	20	25	25	各种植物油(如橄榄油、茶油、花生油等)	能量,不饱和脂肪酸等
盐	5	5	5	碘盐	碘、钠

六、介绍食物血糖生成指数

食物血糖生成指数(Glycemic Index,简称 GI)是食物的一种生理学参数,是衡量食

物引起餐后血糖反应的一项指标。它指含 50g 可利用碳水化合物的食物在一定时间内（一般为 2h）的血糖应答曲线下面积，和等量碳水化合物标准参考物（一般为葡萄糖或白面包）的血糖应答曲线下面积之比值，公式表示如下：

$$GI 值 = \frac{含有 50g 碳水化合物的食物餐后血糖应答}{50g 葡萄糖（或白面包）的餐后血糖应答} \times 100$$

GI 值反映了某种食物与葡萄糖相比升高血糖的速度和能力，是反映食物引起人体血糖升高程度的指标，是人体进食后机体血糖生成的应答状况。

一般将 GI 值<55 的食物称为低 GI 食物；GI 值在 55~70 的食物称为中等 GI 食物；GI>70 的食物称为高 GI 食物。但食物的血糖生成指数受多方面因素的影响，如受食物中碳水化合物的类型、结构、食物的化学成分和含量以及食物的物理状况和加工制作过程的影响等。

高 GI 的食物，进入胃肠后消化快、吸收率高，葡萄糖释放快，葡萄糖进入血液后峰值高；低 GI 食物，在胃肠中停留时间长，吸收率低，葡萄糖释放缓慢，葡萄糖进入血液后的峰值低，下降速度慢。食物血糖生成指数可以用于对糖尿病患者、高血压病人和肥胖者的膳食管理，也可应用于运动员的膳食管理。主要食物血糖生成指数见表 5-52，常见的低 GI 食物见表 5-53，常见的中 GI 食物见表 5-54，常见的高 GI 食物见表 5-55。

表 5-52　主要食物血糖生成指数

食物名称	GI	食物名称	GI
糖类		*线面条（实心，细）	35
葡萄糖	100	*通心面（管状，粗）	45
绵白糖	84	面条（小麦粉，硬，扁，粗）	46
蔗糖	65	面条（硬质小麦粉，加鸡蛋，粗）	49
果糖	23	面条（硬质小麦粉，细）	55
乳糖	46	面条（挂面，全麦粉）	57
麦芽糖	105	面条（挂面，精制小麦粉）	55
蜂蜜	73	馒头（全麦粉）	82
胶质软糖	80	馒头（精制小麦粉）	85
巧克力	49	馒头（富强粉）	88
MM 巧克力	32	烙饼	80
方糖	65	油条	75
谷类及制品		稻麸	19
*小麦（整粒，煮）	41	*米粉	54
*粗麦粉（蒸）	65	大米粥	69
*面条（强化蛋白质，细，煮）	27	大米饭（籼米，糙米）	71
*面条（全麦粉，细）	37	大米饭（粳米，糙米）	78
*面条（白，细，煮）	41	大米饭（籼米，精米）	82
*面条（硬质小麦粉，细，煮）	55	大米饭（粳米，精米）	90

续表

食物名称	GI	食物名称	GI
*黏米饭/含直链淀粉高，煮	50	意大利面（精制面粉）	49
*黏米饭/含直链淀粉低，煮	88	意大利面（全麦）	48
糙米饭	87	乌冬面	55
速冻米饭	87	饼干（小麦片）	69
糯米饭	87	薯类、淀粉及制品	
大米糯米粥	65	马铃薯	62
黑米粥	42	马铃薯（煮）	66
大麦（整粒，煮）	25	*马铃薯（烤）	60
大麦粉	66	*马铃薯（蒸）	65
黑麦（整粒，煮）	34	*马铃薯（用微波炉烤）	82
玉米（甜，煮）	55	*马铃薯（烧烤，无油脂）	85
玉米面（粗粉，煮）	68	*马铃薯泥	87
玉米面粥	50	马铃薯粉条	14
玉米糁粥	51	马铃薯片（油炸）	60
玉米饼	46	炸薯条	60
玉米片（市售）	79	甘薯［山芋］	54
玉米片（高纤维，市售）	74	甘薯（红，煮）	77
小米（煮）	71	藕粉	33
小米粥	60	苕粉	35
米饼	82	粉丝汤（豌豆）	32
荞麦（黄）	54	豆类及制品	
荞麦面条	59	黄豆（浸泡，煮）	18
荞麦面馒头	67	黄豆（罐头）	14
燕麦麸	55	黄豆挂面	67
莜麦饭（整粒）	49	豆腐（炖）	32
糜子饭（整粒）	72	豆腐（冻）	22
燕麦饭（整粒）	42	豆腐干	24
*燕麦片粥	55	绿豆	27
*即食燕麦粥	79	绿豆挂面	33
白面包	75	蚕豆（五香）	17
全麦（全麦面包）	74	扁豆	38
面包（未发酵小麦）	70	扁豆（红，小）	26
印度卷饼	62	扁豆（绿，小）	30
薄煎饼（美式）	52	*扁豆（绿，小，罐头）	52

续表

食物名称	GI	食物名称	GI
*小扁豆汤（罐头）	44	生菜	15
*利马豆［棉豆］	31	青椒	15
*利马豆（加5g蔗糖）	30	番茄	15
*利马豆（加10g蔗糖）	31	菠菜	15
*利马豆（嫩，冷冻）	32	*胡萝卜（煮）	39
鹰嘴豆	33	水果类及制品	
*鹰嘴豆（罐头）	42	苹果	36
*咖喱鹰嘴豆（罐头）	41	梨	36
*青刀豆	39	桃	28
青刀豆（罐头）	45	桃（罐头，含果汁）	30
豌豆	42	*桃（罐头，含糖浓度低）	52
黑马诺豆	46	*桃（罐头，含糖浓度高）	58
黑豆汤	46	杏干	31
四季豆	27	杏（罐头，含淡味果汁）	64
四季豆（高压处理）	34	李子	24
*四季豆（罐头）	52	樱桃	22
*芸豆	24	葡萄	43
蔬菜类		葡萄干	64
*甜菜	64	葡萄（淡黄色，小，无核）	56
胡萝卜［金笋］	71	猕猴桃	52
南瓜［倭瓜，番瓜］	75	柑（橘子）	43
麝香瓜	65	柚	25
山药［薯蓣］	51	巴婆果	58
雪魔芋	17	菠萝	66
芋头（蒸芋艿/毛芋）	48	芒果	55
朝鲜笋	15	芭蕉［甘蕉，板蕉］	53
芦笋	15	香蕉	52
西蓝花	15	香蕉（生）	30
菜花	15	西瓜	72
芹菜	15	哈密瓜	70
黄瓜	15	枣	42
茄子	15	*草莓酱（果冻）	49
鲜青豆	15	种子类	
莴笋（各种类型）	15	花生	14

续表

食物名称	GI	食物名称	GI
腰果	25	*面包（粗面粉）	64
乳及乳制品		*面包（黑麦粉）	65
牛奶	28	*面包（小麦粉，高纤维）	68
牛奶（加人工甜味剂和巧克力）	24	*面包（小麦粉，去面筋）	70
牛奶（加糖和巧克力）	34	*面包（小麦粉，含水果干）	47
脱脂牛奶	32	*面包（50%~80%碎小麦粒）	52
全脂牛奶	27	*面包（75%~80%大麦粒）	34
低脂奶粉	12	*面包（50%大麦粒）	46
降糖奶粉	26	*面包（80%~100%大麦粉）	66
老年奶粉	40	*面包（黑麦粒）	50
克糖奶粉	48	*面包（45%~50%燕麦麸）	47
酸奶（加糖）	48	*面包（80%燕麦粒）	65
*酸乳酪（普通）	36	*面包（混合谷物）	45
*酸乳酪（低脂）	33	*新月形面包	67
*酸乳酪（低脂，加人工甜味剂）	14	*棍子面包	90
豆奶	19	燕麦粗粉饼干	55
冰激凌	51	油酥脆饼干	64
酸奶（水果）	41	高纤维黑麦薄脆饼干	65
豆奶	34	竹芋粉饼干	66
速食食品		小麦饼干	70
大米（即食，煮1分钟）	46	苏打饼干	72
大米（即食，煮6分钟）	87	格雷厄姆华饼干	74
小麦片	69	华夫饼干	76
燕麦片（混合）	83	香草华夫饼干	77
荞麦方便面	53	膨化薄脆饼干	81
即食羹	69	闲趣饼干（达能）	47
营养饼	66	牛奶香脆饼干（达能）	39
*全麦维（家乐氏）	42	酥皮糕点	59
*可可米（家乐氏）	77	爆玉米花	55
*卜卜米（家乐氏）	88	饮料类	
*比萨饼（含乳酪）	60	苹果汁	41
*汉堡包	61	水蜜桃汁	33
白面包	88	巴梨汁（罐头）	44
面包（全麦粉）	69	菠萝汁（不加糖）	46

续表

食物名称	GI	食物名称	GI
柚子果汁（不加糖）	48	包子（芹菜猪肉）	39
橙汁（纯果汁）	50	硬质小麦粉肉馅混沌	39
橘子汁	57	牛肉面	89
可乐饮料	40	米饭+鱼	37
芬达软饮料	68	米饭+芹菜炒猪肉	57
啤酒（澳大利亚产）	66	米饭+蒜苗	58
冰激凌	61	米饭+蒜苗炒鸡蛋	68
冰激凌（低脂）	50	米饭+红烧猪肉	73
混合膳食及其他		玉米粉加人造黄油（煮）	69
馒头+芹菜炒鸡蛋	49	猪肉炖粉条	17
馒头+酱牛肉	49	番茄汤	38
馒头+黄油	68	二合面窝头（玉米面+面粉）	65
饼+鸡蛋炒木耳	48	牛奶蛋糊（牛奶+淀粉+糖）	43
饺子（三鲜）	28	黑五类粉	58

注：*表示引用国外数据。

资料来源：《中国食物成分表标准版（第6版 第一册）》。

表 5-53　常见的低 GI 食物

种类	食物
谷类	极少加工的粗粮，如煮过的整粒小麦、大麦及黑麦、荞麦、玉米面粥、玉米面糁
干豆类及制品	基本上豆类的 GI 都比较低，如绿豆、蚕豆、豌豆、扁豆、四季豆、青刀豆、利马豆、黑豆、绿豆挂面等
乳类及制品	几乎所有的乳类都是低 GI 产品。如牛奶、全脂牛奶、脱脂牛奶、奶粉、酸奶等
薯类	特别是生的薯类或经过冷处理的薯类制品，如马铃薯、藕粉、魔芋、芋头
水果	特别是含果酸较多的水果，如苹果、桃、杏、李子、猕猴桃、柑、柚、梨。一些制品如苹果汁、水蜜桃汁、菠萝汁（未加糖）等
即食食品	全麦型或高纤维产品，如含 50%~80% 大麦粒面包、黑麦粒面包、45%~50% 燕麦麸面包、混合谷物面包、饼干
混合膳食	混合膳食依赖食物的种类和比例，如馒头加芹菜炒鸡蛋，烙饼加鸡蛋炒木耳，饺子、包子、馄饨，米饭加鱼，猪肉炖粉条等
其他	果糖、乳糖 花生（主要是因为蛋白质和脂肪含量多）

表 5-54　常见的中 GI 食物

种类	食物
谷类	粗麦粉、大麦粉、甜玉米、玉米面粗粉、小米粥、荞麦面条、荞麦面馒头、燕麦麸、二面窝头（玉米面加面粉）、黑五类面粉

续表

种类	食物
薯类	水分少的薯类，如微烤马铃薯、甘薯、山药等
蔬菜类	根、果类蔬菜，如甜菜、麝香瓜
水果类	热带水果、水果制品，如菠萝、芒果、香蕉、橘子汁、葡萄干等
即食食品	全麦粉面包、黑麦粉面包、高纤维面包、燕麦粗粉饼干、油酥脆饼干、汉堡包、比萨饼（含乳酪）、炸马铃薯片、冰激凌
混合膳食	蔬菜少的膳食，如馒头加少量黄油、米饭加蒜苗鸡蛋、米饭加猪肉

表 5-55　常见的高 GI 食物

种类	食物
谷类	精制食物，如小麦粉面条、富强粉馒头、烙饼、油条、含直链淀粉低的黏米饭、糯米、米饼
薯类	水分多的薯类，糊化好的薯类，如马铃薯泥、煮甘薯等
蔬菜类	根、果类蔬菜，如南瓜、胡萝卜
水果类	西瓜等
即食食品	精白面包、棍子面包，小麦饼干、苏打饼干、华夫饼干、膨化薄脆饼干、蜂蜜、麦芽糖等

项目实施

任务一　设计糖尿病人群的营养菜点

低 GI 的食物对血糖和胰岛素调节有利。世界卫生组织和国际粮农组织推荐选择低 GI 和富含可溶性膳食纤维的食物，并认为定时摄入碳水化合物对胰岛素来说是必需的。本任务将设计的菜点分成低 GI 主食、菜肴、饮品及水果四大类。

一、设计低 GI 的主食

设计主食时原料种类要多样化，注意选用低 GI 或中 GI 的原料，粗细粮混食。各种杂豆（绿豆、赤豆、豌豆、白豆等）的 GI 值均低，要注意选用。全谷类粮食的 GI 值也较低，要粗、细粮混食。花生、核桃、芝麻等坚果每周吃几次，每次少量就可以。推荐平均每日食用量 10g。

1. 玉米绿豆粥

（1）原料：玉米（黄，干）30g，绿豆 30g，粳糯米 30g。
（2）营养特点分析：玉米绿豆粥营养成分表见表 5-56。

表 5-56 玉米绿豆粥营养成分表

项目	每份含量	NRV%	项目	每份含量	NRV%	项目	每份含量	NRV%
能量	306kcal/1282kJ	15%	维生素 A	6μgRAE	1%	钾	364mg	18%
蛋白质	11.5g	19%	维生素 E	4.48mg		镁	79mg	26%
脂肪	1.6g	3%	维生素 B_1	0.20mg	14%	钙	35mg	4%
碳水化合物	63.5g	21%	维生素 B_2	0.09mg	6%	铁	3.2mg	22%
膳食纤维	4.1g	16%	维生素 C	0.0mg	0%	锌	1.70mg	11%
钠/食盐	2.8mg/0.01g	0%	烟酸	1.86mg	13%	硒	3.3μg	7%

绿豆（GI 值 27.2）：绿豆淀粉中含有低聚糖，对糖尿病患者的空腹血糖、餐后血糖的降低都有一定的作用，很适合糖尿病患者食用。绿豆有护肝的作用，可防治糖尿病并发脂肪肝、高血压。推荐用量为每餐宜吃 40g。

玉米（GI 值 55）：玉米富含膳食纤维，具有降低血糖、降血脂，改善葡萄糖耐量的功效。玉米中含有的镁，有强化胰岛素功能的功效；谷胱甘肽能清除破坏胰岛素的自由基，延缓糖类吸收，稳定糖尿病患者的血糖水平。玉米中丰富的单不饱和脂肪酸，长期食用有较好的调血脂的作用，可预防血脂异常症、高血压并发症的发生。推荐用量：鲜玉米每餐宜吃 100g；玉米面每餐宜吃 50~100g。绿豆、玉米合吃时，要适量减少。

2. 山药虾粥

（1）原料：山药 100g（市品 120g），虾仁 75g [海虾（市品 147g）]，粳米（标一）80g。

（2）调料：姜、盐少许。

（3）营养特点分析：山药虾粥营养成分表见表 5-57。

表 5-57 山药虾粥营养成分表

项目	每份含量	NRV%	项目	每份含量	NRV%	项目	每份含量	NRV%
能量	392kcal/1643kJ	20%	维生素 A	3μgRAE	0%	钾	462mg	23%
蛋白质	20.7g	34%	维生素 E	3.14mg		镁	82mg	27%
脂肪	1.1g	2%	维生素 B_1	0.19mg	13%	钙	134mg	17%
碳水化合物	75.4g	25%	维生素 B_2	0.12mg	9%	铁	3.4mg	23%
膳食纤维	1.3g	5%	维生素 C	5.0mg	5%	锌	2.51mg	17%
钠/食盐	247.2mg/0.6g	12%	烟酸	2.77mg	20%	硒	44.9μg	90%

山药（GI 值 51）：山药含有各类维生素、黏液蛋白、胆碱、16 种氨基酸、硒、磷、镁等。其中黏液蛋白能使糖类缓慢吸收，抑制餐后血糖急剧上升，同时避免胰岛素分泌过剩，从而有效调控血糖。推荐用量为每餐宜吃 85g。

3. 薏米赤小豆糙米饭

（1）原料：薏米 25g，赤小豆 12g，糙米 60g。

（2）营养特点分析：薏米赤小豆糙米饭营养成分表见表 5-58。

表 5-58　薏米赤小豆糙米饭营养成分表

项目	每份含量	NRV%	项目	每份含量	NRV%	项目	每份含量	NRV%
能量	338kcal/1426kJ	17%	维生素 A	1μgRAE	0%	钾	301mg	15%
蛋白质	10.2g	17%	维生素 E	3.04mg		镁	112mg	37%
脂肪	2.5g	4%	维生素 B_1	0.30mg	22%	钙	25mg	3%
碳水化合物	70.4g	23%	维生素 B_2	0.07mg	5%	铁	2.9mg	19%
膳食纤维	3.5g	14%	维生素 C	0.0mg	0%	锌	1.76mg	12%
钠/食盐	4.4mg/0.01g	0%	烟酸	0.74mg	5%	硒	1.2μg	2%

薏米（GI 值 53）：含有多种维生素、粗纤维、矿物质、薏米酯、薏苡仁多糖、脂肪油等营养素。其中薏苡仁多糖的药理研究表明有显著的降糖作用，可以抑制氧自由基对胰岛 β 细胞膜的损伤及肾上腺素引起的糖异生；薏米中的脂肪油有助于降低血糖。推荐用量为每餐宜吃 50~100g（熟重）。

薏米搭配赤小豆，由于两者均含有较高的碳水化合物、蛋白质以及多种维生素和人体必需氨基酸，所以搭配食用不仅能降低血糖，还对糖尿病合并肥胖症、高血脂有一定的防治作用。并且红小豆和薏米都具有利水消肿的功效，两者搭配食用，效果更明显，用于辅助治疗肾炎水肿有较好的效果。

二、设计营养菜肴

1. 木耳炒黄瓜

（1）原料：黑木耳（干）5g，黄瓜 150g（市品 163g）。

（2）调料：味精 0.2g，盐 0.8g，香油 2g，豆油 4g，红尖椒、葱末少许。

（3）营养特点分析：木耳炒黄瓜营养成分表见表 5-59。

表 5-59　木耳炒黄瓜营养成分表

项目	每份含量	NRV%	项目	每份含量	NRV%	项目	每份含量	NRV%
能量	92kcal/381kJ	5%	维生素 A	12μgRAE	2%	钾	191	10%
蛋白质	1.9g	3%	维生素 E	6.40		镁	30	10%
脂肪	6.4g	11%	维生素 B_1	0.04	3%	钙	49	6%
碳水化合物	7.7g	3%	维生素 B_2	0.07	5%	铁	5.8	38%
膳食纤维	2.2g	9%	维生素 C	13.5	14%	锌	0.48	3%
钠/食盐	340.8/0.9g	17%	烟酸	0.43	3%	硒	0.8μg	2%

黑木耳中的胶质能吸附滞留在胃肠中的有害物质，起到清胃涤肠的作用。黑木耳中的腺嘌呤核苷具有抑制血小板凝集的作用，有益于防治糖尿病并发冠心病和脑卒中。黑木耳

中含有的甘露聚糖、木耳多糖和膳食纤维,能够修复受损的胰岛细胞,提供胰岛所需要的能量,充分改善胰岛的分泌功能,平稳降低血糖。

黄瓜含有葡萄糖苷、果糖等,它们不参与通常的糖代谢,所以以黄瓜替代淀粉类食物充饥,血糖不会升高,反而还会降低。黄瓜中所含的丙醇二酸,可以抑制糖类物质转变为脂肪,对防治糖尿病有重要意义,并且对防治糖尿病并发高血压、血脂异常症、肥胖症有较好的作用。

2. 白菜鸭肉汤

(1) 原料:大白菜(白梗)100g(市品109g),鸭胸肉50g。

(2) 调料:食盐0.4g,味精0.2g,生姜片、葱花、胡椒粉适量。

(3) 营养特点分析:白菜鸭肉汤营养成分表见表5-60。

表5-60 白菜鸭肉汤营养成分表

项目	每份含量	NRV%	项目	每份含量	NRV%	项目	每份含量	NRV%
能量	68kcal/285kJ	3%	维生素A	21μgRAE	3%	钾	193mg	10%
蛋白质	9.3g	15%	维生素E	1.91mg		镁	24mg	8%
脂肪	1.0g	2%	维生素B_1	0.07mg	5%	钙	72mg	9%
碳水化合物	5.8g	2%	维生素B_2	0.11mg	8%	铁	2.6mg	17%
膳食纤维	0.6g	2%	维生素C	47.0mg	47%	锌	0.80mg	5%
钠/食盐	293.0mg/0.7g	15%	烟酸	2.90mg	21%	硒	6.6μg	13%

鸭肉比其他肉类含有较多的B族维生素和维生素E,能补充2型糖尿病患者因胰岛素抵抗消耗的B族维生素,从而稳定血糖水平。鸭肉性寒,身体虚寒的阳虚体弱者,如虚寒性的腹泻、大便泄泻、阳虚脾弱、痛经者等不宜食用。推荐用量为每餐宜吃60~80g。

大白菜含有丰富的维生素B_1、维生素B_2、维生素C、烟酸、胡萝卜素、钙、磷、铁、硒、膳食纤维等营养素。其中丰富的膳食纤维能减缓糖吸收,促进肠胃蠕动,减缓餐后血糖上升的速度,糖尿病患者可以经常食用。

三、设计营养饮品

1. 玉米须茶

(1) 原料:鲜玉米须15g,绿茶3g。

(2) 制作:①取鲜玉米须15g洗净,加绿茶3g于大杯中;②放入沸水冲泡,盖上杯盖焖10~15min,代茶饮用。

(3) 营养特点分析:玉米须有利尿作用,增加氯化物排出体外,提高血小板数目,抗溶血,所以可以利尿止血。玉米须中的多糖能显著降低血糖,促进肝糖原的合成,其所含的皂苷也有辅助治疗糖尿病的作用。玉米须有明显的降血压效果,可用于防治糖尿病性高血压。绿茶中所含的水杨酸甲酯、二苯胺、多糖化合物、儿茶素对于人体糖代谢障碍具有调节作用,可以抑制餐后血糖急剧上升。

2. 麦冬茶

（1）原料：麦冬 20g。

（2）制作：①取麦冬 20g 洗净，放入大杯中；②用沸水冲泡，盖上杯盖焖 10~15min，代茶饮用。

（3）营养特点分析：麦冬能养阴润肺，缓解血糖升高及环境燥热引起的燥热；又有促进胰岛细胞功能恢复、增加肝糖原、降低血糖的作用。现代医学认为麦冬具有强心作用，能显著减少心肌细胞缺氧性损害，对正常心肌细胞有保护作用，所以麦冬有助于预防糖尿病并发急性心肌梗死。注意麦冬性寒，脾胃虚寒泄泻、风寒咳嗽、胃有痰饮湿浊者不宜服用。

3. 人参茶

（1）原料：人参 6g。

（2）制作：人参洗净，放入砂锅中，用清水浸泡 30min，置于火上，大火烧开后转小火煎 30min，代茶饮用。

（3）营养特点分析：人参具有大补元气、强身健体的作用。人参总皂苷有刺激人体释放胰岛素的作用，且人参多糖、人参多肽、人参茎叶多糖、人参非皂苷部分都具有降血糖作用。由于人参能够改善心脏功能，增强心肌收缩力，所以对预防糖尿病并发高血压、冠心病、动脉硬化有一定作用。要注意人参对大脑皮质有兴奋作用，所以睡前不宜服用人参，因为可能会导致失眠；有过敏、盗汗、感冒发热等症者不宜服用。

4. 南瓜茶

（1）原料：干南瓜片 25g。

（2）制作：取干南瓜片 25g 洗净，放入大杯中。用沸水冲泡，盖上杯盖焖 15~20min，代茶饮用。

（3）营养特点分析：南瓜茶具有健脾止渴、降血压的功效，适合病情较轻的中老年 2 型糖尿病患者饮用。南瓜中丰富的果胶可推迟食物排空，延缓肠道对糖类的吸收，从而控制血糖升高；南瓜中钴含量较高，可以促进胰岛素分泌正常，从而降低血糖。南瓜还含有一定量的硒，有清除体内脂质过氧化物的作用，防止因脂质过氧化物堆积而引起的心肌细胞损害，因此有助于糖尿病患者预防并发心脑血管疾病。

5. 其他饮品选择

（1）苦瓜茶　取干苦瓜片 10~15g，加绿茶 4g，冲入沸水，盖上盖子焖 30min，代茶饮用。

（2）葛根茶　取葛根片 9g、麦冬 9g，洗净浮尘，加 250g 清水，后置砂锅煎汁代茶饮用。

（3）桑叶茶　取新鲜桑叶 5 张洗净，沸水煎 10min，取汁代茶饮用。

（4）莲子心茶　取莲子心 3g，洗净，加绿茶 3g，用 500g 沸水冲泡，盖上盖子焖 10~15min，代茶饮用。

（5）金银花茶　取金银花 3g，洗净，加绿茶 3g，用沸水冲泡，盖上盖子焖 10~15min，代茶饮用。

四、选择合适的水果

多数水果属于低 GI 的范围，同时水果中富含多种抗氧化成分和膳食纤维，对改善糖尿病患者的代谢紊乱状况是有利的。在设计水果时，可选择低甜度、高抗氧化成分、高膳食纤维的低GI水果，如草莓、蓝莓、猕猴桃、橙、柚、苹果、樱桃、火龙果、小番茄、橘子、山楂、桑葚等。鲜枣、葡萄、龙眼、西瓜等含糖量过高的水果应慎用。在保证一日总碳水化合物数量不变的前提下，摄入200~400g水果并不会对血糖反应带来不利影响。

（1）罗汉果　罗汉果被人们誉为"神仙果"，含丰富的维生素C（每100g鲜果中含400~500mg）以及糖苷、果糖、葡萄糖、蛋白质、脂类等。D-甘露醇有止咳作用。所含罗汉果甜苷比蔗糖甜300倍，不产生能量，是糖尿病患者理想的替代糖，作甜味食品或调味剂，具有降血糖作用，可以用来辅助治疗糖尿病。所含的可溶性膳食纤维能改善糖代谢，有助于逐步减少1型糖尿病患者的胰岛素用量。推荐用量：每餐宜吃20~30g。

（2）苹果　苹果中富含维生素、矿物质、膳食纤维、多酚类等多种生物活性物质。其中所含的铬能提高糖尿病患者对胰岛素的敏感性；苹果酸可以稳定血糖，预防和辅助治疗2型糖尿病。苹果与猪肉搭配吃，可以增加营养，并且消除猪肉的独特异味，同时苹果中的膳食纤维还能减少人体对猪肉中胆固醇的吸收。苹果GI为36。推荐用量：每餐宜吃200g。

（3）樱桃　樱桃含有花色素苷、维生素C、维生素E、胡萝卜素、铁、钾、磷、钙等营养成分。其中富含的花色素苷能增加人体内部胰岛素的含量，有效降低血糖。此外，樱桃含有丰富的维生素E，对于糖尿病患者防治并发肾病、心血管疾病有益。服药时要避免食用樱桃，因为会干扰药物的正常代谢，引起一些不良反应。樱桃GI为22。推荐用量：每餐宜吃100~150g。

（4）柚子　柚子富含维生素C、叶酸、果胶、铬、柚苷配基等营养素。其中铬可增强胰岛素活性，增加胰岛素受体数量；柚苷配基有助于消化分解脂肪，减少胰岛β细胞的负荷。服药时要避免食用柚子，因为柚子中的一些成分会干扰药物的正常代谢，引起一些不良反应。柚子与番茄一起打汁食用，因为富含维生素C，能清除体内自由基，可以预防糖尿病神经病变和血管病变。柚子GI为25。推荐用量：每餐宜吃50g。

任务二　设计糖尿病患者的营养食谱

【案例】陈女士是2型糖尿病患者，年龄48岁，身高170cm，体重72kg，日常轻体力活动。身体检查结果是糖化血红蛋白A1c为6.8%；空腹血糖FPG为8.2mmol/L。请为其设计营养食谱。

一、任务分析

我国《中国2型糖尿病防治指南》中指出：制定2型糖尿病患者综合调控目标的首要原则是个体化，应根据患者的年龄、病程、预期寿命、并发症或合并症病情严重程度等进行综合考虑。糖化血红蛋白A1c是反映长期血糖控制水平的主要指标。对大多数非妊娠成年2型糖尿病患者而言，合理的糖化血红蛋白HbA1c控制目标为<7.0%。更严格的糖化血红蛋白A1c控制目标（如<6.5%，甚或尽可能接近正常）适合于病程较短、

预期寿命较长、无并发症、未合并心血管疾病的 2 型糖尿病患者，其前提是无低血糖或其他不良反应。在治疗调整中，可将糖化血红蛋白 A1c≥7% 作为 2 型糖尿病启动临床治疗或需要调整治疗方案的重要判断标准。按此标准，陈女士对糖尿病综合控制的结果是比较理想的。

2 型糖尿病人的营养目标是通过合理饮食维持血糖基本稳定，改善胰岛素敏感性，控制血压、血脂、肾功能等指标在正常范围内，预防各种并发症的发生和发展。同时，还要保持营养素供应充足，并提高患者的生活质量。

二、任务要求

（1）选择的食物及食物配比要合理，符合糖尿病人群的营养需要。
（2）食谱所列菜肴便于加工，加工方法符合糖尿病人群的生理特点。
（3）菜点颜色、造型美观，符合配餐对象的要求。

三、糖尿病患者营养食谱的设计方法与步骤

1. 确定能量和营养素目标

能量不超过需要，根据标准体重计算获得。陈女士的体重指数 $BMI = 72 \div 1.65^2 = 24.9$，超重，陈女士的标准体重 $=(170-100) \times 0.9 - 2.5 = 60.5$（kg），查表 5-50，陈女士每日每 kg 标准体重需要 25kcal 的能量。因此，陈女士能量需要 $= 60.5 \times 25 = 1512$（kcal/d），陈女士能量目标为 1512kcal/d。脂肪合适的供能比为 20%~35%，胆固醇限制在 300mg/d 以下，碳水化合物摄入占总能量的 45%~60%，蛋白质占全天总能量的 15%~20%。

按碳水化合物、蛋白质和脂肪提供能量分别占总能量的 55%、18% 和 27% 计算，即碳水化合物提供量为 $1512 \times 55\% \div 4 = 208g$，蛋白质 $1512 \times 18\% \div 4 = 68g$，脂肪 $1512 \times 27\% \div 4 = 45g$。

查《中国居民膳食营养素参考摄入量（2023 版）》，确定陈女士每日所需各种营养素的目标量。营养素的目标不是一成不变的，实际应用中要根据糖尿病人的实际情况作相应的调整。

2. 设计全日食物参考量

糖尿病患者的饮食一定要控制好总能量的摄入，并且做到食物多样化，以达到膳食营养全面、均衡、适度的要求。

为了减轻胰岛负担，糖尿病病人最好是少量多餐，一日至少保证三餐。可以根据自己的饮食习惯，按早、中、晚餐各 1/3 的能量，或早餐 1/5，中、晚餐各 2/5 的主食量分配。在活动量稳定的情况下，要求定时定量。这样能防止一次进食量过多而加重胰岛分泌的负担，出现餐后血糖过高，同时也能够防止进食量过少，出现低血糖。

如果加餐，应从上一餐的能量总数中减去加餐的能量，加餐可以由正餐中匀出约 25g 的主食即可。一般加餐的最佳时间段为 9:00~10:00、15:00~16:00、21:00~22:00。加餐的食物要有所选择，不能随意吃一些零食和小吃。加餐可以丰富一些，除了少量主食外，最好吃一些富含优质蛋白质的食物及少量蔬果，这样的混合膳食 GI 值较低。

根据表 5-51 推荐的食物参考量设计陈女士 1 日膳食的食物类别、品种和数量（表 5-61）。

表 5-61　1 日膳食的食物类别、品种和数量设计

食物类别及其质量	各类食物品种及其质量（食部）
谷类（220g）	稻米（籼，标一）60g
——全谷类及杂豆（160g）	薏米 30g，赤小豆 15g，糙米 30g，荞麦面条 75g，芸豆（杂，带皮）10g
蔬菜（500g）	芦笋（绿）100g，海带（浸）50g，胡萝卜（黄）30g，绿苋菜 120g，小白菜 200g
水果（200g）	葡萄柚 100g，樱桃 100g
禽畜肉（35g）	猪大排 35g
鱼虾类（60g）	黄姑鱼 60g
蛋类（25g）	鸡蛋（半个）25g
奶类（鲜奶 300g）	脱脂牛奶 300g
豆类（20g），坚果（10g）	豆腐干 40g，核桃仁 10g
烹调油（22g）	胡麻油 4g，花生油 18g
其他（食盐 5g）	全天用盐不超 5g

3. 编制营养食谱

陈女士属于 2 型糖尿病患者，餐次能量分配和食物选择根据以上原则确定。按照早餐、午餐和晚餐各占 30%，40%，30% 的能量，以及考虑个人口味、饮食习惯，设计 1 日食谱见表 5-62。

表 5-62　糖尿病患者一日营养食谱（一）

食用时间	食物名称	食物原料与定量（食部）	食物原料与定量（市品）
早餐	薏米红小豆米饭	薏米 30g，红小豆 15g，糙米 30g	薏米 30g，红小豆 15g，糙米 30g
	水煮鸡蛋（半个）	鸡蛋 25g	鸡蛋 29g
	拌芦笋	芦笋（绿）100g，胡麻油 4g	芦笋（绿）111g，胡麻油 4g
早点	牛奶（脱脂）	牛奶（脱脂）200g	牛奶（脱脂）200g
	葡萄柚	葡萄柚 100g	葡萄柚 137g
午餐	荞麦面条	荞麦面条 75g	荞麦面条 75g
	猪大排炖海带	猪大排 35g，海带（浸）50g，胡萝卜（黄）30g	猪大排 51g，海带（浸）50g，胡萝卜（黄）31g
	拌绿苋菜	绿苋菜 120g	绿苋菜 162g
	豆腐干拌核桃仁	豆腐干（香干）40g，核桃仁 10g	豆腐干（香干）40g，核桃仁 10g
		花生油 8g	花生油 8g
午点	樱桃	樱桃 100g	樱桃 125g
晚餐	芸豆米饭	稻米（粳，标一）60g，芸豆（杂，带皮）10g	稻米（粳，标一）60g，芸豆（杂，带皮）10g
	红烧黄姑鱼	黄姑鱼 60g	黄姑鱼 88g
	清炒小白菜	小白菜 200g	小白菜 213g
		花生油 10g	花生油 10g
加餐	牛奶（脱脂）	牛奶（脱脂）100g	牛奶（脱脂）100g
		全天用酱油 4g，精盐 2g，味精 1g	

4. 食谱评价

（1）能量及营养素的计算　见表5-63~表5-65。

【电子活页】糖尿病人群营养食谱能量与营养素含量计算表

表5-63　糖尿病人群营养食谱能量与营养素分析

餐次	能量/kcal	蛋白质/g	脂肪/%E	维生素A/μgRAE	维生素B_1/mg	维生素B_2/mg	维生素C/mg	钙/mg	铁/mg	锌/mg
供给量	1504	73.5	29（47.7g）	862	1.14	1.23	244	1336	27.5	20.92
RNI 或 AI	1512	55	20~35	660	1.2	1.2	100	800	18	8.5
比值/%	99	134	正常	131	95	102	244	167	153	246

表5-64　糖尿病人群营养食谱宏量营养素供能比例分析

项目	蛋白质	脂肪	碳水化合物
占全日能量比例/%	20	29	52
推荐值/%	15~20	20~35	45~60

表5-65　糖尿病人群三餐能量分配分析

项目	早餐	午餐	晚餐
占全日能量比例/%	30	40	30
推荐值/%	30~35	30~35	30~35

（2）食谱评价　该食谱食物多样，种类齐全，主食以全谷物、杂豆为主，全谷物、杂豆占主食总量的1/3以上；鱼类选择 n-3 系脂肪酸 EPA 和 DHA 含量丰富的海鱼黄姑鱼；畜禽肉类选择瘦畜肉、去皮禽肉；每日蔬菜摄入量 500g 左右，深色蔬菜占 1/2 以上。两餐之间选择低 GI 值的水果葡萄柚和樱桃。

本食谱能量适宜，脂肪供能比适宜，碳水化合物比例适当，有效控制每日钠盐的摄入，同时提供丰富的钙、钾、镁、维生素 A、维生素 C、维生素 E 及 B 族维生素等，可以满足患者一天的营养需要。

5. 同类互换，设计营养食谱

日常膳食按照同类互换、多种多样的原则调配一日三餐。下面以表 5-62 为模版，按食物同类互换的方法来给陈女士再设计一份食谱，如表 5-66 所示。

表 5-66 糖尿病患者一日营养食谱（二）

食用时间	食物名称	食物原料与定量（食部）	食物原料与定量（市品）
早餐	黑米粥 牛奶（低脂） 水煮鸡蛋 醋拌油菜	黑米 75g 牛奶（低脂）200g 鸡蛋 25g 油菜 100g，香油 4g，醋 5g	黑米 75g 牛奶（低脂）200g 鸡蛋 29g 油菜 115g，香油 4g，醋 5g
早点	蓝莓	蓝莓 100g	蓝莓 120g
午餐	豆饭 清蒸黄花鱼 炒红薯叶 花生浆	赤小豆 25g，稻米 50g 小黄花鱼 60g 红薯叶 200g 花生仁 10g 茶油 10g	赤小豆 25g，稻米 50g 小黄花鱼 96g 红薯叶 200g 花生仁 10g 茶油 10g
午点	苹果半个	苹果 100g	苹果 132g
晚餐	燕麦饭 拌双丝 炒豌豆苗 丝瓜汤	燕麦片 20g，稻米（籼，标一）50g 豆腐丝 40g，去皮鸡肉 35g 豌豆苗 150g 丝瓜 50g 豆油 8g	燕麦片 20g，稻米（籼，标一）50g 豆腐丝 40g，去皮鸡肉 35g 豌豆苗 150g 丝瓜 60g 豆油 8g
加餐	酸奶 1 杯	酸奶（脱脂）100g	酸奶（脱脂）100g

糖尿病人往往食量较大，食谱设计时还应考虑食物的总体积，以增强饱腹感。尽量选择低能量、大体积、高膳食纤维的食材，使食物具有丰富的视觉感受和充分的体积，便于减轻饥饿感。

糖尿病是一个需要终身自我护理的疾病，既不能指望药到病除，也不能放任不管。饮食调理是糖尿病治疗控制的"五架马车"（饮食、运动、药物、血糖自我监测与糖尿病教育）当中最基本也是最重要的措施。

6. 制作营养餐与膳后管理

在诸多影响食物 GI 的因素中，食物的品种仅是一个方面而已，食物的加工、烹调方式也是特别重要的。可以通过合理制作食物来达到控制血糖的目的，它既方便，又非常实用。制备低 GI 食品的方法有以下几种方法。

（1）食物合理搭配　并非所有高 GI 的食物都要严格禁止。如果想吃高 GI 的食物，一定要搭配低 GI 的食物一起吃，这样就可以得到一个 GI 值不太高的膳食。如干豆类的 GI 值低，而大米的 GI 值高，可将两者混合制成绿豆饭、红豆饭。玉米面和黄豆面混合制成丝糕或窝窝头等，也可达到降低 GI 的目的。

主食与副食蔬菜、动物性食物搭配，采取混合膳食，比如蔬菜和馒头混合吃比单独的馒头要低得多。我国传统食品包子、饺子、馄饨、猪肉炖粉条的蛋白质、纤维都高，因此其 GI 值都低。混合膳食 GI 值依赖食物的种类和比例，一般膳食纤维、蛋白质含量高的食物 GI 值比较低。

增加主食中蛋白质的含量，也可使其 GI 值降低。如一般小麦面条 GI 为 81.6，强化蛋白质的意大利面条 GI 为 37，加鸡蛋的硬质小麦扁面条为 55。

（2）"粗"粮"粗"做　粮食的碾磨精度越高，其制品的 GI 值越高。以面包为例，白面包 GI 值为 70，但掺入 75%~80% 大麦粒的面包为 34，所以提倡用粗粉或带碎谷粒制成的面包代替精白面包。

还可以直接食用谷粒或豆类的天然形式，如煮大麦粒 GI 为 41，煮黄豆 GI 为 18。同理，用带豆皮制成的豆馅，比煮后过箩去皮的细豆沙馅 GI 值要低。

（3）多吃膳食纤维 魔芋含可溶性膳食纤维极高，家庭制备时可将魔芋粉掺入牛奶、豆浆、粥或馅中煮熟食用，也可以加入面粉制成面条、面包、蛋糕，方法简便易行。还可以用魔芋块、魔芋丝、雪魔芋制成各种菜肴。此外，还可以选用天然膳食纤维含量丰富的蔬菜，如芹菜、竹笋、木耳、香菇等。

（4）吃点醋或吃些醋拌菜 食物经发酵后产生酸性物质，可使整个膳食的 GI 值降低。在副食中加醋或柠檬汁，也可降低 GI 值，如做凉拌菜时加点醋，既好吃，还可减少维生素 C 的损失，这是一种简便易行的方法。

（5）食物烹调适度 食物的软硬、生熟、稀稠、颗粒大小对 GI 值都有影响。谷物不要煮太烂，更不要长时间高温煮和炖。因为加工时间越长，温度越高，水分越多，糊化就越好，GI 值就越高。

【在线测试】糖尿病人群营养食谱的设计

四、学生实训方法建议与效果评价

按要求设计糖尿病患者一日食谱并作膳食评价，并完成食谱的烹饪实训，输出合适的配餐报告。学生实训方法建议与效果评价参见模块二项目二任务二。

项目四

高尿酸血症和痛风病人营养食谱的设计

痛风是嘌呤代谢紊乱和（或）尿酸排泄减少所引起的一组疾病。在超重或肥胖型的中老年中发病率较高，男性多于女性。痛风被认为是富贵病、现代文明病，尤其是在蛋白质膳食为主的西方国家高尿酸血症很常见。

现代人的生活习惯是痛风的温床，临床研究数据表明，尿酸增高的危险因素有：不健康的生活习惯（如过度饮食、大量饮酒、生活压力大、熬夜等），高血压或心脏病患者长期服用利尿剂，有肾脏疾病，有家族遗传痛风史、从事剧烈的运动等因素。

除痛风本身外，痛风和高尿酸血症的并发症有高脂血症、糖尿病、高血压、尿路结石、肾脏损害、动脉硬化、心脏病和脑卒中等。

学习目标

知识目标

1. 能够叙述高尿酸血症和痛风的病因及营养需要特点。
2. 能够叙述高尿酸血症和痛风人群的食谱设计原则和食物选择原则。

■ 能力目标

1. 能够应用营养配餐软件辅助设计痛风急性发作期患者的营养食谱并进行膳食分析与评价。
2. 能够应用营养配餐软件辅助设计痛风缓解期患者的营养食谱并进行膳食分析与评价。
3. 能够制作营养餐并做膳后总结。

■ 素质与思政目标

1. 养成平等仁爱、爱岗敬业、精勤不倦的品格。立志以专业之所学，守护人类营养健康和美好生活。
2. 养成心理平衡、合理膳食、适量运动、戒烟限酒的好习惯。
3. 培养良好的沟通能力。

必备知识

一、高尿酸血症和痛风的诊断标准

1. 高尿酸血症的诊断标准

高尿酸血症是嘌呤代谢障碍引起的代谢性疾病，与痛风密切相关，并且是糖尿病、代谢综合征、血脂异常、慢性肾脏病和脑卒中等疾病发生的独立危险因素。其诊断标准为：通常饮食状态下，2次采集非同日的空腹血，以尿酸氧化酶法测定血尿酸值，男性高于420μmol/L者或女性高于360μmol/L者。

2. 痛风的分类

痛风是一种由单钠尿酸盐沉积所致的晶体相关性关节病，与嘌呤代谢紊乱及/或尿酸排泄减少所致的高尿酸血症直接相关，属代谢性疾病范畴。常表现为急性发作性关节炎、痛风石形成、痛风石性慢性关节炎、尿酸盐肾病和尿酸性尿路结石等，重者可出现关节残疾和肾功能不全。痛重者可出现关节破坏、肾功能受损，也常伴发代谢综合征的其他表现，如腹型肥胖、血脂异常、2型糖尿病及心血管疾病等。

按发病原因可分为原发性和继发性两种，原发性主要是核蛋白代谢中嘌呤代谢紊乱导致体内产生过多的尿酸，继发性是由于肾功能受损，尿酸排泄减少而引起的血中尿酸增高。

3. 痛风诊断标准

在临床实践中常以下列三项作为诊断依据：①典型急性关节炎发作，可自行中止而进入无症状间歇期，同时证实有高尿酸血症；②关节腔积液中或白细胞内发现有尿酸盐结晶；③痛风结节中有尿酸结晶发现。具有上述三项之一者即可确诊。

4. 膳食指导的目标

通过医学营养治疗，减少外源性嘌呤摄入，减轻血尿酸负荷，降低痛风发生的风险或减少痛风急性发作的次数；延缓相关并发症的发生与发展；促进并维持机体适宜的营养状态，预防及配合治疗相关疾病，改善临床结局。

二、痛风的临床症状

临床主要表现包括高尿酸血症、反复发作的急性单关节炎、关节滑液中的白细胞内含有尿酸钠晶体、痛风石（尿酸钠晶体的聚集物）主要沉积在关节内和关节周围，有时可导致畸形或残疾；影响肾小球、肾小管、肾间质组织和血管的痛风性肾实质病变以及尿路结石。以上表现可以不同的组合方式出现。

自然病程中经历四个阶段，即：无症状高尿酸血症、急性痛风性关节炎、间歇期、痛风石与慢性关节炎。

三、高尿酸血症和痛风病人的营养需要

1. 能量

以保持适宜体重为原则。膳食中高能量、高蛋白质、高嘌呤的摄入，可通过 ATP 的分解加速而促发高尿酸血症。

2. 碳水化合物

碳水化合物提供的能量占总能量的 50%~65%。宜选择低 GI 食物。鼓励全谷物食物占全日主食量的 30% 以上。全天膳食纤维摄入量达到 25~30g。果糖可诱发代谢异常，并引起胰岛素抵抗，具有潜在诱发尿酸水平升高的作用，应限制果糖含量较高的食品，如含糖饮料、鲜榨果汁、果葡糖浆、果脯蜜饯、蜂蜜等。

3. 蛋白质

蛋白质的膳食摄入量为 1g/(kg/d)，提供的能量占总能量的 10%~20%。食物来源推荐奶制品和蛋类。由于蛋白质在体内具有特殊作用，摄入过多蛋白质也可促使体内产生过多的内源性尿酸，因此蛋白质供给量应限制在每千克体重 1.0g，急性痛风发作时蛋白质可按每天每千克体重 0.8g 供给。以植物性蛋白为主，动物性蛋白可选用牛奶、奶酪、鸡蛋，因为它们既是优质蛋白质，能提供组织代谢不断更新的需要，又含嘌呤甚少，对痛风的人几乎不产生不良影响。但酸奶含乳酸较多，对痛风者不利，故不宜饮用。

4. 脂肪

脂肪提供的能量占全天总能量的 20%~30%。合并肥胖或代谢综合征者应严格限制每日脂肪摄入总量占全天总能量不超过 25%，且饱和脂肪酸占全天总能量不超过 10%。如合并血浆低密度脂蛋白胆固醇升高（≥2.59mmol/L）者，饱和脂肪酸摄入量应小于总能量的 7%。反式脂肪酸应小于全天总能量的 1%。亚油酸与 α-亚麻酸的每日摄入量应分别占全天总能量的 5%~8% 和 1%~2%。单不饱和脂肪酸每日摄入量应占总能量的 10%~15%。

5. 营养素的合理使用

不宜使用降低尿酸排泄的药物，其中包括与营养有关的烟酸、维生素 B_1、维生素 B_{12}。在营养与药物的相互关系上，用秋水仙碱、丙磺舒时，避免摄入大剂量的维生素 C。反之，用吲哚美辛、保泰松、萘普生抗炎药物时，因能降低血中维生素 C 的水平，故应保证食物中有充足的维生素 C。长期使用抑制尿酸生成的别嘌呤醇，必要时要补充铁。保泰松有水钠潴留的药理作用，饮食需要限制钠盐。

四、高尿酸血症和痛风人群食谱设计原则

嘌呤为有机化合物，是生物体内的一种重要碱基，由嘧啶环与咪唑环并合而成。嘌呤

在人体内氧化成尿酸，人体内的尿酸可来源于含嘌呤高的食物，这部分约占20%；另一部分由体内氨基酸、核苷酸及其他小分子化合物合成和核酸分解代谢产生，约占80%。尽管高尿酸血症主要由内源性代谢紊乱所致，但是高嘌呤饮食可使血尿酸浓度升高，甚至诱发痛风性关节炎的急性发作，因此控制膳食中嘌呤的摄入可以在一定程度上控制血尿酸水平，降低高尿酸血症患者血尿酸浓度，减小痛风患者急性发作的风险。

生活改善和药物治疗是痛风治疗及预防并发症的两大途径。高尿酸血症和痛风的膳食管理原则是减少外源性和内源性的尿酸生成，促进体内尿酸排泄。限制膳食不仅可限制外源性嘌呤的摄入，而且可减少内源性嘌呤的生成，从而使血尿酸下降，对痛风的各个阶段、各种病变均有辅助防治作用。

1. 降低嘌呤摄入量

一般人日常膳食摄入嘌呤为600~1000mg。痛风患者在急性发作期，一天嘌呤摄入量应控制在150mg以内，这对于尽快终止急性痛风性关节炎发作，加强药物疗效均是有利的。缓解期可适当放开，但高嘌呤膳食也应避免，生活中还应注意控制能量的摄入，保持健康体重，减少盐及胆固醇的摄入，保持均衡营养，合理运动等，以预防并发症。采用限制嘌呤膳食，一般仅能降低血清尿酸0.5~1.5mg/dL。

合理的烹饪方法可以减少食物中嘌呤的含量。由于嘌呤易溶于汤中，肉类可先煮沸，弃汤后再行烹调。还有，干黄豆的嘌呤含量很高，但加工后的水豆腐，每100g仅含嘌呤68mg，属于中等嘌呤的食物。有研究观察到，痛风患者摄入豆腐后，血尿酸仅有轻微升高，但同时尿酸清除率及排泄有所增加。

尿酸过高的人，较正常人更容易患高血压。为预防并发高血压，膳食要清淡少盐。

2. 减少脂肪摄入，保持理想体重

脂肪有阻碍肾脏排泄尿酸的作用，故应限制摄入。加之痛风病人常常合并有高血压、动脉硬化、脂肪肝、胆结石等，也需要低脂肪膳食。脂肪供能比<25%，全日脂肪（包括食物内的脂肪和烹调油）在50g以内。应避免食用肥肉、肥禽，烹调时应少用油。

肥胖会抑制尿酸的排泄，从而导致尿酸升高。肥胖的痛风患者，在缓慢稳定降低体重后，不仅血尿酸水平下降，尿酸清除率也会升高，并可减少痛风的急性发作。但应避免激进的减肥法，因为能量摄入减少过多，人体因过度饥饿易造成体内酮体升高，酮体与尿酸竞争排出，酮体增多使尿酸的排出减少，这能促进痛风的急性发作，因此减体重得循序渐进，每月减1~2kg为宜。合理安排饮食，减少能量摄入，把体重保持在标准体重范围内，这是降低尿酸的根本。

3. 足量饮水，避免饮酒

充足的水分有利尿酸的排出，预防尿酸肾结石，延缓肾脏进行性损害，每日应饮水2000mL以上，8~10杯，伴肾结石者最好能达到3000mL，以普通开水、淡茶水、矿泉水、菜汁等为宜。浓茶水、咖啡、可可等饮料有兴奋神经的作用，可能会引起痛风发作，故应避免。为了防止夜尿浓缩，睡前或夜间也应补充水分。

酒精可促进体内尿酸生成，同时酒精代谢使血液中乳酸和酮体浓度升高，使肾排泄尿酸降低。酗酒和饥饿同时存在，常是痛风急性发作的诱因。有时一次过量饮酒，特别是同时伴高嘌呤、高脂肪的盛宴，可引起急性痛风发作。啤酒本身含大量嘌呤，如果再吃许多高嘌呤的食物，就可使血尿酸浓度增高。因此痛风患者若饮酒，必严格限量，少量喝，千万别豪饮。

4. 多吃蔬菜、水果和薯类

含有较多的钾、钙、镁等元素的食物，如各种蔬菜、水果、鲜果汁、马铃薯、甘薯、海藻、紫菜、海带等，属于碱性食物。增加碱性食物的摄入量，使尿液的 pH 升高，有利于尿酸盐的溶解而排出体外。蔬菜和水果中还含有丰富的维生素，特别是维生素 C，能促进组织内尿酸盐的溶解。西瓜与冬瓜不仅是碱性食物，还有利尿作用，多食用有利尿酸盐的排出。

5. 其他

养成运动的习惯，降低尿酸。激烈的运动会引起尿酸升高，但是坚持适度的有氧运动，能够有效地改变肥胖状态，将尿酸值控制在正常范围内。一般不主张痛风患者参加剧烈运动或长时间体力劳动，如打球、跑步、爬山、长途步行、旅游等。但可以选择一些适度的运动，如散步、快步走、做健身操、游泳（不推荐竞赛游泳）等。

压力也是痛风发作的导火索。过大的压力，会使嘌呤的代谢更加活跃，导致尿酸值上升。因此，要乐观地对待压力，注意劳逸结合，身心放松，快乐生活。

建立良好的饮食习惯。暴饮暴食常是痛风急性发作的诱因。要规律进餐，少食多餐。不要暴饮暴食或一餐中进食大量肉类。少用刺激性调味料。水产品、肉类及高嘌呤植物性食物煮后弃汤可减少嘌呤量。要建立良好的生活习惯，规律的生活可以控制尿酸。

五、食物的选择

限制嘌呤的摄入量是高尿酸血症和痛风患者膳食重点要考虑的内容。限制嘌呤含量高的食物的摄入，应根据患者的病情轻重、所处病期、合并症和降尿酸的药物应用情况分别对待。

1. 按食物嘌呤含量将食物分类

（1）低嘌呤食物（含嘌呤较少，每 100g 含量<50mg）

①谷薯类：大米、米粉、小米、糯米、大麦、小麦、荞麦、富强粉、面粉、通心粉、挂面、面条、面包、馒头、麦片、白薯、马铃薯和芋头等。

②蔬菜类：白菜、卷心菜、芥菜、芹菜、青菜叶、空心菜、芥蓝菜、茼蒿菜、韭菜、黄瓜、苦瓜、冬瓜、南瓜、丝瓜、西葫芦、菜花、茄子、豆芽菜、青椒、萝卜、胡萝卜、洋葱、番茄、莴苣、泡菜、咸菜、葱、姜、蒜头和荸荠等。

③水果类：橙、橘子、苹果、梨、桃、西瓜、哈密瓜、香蕉、苹果汁、果冻、果干和果酱等。

④乳、蛋类：鸡蛋、鸭蛋、皮蛋、牛奶、奶粉、起司、酸奶和炼乳等。

⑤坚果、种子及其他：瓜子、杏仁、粟子、莲子、核桃、香榧（熟，干）、鲍鱼果（熟）、碧根果（熟）、夏威夷果（熟）、猪血、牛蹄肉筋、银鱼、干海参（发后）、干鲍鱼（发后）、海蜇皮、燕窝、鲜海参、茶树菇（鲜）、白灵菇（鲜）、榛蘑（鲜）、香菇（鲜）、木耳（发后）、鸡腿菇（鲜）等。

（2）中高嘌呤食物（含嘌呤较高，每 100g 含量 50~150mg 嘌呤）

①豆类和谷类：黑米、燕麦、南豆腐、北豆腐、纳豆、豆腐渣、内酯豆腐、豆制品、生豆浆（20%，无糖）、白芸豆、花芸豆。

②肉类：猪肉、牛肉、小牛肉、羊肉、鸡肉、兔肉、鸭肉、鹅、鸽、牛蛙腿肉、梅花鹿肉（熟）、烧鸭、烧鹅等。

③水产类：草鱼、河鲈鱼、鳝鱼、鲤鱼、鳗鱼、鳕鱼、鲑鱼、沙丁鱼、比目鱼、鱼丸、螃蟹、海螺等。

④其他：豌豆、西蓝花、银耳（干）、杏鲍菇（鲜）、黄蘑（鲜）、口蘑（鲜）、金针菇（鲜）、白玉菇（鲜）、猴头菇（鲜，熟）、野生榛子（熟）、松子（熟）、开心果（熟）、腰果（熟）、花生（熟）、白芝麻（熟）、南瓜子（熟）等。

（3）高嘌呤食物（每100g含量达150~1000mg）

①豆类：黄豆、黑豆、豆粉、腐竹、豆皮、绿豆、红小豆、蚕豆、微豆等。

②动物内脏类：猪肝、牛肝、牛肾、猪小肠、脑、胰脏、猪肥肠、猪心、鸡胗等。

③某些鱼类：鲅鱼、凤尾鱼、泥鳅鱼、鳕鱼（烤）、鱼肝、白带鱼、白鲇鱼、沙丁鱼、鲢鱼、鲱鱼、小鱼干、虾、贝类等。

④肉汁：浓肉汁、浓鸡汤及肉汤、火锅汤、酵母粉等。

食物的嘌呤含量见表5-67~表5-69。

表5-67　含嘌呤较少的食物　　　　　　　　　　单位：mg/100g 可食部

食物名称	含量	食物名称	含量	食物名称	含量
鸡蛋（1个）	0.4	葡萄干	5.4	青菜叶	14.4
石榴	0.8	马铃薯	5.6	豆芽菜	14.6
梨	0.9	红枣	6.0	黄瓜	14.6
苹果	0.9	小米	6.1	奶粉	15.7
葡萄	0.9	皮蛋黄	6.6	面粉	17.1
西瓜	1.1	葫芦	7.2	空心菜	17.5
香蕉	1.2	萝卜	7.5	糯米	17.7
枇杷	1.3	胡萝卜	8.0	白米	18.1
桃子	1.3	黑枣	8.3	芥蓝菜	18.5
牛奶	1.4	龙眼干	8.6	面条	19.8
桃子	1.4	盐酸菜	8.6	菜花	20.0
橙子	1.9	青椒	8.7	芫荽	20.2
皮蛋白	2.0	苋菜	8.7	糙米	22.4
橘子	2.2	木耳	8.8	菠菜	23.0
白薯	2.4	海蜇皮	9.3	麦片	24.4
荸荠	2.6	玉米	9.4	雪里蕻	24.4
鸡蛋黄	2.6	高粱	9.7	瓜子	24.5
冬瓜	2.8	芋头	10.1	酱油	25.0
蜂蜜	3.2	榨菜	10.2	韭菜	25.0
鸭蛋黄	3.2	芹菜	10.3	四季豆	27.7

续表

食物名称	含量	食物名称	含量	食物名称	含量
柠檬	3.4	米粉	11.1	蘑菇	28.4
鸭蛋白	3.4	苦瓜	11.3	菜豆	29.7
洋葱	3.5	丝瓜	11.4	猪皮	29.8
鸡蛋清	3.7	猪血	11.8	杏仁	31.7
哈密瓜	4.0	小麦	12.1	枸杞	31.7
海参	4.2	包菜	12.4	花生	32.4
番茄	4.3	芥菜	12.4	栗子	34.6
葱	4.5	白菜	12.6	莲子	40.9
姜	5.3	茄子	14.3	海藻	44.5

表 5-68　含嘌呤较高的食物　　　　　　　　　　　　单位：mg/100g 可食部

食物名称	含量	食物名称	含量	食物名称	含量
赤小豆	53.2	乌贼	87.9	鲤鱼	137.1
米糠	54.0	白芝麻	89.5	黑豆	137.4
黑芝麻	57.0	鳝鱼	92.8	鸡胸肉	137.4
花豆	57.0	银耳	98.9	虾	137.7
鱼丸	63.2	兔肉	107.6	鸡肫	138.4
豆干	66.6	羊肉	111.5	猪肺	138.7
绿豆	75.1	鳗鱼	113.1	草鱼	140.2
豌豆	75.7	鸭肠	121.0	黑鲳鱼	140.6
牛肚	79.0	瘦猪肉	122.5	鸭心	146.9
腰果	80.5	鸡心	125.0		
螃蟹	81.6	猪肚	132.4		
牛肉	83.7	猪肾	132.6		

表 5-69　高嘌呤含量的食物表　　　　　　　　　　　单位：mg/100g 可食部

食物名称	含量	食物名称	含量	食物名称	含量
黄豆	166.5	肝	233.0	沙丁鱼	295.0
鲨鱼	166.8	白鲳鱼	238.1	凤尾鱼	363.0
浓肉汁	160~400	牡蛎	239.0	酵母粉	589.1
鲢鱼	202.4	猪大肠/小肠	262.2	胰脏	825.0
香菇	214.5	白带鱼	291.6	小鱼干	1638.9

以嘌呤含量作为食物选择的唯一依据有其局限性。

2. 食物的选择

（1）总体原则　应基于个体化原则，建立合理的饮食习惯及良好的生活方式，限制高嘌呤动物性食物（常见食物嘌呤含量详见表5-67至表5-69），控制能量及营养素供能比例，保持健康体重，配合规律降尿酸药物治疗，并定期监测随诊。

（2）建议避免的食物　应避免食用肝脏和肾脏等动物内脏、贝类、牡蛎和龙虾等带甲壳的水产品及浓肉汤和肉汁等。对于急性痛风发作、药物控制不佳或慢性痛风石性关节炎的患者，还应禁用含酒精饮料。

（3）建议限制食用的食物　①高嘌呤含量的动物性食品，如牛肉、羊肉、猪肉等。②鱼类食品。③含较多果糖和蔗糖的食品。④各种含酒精饮料，尤其是啤酒和蒸馏酒（白酒）。总体饮酒量男性不宜超过2个酒精单位/日，女性不宜超过1个酒精单位/日（1个酒精单位约合14g纯酒精）。1个酒精单位相当于ABV12%的红葡萄酒145mL、ABV3.5%的啤酒497mL或ABV40%的蒸馏酒43mL。

（4）建议选择的食物　①脱脂或低脂乳类及其制品，每日300mL。②蛋类，鸡蛋每日1个。③足量的新鲜蔬菜，每日应达到500g或更多。④鼓励摄入低GI的谷类食物。⑤充足饮水（包括茶水和咖啡等），每日至少2000mL。

（5）急性发作期食物选择　在急性发作期，宜选用第一类含嘌呤少的食物，以牛奶及其制品、蛋类、蔬菜、水果、低GI的谷类食物为主，并大量饮水，禁食一切肉类及含嘌呤高的食物。

（6）痛风缓解期食物选择　在缓解期，可增选含嘌呤中等量的第二类食物，但应适量，如肉类消费每日不超过100g，尤其不要在一餐中进食肉类过多。

而含嘌呤高的第三类食物，如浓肉汤、动物内脏、沙丁鱼等，不论在急性期或缓解期，均应避免。

课堂讨论

痛风为何青睐"天选之子"？

帝王好痛风，痛风有"帝王病"之称。你知道吗，在历史上，这是一种被称为"帝王病""富贵病"的疾病，甚至患上痛风被认为是很荣耀的事情。放眼西方，无论是帝王将相，还是科学文化名流，很多都遭受过这种疾病的痛苦。像马其顿亚历山大大帝、圣罗马皇帝查尔斯五世和其子西班牙菲利普二世、腓特烈大帝以及英国和法国皇家历史中多位帝王均未逃过痛风的"魔爪"。文化名人歌德、莫泊桑、牛顿、达尔文、伽利略、达·芬奇、米开朗琪罗、马丁.路德、本杰明·富兰克林等都曾经为痛风所苦。中国历史上的唐太宗时期的太子少师李纲、"初唐四杰"之一的卢照邻、中唐的著名诗人白居易和文学家刘禹锡、清代书画家高凤翰等也深受"风痹症"引起的"足疾"折磨，卢照邻更是因为风痹症所困，辞官归隐山中，受尽痛风的折磨。

> 而现如今,痛风已悄然走入寻常百姓家,《2021中国高尿酸及痛风趋势白皮书》显示,我国高尿酸血症的总体患病率为13.3%,患病人群约1.77亿,痛风总体发病率为1.1%,患病人数约为1466万。而且我国高尿酸血症及有痛风的症状的患者中有近六成人群是18~35岁的年轻人。
>
> 思考:
> 1. 请谈谈痛风为什么在古代被称为"帝王病"?
> 2. 你认为痛风与饮食习惯有何关联?你能举例说明哪些食物会增加痛风的发病风险吗?

项目实施

任务一　设计痛风急性期患者的食谱

【案例】李先生,55岁,痛风急性期患者,超重。请为其设计营养食谱。

一、任务分析

李先生痛风在急性发作期,宜选用第一类含嘌呤少的食物,一天嘌呤摄入量应控制在150mg以内,以牛奶及其制品、蛋类为优质蛋白质的主要来源,蔬菜500g以上、水果200g、主食选用细粮为主,全天饮水2000~3000mL,禁食一切肉类及含嘌呤高的食物。而含嘌呤高的第三类食物,如浓肉汤、动物内脏、沙丁鱼等,不论在急性期或缓解期,均应避免。

二、任务要求

(1) 选择的食物及食物配比要合理,符合痛风急性期患者的营养需要。
(2) 食谱所列菜肴便于加工。加工方法符合痛风急性期患者的生理特点。
(3) 菜点颜色、造型美观,符合配餐对象的要求。

三、痛风急性期患者营养食谱的设计方法与步骤

1. 确定能量和营养素目标

总能量的摄入,以保持健康体重为宜,通常每日每千克理想体重给予能量不超过25~30kcal,蛋白质的供能比为10%~15%,脂肪的供能比低于25%,全日脂肪(包括食物中的脂肪及烹调油)在50g以内,碳水化合物的供能比为50%~65%。根据DRIs确定矿物质和维生素的目标量。

2. 编制营养食谱

以下按总能量1800kcal/d设计食谱。痛风急性发病期病人食谱示例见表5-70。

表 5-70　痛风急性发病期病人食谱示例

食用时间	食物名称	食物原料与定量（食部）	食物原料与定量（市品）
早餐	牛奶 馒头 翠玉丝 水煮花生	纯牛奶（脱脂）250g 富强粉 60g 洋葱 50g，青椒 50g，香油 3g 花生仁 10g	纯牛奶（脱脂）250g 富强粉 60g 洋葱 56g，青椒 61g，香油 3g 花生仁 10g
早点	橙	橙 200g	橙 270g
午餐	米饭 炒红薯叶 蛋炒番茄 豆腐萝卜汤	稻米（粳，标一）110g 红薯叶 100g 鸡蛋 30g，番茄 50g 豆腐（南）60g，白萝卜 50g 茶油 8g	稻米（粳，标一）110g 红薯叶 100g 鸡蛋 35g，番茄 52g 豆腐（南）60g，白萝卜 53g 茶油 8g
午点	牛奶	纯牛奶（脱脂）250g	纯牛奶（脱脂）250g
晚餐	小米粥 蛋炒胡萝卜 拌芥蓝	小米 100g 鸭蛋 50g，胡萝卜 50g，双孢蘑菇 50g， 花生油 8g 芥蓝 100g，香油 3g	小米 100g 鸭蛋 58g，胡萝卜 52g，双孢蘑菇 52g， 花生油 8g 芥蓝 102g，香油 3g
全天：盐 3g，酱油 9g 及其他调料适量			

3. 食谱评价

食谱能量及营养素含量计算结果分析见表 5-71，宏量营养素供能比例分析见表 5-72，三餐能量分配分析见表 5-73。

【电子活页】痛风急性发病期人群营养食谱能量与营养素含量计算表

表 5-71　痛风急性发病期人群营养食谱能量及营养素分析

餐次	能量/ kcal	蛋白质/ g	脂肪/ g	维生素 A/ μgRAE	维生素 B$_1$/ mg	维生素 B$_2$/ mg	维生素 C/ mg	钙/ mg	铁/ mg	锌/ mg
供给量	1781	69.5	46.1	730	1.35	2.02	193.2	1164	16.8	11.68
RNI 或 AI	1800	65	40~50	750	1.4	1.4	100	800	12	12
比值/%	99	107	97	97	97	145	193	146	140	97

表 5-72　痛风急性发病期人群营养食谱宏量营养素供能比例分析

项目	蛋白质	脂肪	碳水化合物
占全日能量比例/%	16	23	60
推荐值/%	10~15	20~25	50~65

表 5-73　痛风急性发病期人群三餐能量分配分析

项目	早餐	午餐	晚餐
占全日能量比例/%	28	38	34
推荐值/%	25~30	30~40	30~40

该食谱选用第一类含嘌呤少的食物，以低嘌呤含量的牛奶、蛋类、豆腐（南）为优质蛋白质的主要来源，主食选用低嘌呤含量的细粮及小米，水果、蔬菜供应充足。该食谱供应的能量合适，宏量营养素供能比适宜，三餐能量分配合理，并有效控制每日钠盐的摄入，同时提供丰富的钙、钾、铁、锌、维生素 A、维生素 C、B 族维生素等。嘌呤含量较低，可以满足低嘌呤膳食要求。

4. 制作营养餐与膳后管理

参见模块二项目一任务二大学生营养食谱的内容。

四、学生实训方法建议与效果评价

按要求设计痛风急性期患者一日食谱并作膳食评价，并完成食谱的烹饪实训，输出合适的配餐报告。学生实训方法建议和效果评价参见模块二项目二任务二。

任务二　设计痛风缓解期患者的食谱

【案例】张先生，45 岁，身高 185cm，体重 96kg，痛风缓解期患者。请为其设计营养食谱。

一、任务分析

张先生痛风在缓解期，可以不限量选用第一类含嘌呤少的食物，并可适量选用含嘌呤中等量的第二类食物，如肉类消费每日不超过 100g，但是含嘌呤高的第三类食物应避免。要注意不要在一餐中进食肉类过多，全天饮水 2000~3000mL。而含嘌呤高的第三类食物，如浓肉汤、动物内脏、沙丁鱼等，不论在急性期或缓解期，均应避免。

肥胖会抑制尿酸的排泄，张先生 BMI≥28，体型属于肥胖，应主动减肥，但应避免激进的减肥法，减体重得循序渐进，每月减 1~2kg 为宜。张先生要合理安排饮食，减少能量摄入，把体重保持在标准体重范围内，这是降低尿酸的根本。

二、任务要求

（1）选择的食物及食物配比要合理，符合痛风缓解期患者的营养需要。

（2）食谱所列菜肴便于加工，加工方法符合痛风缓解期患者的生理特点。

（3）菜点颜色、造型美观，符合配餐对象的要求。

三、痛风缓解期患者营养食谱设计方法与步骤

1. 确定能量和营养素目标

张先生肥胖，应控制总能量的摄入，以达到减肥的效果，通常每日每千克理想体重给予能量控制在 20~25kcal，蛋白质的供能比为 10%~15%，脂肪的供能比低于 25%，碳水化合物的供能比为 50%~65%。根据 DRIs 确定矿物质和维生素的目标量。

2. 编制营养食谱

以下按总能量 1900kcal/d 设计食谱。痛风缓解期患者食谱示例见表 5-74。

表 5-74 痛风缓解期患者食谱示例

食用时间	食物名称	食物原料与定量（食部）	食物原料与定量（市品）
早餐	黑米粥	黑米 75g，黑豆 5g，黑芝麻 5g 核桃仁 5g	黑米 75g，黑豆 5g，黑芝麻 5g 核桃仁 5g
	水煮蛋	鸡蛋 50g	鸡蛋 57g
	蒜蓉油菜	油菜 100g，香油 3g	油菜 115g，香油 3g
早点	香蕉	香蕉 100g	香蕉 170g
午餐	米饭	稻米（粳，标一）90g	稻米（粳，标一）90g
	家常豆腐	豆腐（南）50g，菜籽油 5g	豆腐（南）50g，菜籽油 5g
	炝马铃薯丝	马铃薯 100g，青椒 100g，香油 5g	马铃薯 106g，青椒 122g，香油 5g
	鱼丸萝卜汤	草鱼肉 30g，白萝卜 100g	草鱼 52g，白萝卜 105g
午点	牛奶	纯牛奶（脱脂）100g	纯牛奶（脱脂）100g
	苹果	苹果 200g	苹果 264g
晚餐	南瓜小米粥	南瓜 100g，小米 60g	南瓜 118g，小米 60g
	面包	面包 50g	面包 50g
	肉末盖菜	猪肉（瘦）30g，盖菜 150g，茶油 8g	猪肉（瘦）30g，盖菜 211g，茶油 8g
	牛奶	纯牛奶（脱脂）200g	纯牛奶（脱脂）200g
		全天用盐不超过 5g	

3. 食谱评价

痛风缓解期人群营养食谱能量及营养素分析见表 5-75，痛风缓解期人群营养食谱宏量营养素供能比例分析见表 5-76，痛风缓解期人群三餐能量分配分析见表 5-77。

【电子活页】痛风缓解期人群营养食谱能量与营养素含量计算表

表 5-75 痛风缓解期人群营养食谱能量及营养素分析

餐次	能量/kcal	蛋白质/g	脂肪/g	总维生素A/μgRAE	维生素B$_1$/mg	维生素B$_2$/mg	维生素C/mg	钙/mg	铁/mg	锌/mg
供给量	1904	71.1	47.2	663	1.35	1.51	241.6	1230	26.4	12.17
RNI 或 AI	1900	65	42~53	770	1.4	1.4	100	800	12	12
比值/%	100	109	94	86	97	108	242	154	220	101

表 5-76 痛风缓解期人群营养食谱宏量营养素供能比例分析

项目	蛋白质	脂肪	碳水化合物
占全日能量比例/%	15	22	63
推荐值/%	10~15	20~25	50~65

表 5-77 痛风缓解期人群三餐能量分配分析

项目	早餐	午餐	晚餐
占全日能量比例/%	29	39	32
推荐值/%	25~30	30~40	30~40

该食谱选用第一类低嘌呤含量的牛奶、蛋类、豆腐（南）为优质蛋白质的主要来源，还少量选用第二类中高嘌呤食物的鱼丸、猪肉（瘦）、黑豆为优质蛋白质的补充，主食选用低嘌呤含量的小米、稻米、黑米、马铃薯，水果、蔬菜供应充足。该食谱供应的能量合适，宏量营养素供能比适宜，三餐能量分配合理，并有效控制每日钠盐的摄入，同时提供丰富的钙、钾、铁、维生素C、B族维生素。维生素A供应量偏低，在第二天或更换新食谱时应注意增加含维生素A丰富的食物。该食谱嘌呤含量较低，可以满足低嘌呤膳食要求。

4. 制作营养餐与膳后管理

内容参见模块二项目一任务二膳食宝塔法编制大学生营养食谱。

四、学生实训方法建议与效果评价

按要求设计痛风缓解期患者一日食谱并作膳食评价，并完成食谱的烹饪实训，输出合适的配餐报告。学生实训方法建议与效果评价参见模块二项目二任务二。

【在线测试】高尿酸血症和痛风人群营养食谱的设计

巩固训练

【实训任务】

1. 案例描述：王女士，32岁，办公室工作，身高165cm，体重78kg，活动后气喘，无其他疾病，医生建议饮食减重治疗。请为其设计减重营养干预方案。

2. 案例描述：张先生，45岁，身高172cm，体重70kg，自由职业者，轻体力活动。他高血压病史5年，服用降压药4年，尚未发现明显的并发症。平时在家喜欢喝点小酒，每次100g左右。每周有1次外出应酬，喝白酒300g左右，自称控制力极好，没喝醉过。18岁开始抽烟，前几年戒烟几次，没成功，现每天约抽1包烟。不爱吃甜食，不喝甜饮料；喜欢喝茶，每天都喝，红茶、绿茶、铁观音都喜欢；还有，张先生虾过敏，不喜欢吃鱼虾，吃虾会过敏，鱼有鱼刺，嫌麻烦，腥味重。

请根据上述案例，完成以下任务：

（1）分析该患者的生活方式是否合理。如果不合理，请分析存在的问题。

（2）请向该患者介绍高血压人群进行治疗性生活方式干预的要点和日常饮食的食物选择原则。

（3）请确定该患者的能量和营养素目标，并为其设计一日营养食谱。

3. 案例描述：李某，男，56岁，身高175cm，体重85kg，轻体力活动。患糖尿病2年，空腹血糖为7.8mmol/L，未出现明显并发症。回顾一日各食物的摄入量：稻米400g，瘦肉350g，蔬菜300g，红薯100g，烹调油50g。

请根据上述案例，完成以下任务：

（1）分析该患者的饮食结构是否合理。如果不合理，分析其存在的问题。

（2）请为该患者提供必要的膳食指导，特别是利用GI安排膳食应掌握的原则。

（3）请确定该患者的能量和营养素目标，并为其设计一日营养食谱。

4. 案例描述：王先生，35岁，身高174cm，体重90kg，饮食不规律，经常漏餐，喜欢喝酒，平均每日2瓶啤酒。10天前，一次饮酒1斤并食用大量海鲜后，感觉下肢疼痛，拇趾关节疼痛最剧，难以行走，查体发现关节红肿、触痛。化验检查结果中血尿酸含量为874mmol/L。诊断为痛风症（急性发作期），要求在药物治疗的基础上为其制订饮食方案。

请根据上述案例，完成以下任务：

（1）分析该患者的生活方式否合理。如果不合理，分析其存在的问题。

（2）请向该患者介绍痛风人群的食谱设计原则和痛风急性发作期的食物选择原则。

（3）请确定该患者的能量和营养素目标，并为其设计一日营养食谱。

【问答题】

1. 高血压患者钠的合适摄入量是多少？减少膳食钠摄入的措施有哪些？
2. 简述膳食、营养因素和心血管疾病的关系。
3. 针对高血压人群的食谱设计原则是什么？
4. 针对高血脂、动脉粥样硬化及冠心病患者的食谱设计原则是什么？
5. 请各位同学分组开展一项调查，探究高血压患者普遍存在的饮食误区有哪些？
6. 请各位同学分组开展一项调查，探究糖尿病患者普遍存在的饮食误区有哪些？
7. 简述改善高血压患者钾营养状况的饮食建议，并设计五道富含钾的营养菜点。
8. 日常饮食如何摄入充足的膳食纤维？请设计五道富含膳食纤维的营养菜点。

【案例分析】

医学博士、著名长寿学家、世界卫生组织循环器官疾病专业委员、日本京都大学教授家森幸男在1988年组团对我国同是丝绸之路上的新疆阿勒泰人和吐鲁番人进行调查研究，调查结果如下。

阿勒泰人：

阿勒泰地区主要是哈萨克族，过着游牧生活，体力消耗大，他们的主食是羊肉，以及羊奶做成的奶油和奶酪。不仅如此，大麦粉做成的面包用羊油煎过再吃。草原生活的一个特征是游牧，经常要搬迁，不可能种植蔬菜和水果。此外，当地民众似乎自古就有"蔬菜是草，是动物的食物，不是人吃的东西"的观念，蔬菜水果的摄入量极低。他们喜欢喝加盐的酥油茶，做菜喜欢用羊油烹饪。

吐鲁番人：

吐鲁番人日常喝的是"坎儿井"里的水，这里栽培大量且品种多样的水果和蔬菜，夏季高温，当地盛产哈密瓜与西瓜等甜美水果，当地人把这些水果放在地下储藏室里过冬，来年再食用；葡萄在秋季收成后，除了鲜食，葡萄还被吊在当地通风良好的小砖屋里整颗风干，就能制成美味的葡萄干，常年可食用。当地的主食是名为"朴劳"的手抓饭，做法是，将烤过去油的羊肉、洋葱、胡萝卜与少量的米放入锅中熬煮约1小时，再用少量的盐调味即可食用。吐鲁番人喜欢把葡萄干与梅子干混合起来，搭配清淡的香料与石榴醋等作为调料，再把这些调料撒在肉串上，美味无比。吐鲁番人生活悠哉，时常一大家子人一同用餐。

请分析：这两种不同的生活方式分别对阿勒泰人和吐鲁番人的健康造成怎样的影响？为什么？请用营养学的观点作详细的论述。

附　录

常见食物一般营养成分表

常见食物一般营养成分表

参 考 文 献

[1] 中国营养学会. 中国居民膳食营养素参考摄入量(2023版)[M]. 北京:人民卫生出版社,2023.

[2] 中国营养学会. 中国居民膳食指南(2022)[M]. 北京:人民卫生出版社,2022.

[3] 杨月欣. 中国食物成分表标准版(第6版 第一册)[M]. 北京:北京大学医学出版社,2018.

[4] 杨月欣. 中国食物成分表标准版(第6版 第二册)[M]. 北京:北京大学医学出版社,2019.

[5] 杨月欣. 中国食物成分表2004(第二册)[M]. 北京:北京大学医学出版社,2005.

[6] 杨月欣,葛可佑. 中国营养科学全书[M]. 北京:人民卫生出版社,2019.

[7] 中国高血压防治指南修订委员会,高血压联盟(中国),中国医疗保健国际交流促进会高血压病学分会,等. 中国高血压防治指南(2024年修订版)[J]. 中华高血压杂志(中英文),2024,32(7):603-700.

[8] 中华医学会糖尿病学分会. 中国糖尿病防治指南(2024版)[J]. 中华糖尿病杂志,2025,17(1):16-139. DOI:10.3760/cma.j.cn115791-20241203-00705.

[9] 王增武,刘静,李建军,等. 中国血脂管理指南(2023年)[J]. 中国循环杂志,2023,38(3):237-271.

[10] 中国医疗保健国际交流促进会营养与代谢管理分会,中国营养学会临床营养分会,中华医学会糖尿病学分会,等. 中国糖尿病医学营养治疗指南(2022版)[J]. 中华糖尿病杂志,2022,14(9):881-933.

[11] 中国营养学会肥胖防控分会,中国营养学会临床营养分会,中华预防医学会行为健康分会,等. 中国居民肥胖防治专家共识[J]. 中国预防医学杂志,2022,23(5):321-339.

[12] 孙铭遥,陈伟.《中国超重/肥胖医学营养治疗指南(2021)》解读[J]. 协和医学杂志,2022,13(2):255-262.

[13] 中国医疗保健国际交流促进会营养与代谢管理分会,中国营养学会临床营养分会,中华医学会糖尿病学分会,等. 中国超重/肥胖医学营养治疗指南(2021)[J]. 中国医学前沿杂志(电子版),2021,13(11):1-55.

[14] 诸骏仁,高润霖,赵水平,等. 中国成人血脂异常防治指南(2016年修订版)[J]. 中国循环杂志,2016,31(10):937-953.

[15] 赵水平,孙艺红. 高血压患者降胆固醇治疗一级预防中国专家共识[J]. 中华心血管病杂志,2016,44(8):661-664.

[16] 孙建琴,张坚,常翠青,等. 肌肉衰减综合征营养与运动干预中国专家共识(节录)[J]. 营养学报,2015,37(4):320-324.

[17] 国家卫生计生委疾病预防控制局. 中国居民营养与慢性病状况报告(2015)[M].

北京:人民卫生出版社,2015(11):33-50.

[18] 中国康复医学会心血管病专业委员会,中国营养学会临床营养分会,中华预防医学会慢性病预防与控制分会,等.心血管疾病营养处方专家共识[J].中华内科杂志.2014,53(2):151-158.

[19] 痛风治疗发展史带你揭开"帝王病"的前世传奇,中西医结合风湿病学术会议暨全国中西医结合诊治风湿病新进展学习班讲义、论文及新进展汇编[C]贵州:2019年贵州省中医:234-236.

[20] 中华人民共和国国家卫生和计划生育委员会.高尿酸血症与痛风患者膳食指导(WS/T 560—2017).

[21] 中国营养学会妇幼营养分会.千日营养 起航健康:母婴膳食搭配手册[M].北京:人民卫生出版社,2017.

[22] 中国营养学会.食物与健康:科学证据共识[M].北京:人民卫生出版社,2015.

[23] 黄丽卿.营养配餐[M].北京:中国轻工业出版社,2023.

[24] 王其梅.营养配餐与设计(第三版)[M].北京:中国轻工业出版社,2020.

[25] 孙长颢.营养与食品卫生学(第8版)[M].北京:人民卫生出版社,2017.

[26] 苏宜香.儿童营养及相关疾病[M].北京:人民卫生出版社,2016.

[27] 周俭.中医营养学[M].北京:中国中医药出版社,2012.

[28] 范志红.食物营养与配餐[M].北京:中国农业大学出版社,2010.

[29] 顾景范,杜寿玢,郭长江.现代临床营养学[M].北京:科学出版社,2009.

[30] 杨月欣.公共营养师(国家职业资格一级)[M].北京:中国劳动社会保障出版社,2012.

[31] 杨月欣.公共营养师(国家职业资格二级)[M].北京:中国劳动社会保障出版社,2021.

[32] 杨月欣.公共营养师(国家职业资格三级)[M].北京:中国劳动社会保障出版社,2021.

[33] 杨月欣.公共营养师(国家职业资格四级)[M].北京:中国劳动社会保障出版社,2021.

[34] 杨月欣.营养配餐和膳食评价实用指导[M].北京:人民卫生出版社,2008.

[35] 范志红.通腑佳素:蔬菜的营养[M].北京:北京师范大学出版社,2007.

[36] 赵霖,鲍善芬.蔬菜营养健康[M].北京:人民卫生出版社,2009.

[37] 北京市东华门幼儿园.幼儿家庭营养配餐(2~6岁)[M].北京:农村读物出版社,2009.

[38] 广州市第一幼儿园.幼儿园平衡膳食食谱[M].江西科学技术出版社,2011.

[39] 胡献国,胡爱萍,黄成汉.红楼养生美食[M].北京:中国中医药出版社,2008.

[40] 中国就业培训技术指导中心,人力资源和社会保障部职业技能鉴定中心组织编写.营养配餐员:中级[M].北京:中国劳动社会保障出版社,2023.

[41] 中国就业培训技术指导中心,人力资源和社会保障部职业技能鉴定中心组织编写.营养配餐员:高级[M].北京:中国劳动社会保障出版社,2023.

[42] 彭景.营养配餐师培训教程[M].北京:中国劳动社会保障出版社,2008.